Urheberrechtliche Zulässigkeit von Drittanbietersoftware in Online-Spielen

SCHRIFTENREIHE ZUM IT- UND INFORMATIONSRECHT

Herausgegeben von Thomas Hoeren und Nikolaus Forgó

BAND 6

Matthias Mörike

Urheberrechtliche Zulässigkeit von Drittanbietersoftware in Online-Spielen

PETER LANG

Bibliografische Information der Deutschen Nationalbibliothek
Die Deutsche Nationalbibliothek verzeichnet diese Publikation in der Deutschen Nationalbibliografie; detaillierte bibliografische Daten sind im Internet über http://dnb.d-nb.de abrufbar.

Zugl.: Münster (Westfalen), Univ., Diss., 2020

D 6
ISSN 2567-658X
ISBN 978-3-631-84416-8 (Print)
E-ISBN 978-3-631-85004-6 (E-PDF)
E-ISBN 978-3-631-85005-3 (EPUB)
E-ISBN 978-3-631-85006-0 (MOBI)
DOI 10.3726/b18171

Peter Lang – Berlin · Bern · Bruxelles ·
New York · Oxford · Warszawa · Wien

Diese Publikation wurde begutachtet.

www.peterlang.com

Vorwort

Die vorliegende Arbeit wurde im Sommersemester 2020 von der Rechtswissenschaftlichen Fakultät der Westfälischen Wilhelms-Universität Münster als Dissertation angenommen. Gesetzgebung, Rechtsprechung und Literatur wurden bis Mai 2020 berücksichtigt.

Ich danke zuallererst meinem Doktorvater Herrn Prof. Dr. Thomas Hoeren für die Möglichkeit zur Erstellung dieser Arbeit und für ihre fortlaufende Betreuung. Ebenso danke ich ihm und allen Kollegen des Instituts für Informations-, Telekommunikations- und Medienrecht für eine fachlich wie menschlich unvergessliche Zeit. Der einzigartige „ITM-Spirit“ hat wesentlich zum Gelingen dieser Arbeit beigetragen. Zudem möchte ich Herrn Prof. Dr. Thomas Klicka für die zügige Erstellung des Zweitgutachtens danken.

Für die sorgfältige Durchsicht des Manuskripts und die wertvollen Anregungen danke ich Max Ailinger, Dr. Franziska Leinemann, Prof. Dr. Klaus Mörike, Karsten Müller und Armin Strobel.

Schließlich gilt mein größter Dank meinen Eltern, die mein Studium und damit diese Arbeit überhaupt erst ermöglicht und mich in allen Phasen stets uneingeschränkt unterstützt haben.

Münster, im Januar 2021
Matthias Mörike

Inhaltsverzeichnis

A. Problemstellung

Die Video- und Computerspielbranche hat sich zu einem milliardenschweren Teil der Unterhaltungsindustrie entwickelt. Im Jahr 2019 belief sich der Umsatz im deutschen Videospielmarkt nach Schätzung des Branchenverbands „game“ auf ca. 6,2 Milliarden Euro.[1] Der Markt für Videospiele in Deutschland wächst, allerdings gehören nur wenig deutsche Spieleentwicklungen dazu.[2] 2019 waren 614 deutsche Unternehmen am Markt beteiligt, die ca. 11 000 Beschäftigte hatten.[3] Demgegenüber betrug der weltweite Umsatz mit Spielen im gesamten Jahr 2018 ungefähr 137 Milliarden US-Dollar,[4] wobei hier keine Hardwareverkäufe berücksichtigt wurden. Auf politischer Ebene finden sich erste Anfänge einer stärkeren Förderung der Games-Branche. Für die Förderung von Spieleentwicklern wurden im Bundeshaushalt 2019 ca. 50 Millionen Euro vorgesehen.[5] Außerdem soll der eSport, der ein spezieller Bestandteil der Gaming-Branche ist, laut Koalitionsvertrag der Bundesregierung als eigenständige Sportart anerkannt werden.[6]

Demgegenüber ist das Phänomen Drittanbietersoftware[7] in Online-Spielen bisher weder wirtschaftlich noch gesellschaftlich klar umrissen. Während es zu Beginn der Computerspiele vor allem darum ging, die von den Entwicklern eingebauten Cheat Codes zu entdecken,[8] wurden schnell gezielte Hacks entwickelt,

---

1 https://www.game.de/deutscher-games-markt-waechst-um-6-prozent/ (zuletzt abgerufen am 1.5.2020).

2 https://www.game.de/marktdaten/umsatzanteile-deutscher-spieleentwicklungen-am-deutschen-games-markt-2018 (zuletzt abgerufen am 1.5.2020).

3 https://www.game.de/trotz-starken-marktwachstums-anzahl-der-beschaeftigten-in-der-deutschen-games-branche-ruecklaeufig/ (zuletzt abgerufen am 1.5.2020).

4 https://www.gamesindustry.biz/articles/2018-12-17-gamesindustry-biz-presents-the-year-in-numbers-2018 (zuletzt abgerufen am 1.5.2020).

5 https://www.golem.de/news/haushalt-2019-bund-will-50-millionen-euro-foerderung-fuer-spielentwickler-1811-137616.html (zuletzt abgerufen am 1.5.2020).

6 https://www.bundesregierung.de/resource/blob/975226/847984/5b8bc23590d4cb2892b31c987ad672b7/2018-03-14-koalitionsvertrag-data.pdf?download=1 (zuletzt abgerufen am 1.5.2020), S. 48.

7 Zur Begriffsbestimmung für diese Untersuchung siehe B.III.1.

8 https://en.wikipedia.org/wiki/Cheating_in_video_games (zuletzt abgerufen am 1.5.2020).

die Vorteile im Spiel bewirken sollten.[9] Mit Aufkommen der Online-Spiele um die Jahrtausendwende traten zunehmend Bots in Erscheinung,[10] die eine Spielfigur automatisch steuern, ohne dass der Spieler überhaupt am Rechner sein muss. Gegen diese Form von automatisierter Software gingen verschiedene Spielepublisher gerichtlich vor, was in Deutschland bereits zu zwei Urteilen des BGH führte.[11] Zuletzt wurde versucht, einen von einem US-amerikanischen Gericht zugesprochenen Schadensersatzanspruch in Höhe von 8,74 Millionen US-Dollar gegen einen deutschen Bothersteller zu vollstrecken,[12] was die finanzielle Dimension veranschaulicht. Die Spielepublisher sehen Drittanbietersoftware als Gefahr für ihr Geschäftsmodell und den Videospielmarkt, da nach ihrer Auffassung dadurch die Spielregeln verletzt und ehrliche Spieler abgeschreckt werden.[13]

Der BGH hat in einem Urteil eine grundlegende Weichenstellung vorgenommen, indem er die Beobachtungserlaubnis für Computerprogramme aus § 69d Abs. 3 UrhG bei Computerspielen für nicht anwendbar erklärt hat.[14] Das schränkt die Zulässigkeit von Drittanbietersoftware über den speziellen Bereich von Computerspielen hinaus ein. Drittanbietersoftware ist nämlich kein Phänomen, das sich auf Computerspiele beschränkt. Auch im Software-Bereich ist beispielweise jedes Anwendungsprogramm, das von einem anderen Hersteller als dem Hersteller des Betriebssystems stammt, Drittanbietersoftware. In diesem Fall ist die Interaktion zwischen den verschiedenen Softwareprodukten ausdrücklich gewollt. Gleichzeitig ist es unbestritten, dass es ungewünschte Fälle von Softwareinteraktionen gibt, beispielsweise IT-Sicherheitsattacken. Dazwischen liegt der Bereich des Software Reverse Engineering, d. h. die Analyse fremder Programme. Hier treffen die verschiedenen Interessen seit jeher frontal aufeinander, wie allein die lange Diskussion[15] um die Dekompilierungserlaubnis aus Art. 6 Software-RL (Richtlinie 2009/24/EG) bzw. § 69e UrhG veranschaulicht.

---

9 https://en.wikipedia.org/wiki/Cheating_in_video_games (zuletzt abgerufen am 1.5.2020).

10 *Cano*, S. XX, XXI.

11 BGH, Urteil vom 12.1.2017 – I ZR 253/14 = GRUR 2017, 397 ff; BGH, Urteil vom 6.10.2016 – I ZR 25/15 = GRUR 2017, 266 ff.

12 https://www.faz.net/aktuell/wirtschaft/diginomics/world-of-warcraft-betreiber-scheitern-mit-klage-in-deutschland-15461330.html (zuletzt abgerufen am 1.5.2020).

13 *Lober/Conraths*, K&R 2019, Beilage Heft 7-8, 37, 38.

14 BGH, Urteil vom 6.10.2016 – I ZR 25/15 = GRUR 2017, 266, 273.

15 Schricker/Loewenheim/*Spindler*, § 69e UrhG Rn. 2.

An all dem zeigt sich, dass Drittanbietersoftware und deren Zulässigkeit bedeutende wirtschaftliche Konsequenzen hat und eine Vielzahl von Interessen berührt. Das zentrale Rechtssystem zum Schutz von Computerspielen und Computerprogrammen ist das Urheberrecht. Hier entscheidet sich, abgesehen von wettbewerbsrechtlichen Verstößen, die Zulässigkeit von Drittanbietersoftware. Das Urheberrecht ist durch die Digitalisierung unter Druck geraten und hat darauf mit verschiedenen Änderungen reagiert, die in aller Regel die Befugnisse der Urheber gestärkt haben.[16] Die restriktive Weichenstellung der Rechtsprechung bezüglich Drittanbietersoftware lässt sich in diesen Trend einordnen. Außerdem wird an der Entscheidung deutlich, dass die Rechtsprechung weiterhin Schwierigkeiten hat, technische Sachverhalte urheberrechtlich konsequent zu fassen. Insbesondere die Reichweite des Sonderschutzregimes für Computerprogramme (§§ 69a ff. UrhG) wird bei Computerspielen und multimedialen Werken verkannt. Hier will die vorliegende Untersuchung eine andere, interessengerechtere Lösung darlegen.

I. Zielsetzung

Das Urheberrecht steht seit jeher vor der schwierigen Aufgabe, die verschiedenen Interessen von Kreativen, Verwertern, Nutzern und der Allgemeinheit auszugleichen.[17] Diese Untersuchung wird diesen Interessenausgleich im Bereich Computerspiele und Drittanbietersoftware untersuchen, insbesondere die Positionierung der Rechtsprechung kritisch würdigen und Korrekturvorschläge machen. Die zentrale Fragestellung, die sich dabei stellt, lautet, inwieweit Softwareinteraktionen bei Computerspielen im Speziellen und Multimediawerken im Allgemeinen urheberrechtlich zulässig sein sollten.

Bei der Beantwortung dieser Frage muss sowohl die verfassungsrechtliche Bedeutung des Urheberrechts als auch seine ökonomische Funktion berücksichtigt werden. Verfassungsrechtlich gilt es, die Verfügungsbefugnis des Urhebers an seinem Werk mit den Rechten der Nutzer und den Interessen der Allgemeinheit in Ausgleich zu bringen. Ebenso muss in rechtsökonomischer Hinsicht das richtige Gleichgewicht zwischen Anreizstiftung und Innovationsförderung gefunden werden.

---

16 Fromm/Nordemann/*A. Nordemann*, Einleitung UrhG Rn. 27, 31; *Hansen*, S. 69, 70.

17 Schricker/Loewenheim/*Loewenheim*, Einleitung UrhG, Rn. 11 ff.

II. Gang der Darstellung

Zunächst wird der Gegenstand der Untersuchung, d. h. Online-Spiele (B.I) und Drittanbietersoftware (B.III) genauer beschrieben. Anschließend wird die urheberrechtliche Zulässigkeit von Drittanbietersoftware in Online-Spielen untersucht (C). Dafür werden die Rechtfertigungen des Urheberrechts (C.I) dargestellt, wobei ein besonderer Schwerpunkt auf der verfassungsrechtlichen und ökonomischen Perspektive liegt. Nach einer kurzen Darstellung der geschützten Elemente in einem Online-Spiel (C.II) werden die Rechte des Urhebers (C.III) ausführlich geschildert, da hier der Grundstein für den umfassenden Schutz des Urhebers bei digitalen Werken gelegt wird. Von zentraler Bedeutung sind als Korrektiv dazu die Schranken (C.III.3). Hier ist die Frage der Anwendbarkeit der verschiedenen Schrankensysteme die entscheidende Stellschraube. Insbesondere im Hinblick auf das Verhältnis zu den Schranken wird anschließend der Schutz technischer Schutzmaßnahmen betrachtet (C.III.4). Des Weiteren wird ein kurzer Blick auf die Nutzungsrechte geworfen (C.IV), um abschließend mögliche Eingriffe in Rechte des Urhebers bei Drittanbietersoftware darstellen zu können (C.V). Im letzten Teil werden die in der Untersuchung gewonnenen Erkenntnisse zusammengefasst (D).

B. Gegenstand der Untersuchung

Drittanbietersoftware kann bei allen Computerspielen eingesetzt werden. Sie tritt allerdings besonders bei Online-Spielen in Erscheinung, da ihr Einsatz von anderen Spielern oder dem Spielbetreiber bemerkt und ggf. unterbunden wird. Aus diesem Grund sind Online-Spiele Gegenstand dieser Untersuchung. Diese werden im ersten Schritt genauer definiert (B.I). Für die genaue Beschreibung des Phänomens Drittanbietersoftware als zweiten Schritt müssen zunächst einige Grundlagen des allgemeinen Aufbaus eines Rechners erläutert werden (B.II). Anschließend kann Drittanbietersoftware definiert werden (B.III). Im letzten Abschnitt werden die relevanten Rechtsgrundlagen skizziert (B.IV).

I. Online-Spiele

Online-Spiele lassen sich als Computerspiele begreifen (B.I.1). Sie weisen allerdings einen besonderen technischen Aufbau auf (B.I.2), der sich an mehreren Stellen auf die rechtliche Bewertung auswirkt und daher verdeutlich werden muss.

1. Online-Spiele als Computerspiele

Der Duden definiert ein Computerspiel als ein Spiel, das mithilfe eines Bildschirms, der mit einem Personal Computer verbunden ist und der als Spielfeld dient, gespielt werden kann.[18] Demnach ist die Eigenschaft als Spiel und der Einsatz eines Bildschirms und eines PCs entscheidend. Online-Spiele lassen sich nach dieser Definition als Computerspiele einordnen. Allerdings gehen sie über dieses Begriffsverständnis hinaus, als dass sie nicht zwangsläufig über einen PC gespielt werden müssen, sondern eine Vielzahl von Endgeräten zur Verfügung stehen. Dazu gehören neben PCs vor allem Spielkonsolen wie die Playstation oder Xbox, aber auch Smartphones.[19] Insofern gehören Online-Spiele zu den Videospielen. Bei diesen ist nicht entscheidend, ob sie auf einem PC oder einem anderen Rechner ablaufen. Online-Spiele im Sinne dieser Untersuchung sind

18 https://www.duden.de/rechtschreibung/Computerspiel (zuletzt abgerufen am 1.5.2020).

19 *Bossom/Dunning*, S. 88 ff.

ebenso völlig unabhängig vom technischen Endgerät, über das sie gespielt werden, solange dieses auf das Internet zugreifen kann.

Das konkrete Endgerät soll ohnehin immer unwichtiger werden, sodass Online-Spiele zukünftig sowohl unterwegs auf dem Smartphone als auch zuhause über eine Konsole gespielt werden können.[20] Bereits jetzt besteht die Möglichkeit, Spiele hardwareunabhängig vollständig auf Cloud-Servern ablaufen zu lassen.[21] Aus diesem Grund ist eine weniger hardwareorientierte Begriffsbestimmung, wie beispielsweise Videospiele, vorzugswürdig. Alternativ bietet sich der Begriff digitale Spiele an. *Anderie* definiert digitale Spiele prägnant als Programme, die primär der spielerischen Unterhaltung des Nutzers dienen.[22] Diese Definition des Begriffs digitale Spiele liegt auch der vorliegenden Untersuchung zugrunde. Die Begriffe Computerspiel und Videospiel werden allerdings ebenfalls genutzt, da die bisherige rechtliche Diskussion vor allem anhand dieser Spiele geführt wurde. Es führt in dieser Untersuchung zu keinen rechtlich relevanten Unterschieden, ob es sich um ein Computerspiel oder Videospiel bzw. digitales Spiel handelt.

Online-Spiele stellen eine spezielle Untergruppe der digitalen Spiele dar, da sie internetbasiert sind und das Endgerät daher in der Lage sein muss, über das World Wide Web zu kommunizieren. Dieser Aspekt steht einer Einordnung als Spiel jedoch nicht im Wege. Im Gegenteil wird dadurch das Spielen mit oder gegen andere menschliche Spieler deutlich erleichtert. Bei Online-Spielen geht es wie bei allen digitalen Spielen um den spielerischen Wettkampf, sei es gegen programmierte Gegner, die bereits im Spiel enthalten sind, oder andere menschliche Mitspieler. In letzterem Fall sind auch soziale Interaktionen von Bedeutung. Das Sammeln von Erfahrungen und Freischalten bestimmter Zusatzfunktionen ist ein weiteres typisches Merkmal für Online-Spiele. Dadurch wird Spielfortschritt generiert und ein Anreiz gesetzt, das Spiel weiter zu spielen.

Online-Spiele im Sinne dieser Untersuchung umfassen alle Arten von internetbasierten digitalen Spielen. Rollenspiele sind davon ebenso umfasst wie Strategiespiele, Actionspiele oder Gelegenheitsspiele, die über einen Browser oder

---

20 https://www.handelsblatt.com/technik/digitale-revolution/digitale-revolution-wie-cloud-gaming-die-computer-und-videospielebranche-umkrempeln-koennte/24923022.html?ticket=ST-32773472-nisYHzKaFkGdGKODczwb-ap2 (zuletzt abgerufen am 1.5.2020).

21 https://www.heise.de/newsticker/meldung/High-End-Cloud-PCs-von-Shadow-Parsec-und-Co-im-c-t-Test-Man-merkts-oft-nicht-4258440.html (zuletzt abgerufen am 1.5.2020).

22 *Anderie*, S. 22.

eine App ablaufen. Da es für die urheberrechtliche Bewertung nicht auf das spezielle Genre ankommt, wird auf eine genauere Definition der einzelnen Genres[23] verzichtet. Von Relevanz ist hingegen der technische Aufbau eines Online-Spiels.

2. Technischer Aufbau

Der spezifische technische Aufbau von Online-Spielen unterscheidet sie zum einen von anderen digitalen Spielen. Zum anderen wird daran deutlich, dass verschiedene Fähigkeiten und Leistungen erforderlich sind, um ein erfolgreiches Spiel zu erstellen.

a) Grundstrukturen

Auf grundlegender und abstrakter Ebene werden für ein Online-Spiel Hardwareelemente, darunter irgendeine Art von Bildschirm als Ausgabegerät, ein Eingabegerät sowie Softwareelemente benötigt. Das Endgerät, welches zumindest eine Ein- und Ausgabefunktion haben muss, muss darüber hinaus internetfähig sein. Die Internetverbindung ermöglicht in erster Linie die Verbindung mit anderen Spielern. Dies ist eine wesentliche Eigenschaft, die den Reiz von Online-Spielen ausmacht. Darüber hinaus bringt die Internetverbindung aus Sicht des Herstellers den Vorteil, relativ einfach Updates und Erweiterungen ausliefern zu können. Zudem können dadurch komplexe und detailreiche Spielwelten erschaffen und ohne physischen Versand von Datenträgern an die Kunden ausgeliefert werden.

Charakteristisch für Online-Spiele ist die Server-Client-Struktur. Ein Online-Spiel ist nicht vollständig auf dem Endgerät des Nutzers installiert. Dort befindet sich nur ein Client, wobei die Frage, welche Inhalte der Client beinhaltet und welche auf dem Server liegen, vom konkreten Online-Spiel abhängt. Es besteht bei clientbasierter Software generell die Möglichkeit, entweder sogenannte Fat oder sogenannte Thin Clients einzusetzen.[24]

Aus dieser Server-Client-Struktur folgt bereits eine wichtige Stellschraube für Drittanbietersoftware, sofern diese Veränderungen im Spiel herbeiführen will:[25] Spielserver sind aufwändiger zu hacken als Clients, da Server geschützt sind und beständig kontrolliert werden, sodass es ein einfacherer und damit effizienterer Weg ist, auf den Client zuzugreifen, der auf dem Endgerät des Nutzers installiert

23 Siehe dazu detailliert *Bossom/Dunning*, S. 38 ff.

24 *Gumm/Sommer*, S. 144 ff; *Hellmann*, S. 9.

25 Zu den unterschiedlichen Arten von Drittanbietersoftware siehe B.III.2.

ist.[26] Ein Client auf einem Endgerät kann im Gegensatz zu einem Server ohne Störung von außen und unter kontrollierten Bedingungen untersucht werden. Der Client auf dem Rechner ist daher der primäre Ansatzpunkt für Drittanbietersoftware. Aus diesem Grund ist erforderlich, sich sogleich näher mit der Struktur eines Rechners, wie er vom Nutzer eingesetzt wird, zu beschäftigen.[27] Ausgangspunkt ist dabei ein Personal Computer, da hier am häufigsten Hacks vorkommen. Die Ausführungen lassen sich aber auch auf andere Endgeräte und damit alle digitalen Spiele übertragen, da diese nach ähnlichen Prinzipien funktionieren.

b) Entwicklung und Beteiligte

Klassischerweise wird ein digitales Spiel von einem Entwicklungsstudio (Developer) erstellt und anschließend von einem Publisher vertrieben, der das Spiel ggf. in Auftrag gegeben hat, das Projekt finanziert[28] und häufig Mitspracherechte hat.[29] Diese klassische Rollenverteilung von Entwickler und Publisher verändert sich aber zunehmend,[30] es bestehen auch zahlreiche Mischformen.[31]

Abhängig von der Komplexität des geplanten Spiels[32] benötigt der Entwickler die Kompetenzen von Programmierern, Game Designern und verschiedenen Artists.[33] Aufwändige Online-Spiele werden heutzutage im Hinblick auf die eingesetzte Software nicht vollständig neu entwickelt, vielmehr beinhalten moderne Online-Spiele neben individuell entwickelten Komponenten verschiedene vorgefertigten Programmteile (z. B. Programmbibliotheken und Game Engines).[34]

c) Bestandteile eines Online-Spiels

Computerprogramme reichen nicht aus, damit ein Online-Spiel ein ansprechendes Spielerlebnis bietet. Es kommen verschiedene Elemente hinzu:[35] In erster

26 Cano, S. 8; https://hackerbot.net/tutorials/15-online-game-hacks (zuletzt abgerufen am 1.5.2020).

27 Siehe B.II.

28 Duisberg/*Picot*, S. 23.

29 *Anderie*, S. 49.

30 https://www.game.de/marktdaten/unternehmen-in-der-deutschen-games-branche/ (zuletzt abgerufen am 1.5.2020).

31 *Anderie*, S. 49.

32 *Bossom/Dunning*, S. 50.

33 *Bossom/Dunning*, S. 54, 55; *Oehler*, S. 443 ff.

34 Duisberg/*Picot*, S. 45 ff.

35 *Bossom/Dunning*, S. 54, 55.

Linie sind dies Grafiken, Sounds und Filmsequenzen. Daneben sind aber auch spannende Handlungsstränge, ein individuelles Charakterdesign, ein ausgefeiltes Levelsystem und ausgeglichene Kräfteverhältnisse zwischen den Gegnern sowie eine möglichst intuitive Bedienbarkeit wichtig. All diese Komponenten werden zwar von der Spielsoftware gesteuert und teilweise umgesetzt. Das Programm könnte allerdings theoretisch ohne diese Elemente ablaufen, sodass sie kein integraler Bestandteil des Programms sind. Der entscheidende Befund an dieser Stelle, der sich auch entscheidend auf die rechtliche Einordnung niederschlägt,[36] ist daher, dass ein Online-Spiel neben einem Computerprogramm aus weiteren kreativen Elementen besteht.[37]

II. Grundlagen der Rechnerarchitektur

Für das Verständnis von Drittanbietersoftware ist zunächst ein allgemeiner Überblick über Aufbau und Funktion eines Rechners (B.II.1) und der ablaufenden Software (B.II.2) erforderlich. Anschließend werden die erforderlichen Grundlagen der Softwareprogrammierung dargestellt (B.II.3). Ein spezieller Fokus liegt auf dem Bereich der Softwareinteraktion (B.II.4), da dieser für Drittanbietersoftware von großer Bedeutung ist.

Grundlegend kann bei einem Rechner zwischen der physischen Hardware und der nicht-physischen Software unterschieden werden. Ein etwas genaueres und klassisches Modell ist die Von-Neumann-Architektur:[38] Demnach besteht ein Rechner aus einem Steuerwerk, einem Rechenwerk (beide zusammen bilden den Prozessor), einem Speicher und einem Ein- und Ausgabe-System sowie einem sogenannten Bussystem zwischen den verschiedenen Komponenten zur Kommunikation.

1. Hardware, insbesondere Prozessor und Arbeitsspeicher

Die Hardware sind alle physisch wahrnehmbaren Komponenten eines Rechners.[39] Dazu zählen Prozessor, Arbeitsspeicher sowie Peripheriegeräte.[40] Letztere sind alle Ein- und Ausgabegeräte wie z. B. Tastaturen, Touchscreens, Scanner,

36 Siehe C.II.1.e).
37 *Bossom/Dunning*, S. 189.
38 *Hellmann*, S. 48 ff.
39 *Hellmann*, S. 3.
40 *Gumm/Sommer*, S. 3.

Drucker etc. Software hingegen sind alle nicht wahrnehmbaren Komponenten eines Rechners, d. h. Programme und Daten.[41]

Der Prozessor ist identisch mit der Central Processing Unit (CPU) eines Computers.[42] Ein moderner Rechner kann neben der CPU noch andere Prozessoren haben,[43] z. B. auf der Grafikkarte.[44] Die CPU wiederum besteht aus dem Rechenwerk und dem Steuerwerk.[45] Jeder Prozessor hat einen Maschinenbefehlssatz.[46] Über die CPU werden die Befehle eines Programms umgesetzt und an die Hardware weitegegeben.[47]

Der Arbeitsspeicher eines Rechners dient der schnellen Verarbeitung von Daten und Befehlen.[48] Alle Programme, die auf einem Rechner gestartet werden, werden vom Prozessor zumindest teilweise von der Festplatte in den Arbeitsspeicher kopiert, da so eine schnellere Verarbeitung durch den Prozessor möglich ist.[49] Zudem werden dort alle Daten zwischengespeichert, die ein Programm benötigt oder erzeugt.[50] Der Arbeitsspeicher verliert als temporärer Speicher in der Regel seine Inhalte, wenn der Rechner heruntergefahren wird.[51] Der Arbeitsspeicher untergliedert sich in verschiedene Segmente.[52] Dies ist ein Mittel der virtuellen Speicherverwaltung. Häufig ist der virtuelle Speicherbereich, der einem Programm vom Betriebssystem zugewiesen wird, in folgende Segmente aufgeteilt:[53] Code- bzw. Text-, BSS-, Data-, Heap- und Stacksegment. Das Codesegment enthält den vom Programmierer vorgegebenen Satz an Befehlen, die nur gelesen und nicht geändert werden können.[54] Dies ist eine kompilierte Version des Original-Programmcodes. Im BSS- und Data-Segment sind Programmvariablen abgelegt.[55] Diese sind ein wichtiger Teil zu Verbindung

41 *Hellmann*, S. 3.
42 *Hellmann*, S. 8.
43 *Gumm/Sommer*, S. 3.
44 *Hellmann*, S. 12.
45 *Hellmann*, S. 23.
46 *Hellmann*, S. 43.
47 *Hellmann*, S. 15, 16.
48 *Hellmann*, S. 8.
49 *Hellmann*, S. 8.
50 *Hellmann*, S. 9.
51 *Gumm/Sommer*, S. 9; *Hellmann*, S. 263.
52 *Erickson* S. 69.
53 *Erickson*, S. 69.
54 *Erickson*, S. 69.
55 *Erickson*, S. 69.

verschiedener Befehlsfolgen. Der Stack-Speicher ist relevant für das Aufrufen von Unterfunktionen.[56] Im Heap-Segment werden dynamische Speicherbereiche für Programmabläufe verwaltet und zur Verfügung gestellt.[57]

2. Betriebssystem und Anwendungsprogramme

Das Betriebssystem ist abstrakt gesprochen die Verbindung zwischen Hardware und Benutzeranwendungen.[58] Es verwaltet die Hardwareressourcen[59] und stellt die technische Schnittstelle für Anwendungsprogramme bereit.[60] Insofern spielt es eine zentrale Rolle bei der Interaktion mit den Anwendungsprogrammen. Die meisten Betriebssysteme stellen zudem eine grafische Benutzeroberfläche für den Nutzer bereit.[61] Die bekanntesten Betriebssysteme für PCs sind Microsoft Windows, macOS und Linux, für Smartphones ist Android weit verbreitet.[62] Anwendungsprogramme können beispielsweise Textverarbeitungsprogramme, Browser oder auch digitale Spiele sein.

3. Programmcode und Programmiersprachen

Programme können in verschiedenen Programmiersprachen geschrieben sein. Die bekanntesten sind derzeit C, C++ und Java. Manche sind universell einsetzbar, manche sind nur in bestimmten Situationen einsetzbar.[63] Programme, die in diesen Sprachen geschrieben sind, sind für den Menschen mit entsprechendem Wissen lesbar. Diese Form von Programmcode wird als Quellcode bezeichnet.[64] Programmcode allgemein meint die in einer Programmiersprache festgehaltenen Befehle, unabhängig von der konkreten Programmiersprache.

Ein Prozessor arbeitet diese Programmbefehle ab. Er versteht allerdings nur Maschinensprache, welche aus Nullen und Einsen besteht.[65] Das ist der

56 http://www.learncpp.com/cpp-tutorial/79-the-stack-and-the-heap/ (zuletzt abgerufen am 1.5.2020).
57 https://m.heise.de/security/artikel/Ein-Haufen-Risiko-270800.html?seite=all (zuletzt abgerufen am 1.5.2020).
58 *Hellmann*, S. 8.
59 *Gumm/Sommer*, S. 146.
60 *Eilam*, S. 88.
61 *Hellmann*, S. 8.
62 *Gumm/Sommer*, S. 139.
63 *Hellmann*, S. 4.
64 Hoeren/Sieber/Holznagel/*Ernst*, Teil 7.1 Rn. 11.
65 *Hellmann*, S. 183.

sogenannte Objektcode bzw. Maschinencode.[66] Damit der Prozessor die Befehle umsetzen kann, müssen die Befehle aus dem Quellcode in Maschinensprache übersetzt werden. Diese Aufgabe übernimmt ein Compiler. Compiler optimieren die Übersetzung, was die Rückübersetzung schwieriger macht.[67]

Theoretisch kann ein Programm auch in Maschinensprache programmiert werden. Das ist aber außerordentlich aufwändig und daher unpraktikabel. Ein Befehl in einer höheren Programmiersprache ersetzt hingegen zahlreiche Befehle in der Maschinensprache,[68] sodass komplexe Anwendungen mit vergleichsweise geringem Aufwand geschrieben werden können. Auf der anderen Seite kann über Maschinensprache unmittelbar das Hardwareverhalten bestimmt werden.[69]

Maschinensprache wird häufig mit Assemblersprache gleichgesetzt, was allerdings nicht ganz präzise ist. Assemblersprache ist eine maschinenbezogene Programmiersprache, die für den Menschen lesbar ist. Maschinenbefehle werden abgekürzt und in einer lesbaren Form dargestellt.[70] Ein Assembler kann ein Programm in Assemblersprache in Maschinenbefehle übersetzen. Assemblersprache hat den Vorteil, präzisere Anweisungen an einen Prozessor geben zu können, hat gleichzeitig aber den Nachteil, plattformabhängig zu sein.[71] Beispielsweise verwendet ein 32-bit-Prozessor eine andere Assemblersprache als ein 64-bit-Prozessor.[72] Demgegenüber sind die oben erwähnten Programmiersprachen plattformunabhängig und können mithilfe eines Compilers vom Prozessor umgesetzt werden.

4. Schnittstellen, Interoperabilität und sonstige Interaktionen

Für Drittanbietersoftware sind Schnittstellen von elementarer Bedeutung. Allgemeinen gesprochen findet über Schnittstellen die Kommunikation zwischen verschiedenen Programmen oder Systemen statt.[73] Dabei gibt es unterschiedliche Arten von Schnittstellen. Hardwareschnittstellen sind alle physikalischen Anschlüsse für beispielweise externe Speicher oder sonstige Peripheriegeräte.[74]

---

66 Hoeren/Sieber/Holznagel/*Ernst*, Teil 7.1 Rn. 11.
67 *Eilam*, S. 12.
68 *Hellmann*, S. 183.
69 *Gumm/Sommer*, S. 92.
70 *Gumm/Sommer*, S. 92, 93.
71 *Eilam*, S. 11.
72 *Eilam*, S. 71, 72.
73 *Karl*, S. 43; *Schweyer*, S. 63.
74 *Hellmann*, S. 301.

Softwareschnittstellen können entweder dem reinen Datenaustausch oder der Bereitstellung von Funktionalitäten dienen.[75] Eine spezielle und besonders wichtige Softwareschnittstelle ist das Application Programming Interface (API) des Betriebssystems,[76] über welches die Anwendungsprogramme an das Betriebssystem angeschlossen werden können.[77] Mitunter wird auch die grafische Benutzeroberfläche als Benutzerschnittstelle bezeichnet.

Die Informationen zur Nutzung einer Schnittstelle können offen verfügbar sein, sodass ein Programmierer in der Lage ist, ein Programm anzubinden oder die Daten zu nutzen. Daneben gibt es auch verdeckte Schnittstellen, die nur nach einer intensiven Programmanalyse genutzt werden können.[78]

Schnittstellen dienen der Interoperabilität. Damit ist nach Erwägungsgrund 10 der Software-RL die Fähigkeit zweier unterschiedlicher Systeme gemeint, miteinander zu kommunizieren. Schnittstellen sind der dafür vorgesehene Weg. Interoperabilität und Schnittstellen sind damit unverzichtbar für den Softwarebereich,[79] da auf wenigen Betriebssystem Anwendungen von unterschiedlichen Herstellern ablaufen, welche angebunden werden müssen.[80] Aber auch bei der Kommunikation von Anwendungsprogrammen untereinander ist Interoperabilität ein wichtiges Thema. Zwei Programme sind beispielsweise interoperabel, wenn sie die gleichen Dateiformate öffnen und bearbeiten können.[81] Programme können darüber hinaus noch auf andere, indirekte Arten interagieren. Beispielsweise können über den Arbeitsspeicher Prozesse von Programmen gescannt oder Daten ausgelesen werden. Schließlich kann auch die Benutzerschnittstelle genutzt werden, indem Eingaben des Nutzers von einem Programm simuliert werden. Bei diesen Methoden handelt es sich um indirekte Softwareinteraktionen.

III. Drittanbietersoftware

Drittanbietersoftware kann in sehr unterschiedlichen Formen auftreten. Dementsprechend ist auch die Funktionsweise sehr unterschiedlich. Nach einer

---

75 https://de.wikipedia.org/wiki/Schnittstelle#Softwareschnittstellen (zuletzt abgerufen am 1.5.2020).

76 *Eilam*, S. 88.

77 *Schweyer*, S. 63.

78 *Schweyer*, S. 65.

79 *Gratz/Lemley*, 31 Harv. J. L. & Tech. 2018, 603, 613.

80 Siehe B.III.5.

81 *Schweyer*, S. 65.

Begriffsbestimmung (B.III.1) und den wichtigsten Beispielen von Drittanbietersoftware bei digitalen Spielen (B.III.2) werden deshalb die technischen Abläufe genau geschildert (B.III.3). Anschließend werden einige Gegenmaßnahmen vorgestellt (B.III.4) und abschließend die ökonomische Bedeutung von Drittanbietersoftware erläutert (B.III.5).

1. Begriffsbestimmung

Der Begriff Drittanbietersoftware in Online-Spielen umfasst jedes Programm, das ein Dritter, das heißt nicht der Spielbetreiber, hergestellt hat und das entweder vom Spieler im Spiel eingesetzt wird, um sich einen Vorteil zu verschaffen, oder als Werkzeug bei der Analyse des Spiels zur Vorbereitung oder der Durchführung der Herstellung von Drittanbietersoftware eingesetzt wird. Der Spielebetreiber bzw. -hersteller hat diese Programme nicht genehmigt.

Es ist der Regelfall, dass der Hersteller von Drittanbietersoftware bei Online-Spielen gleichzeitig auch Nutzer bzw. Spieler ist, da er das Spiel erwerben und nutzen muss, um es zu analysieren. Insofern wird bei der Frage, ob die Herstellung solcher Software Urheberrechte verletzt, zu berücksichtigen sein, dass der Hersteller der Drittanbietersoftware als Spieler gegebenenfalls Nutzungsrechte erworben hat. Der Einsatz solcher Programme wird ebenfalls unter der Prämisse untersucht, dass der Einsetzende Nutzungsrechte erworben hat.

Davon ausgehend ist festzuhalten, dass zu Drittanbietersoftware zum einen die fertigen Endprodukte (B.III.2) zählen und zum anderen auf Ebene der Herstellung (B.III.3.a)) bestimmte Hilfsmittel eingesetzt werden, die selbst Drittanbietersoftware sind und bestimmte Handlungen vornehmen. Beide Arten werden sogleich näher untersucht.

Drittanbietersoftware bedeutet zudem, dass irgendeine technische Interaktion zwischen dem Spiel und der Drittanbietersoftware erfolgen muss. Diese Interaktion kann sehr unterschiedlich ausfallen. Sie reicht von Beobachtungen des Spiels über Datenabgriffen bis hin zu Programmveränderungen. Die Einzelheiten werden bei der jeweiligen Maßnahme erläutert.[82] Verschriftliche Spielanleitungen (Tipps, Strategien, Walk-Through etc.), wie man sie in unterschiedlicher Detailtreue auf zahlreichen Webseiten findet, sind hingegen nicht erfasst, da auf Softwareebene keine Interaktion stattfindet. Hier hat der Spieler seine Spielerfahrung lediglich festgehalten. Das ist nicht Gegenstand der vorliegenden Untersuchung.

---

82 Siehe B.III.2.

Gleiches gilt für sogenannten Let's play-Filme. Dabei zeichnet ein Spieler sein Spielerlebnis auf und veröffentlich diese Aufnahme. Dabei stellen sich einige urheberrechtliche Fragen.[83] Für die vorliegende Untersuchung ist dieses Phänomen aber nicht relevant, da keine besondere Interaktion mit der Spielsoftware stattfindet, sondern lediglich die Bildschirm- und Lautsprecheraushabe am Endgerät aufgezeichnet und später veröffentlicht wird. Dabei handelt es sich um keinen Fall von Drittanbietersoftware im Sinne dieser Untersuchung.

2. Beispiele

Drittanbietersoftware in Online-Spielen kann sehr unterschiedliche Funktionen erfüllen. Neben Tipps für eine bessere Spielperformance (virtuelle Trainer, siehe a)) kann das Ziel auch eine völlig veränderte Spielumgehung sein (Mods, siehe c)). Auch hinsichtlich der Komplexität reicht die Spannweite von automatisierten Tastenprogrammen (z. B. Makros, siehe b)) bis hin zu vollautomatischen Bot-Programmen (siehe d)).

a) Virtuelle Trainer

Speziell im professionellen Elektronischen Sport (Esport) sind Programme, die die Leistung des Spielers auswerten und verbessern wollen, keine Seltenheit mehr.[84] Diese Programme erheben eine Vielzahl von Daten über das Spielverhalten eines Spielers, sammeln diese in Datenbanken und versuchen durch eine strukturierte Auswertung und Vergleiche mit vorhandenen Daten, individuelle Schwächen aufzuzeigen, bessere Spielstrategien vorzuschlagen und spezifische Trainingsmöglichkeiten anzubieten. Die Interaktion des Analyseprogramms mit der Spielesoftware beschränkt sich auf das Abrufen von Daten, die vom Betreiber zur Verfügung gestellt werden. Allerdings kann es auch erforderlich sein, das Verhalten des Computerspiels genau zu untersuchen und zu verstehen (z. B. im Hinblick auf die Programmphysik), um gezielte Verbesserungsvorschläge erteilen zu können.

b) Bedienungserleichterungen (Makros und Hacks)

Zu den Bedienungserleichterungen zählen alle softwaregestützten Mittel, mit deren Hilfe ein Spieler ein Spiel einfacher bedienen kann, als eine normale

83 *Beyvers/Beyvers*, MMR 2015, 794, 795 ff.

84 Beispielsweise https://shadow.gg/ (zuletzt abgerufen am 1.5.2020) und https://mobalytics.gg/ (zuletzt abgerufen am 1.5.2020).

Ausstattung und Spieleinstellung es erlauben würden. Makros sind Kurzbefehle als Ersatz für mehrere Befehle. Die Software wird dahingehend programmiert, dass bei einem Tastendruck am Eingabegerät nicht eine, sondern eine ganze Folge von Anweisungen übermittelt wird. Es bestehen verschiedene Möglichkeiten, Makros zu implementieren: Erstens kann das Eingabegerät bereits spezielle Tasten integriert haben, auf denen sich Befehle kombinieren lassen. Zweitens kann das Betriebssystem oder ein bestimmtes Anwendungsprogramm die Definition von Makros vorsehen. Drittens kann die Kommunikation zwischen Betriebssystem und Anwendungsprogramm dahingehend abgefangen und manipuliert werden, dass mehrere Befehle übermittelt werden.

Eine weitere Kategorie von Bedienungserleichterungen wird umgangssprachlich als Hacks bezeichnet. Mittels eines Wallhacks in einem Shooter lassen sich Gegner, die hinter Wänden versteckt sind, sichtbar machen. Durch einen Maphack wird die Position der Gegner dauerhaft auf dem Radar dargestellt. Bei Strategiespielen gehört es zur Spielherausforderung, dass die Karte für den Spieler nicht vollständig offen liegt, sondern erkundet werden muss („fog of war"). Wird die Karte mittels eines Maphacks aufgedeckt, ergeben sich daraus Vorteile im Spiel. Alle diese Hacks machen es sich zunutze, dass die Spielsoftware die Position der Gegner kennen muss, um den Spielablauf zu gewährleisten. Die Informationen werden dann vor dem Spieler verborgen, um das Spiel anspruchsvoll zu gestalten. Werden diese Beschränkungen durch Hacks ausgehebelt, gelangt die Information doch zum Spieler und er kann sie zu seinem Vorteil nutzen.

c) Mods und Add-ons

Unter Mods und Add-ons sind Erweiterungen oder Veränderungen eines digitalen Spiels zu verstehen. Es kann sich dabei um ganz neue Spielregionen handeln oder um Änderungen der bestehenden Spielwelt, beispielsweise durch das Hinzufügen neuer Personen, Quests oder Gegenstände oder durch grafische Änderungen der bestehenden Welt. Teilweise werden sie vom Spielhersteller selbst entwickelt oder zumindest ermöglicht und gestattet. Diese Fälle sind aufgrund der Zustimmung des Betreibers für die vorliegende Untersuchung nicht von Bedeutung. Hier sollen nur nicht-autorisierte Mods und Add-ons betrachtet werden. Auf technischer Ebene müssen dafür, je nach Umfang und Art der Änderung, fremde Daten oder fremder Code eingeschleust werden.

d) Automatische Avatarsteuerung (Bots)

Für die meisten größeren Online-Spielen finden sich inzwischen sogenannte Bots von verschiedenen Anbietern.[85] Dabei handelt es sich um Programme von unterschiedlicher Komplexität.[86] Simple Bot-Programme führen lediglich einzelne Befehlskombinationen (z. B. Zielen und Schießen) aus, andere steuern die Spielfigur völlig selbständig.[87] Entscheidend ist, dass der Spieler an der Ausführung der Handlung(en) nicht beteiligt ist, sondern das Bot-Programm diese ausführt. Es handelt sich um (Teil-) Automatisierung.

Aimbots bzw. Triggerbots werden in Shootern eingesetzt und übernehmen für den Spieler das genaue Zielen oder Schießen. Dabei wird fremder Code in das Spiel eingeschleust. Zunächst muss, vereinfacht gesprochen, irgendein Charakteristikum für Gegner im Spielcode gefunden werden. Sofern die Codezeilen dann vom Spielprogramm aufgerufen werden, um einen Gegner auf dem Bildschirm darzustellen, erkennt der fremde Code diese anhand des definierten Charakteristikums, bewegt das Fadenkreuz dorthin und tätigt ggf. die Eingabe zum Schießen.[88]

Ein komplexerer Bot war das Programm „Glider". Mit dessen Hilfe konnte ein Charakter im Online-Spiel „World of Warcraft" selbständig gesteuert werden, ohne dass der Spieler am Rechner sein musste.[89] Allerdings konnten nur einfache Aufgaben, wie zum Beispiel das Einsammeln von Ressourcen, von „Glider" übernommen werden. Ähnlich verhielt es sich auch mit dem Bot-Programm „Stormbuddy" der deutschen Bossland GmbH. Dieser Bot, ebenfalls für „World of Warcraft", konnte neben Ressourcen sammeln sogar Kampfhandlungen vornehmen, wodurch der Spieler Erfahrungspunkte erhielt.[90]

Bots können auf technischer Ebene sehr unterschiedlich funktionieren. Es handelt sich aber immer um Programme, für deren Herstellung das Zielspiel genau analysiert werden muss. Abhängig von den gewünschten Funktionen liest

---

85 https://www.vice.com/de/article/jpgwyy/hinter-den-kulissen-des-cheater-schwarzmarkts-kopfschuss-bots-im-10-euro-abo (zuletzt abgerufen am 1.5.2020).

86 *Yang*, 2 Ariz. St. U. Sports & Ent. L. J., 2012, 95, 99.

87 *Cano*, S. 241 ff.

88 https://tlawlessca.wordpress.com/what-are-aimbots-and-how-do-they-work/ (zuletzt abgerufen am 1.5.2020).

89 https://en.wikipedia.org/wiki/Glider_(bot) (zuletzt abgerufen am 1.5.2020).

90 https://www.vice.com/de/article/43n8vd/wie-die-gaming-community-auf-das-ende-des-grossten-world-of-warcraft-bots-reagiert (zuletzt abgerufen am 1.5.2020).

das Botprogramm beim Einsatz dann das Spielprogramm aus, verändert den Codeablauf und/oder schleust eigenen Code ein.[91]

e) Nachbau des Online-Spiels

Ein Online-Spiel kann auch mit der Intention und dem Ergebnis untersucht werden, das Spiel möglichst genau nachzubauen. Die Motivation dafür kann die Umgehung von Zugangsbeschränkung beim Originalspiel, eine unbefriedigende Spielperformance oder schlichtweg das Weiterleben eines eingestellten Spiels sein. Teilweise sollen auch Abonnementsgebühren abgegriffen werden. Technisch gesehen kann der Nachbau einer Spielwelt entweder durch das Kopieren des Originals oder durch eigenständiges Erschaffen einer identischen Spielwelt erreicht werden.

f) Hilfsprogramme bei der Herstellung

Um Drittanbietersoftware wie die genannten Beispiele herzustellen, werden zahlreiche Hilfsprogramme benötigt, vor allem um das digitale Spiel zu analysieren. Dabei handelt es sich um klassische Software Reverse Engineering Tools. Sie werden sogleich näher beschrieben. Da sie selbst ebenfalls mit dem Hauptprogramm interagieren, stellen sie eine eigene Gruppe von relevanter Drittanbietersoftware dar.

3. Techniken bei Einsatz und Herstellung von Drittanbietersoftware

Urheberrechtliche Ansprüche eines Spielbetreibers gegen Drittanbieter können sich auch auf den Vorwurf stützen, der Drittanbieter habe bei der Herstellung seiner Software Rechte des Betreibers verletzt. Diesen Weg ging beispielsweise auch der BGH, als er über mögliche Rechtsverletzungen im Zusammenhang mit der Herstellung von Bots entschied.[92] Sofern eine Verletzung feststeht, kann der Betreiber nach § 97 Abs. 1 und 2 UrhG gegen den Drittanbieter vorgehen. Aus diesen Gründen müssen die typischen Handlungen bei der Herstellung und ihr Eingriffspotential untersucht werden. Einige dieser Handlungen sind gängige Methoden der Softwareanalyse und Fehlerbehebung (Software Reverse Engineering), andere sind spezielle Methoden im Falle des Game Hackings.

---

91 *Cano*, S. 221 ff.

92 BGH, Urteil vom 6.10.2016 – I ZR 25/15 = GRUR 2017, 266, 269 ff.

a) *Allgemeine Techniken des Software Reverse Engineering*

Generell kann Software Reverse Engineering bezüglicher fremder Software aus verschiedenen Gründen durchgeführt werden. Es kann um die Herstellung von Interoperabilität mit eigenen Produkten gehen, um Qualitäts- und Sicherheitstests[93] von erworbenen Programmen sowie um Know-How-Gewinnung für Konkurrenzprodukte.[94] Die spezifischen Techniken des Software Reverse Engineering hängen vom zu untersuchenden System ab.[95] Bei Open-Source-Produkten, also Software, deren Quellcode offen liegt, ist es hingegen überflüssig, diese Techniken anzuwenden,[96] da alle Informationen im offenen Quellcode zu finden sind.

aa) *System Monitoring*

System Monitoring bedeutet, die Kommunikation (Input/Output) zwischen Programmen und dem Betriebssystem zu beobachten.[97] Dies findet während des Programmablaufs und mittels Tools, die die Kommunikation aufzeichnen, statt. Ein spezieller Unterfall ist das Black-Box-Testing. Das untersuchte Programm gleicht einer Black Box, weil der Analyst keine Kenntnis von den inneren Abläufen des Programms, insbesondere vom Programmcode, hat.[98] Er untersucht das Programm lediglich dadurch, dass er gültige und ungültige Programmeingaben vornimmt und das Ergebnis auswertet.[99] Dadurch kann festgestellt werden, ob ein Programm bestimmte Funktionen hat oder nicht und wie schnell diese ausgeführt werden. Häufig ist diese Art der Untersuchung nur der erste Schritt in einem Analyseverfahren.[100] Beispielsweise können dadurch interessante Programmteile identifiziert werden und dadurch der Untersuchungsgegenstand präzisiert werden.[101] Black-Box-Testing ist darüber hinaus beim Entdecken von Sicherheitslücken relevant.[102] Für diese Methode ist, wie beim gesamten System Monitoring, lediglich der Ablauf des zu untersuchenden

93 *Erickson*, S. 4; *Hoeren/Pinelli*, CR 2019, 410, 411.
94 *Eilam*, S. 8, 9.
95 *Eilam*, S. XXVIII.
96 *Eilam*, S. XXVIII.
97 *Eilam*, S. 129; *Schweyer*, S. 75; *Triebe*, WRP 2018, 795, 796.
98 *Schweyer*, S. 74.
99 *Schweyer*, S. 74.
100 *Schweyer*, S. 74.
101 *Schweyer*, S. 74.
102 *Triebe*, WRP 2018, 795, 796.

Programms erforderlich. Es gibt Tools, die das Black Box Testen automatisieren.[103] Diese automatisieren aber lediglich die Programmeingaben und zeichnen die Ergebnisse systematisiert auf. Im Gegensatz dazu hat der Analyst beim White-Box-Testing Kenntnis vom Programmcode. Diese Methode findet bei der Softwareerstellung Anwendung, um frühzeitig Fehler zu erkennen. Es ist häufig der Programmierer selbst, der auf diese Weise „sein" Produkt untersucht.

bb) Debugging

Debugging wird mittels spezieller Programme, sogenannter Debugger vorgenommen. Diese sind essenzielle Werkzeuge bei der Analyse eines fremden Programms.[104] Sie dienten ursprünglich vor allem dazu, Fehler in Programmen zu identifizieren. Inzwischen spielen sie als Analysewerkzeug aber auch speziell bei der Herstellung von Drittanbietersoftware in Online-Spielen eine wichtige Rolle.[105] Die genauen Funktionen hängen von der jeweiligen Programmierumgebung und dem konkreten Debugger ab. In der Regel können Debugger den Programmablauf steuern, indem sie Haltepunkte setzen.[106] Daneben können Daten inspiziert und Speicher modifiziert werden.[107] Häufig verfügen Debugger auch über einen Disassembler.[108] Einige sind sogar in der Lage, Assembly Code hinzuzufügen.[109] Gängige Beispiele für Debugger sind OllyDbg, WindDbg oder IDA Pro.

cc) Disassemblierung

Hierbei wird der Prozess, den der Assembler vornimmt,[110] umgekehrt. Der Objektcode eines Programms wird in Assemblersprache rückübersetzt.[111] Assembler sind plattformabhängig.[112] Sie stellen ein wichtiges Werkzeug im Software Reverse Engineering dar.[113] Durch Disassemblierung wird Maschinensprache

103 https://applitools.com/resources/black-box-testing-5-tools-used-by-the-pros (zuletzt abgerufen am 1.5.2020).
104 *Kochmann*, S. 82, 83.
105 *Cano*, S. 23.
106 *Eilam*, S. 117.
107 https://de.wikipedia.org/wiki/Debugger (zuletzt abgerufen am 1.5.2020).
108 *Eilam*, S. 116, 117.
109 *Eilam*, S. 119.
110 Siehe B.II.3.
111 *Bell*, S. 12; *Schweyer*, S. 76.
112 *Eilam*, S. 111.
113 *Eilam* S. 11.

für einen menschlichen Nutzer lesbar, was die Voraussetzung für weitere Handlungen, insbesondere Codeänderungen, ist.

dd) Dekompilierung

Dekompilieren bedeutet, den Prozess des Kompilierens[114] umzukehren. Ein in Maschinensprache vorliegendes Programm wird in eine höhere Programmiersprache rückübersetzt.[115] Dabei handelt es sich um ein schwieriges und sehr aufwändiges Verfahren.[116] Zahlreiche Zusatzinformationen gehen verloren,[117] sodass als Ergebnis streng genommen nur ein dem ursprünglichen Quellcode sehr ähnliches Programm entsteht.[118]

ee) Portieren und Emulieren

Ein Emulator fängt Befehle zwischen Programm und API ab und wandelt diese um.[119] Dadurch kann beispielsweise einem Spiel vorgespiegelt werden, auf der Originalplattform oder einem Programm, auf dem ursprünglichen Betriebssystem abzulaufen.[120] Ziel der Portierung ist es hingegen, ein Programm tatsächlich auf einem anderen System ablaufen zu lassen. Dadurch muss insbesondere der Assemblercode des Programms in die Sprache des Zielsystem übersetzt werden.[121] Durch beide Methoden können Spiele auf anderen oder neuen Betriebssystemen, mitunter auch auf anderen oder neuen Hardwaresystemen genutzt werden.

b) Spezielle Techniken beim Game Hacking

Das Game Hacking kann auch auf die Herstellung von Interoperabilität zielen, beispielweise bei der Herstellung von Bots. Davon abgesehen ist es stets das Ziel eines Hacks, das Spiel zu verändern. Die Methoden des Game Hackings schaffen die Voraussetzungen für solche Änderungen und führen diese herbei.

---

114 Siehe B.II.3.
115 Wandtke/Bullinger/*Grützmacher*, § 69e UrhG Rn. 1; *Bell*, S. 16.
116 *Schweyer*, S. 83, 84.
117 *Bell*, S. 16.
118 Möhring/Nicolini/*Hoeren*, 2. Auflage, § 69e UrhG Rn. 1; *Eilam*, S. 129; *Kochmann*, S. 80.
119 *Schweyer*, S. 85.
120 *Schweyer*, S. 85.
121 *Schweyer*, S. 86.

aa) Memory Searching

Viele Hacks setzen voraus, dass der Arbeitsspeicher eines Rechners nach den laufenden Spielprozessen durchsucht wird.[122] Jedem Anwendungsprogramm wird beim Start ein bestimmter Speicherbereich zugewiesen.[123] Durch Memory Searching können spezifische Spielwerte im Arbeitsspeicher gefunden und anschließend verändert oder als Anknüpfungspunkt für weitere Aktionen genutzt werden.[124] Für das Durchsuchen des Speichers werden spezielle Programme eingesetzt, sogenannte Memory Scanner.[125] Diese suchen gezielt nach Spielwerten und speichern die dazugehörigen Speicheradressen.[126] Dieses Identifizieren von Werten ist Voraussetzung, um diese später manuell oder automatisch zu ändern.[127] Bekannte Beispiele für Memory Scanner sind Cheat Engine, welche allerdings noch weitere Funktionen besitzt,[128] und TSearch.[129] Zum Memory Searching können darüber hinaus auch Debugger eingesetzt werden.[130]

bb) Memory Writing

Der Arbeitsspeicher kann nicht nur ausgelesen, sondern auch geändert werden, beispielsweise mittels des Befehls „WriteProcessMemory" der Windows API.[131] Dafür muss zunächst der entsprechende Process Identifier gefunden werden.[132] Anschließend kann der gewünschte Spielwert geändert werden. Beispielsweise kann so erreicht werden, dass die Lebenspunkte des Spielcharakters stets bei 100% liegen.

---

122 *Cano*, S. 3.

123 https://www.pcwelt.de/ratgeber/Buffer-Overflow-So-funktioniert-ein-Pufferueberlauf-Die-Hacker-Bibel-4838377.html (zuletzt abgerufen am 1.5.2020).

124 *Cano*, S. 4.

125 *Cano*, S. 4, 5.

126 *Cano*, S. 7, 8.

127 *Cano*, S. 8, 9.

128 *Cano*, S. 5 ff; http://praxistipps.chip.de/cheat-engine-benutzen-eine-anleitung_34043 (zuletzt abgerufen am 1.5.2020).

129 https://www.codeproject.com/Articles/20240/The-Beginners-Guide-to-Codecaves (zuletzt abgerufen am 1.5.2020).

130 *Cano* S. 23.

131 *Cano*, S. 122.

132 *Cano*, S. 120.

cc) *Code Injection*

Manche Hacks gehen einen Schritt weiter und manipulieren den Assembly Code.[133] Dies kann mittels Code Injection geschehen. Dadurch wird ein Programm gezwungen, fremden Programmcode innerhalb seines Arbeitsspeicherplatzes und seiner Ausführungsumgebung zu verarbeiten.[134] Es können einzelne Threads oder ganze Programmbibliotheken eingefügt werden.[135] Das kann für alle möglichen Zusatzfunktionen genutzt werden, wie beispielsweise bei Aim- bzw. Triggerbots.[136] In Verbindung mit Memory Searching können auch komplexe Befehlsabfolgen eingefügt werden. Fallen die Lebenspunkte beispielsweise unter einen bestimmten Wert, kann automatisch ein Heilungstrank genutzt werden.

dd) *Hooking and NoPing*

Daneben gibt es Möglichkeiten, die Abfolge der Ausführung des Programmcodes eines Spiels zu verändern.[137] Beim NoPing wird der Befehl gesetzt, bestimmte Codezeilen nicht auszuführen.[138] Das ist beispielsweise hilfreich beim oben erwähnten „fog of war".[139] Bei Strategiespielen ist es ein Starthindernis, dass die Karte, auf der gespielt wird, nicht bekannt ist. Technisch wird dies dadurch erreicht, dass die Information mittels Programmcode vor dem Spieler verborgen wird. Unterbindet man diese Befehlszeile, steht dem Spieler die Information zur Verfügung. Ganz ähnlich funktionieren auch die bereits erwähnen Wallhacks, bei denen der Spieler im Ergebnis durch Wände hindurchsehen kann.[140] Beim Hooking werden Ausführungsprozesse umgeleitet, beispielsweise auf eingefügten Code,[141] sodass es sich um eine Form der Code Injection handeln kann.

4. Gegenmaßnahmen bei Drittanbietersoftware

Programmhersteller und Rechtsinhaber versuchen, ihre Produkte dadurch zu schützen, dass Software Reverse Engineering und Game Hacking unterbunden

---

133 *Cano*, S. 78.
134 *Cano*, S. 133.
135 *Cano*, S. 133, 134.
136 Siehe B.III.2.d).
137 *Cano*, S. 150.
138 *Cano*, S. 151.
139 *Cano*, S. 189.
140 *Cano*, S. 193, 194.
141 *Cano*, S. 149, 153.

oder zumindest erschwert werden. Die Bandbreite an Gegenmaßnahmen ist vielfältig, dementsprechend unterschiedlich ist auch die technische Wirkung. Im Folgenden werden die in Bezug auf Drittanbietersoftware relevanten Schutzmaßnahmen vorgestellt. In einigen, allerdings nicht in allen Fällen kann dahingehend differenziert werden, ob der Programmcode oder die Mediendateien geschützt werden sollen.

a) Codeverschlüsselung und -verschleierung

Jeder Form von Codeverschlüsselung und -verschleierung erschwert das Auslesen des Codes durch fremde Programme und kann damit als Gegenmaßnahme gegen Drittanbietersoftware angesehen werden.[142] Die Verschlüsselung kann mittels Prüfsummen (Hash Werten)[143] oder mittels Private-Key-Verfahren[144] erfolgen. Prüfsummen können auch als spezifische Anti-Debugger-Technik eingesetzt werden, indem sie Änderungen am Code unterbinden.[145] Mittels Verschleierung (Code Obfuscation) wird die Lesbarkeit des Programmcodes verringert.[146] Es werden zahlreiche irrelevante Zusatzinformationen in den Code geschrieben.[147] Dadurch werden Rückübersetzungen des Disassemblers erschwert.[148] Allerdings geht dies auf Kosten der Ablaufgeschwindigkeit.[149] Konkret können entweder der Kontrollfluss, die Befehlsstruktur[150] oder die Datenstruktur verschleiert werden.[151]

b) Zugriffsberechtigungen

Im Arbeitsspeicher können systemseitige Zugriffsbeschränkungen helfen, Veränderungen am ablaufenden Programmcode zu verhindern.[152] Das ist ein häufiger Angriffspunkt für Drittanbietersoftware. Diese Zugriffsberechtigungen können mitunter ohne größeren Aufwand umgestellt werden.[153]

---

142 *Eilam*, S. 330; *Conraths*, CR 2018, 170, 172.
143 *Eilam*, S. 335, 336; *Schweyer*, S. 171.
144 *Eilam*, S. 314.
145 *Eilam*, S. 335, 336.
146 *Eilam*, S. 344; *Schweyer*, S. 174.
147 *Eilam*, S. 345.
148 *Kochmann*, S. 76.
149 *Eilam*, S: 345; *Schweyer*, S. 174.
150 *Eilam* S. 346.
151 *Eilam*, S. 355; *Schweyer*, S. 175, 176.
152 *Cano*, S. 125.
153 *Cano*, S. 126, 127.

Hinsichtlich von Mediendateien in Online-Spielen ist die Client-Server-Struktur mit Benutzerkonten ein wichtiger Schutzfaktor.[154] Dadurch ist ein Großteil der Mediendateien nicht mehr auf dem lokalen Rechner des Spielers gespeichert und schon daher seinem Zugriff entzogen. Insofern kann bereits das grundlegende Spieldesign ein Schutzmechanismus sein.

c) *Kopierschutz*

Als Reaktion auf die leichte Kopierbarkeit von digitalen Werken wurden verschiedene Kopierschutzmechanismen entwickelt. Dazu zählen neben hardwarebasierten Schutzmechanismen wie z.B. Kopierschutzstecker (sogenannte Dongles), auch Seriennummern, Dateiverschlüsselungen und Online-Aktivierungen.[155] Insbesondere Analysehandlungen bei der Herstellung von Drittanbietersoftware setzen Vervielfältigungen voraus, sodass diese Schutzmechanismen relevant werden können. Sofern eine Kopierschutzmaßnahme das gesamte digitale Spiel betrifft, schützt sie sowohl den Programmcode als auch die Mediendateien.

d) *Digital Rights Management (DRM)*

DRM-Systeme kombinieren unter anderem Zugriffsberechtigungen und Kopierschutzmaßnahmen.[156] Die Kernfunktion ist die Verschlüsselung der jeweiligen Datei.[157] Bekannte Beispiele sind das „OMA Digital Rights Management" der Open Mobile Alliance, „Fairplay" von Apple und „Windows Media DRM" von Microsoft.[158] Da der Key zur Entschlusselung aber in irgendeiner Form auf dem Rechner abgelegt sein musste, hatten diese Systeme alle einen Schwachpunkt.[159] So wurde das aus den 90er Jahren stammende „Content Scramble System", das DVDs schützen sollte, nach wenigen Jahren gehackt.[160] Auch bestimmte Hardwarelösungen können gewährleisten, dass nach einem Schlüssel-Schloss-Prinzip

154 *Eilam*, S. 314; *Schweyer*, S. 167; *Conraths*, CR 2018, 170, 172.
155 *Eilam*, S. 314, 320.
156 https://www.computerwoche.de/a/drm-schutz-oder-problem,2551517 (zuletzt abgerufen am 1.5.2020).
157 *Eilam*, S. 320.
158 https://de.wikipedia.org/wiki/Digitale_Rechteverwaltung#Beispiele_f%C3%BCr_Digital-Rights-Management-Systeme (zuletzt abgerufen am 1.5.2020).
159 *Eilam*, S. 320.
160 https://en.wikipedia.org/wiki/Content_Scramble_System (zuletzt abgerufen am 1.5.2020).

nur bestimmte Datenträger auf bestimmten Wiedergabegeräten ablaufen können.[161]

e) Anti-Bot-Maßnahmen

In Online-Spielen gehören Anti-Bot-Maßnahmen inzwischen zum Standardrepertoire.[162] Sie zielen darauf ab, den Einsatz von Bots zu unterbinden. Dabei gibt es verschiedene typische Funktionsweisen, die regelmäßig kombiniert werden. So kann der Arbeitsspeicher des Rechners des Spielers ähnlich einem Antivirenprogramm dahingehend gescannt werden, ob sich dort Signaturen von typischen Cheatprogrammen befinden.[163] Daneben werden Screenshots vom Bildschirm des Spielers angefertigt.[164] Darüber hinaus werden Hashwerte bezüglich des Programmzustands beim Spieler mit Hashwerten auf den Servern verglichen, um Änderungen zu entdecken.[165] Manche Spielebetreiber scannen sogar die DNS-Cachespeicher der Systeme der Spieler, um zu überprüfen, ob diese Cheat-Webseiten besucht haben.[166] Möglich ist auch, dass bestimmte API Funktionen, die Drittanbietersoftware benötigt, um abzulaufen, geblockt werden.[167] Das von Blizzard eingesetzte Anti-Bot-Programm namens „Warden" läuft beispielsweise permanent im Hintergrund, sucht nach Bots und meldet regelmäßig an den Server zurück, dass es manipulationsfrei funktioniert.[168] Es gilt als äußerst schwer zu umgehen.[169] Dennoch existieren wiederum Gegenmaßnahmen, welche die Hersteller von Bots nutzen können.[170]

5. Ökonomische Bedeutung von Drittanbietersoftware

Im Folgenden wird ein Überblick über die ökonomische Relevanz von Drittanbietersoftware gegeben. Daran wird deutlich, dass deren urheberrechtliche (Un-)Zulässigkeit wirtschaftliche Auswirkungen hat.

161 BGH, Urteil vom 27.11.2014 - I ZR 124/11 = GRUR 2015, 672, 677.
162 *Cano*, S. 246.
163 *Cano*, S. 246.
164 *Cano*, S. 247.
165 *Cano*, S. 247, 248.
166 *Cano*, S. 248.
167 *Cano*, S. 248, 249.
168 *Cano*, S. 249.
169 *Cano*, S. 258.
170 *Cano*, S. 250 ff.

a) *Verfügbare Marktdaten zu Drittanbietersoftware*

Drittanbietersoftware ist ein äußerst vielschichtiges, aber auch weit verbreitetes Phänomen. Zunächst lassen sich alle Programme, die auf einem Betriebssystem ablaufen und nicht vom Hersteller des Betriebssystems stammen, als Drittanbietersoftware verstehen. Die Anbindung an das fremde Betriebssystem ist für diese Anwendungsprogramme essenziell. Als konkretes Beispiel können Internetbrowser auf PCs dienen. Die geschätzten Marktanteile der führenden PC-Betriebssysteme weltweit gestaltete sich im März 2020 wie folgt:[171] 77,1% Windows, 18,34% Mac OS X und 1,71% Linux. Damit ist das Betriebssystem des Unternehmens Microsoft am weitesten verbreitet. Auf diesen Betriebssystemen läuft nahezu die gesamte Bandbreite an PC-Programmen ab, unter anderem Internetbrowser. Hier ist das weltweit geschätzt meistgenutzte Programm im März 2020[172] Chrome 80.0 (57,87%) und damit ein Produkt des Unternehmens Google LLC, welches keines der genannten PC-Betriebssysteme herstellt. Die Anbindung an fremde Systeme ist folglich elementar für Internetbrowser. Das gilt für alle Programme, die auf einem Betriebssystem ablaufen. Vor diesem Hintergrund kann die Interaktion mit fremder Software sogar als charakteristisch für IT-Systeme bezeichnet werden. Würde beispielsweise ein Betriebssystemhersteller keine Schnittstellen mehr zur Verfügung stellen, könnten überhaupt keine fremden Programme mehr angebunden werden.

Während Betriebssysteme von Natur aus darauf ausgelegt sind, mit anderen Programmen zu kommunizieren, ist der Browser Chrome auch ein Beispiel dafür, dass ein Softwarehersteller das Ziel verfolgen kann, Drittanbietersoftware zu unterbinden. Mit der Begründung, bestimmte fremde Antivirenprogramme würden aufgrund von Codeeinschleusungen die Performance des Browsers beeinträchtigen, will Google die Ausführung von fremdem Code unterbinden.[173] Ebenso will Google in seinem Browser den Einsatz von Adblockern einschränken, indem die bisher von Adblockern genutzte Schnittstelle nicht mehr bereitgestellt wird.[174]

---

171 https://de.statista.com/statistik/daten/studie/157902/umfrage/marktanteil-der-genutzten-betriebssysteme-weltweit-seit-2009/ (zuletzt abgerufen am 1.5.2020).

172 https://de.statista.com/statistik/daten/studie/158095/umfrage/meistgenutzte-browser-im-internet-weltweit/ (zuletzt abgerufen am 1.5.2020).

173 https://www.heise.de/newsticker/meldung/Chrome-blockiert-kuenftig-Code-von-Drittanbieter-Software-3906049.html (zuletzt abgerufen am 1.5.2020).

174 https://www.heise.de/newsticker/meldung/API-faellt-weg-Chrome-80-soll-Adblocker-einschraenken-4586066.html (zuletzt abgerufen am 1.5.2020).

Aufgrund der Vielschichtigkeit des Phänomens Drittanbietersoftware können keine belastbaren Zahlen zur ökonomischen Relevanz insgesamt generiert werden, sondern nur zu spezifischen Bereichen. So investierte die Mozilla Foundation, aus deren Community der bekannte Internetbrowser Firefox stammt, im Jahr 2017 ungefähr 253 Millionen Euro in die Softwareentwicklung.[175] Da Mozilla kein eigenes Betriebssystem vertreibt, handelt es sich ausschließlich um Drittanbietersoftware im Sinne dieser Untersuchung.

Speziell zu Bots in Online-Games lassen sich etwas genauere Aussagen treffen. Ein US-amerikanischer Bothersteller namens LLC hat von März 2005 bis September 2008 120 000 Bot-Lizenzen verkauft und damit 3,5 Millionen US-Dollar verdient.[176] Die Bossland GmbH als deutscher Bothersteller weist für das Jahr 2018 eine Bilanzsumme von 640 000 Euro aus.[177] Zum Vergleich hat der Spielehersteller Blizzard Entertainment im Jahr 2019 einen Umsatz von ca. 6,5 Milliarden US-Doller erzielt.[178] Bots in Online-Spielen sind also ein relevantes Geschäftsfeld, allerdings eher für kleinere Unternehmen.

b) *Ökonomische Effekte des Bot-Einsatzes in Online-Spielen*

Die Effekte von Bots in Online-Spielen werden unterschiedlich bewertet. Bots führten einerseits zu Zeitersparnissen beim Spieler, indem sie wenig unterhaltende, sich wiederholende Aufgaben für den Nutzer unternehmen, zudem modernisierten sie das Wirtschaftsleben in einem Spiel, indem sie einfach zu erlangende Güter vermehrt einbringen und dazu zu mehr höherwertigen Gütern beitragen.[179] Dieser positive wirtschaftliche Effekt wurde als nicht für alle Spiele verallgemeinerbar kritisiert.[180] Darüber hinaus würden diese positiven Effekte nicht für alle Bots gelten, beispielsweise nicht für solche, die dem Spieler durch Hacks Handlungen erlauben, die er normalerweise nicht vornehmen kann (Teleportieren u. ä.).[181] Aus Sicht der Spielebetreiber führt der Einsatz von Bots

---

175 https://assets.mozilla.net/annualreport/2017/mozilla-fdn-2017-fs-short-form-final-0927.pdf (zuletzt abgerufen am 1.5.2020), S. 4.

176 United States Court of Appeals, Ninth Circuit, 2011, 629 F.3d 928, in: Lipson/Brain, S. 294, 296.

177 https://www.northdata.de/Bossland+GmbH,+Zwickau/Amtsgericht+Chemnitz+HRB+24767 (zuletzt abgerufen am 1.5.2020).

178 https://investor.activision.com/static-files/fafbcb7a-0ddd-44ae-acf3-7f5aec4ea3ea (zuletzt abgerufen am 1.5.2020).

179 *Yang*, 2 Ariz. St. U. Sports & Ent. L. J., 2012, 95, 135, 136, 137.

180 *Alcorn*, 2 Ariz. St. U. Sports & Ent. L. J., 2012, 139, 140.

181 *Alcorn*, 2 Ariz. St. U. Sports & Ent. L. J., 2012, 139, 141.

zunächst zu längeren Spielzeiten, da das Spiel auch in Abwesenheitszeiten des Spielers gespielt wird. Dadurch werden die Inhalte ggf. schneller erspielt werden und müssen ggf. ergänzt werden.[182] Zudem kann die Spielökonomie ins Wanken geraten, wenn durch Bots mehr Ressourcen gesammelt werden als geplant. Mitunter werden die Ressourcen in Gegenstände oder spielinternes Geld umgetauscht und anschließend gegen echtes Geld an andere Spieler verkauft.[183] Bots können die Spielbalance daher in vielfältiger Hinsicht stören, wobei dies nicht in jedem Fall negativ zu bewerten ist.[184] Unabhängig davon können ehrliche Spieler abgeschreckt werden, falls die Spielregeln ein Verbot von Bots vorsehen.[185] Die Spielbetreiber müssen zudem mögliche Beschwerden in ihr Beschwerdemanagement integrieren. Es entstehen Kosten für technische Gegenmaßnahmen.

Blizzard hat im US-Bundesstaat Kalifornien eine Schadensersatzsumme von 8,74 Millionen US-Dollar gegen den deutschen Bothersteller Bossland zugesprochen bekommen.[186] Dabei wurden für 42 818 Copyright-Verletzung aufgrund des Einsatzes von Bots jeweils 200 US-Dollar angesetzt.[187] Das LG Leipzig hat es jedoch aufgrund der ungewöhnlichen, dem US-amerikanischen Recht entsprechenden Höhe abgelehnt, diesen Anspruch in Deutschland für vollstreckbar zu erklären.[188] sodass daraus keine gesicherte Bezifferung der ökonomischen Relevanz in Deutschland abgeleitet werden können.

Insgesamt können Bots unter ökonomischen Gesichtspunkten nicht eindeutig bewertet werden. Es wurden sowohl positive als auch negative Effekte festgestellt. Zudem lassen sich keine belastbaren Zahlen feststellen.

c) Ökonomische Effekte des Software Reverse Engineering

Bei der Softwareanalyse und beim Software Reverse Engineering im Allgemeinen ist Drittanbietersoftware wie gezeigt unverzichtbar.[189] Zu den Auswirkungen

---

182 *Yang*, 2 Ariz. St. U. Sports & Ent. L. J., 2012, 95, 101, 102.

183 https://www.vice.com/sv/article/zn5pda/i-make-thousands-of-dollars-a-month-from-playing-computer-games (zuletzt abgerufen am 1.5.2020).

184 *Yang*, 2 Ariz. St. U. Sports & Ent. L. J., 2012, 95, 119.

185 *Lober/Conraths*, K&R 2019, Beilage Heft 7-8, 37, 38; *Werner*, CR 2013, 516, 522.

186 https://www.faz.net/aktuell/wirtschaft/diginomics/world-of-warcraft-betreiber-scheitern-mit-klage-in-deutschland-15461330.html (zuletzt abgerufen am 1.5.2020).

187 https://www.heise.de/downloads/18/2/1/7/5/6/8/7/Judgment_Blizzard vs._Bossland.pdf (zuletzt abgerufen am 1.5.2020).

188 https://www.faz.net/aktuell/wirtschaft/diginomics/world-of-warcraft-betreiber-scheitern-mit-klage-in-deutschland-15461330.html (zuletzt abgerufen am 1.5.2020).

189 Siehe B.III.3.a).

existieren allerdings keine Zahlen, da Software Reverse Engineering naturgemäß von der Öffentlichkeit unbemerkt stattfindet und daher nur schwer empirisch untersucht werden kann. Daher lassen sich etwaige Schäden durch Reverse Engineering nur schätzen.[190]

Auf theoretischer Ebene werden dem Software Reverse Engineering verschiedene Effekte zugeschrieben: Zunächst wird dadurch der Wettbewerb gefördert, da mittels der entsprechenden Handlungen Konkurrenz-[191] und/oder Ergänzungsprodukte hergestellt werden können.[192] Insbesondere werden so Monopole verhindert und Lock-in-Effekte, d. h. die Bindung an ein technisches System durch zu hohe Wechselkosten,[193] vermieden.[194] Der auf diese Weise verstärkte Wettbewerb fördert Innovationen. Für den Nutzer bedeuten Ergänzungs- und Konkurrenzprodukte einer erhöhte Nutzerfreundlichkeit und mehr Produktauswahl. Für die Herstellung von Konkurrenz- und Ergänzungsprodukten ist die Interoperabilität des Produkts mit dem fremden System entscheidend.[195] Schließlich kann mittels Software Reverse Engineering nach Sicherheitslücken, Fehlern, Verbesserungspotential oder sinnvollen Lösungen, die in andere Anwendungen übernommen werden können, gesucht werden.[196] Im besten Falle ergeben sich daraus Produktverbesserungen und damit Innovationen.

Auf der anderen Seite besteht die Gefahr, dass durch Software Reverse Engineering exklusives Know-How bekannt wird und dadurch an Wert verliert.[197] Dies kann dazu führen, dass es sich seitens der Hersteller nicht mehr lohnt, in neue Software zu investieren, da sie nicht mehr ausreichend von ihrem Produkt profitieren.[198] Das wäre wiederum ein Rückschritt an Innovation.

Insofern ist Software Reverse Engineering aus ökonomischer Sicht eine zweiseitige Medaille mit innovationsfördernden und -hemmenden Effekten.

---

190 *Kochmann*, S. 84, 85.

191 *Schweyer*, S. 1.

192 *Eilam*, S. 18; *Kochmann*, S. 48 ff.

193 Taeger/Pohle/*Klees*, Teil 6 Rn. 9.

194 *Schweyer*, S. 164.

195 *Kochmann*, S. 49, 50.

196 *Bell*, S. 4; *Chikofsky*, in Eilam, S. IX, X; *Kochmann*, S. 45 ff.; *Triebe*, WRP 2018, 795.

197 *Kochmann*, S. 85.

198 *Eilam*, S. 18.

d) Zwischenergebnis

Drittanbietersoftware hat eine vielschichtige ökonomische Dimension, da jedes Programm, das mit einem fremden Programm interagiert, als Drittanbietersoftware verstanden werden kann. Diese Interaktionen sind charakteristisch und essenziell für IT-Systeme. Aufgrund der Vielschichtigkeit des Phänomens lässt es sich jedoch nur schwer in konkreten Zahlen ausdrücken. Mangels Öffentlichkeit können die Effekte des Software Reverse Engineerings nicht quantifiziert werden. Auf theoretischer Ebene handelt es sich sowohl bei Software Reverse Engineering im Allgemeinen als auch bei Bots als spezielle Drittanbietersoftware um ambivalente Phänomene mit positiven und negativen ökonomischen Effekten. Während Software Reverse Engineering Wettbewerb und Innovation fördert, gefährdet es gleichzeitig Innovationen durch Verlust an Know-How-Exklusivität. Bots stellen ein verglichen mit dem Vertrieb von Spielen kleines, aber dennoch nicht unbedeutendes Geschäftsfeld dar. Sie können positiv wirken, indem sie repetitive Aufgaben übernehmen und so den Spielspaß erhalten, gleichzeitig können sie negativ wirken, indem sie ehrliche Spieler abschrecken.

IV. Rechtsgrundlagen

Grundlage der vorliegenden Untersuchung ist das Urheberrecht. Daher sind das UrhG, sowie die relevanten EU-Richtlinien, nämlich die InfoSoc-RL (Richtlinie 2001/29/EG) sowie die Software-RL (Richtlinie 2009/24/EG), die zentralen Rechtsgrundlagen dieser Arbeit. Daneben wird als normativer Rahmen des Urheberrechts auf das GG und die GRCh einzugehen sein.

Drittanbietersoftware in Online-Spielen ist allerdings kein ausschließlich urheberrechtliches Problem. Daneben ist das Lauterkeitsrecht einschlägig, welches seitens der Spielhersteller und -publisher bereits erfolgreich gegen die Hersteller von Drittanbietersoftware ins Feld geführt wurde.[199] So wurde einem Spielehersteller gegen einen Bothersteller ein Unterlassungsanspruch aus §§ 8 Abs. 1 S. 1, 3 Abs. 1, 4 Nr. 4 UWG wegen unlauterer gezielter Behinderung eines Mitbewerbers zugesprochen. Der zentrale Gedanke ist, dass das durch die Spielregeln ausgestaltete Geschäftsmodell des Spielehersteller durch den Bothersteller gezielt behindert wird.[200] Der Hersteller hatte in den von den Gerichten zu

---

199 BGH, Urteil vom 12. 1.17 – I ZR 253/14 = GRUR 2017, 397 ff; LG Hamburg, Urteil vom 28.8.2018 – 312 O 32/13 = MMR 2019, 404 ff; *Werner*, CR 2013, 516, 519 ff.

200 BGH, Urteil vom 12.1.2017 – I ZR 253/14 = GRUR 2017, 397, 401; LG Hamburg, Urteil vom 28.8.2018 – 312 O 32/13 = MMR 2019, 404, 405.

beurteilenden Fällen ein Verbot von Bots in seinen Spielregeln verankert, worüber sich der Bothersteller nach Auffassung der Gerichte hinwegsetzte, indem er seine Produkte anbot.[201] Dabei hätte der Bothersteller Schutzvorkehrung des Spieleherstellers unterlaufen, da dieser sein Spiel gegen den Einsatz von Bots technisch abgesichert hatte.[202]

Aufgrund der unterschiedlichen Schutzzwecke und der unterschiedlichen Schutzstruktur von Lauterkeits- und Urheberrecht können aus den lauterkeitsrechtlichen Erwägungen keine Schlüsse auf urheberrechtliche Fragestellungen gezogen werden. Es ist an dieser Stelle allerdings festzuhalten, dass das Urheberrecht nicht als einziges zivilrechtliches Regime bei Drittanbietersoftware eine Rolle spielt.

Darüber kann das virtuelle Hausrecht eine rechtliche Grundlage für Maßnahmen gegen den Einsatz von Drittanbietersoftware in Online-Spielen sein.[203] Schließlich wird speziell beim Boteinsatz in eSport-Wettkämpfen eine strafrechtliche Relevanz (§ 263 StGB) diskutiert.[204]

Es ist daher verfehlt, vom Urheberrecht die Lösung jeder einzelnen Einsatzmöglichkeit von Drittanbietersoftware zu verlangen. Da Drittanbietersoftware bei ihrer Herstellung und ihrem Einsatz aber zwangsläufig mit der Hauptsoftware interagiert, stellt das Urheberrecht als Schutzregime für Computerprogramme und Softwareprodukte nichtsdestotrotz die wichtigste rechtliche Vorgabe dar.

---

201 BGH, Urteil vom 12.1.2017 – I ZR 253/14 = GRUR 2017, 397, 405; LG Hamburg, Urteil vom 28.8.2018 – 312 O 32/13 = MMR 2019, 404, 405.

202 BGH, Urteil vom 12.1.2017 - I ZR 253/14 = GRUR 2017, 397, 403; LG Hamburg, Urteil vom 28.8.2018 – 312 O 32/13 = MMR 2019, 404, 406.

203 *Conraths/Krüger*, MMR 2016, 310 ff.

204 *Ruppert*, CR 2019, 691, 696.

C. Urheberrechtliche Zulässigkeit

Die urheberrechtliche Einordnung von Drittanbietersoftware in Online-Spielen wirft grundlegende Fragen im Hinblick auf die Reichweite von Verwertungsrechten, die Anwendbarkeit von Schranken und das Verhältnis zu technischen Schutzmaßnahmen auf. Um die verschiedenen Fragestellungen dogmatisch korrekt zu lösen, muss zunächst das Urheberrecht als Ganzes ins Auge gefasst werden und die Frage beantwortet werden, wie die Existenz des Urheberrechts gerechtfertigt werden kann.

I. Rechtfertigungen des Urheberrechts

Das Urheberrecht kann auf verschiedenen Wegen moralisch gerechtfertigt werden. Nach einem kurzen Überblick über die verschiedenen Ansätze (C.I.1) werden die für diese Untersuchung zentralen Begründungen – die grundrechtliche (C.I.2) und die ökonomische Rechtfertigung (C.I.3) – näher untersucht.

1. Moralische Rechtfertigung

Die Forschung hat verschiedene moralische Rechtfertigungen des Urheberrechts herausgearbeitet. Sie lassen sich in kollektivistische und individualistische Begründungen einteilen.[205] Keine dieser Rechtfertigungen kann alleine das derzeitige Urheberrecht in all seinen Facetten belegen.[206] Dennoch ergeben sich aus den verschiedenen Ansätzen wichtige Perspektiven und Argumente für die weitere Untersuchung.

a) Kollektivistische Begründungen

Die kollektivistischen Begründungen haben gemeinsam, dass das Urheberrecht ein Mittel zu einem gesellschaftlichen Zweck darstellt.[207] Dieser Zweck ist abhängig von der konkreten Begründung. Diese kann schrankenbasiert, effizienzbasiert und demokratiebasiert sein.[208]

---

205 *Stallberg*, S. 48 ff.; *Ohly*, in Depenheuer/Peifer, S. 141, 143 ff.; *Schack*, in Depenheuer/Peifer, S. 123, 124.

206 *Stallberg*, S. 330 ff.

207 *Hansen*, S. 106; *Schack*, in Depenheuer/Peifer, S. 123, 124.

208 *Stallberg*, S. 205.

Eine schrankenbasierte Rechtfertigung sieht das Urheberrecht als keinen zwingenden Bestandteil einer Gesellschaft, gesteht ihm aber eine Daseinsberechtigung zu, solange es nicht gegen minimale Schranken verstößt, die in einer Gesellschaft bestehen müssten.[209] Dadurch entstehen aber kaum konkrete Vorgaben, sodass diese Rechtfertigungen wenig inhaltliche Argumente liefern.[210]

Eine demokratiebasierte Rechtfertigung geht davon aus, dass durch das Urheberrecht Kreativität und Kommunikationsströme ermöglicht werden, die wichtiger Bestandteil einer demokratischen Gesellschaft sind.[211] Das Urheberrecht hat demnach in dieser Gesellschaftsform eine Produktions-, Struktur- und Symbolfunktion.[212] Problematisch an dieser Begründung ist zum einen, dass nicht alle Werke diesen Funktionen gerecht werden können,[213] und zum anderen, dass die verschiedenen Wirkungszusammenhänge empirisch schwer zu belegen sind.[214]

Eine effizienzbasierte Rechtfertigung betrachtet das Urheberrecht unter ökonomischen Gesichtspunkten.[215] Die ökonomische Rechtfertigung für Verfügungsrechte des Urhebers ist demnach die Anreizfunktion.[216] Im Sinne des Utilitarismus geht es eher darum, für die Allgemeinheit Wohlfahrtsgewinne zu generieren, wozu das Urheberrecht einen Produktionsanreiz setzt.[217] Da Drittanbietersoftware wirtschaftliche Relevanz hat,[218] wird der Frage der ökonomischen Folgen der urheberrechtlichen (Un-)Zulässigkeit eine wichtige Rolle zukommen. Daher wird die ökonomische Analyse des Urheberrechts, die sich aus der effizienzbasierten Rechtfertigung entwickelt hat, im Anschluss ausführlich dargestellt und kritisch gewürdigt.[219]

b) Individualistische Begründungen

Alternativ zu kollektivistischen Ansätzen wird bei individualistischen Ansätzen auf die Person des Urhebers als Schöpfer und sein Werk als Ergebnis dieses

---

209 *Stallberg*, S. 205.
210 *Stallberg*, S. 230.
211 *Hansen*, S. 256, 257; *Stallberg*, S. 292.
212 *Hansen*, S. 259 ff.
213 *Hansen*, S. 265, 266.
214 *Stallberg*, S. 296.
215 *Stallberg*, S. 231.
216 *Honnefelder/Leenen*, in Depenheuer/Peifer, S. 47, 48, 49.
217 *Honnefelder/Leenen*, in Depenheuer/Peifer, S. 47, 49; *Ohly*, in Depenheuer/Peifer, S. 141, 144.
218 Siehe B.III.5.
219 Siehe C.I.3.

Schöpfungsprozesses abgestellt.[220] Hier gibt es arbeitsbasierte, persönlichkeitsbasierte und werkbasierte Rechtfertigungen.[221] Arbeitsbasierte Rechtfertigungen stellen den Akt der Werkschöpfung in den Mittelpunkt.[222] Persönlichkeitsbasierte Rechtfertigungen gehen von der Person des Urhebers,[223] die sich im Werk ausdrückt, aus. Schließlich sehen werkbasierte Rechtfertigungen das immaterielle Werk, das immer von seinem Urheber abhängig ist und sich nur mit bzw. durch ihn erklärt,[224] als Ausgangspunkt an.

Individualistische Ansätze können auf höheres Recht, wie zum Beispiel Verfassungsrecht[225] oder Naturrecht gestützt werden.[226] Es soll dabei insbesondere um die Gleichbehandlung mit den Schöpfern körperlicher Werke gehen.[227] Dabei sei ein Werk nicht nur geistiges Eigentum, sondern auch Teil der Persönlichkeitsentfaltung.[228] Daher sei die Freiheitssicherung ein zentrales Element.[229]

Will man mit diesen individualistischen Rechtfertigungen das heutige Urheberrecht begründen, stellt sich das Problem, dass in diesen Rechtfertigungen das Allgemeinwohl keine Rolle spielt.[230] Es finden sich aber auch Stimmen, die selbst bei einer individualistischen Betrachtung Raum für Allgemeinwohlerwägungen sehen.[231] Weitere Probleme rein individualistischer Betrachtungen ergeben sich daraus, dass Schöpfer immer auf vorbestehendes kulturelles Gemeingut zurückgreifen, was in der Konsequenz keine Zuweisung des Werkes nur an den Urheber rechtfertigen kann.[232] Auch lassen sich Verwertungsrechte nicht unmittelbar aus der Persönlichkeit des Urhebers heraus rechtfertigen.[233] Beidem kann jedoch entgegengehalten werden, dass der Gesellschaft durch ein Ausschließlichkeitsrecht des Urhebers keine bestehenden Rechte entzogen werden, sondern

---

220 *Hansen*, S. 93; *Honnefelder/Leenen*, in Depenheuer/Peifer, S. 47, 49.
221 *Stallberg*, S. 58.
222 *Hansen*, S. 88 ff.
223 *Hansen*, S. 91.
224 *Stallberg*, S. 58.
225 Siehe C.I.2.
226 *Hansen*, S. 93; *Schack*, in Depenheuer/Peifer, S. 123, 125.
227 *Schack*, in Depenheuer/Peifer, S. 123, 129.
228 *Schack*, in Depenheuer/Peifer, S. 123, 131.
229 *Hansen*, S. 92, 102, 103; *Schack*, in Depenheuer/Peifer, S. 123, 132.
230 *Hansen*, S. 104, 105.
231 *Hansen*, S. 105; *Schack*, in Depenheuer/Peifer, S. 123, 125.
232 *Ohly*, in Depenheuer/Peifer, S. 141, 146.
233 *Ohly*, in Depenheuer/Peifer, S. 141, 146.

vielmehr nur Nutzungsmöglichkeiten vorenthalten werden, die ohne Schöpfung überhaupt nicht bestanden hätten.[234]

c) Zwischenergebnis

Bereits an diesen unterschiedlichen Begründungsmodellen, die allesamt in Teilen berechtigt und in Teilen kritikwürdig sind, wird die Mehrdimensionalität des Urheberrechts deutlich.[235] Die Herausforderung für Gesetzgeber, Rechtsprechung und Rechtswissenschaft ist es, diesen verschiedenen Ebenen gleichermaßen gerecht zu werden.

Für die vorliegende Untersuchung sind vor allem die grundrechtliche (C.I.2) und effizienzbasierte (C.I.3) Rechtfertigung interessant. Die Berücksichtigung der verfassungsrechtlichen Vorgaben als höherrangiges Recht und Rechtfertigung für das Urheberrecht ist unverzichtbar, da die Schwerpunkte dieser Arbeit (Reichweite der Verwertungsrechte, Anwendbarkeit der Schranken, Verhältnis zu technischen Schutzmaßnahmen) die Verfügungsgewalt des Urhebers über sein Werk und die Freiheiten der Nutzer berühren. Darüber hinaus ist Software ein wichtiges Wirtschaftsgut, sodass auch die ökonomischen Folgen eines starken oder schwachen Rechtsschutzes im Allgemeinen und die wirtschaftlichen Auswirkungen von Drittanbietersoftware im Speziellen berücksichtigt werden müssen.

2. Grundrechtliche Rechtfertigung

Das Urheberrecht muss wie alle einfachen Rechtssätze den Vorgaben der Grundrechte gerecht werden. Aus formaljuristischer Sicht lässt sich auch aus den Grundrechten die Existenz des Urheberrechts rechtfertigen. Aber auch unabhängig von dieser Rechtfertigungsfunktion sind die Grundrechte bei der Auslegung von einfachen Rechtsnormen relevant.

Zunächst muss geklärt werden, wie sich europäische und nationale Grundrechte zueinander verhalten. Anschließend können die relevanten Grundrechte dargestellt werden.

---

234 *Schack*, in Depenheuer/Peifer, S. 123, 130.
235 *Hansen*, S. 106.

a) *Verhältnis von europäischen und nationalen Grundrechten*

Im ersten Schritt wird die Frage beantwortet, wie das Verhältnis der beiden Grundrechtssysteme ist. Davon ausgehend kann das einschlägige Grundrechtssystem bei den konkreten urheberrechtlichen Regelungskomplexen bestimmt werden.

aa) *Abgrenzung anhand des Umsetzungsspielraums*

Die Frage, ob nationale Grundrechte anwendbar sind, beantwortet sich danach, ob für den nationalen Gesetzgeber bei Verabschiedung eines Gesetzes oder einer sonstigen Regelung Umsetzungsspielraum besteht.[236] Die entscheidende Norm bei dieser Abgrenzung ist Art. 51 GRCh. Grundsätzlich sind Akte des deutschen Staates und damit auch Gesetzgebungsakte und Rechtsprechung an den Bestimmungen des GG zu messen.[237] Das ist nach Auffassung des BVerfG dann nicht der Fall, wenn eine europäische Vorgabe für das Handeln eines Mitgliedsstaates besteht und der Mitgliedsstaat bei der Umsetzung keinen Spielraum hat.[238] Dann wird das Recht der Union im Sinne von Art. 51 Abs. 1 S. 1 GRCh durchgeführt. Rückausnahmen sind nach Auffassung des BVerfG die speziellen Fälle des Solange-Vorbehalts sowie die Identitäts- und Ultra-vires-Kontrolle.[239]

Im Falle von vollharmonisierenden Richtlinien liegt nach dieser Auffassung kein Spielraum für den nationalen Gesetzgeber vor und die Maßnahme wäre ausschließlich an europäischen Grundrechten zu messen, da in diesem Fall zwingende Vorgaben für den nationalen Gesetzgeber bestehen.[240] Eine Maßnahme des europäischen Rechts ist vollharmonisierend, wenn die Auslegung nach Wortlaut, Zielsetzung und Systematik ergibt, dass eine abschließende Regelung getroffen wurde.[241] Liegt umgekehrt ein Spielraum für den nationalen Gesetzgeber vor, sind die nationalen Grundrechte nach Auffassung des BVerfG

---

236 BVerfG, Urteil vom 31.5.2016 – 1 BvR 1585/13 = GRUR 2016, 690, 696; BVerfG, Beschluss vom 13.3.2007 – 1 BvF 1/05 = NVwZ 2007, 937, 938; *Dreier*, GRUR 2019, 1003, 1004.

237 Calliess/Ruffert/*Kingreen*, Art. 51 GRCh Rn. 7.

238 BVerfG, Urteil vom 31.5.2016 – 1 BvR 1585/13 = GRUR 2016, 690, 696; BVerfG, Beschluss vom 13.3.2007 – 1 BvF 1/05 = NVwZ 2007, 937, 938.

239 BVerfG, Urteil vom 5.5.2020 – 2 BvR 859/15; BVerfG, Beschluss vom 15.12.2015 – 2 BvR 2735/14 = NJW 2016, 1149, 1150, 1151; BVerfG, Beschluss vom 22.10.1986 – 2 BvR 197/83 = NJW 1987, 577, 580.

240 BVerfG, Beschluss vom 13.3.2007 – 1 BvF 1/05 = NVwZ 2007, 937, 938.

241 Streinz/*Schröder*, Art. 114 AEUV Rn. 46.

anwendbar.[242] In der Literatur wird diese Aufteilung in Umsetzung zwingender und Umsetzung nicht zwingender Vorgaben als Trennungs-[243] bzw. Alternativitätsthese[244] bezeichnet.

Dem EuGH genügt es hingegen, wenn eine Maßnahme in den Anwendungsbereich des Unionsrechts fällt, um die Anwendbarkeit der GRCh zu begründen.[245] Erforderlich sei dann noch ein unmittelbarer Zusammenhang zwischen der nationalen Maßnahme und dem EU-Recht.[246] Es genüge nicht, wenn die Sachbereiche nur benachbart seien oder nur mittelbare Auswirkungen vorliegen.[247] Die Unionsgrundrechte seien nicht anwendbar, wenn das Unionsrecht keine Verpflichtungen der Mitgliedstaaten in Bezug auf den jeweiligen Sachverhalt vorsieht.[248] Das Hauptargument des EuGH für die Anwendung des Unionsgrundrechts ist, dass die Anwendung der unterschiedlichen nationalen Grundrechtsordnungen die Einheit, die Wirksamkeit und den Vorrang des Unionsrechts gefährden könnte.[249] Dementsprechend müssen die Unionsgrundrechte nicht anwendbar sein, wenn kein solches Risiko besteht, wie z. B. in dem genannten Fall, dass gar keine unionsrechtlichen Verpflichtungen vorliegen. Gleichzeitig bedeutet dies aber auch, dass selbst das Bestehen von Umsetzungsspielräumen für die Mitgliedsstaaten nicht die Anwendbarkeit der Unionsgrundrechte hindert,[250] da dort durchaus Risiken der Uneinheitlichkeit auftreten können. Der EuGH hat die Möglichkeit, dass nationale Grundrechte bei Umsetzungsspielräumen zu beachten sind, zwar anerkannt.[251] Allerdings darf dabei weder das Schutzniveau der Charta unterschritten werden noch der Vorrang, die Einheit und die Wirksamkeit des Unionsrechts beeinträchtigt werden.[252]

---

242 BVerfG, Urteil vom 2.3.2010 - 1 BvR 256/08, 1 BvR 263/08, 1 BvR 586/08 = MMR 2010, 356, 358.

243 *Starke*, S. 103; *Ludwigs/Sikora*, JuS 2017, 385, 390.

244 Calliess/Ruffert/*Kingreen*, Art. 51 GRCh Rn. 12; *Starke*, S. 103.

245 EuGH, Urteil vom 26.2.2013 – C-617/10 = NVwZ 2013, 561, 562.

246 EuGH, Urteil vom 26.2.2013 – C-617/10 = NVwZ 2013, 561, 562; Jarass/*Jarass*, Art. 51 GRCh Rn. 20.

247 EuGH, Urteil vom 6.3.2014 – C-206/13 = NVwZ 2014, 575, 576.

248 EuGH, Urteil vom 6.3.2014 – C-206/13 = NVwZ 2014, 575, 576.

249 EuGH, Urteil vom 6.3.2014 – C-206/13 = NVwZ 2014, 575, 577; *Starke*, S. 108, 109.

250 Calliess/Ruffert/*Kingreen*, Art. 51 GRCh Rn. 9; Jarass/*Jarass*, Art. 51 GRCh Rn. 20a, 21; *Schmidt*, S. 234.

251 EuGH, Urteil vom 29.7.2019 – C476/17 = MMR 2019, 596, 601.

252 EuGH, Urteil vom 29.7.2019 – C476/17 = MMR 2019, 596, 601.

In Bezug auf die InfoSoc-RL bedeutet diese Begrenzung konkret, dass bei der Umsetzung alle Vorschriften der Richtlinie eingehalten werden müssen, die Verhältnismäßigkeit, die Ziele der Richtlinie und der Drei-Stufen-Test beachtet werden müssen sowie ein angemessener Ausgleich zwischen den Grundrechten hergestellt werden müssen.[253]

Daraus folgt für die Berücksichtigung von Grundrechten, dass zunächst durch Auslegung ermittelt werden muss, ob überhaupt ein Umsetzungsspielraum besteht. Ist dies der Fall, sind die nationalen Grundrechte zu beachten. Allerdings müssen auch die Grundrechte der Charta in angemessenen Ausgleich gebracht werden. Liegt kein Umsetzungsspielraum vor, sind die nationalen Grundrechte nicht anwendbar. Im Folgenden wird untersucht, ob bei den für diese Untersuchung relevanten Vorschriften Umsetzungsspielräume bestehen.

bb) Verwertungsrechte (§§ 15 ff. UrhG; § 69c UrhG)

Der EuGH hat entschieden, dass Art. 2 lit. a und Art. 3 Abs. 1 InfoSoc-RL vollharmonisierend sind.[254] Diese Rechte des Urhebers seien in der Richtlinie eindeutig festgelegt und an keine Bedingungen geknüpft.[255] Wenn man diese Argumentation zugrunde legt, sind Art. 2, 3 und 4 InfoSoc-RL insgesamt vollharmonisierend. Der BGH vertritt diese Auffassung ebenfalls.[256] Er begründet das mit der Zielsetzung der Richtlinie, im Interesse der Rechtssicherheit und des Binnenmarktes ein möglichst einheitliches Urheberrecht zu schaffen.[257] In den Erwägungsgründen 1, 4, 6, 7, 9, 23 und 31 der InfoSoc-RL werde deutlich, dass es das Ziel der Richtlinie sei, das Urheberrecht zu harmonisieren und nach Erwägungsgrund 3 der InfoSoc-RL dadurch zur Verwirklichung des Binnenmarkts beizutragen.[258] Ein unterschiedlich hohes Schutzniveau stünde dem entgegen.[259] Das ist überzeugend, da der Wortlaut tatsächlich keine Spielräume zulässt und die Verwertungsrechte besonders wichtig sind, um einen einheitlichen Markt für die Schaffung und Verwertung von kreativen Inhalten zu schaffen. Hinsichtlich

253 EuGH, Urteil vom 29.7.2019 – C-469/17 = MR-Int 2019, 114, 118.

254 EuGH, Urteil vom 29.7.2019 – C-469/17 = MR-Int 2019, 114, 118; *Dreier*, GRUR 2019, 1003, 1004.

255 EuGH, Urteil vom 29.7.2019 – C-469/17 = MR-Int 2019, 114, 117.

256 BGH, Urteil vom 28.3.2019 – I ZR 132/17 = CR 2019, 770; BGH, Urteil vom 22.1.2009 – I ZR 247/03 = GRUR 2009, 840, 841.

257 BGH, Urteil vom 22.1.2009 – I ZR 247/03 = GRUR 2009, 840, 841.

258 BGH, Urteil vom 22.1.2009 – I ZR 247/03 = GRUR 2009, 840, 841.

259 BGH, Urteil vom 22.1.2009 – I ZR 247/03 = GRUR 2009, 840, 841.

des Vermiet- und Verleihrechts, das auf RL 2006/115/EG beruht, ist die Vollharmonisierung nicht eindeutig, da einige Vorgaben nur fakultativ sind.[260]

Auch Art. 4 Software-RL wirkt vollharmonisierend. Der Wortlaut lässt keinen Umsetzungsspielraum zu. Außerdem sieht auch hier Erwägungsgrund 5 vor, dass ein einheitlicher Markt geschaffen werden soll.[261] Erwägungsgrund 6 untermauert, dass dafür ein einheitlicher rechtlicher Rahmen geschaffen werden muss, wofür eine einheitliche Bestimmung der Verwertungsrechte essenziell ist.

cc) Technische Schutzmaßnahmen (§ 95a UrhG; § 69f Abs. 2 UrhG)

Beim rechtlichen Schutz technischer Schutzmaßnahmen stellt sich die Situation anders dar. In Art. 6 InfoSoc-RL ist wiederholt von einem angemessenen Rechtsschutz, den die Mitgliedsstaaten gewährleisten sollen und geeigneten Maßnahmen, die ergriffen werden sollen, die Rede. Aus dem Wortlaut ergibt sich bereits, dass hier Umsetzungsspielraum besteht. Gleiches gilt für Art. 7 Software-RL, der von geeigneten Maßnahmen spricht. Zudem ist der rechtliche Schutz von technischen Schutzmaßnahmen nicht in gleichem Maße relevant für einen funktionierenden Binnenmarkt wie die Verwertungsrechte. Hier besteht also Umsetzungsspielraum.

dd) Schranken (§§ 44a ff. UrhG; §§ 69d, e UrhG)

Bei den Schranken ist die Situation weniger eindeutig. Zunächst ließe sich argumentieren, dass die Schranken der InfoSoc-RL auch europarechtlich vollharmonisiert wären, da sich der Freiraum für den Nutzer aus der Abgrenzung zu den vollharmonisierten Verwertungsrechten ergebe.[262] Das verkennt aber, dass die Schranken in der InfoSoc-RL fakultativ ausgestaltet sind und schon deswegen auf europarechtlicher Ebene gar keine abschließende Abwägung der Grundrechtspositionen mit den Verwertungsrechten und den Schranken getroffen worden sein kann. Dieses Argument wird auch angeführt, um die Schranken generell als nicht vollharmonisiert einzustufen.[263] Der EuGH hat zu Art. 5 Abs. 3 lit. c Fall 2 und lit. d der InfoSoc-RL geurteilt, dass sie nicht vollharmonisiert sind.[264] Als Argument hat das Gericht den offenen Wortlaut

260 *Grünberger*, ZUM 2015, 273, 274.
261 *Grünberger*, ZUM 2015, 273, 274, 275.
262 Dreyer/Kotthoff/Meckel/Hentsch/*Dreyer*, § 23 UrhG Rn. 3.
263 BGH, Urteil vom 20.3.2013 – I ZR 84/11 = GRUR 2013, 1220, 1224.
264 EuGH, Urteil vom 29.7.2019 – C-469/17 = GRUR 2019, 934, 938; EuGH, Urteil vom 29.7.2019 – C516/17 = GRUR 2019, 940, 942.

angeführt und darauf hingewiesen, dass die Harmonisierung unter wirtschaftlichen Gesichtspunkten steht und daher Schranken, die anderen Zwecken dienen, nicht umfasst.[265] Gleichzeitig betont der EuGH die Grenzen des Umsetzungsspielraums.[266] Nichtsdestotrotz besteht ein Umsetzungsspielraum, sodass die Schranken der InfoSoc-RL nicht vollharmonisiert sind.[267]

Bei §§ 69d, e UrhG stellt sich die Situation anders dar. Zum einen sind sie nicht fakultativ, zum anderen sind sie deutlich präziser ausgestaltet als die Schranken der InfoSoc-RL. Art. 6 Software-RL enthält zwar einige abwägungsoffene Kriterien. Allerdings fallen diese aufgrund der Detailtiefe der Regelung insgesamt kaum ins Gewicht. Schließlich sind alle Schranken der Software-RL von hoher wirtschaftlicher Bedeutung, da Computerprogramme Wirtschaftsgüter sind und die Befugnisse der Nutzer essenziell für die Verwertungsmöglichkeiten. Daher sind diese Schranken vollharmonisiert.

ee) Zwischenergebnis

Entscheidend für die Frage, ob nationale Grundrechte anwendbar sind, ist, ob ein Umsetzungsspielraum für den nationalen Gesetzgeber besteht. Das ist nicht der Fall, wenn eine europäische Vorgabe vollharmonisierend wirkt. Die Verwertungsrechte aus InfoSoc- und Software-RL sind vollharmonisiert. Das trifft nicht auf die Verleih- und Vermietrichtlinie zu. Der Rechtsschutz bezüglich technischer Schutzmaßnahmen ist weder in der InfoSoc- noch in der Software-RL voll harmonisiert, sodass hier Umsetzungsspielraum besteht. Die Schranken der InfoSoc-RL sind nicht vollharmonisiert, die Schranken der Software-RL sind hingegen zwingend vorgeben. Daher müssen im Folgenden sowohl die europäischen als auch nationalen Grundrechte beleuchtet werden, um im weiteren Verlauf der Untersuchung bewerten zu können, ob bei den jeweiligen Regelungen ein angemessener Interessenausgleich geschaffen wurde.

b) Beteiligte im Urheberrecht

Das Urheberrecht schützt in erster Linie die Urheber. Weitere Beteiligte, die von den Regelungen im Urheberrecht betroffen sind, sind die Rechteverwerter und die Nutzer. Daher wird auch von der „Tripolarität" des Urheberrechts

265 EuGH, Urteil vom 29.07.2019 – C-469/17 = GRUR 2019, 934, 937.
266 *Dreier*, GRUR 2019, 1003, 1004; *Grünberger*, ZUM 2015, 273, 285.
267 *Dreier*, GRUR 2019, 1003, 1004.

gesprochen.[268] Die Nutzer sind eine heterogene Gruppe. Dazu gehören Personen mit Partikularinteressen wie z. B. Forschende, Menschen mit körperlichen Einschränkungen aber auch Wettbewerber.[269] Schließlich werden noch Allgemeininteressen angeführt.[270] Dazu gehören wirtschaftliche Interessen wie Wettbewerb und Innovation, aber auch gesellschaftliche Interessen wie kulturelle Teilhabe und Bildung.

c) Urheber

Die Urheber sind als Schöpfer von Werken die zentralen Adressaten des Urheberrechts. Sie haben sowohl ideelle Bindungen zu ihrem Werk als auch wirtschaftliche Interessen an dessen Verwertung.

aa) Betroffene Grundrechte

Die vermögensrechtlichen Aspekte der Rechte des Urhebers an seinem Werk sind über den Eigentumsschutz grundrechtlich verankert.[271] Das Persönlichkeitsrecht schützt hingegen die persönlichen Aspekte der Beziehung des Urhebers zu seinem Werk.[272] Eine eindeutige Trennung beider Aspekte ist jedoch nicht möglich und vom deutschen Urheberrecht auch nicht gewollt.[273]

Zu diesen Grundrechten kommt, als Paradefall für den Schutz von Kreativleistungen, die Kunstfreiheit sowie für alle wissenschaftliche Schöpfungen die Wissenschaftsfreiheit hinzu. Während die Kunst- und Wissenschaftsfreiheit den Zeitraum der Werkschaffung betreffen,[274] schützt das Eigentumsrecht die anschließenden Verwertungshandlungen.

Da Herstellung und Einsatz von Drittanbietersoftware bei Online-Spielen die Verwertung und nicht die Herstellung des Online-Spieles und seiner Bestandteile betreffen, kommt es ungeachtet der Untrennbarkeit maßgeblich auf den Eigentumsschutz bezüglich des Online-Spiels an. Das Persönlichkeitsrecht wird lediglich im Rahmen der Entstellung (§ 14 UrhG) relevant.

---

268 Dreier/Schulze/*Dreier*, Einleitung Rn. 1; Schricker/Loewenheim/*Loewenheim*, Einleitung Rn. 12.

269 Dreier/Schulze/*Dreier*, Einleitung Rn. 1.

270 Dreier/Schulze/*Dreier*, Einleitung Rn. 1.

271 Epping/Hillgruber/*Axer*, Art. 14 GG Rn. 50; Loewenheim/*Vogel*, § 2 Rn. 26.

272 Loewenheim/*Vogel*, § 2 Rn. 26.

273 Schricker/Loewenheim/*Loewenheim*, Einleitung UrhG Rn. 28.

274 BVerfG, Beschluss vom 7.7.1971 – 1 BvR 765/66 = NJW 1971, 2163.

bb) Eigentum

Im deutschen Recht umfasst Art. 14 Abs. 1 S. 1 GG die vermögensrechtlichen Aspekte des Urheberrechts.[275] Abgesehen von der Institutsgarantie[276] handelt es sich um ein normgeprägtes Grundrecht,[277] sodass sich die konkreten Befugnisse aus einfachen Gesetzen, wie z. B. dem UrhG, ergeben. Der Schutzbereich des Art. 14 Abs. 1 S. 1 GG ist daher durch eine Gesamtschau aller geltenden gesetzlichen Regelungen festzustellen.[278] Das Eigentum im Zivilrecht hat dahingehend eine Leitbildfunktion, dass alles, was dem Einzelnen zur privaten Nutzung und zur freien Verfügung zugeordnet wird, unter Art. 14 GG fällt.[279] Nach Auffassung des BVerfG umfasst das Eigentum alle vermögenswerten Rechte, die dem Einzelnen zum privaten Nutzen und im Rahmen der gegebenen Befugnisse zur freien Verfügung übertragen wurden.[280]

Der Gesetzgeber hat auch in Bezug auf das Urheberrecht einen Ausgestaltungsauftrag,[281] Dabei hat er sachgerechte Maßstäbe festzulegen, um eine Nutzung und Verwertung zu gewährleisten, die der Natur und der sozialen Bedeutung des Urheberrechts gerecht werden.[282] Mit anderen Worten muss der Gesetzgeber das Interesse des Einzelnen und der Allgemeinheit bei der Ausgestaltung des Urheberrechts in Ausgleich bringen.[283] Der wirtschaftliche Nutzen aus einem Werk ist dem Urheber zuzuordnen, außer es sprechen Gründe des Gemeinwohls dagegen.[284] Dabei hat der Gesetzgeber einen großen Gestaltungsspielraum.[285] Für die Interessen der Nutzer im Urheberrecht sind vor allem die Schranken wesentlich.[286] Sie sind Ausdruck der Sozialbindung des Eigentums.[287] Sie müssen alle Interessen austarieren und dürfen das Eigentumsrecht des Urhebers insbesondere nur in verhältnismäßiger Weise beschränken.[288] Das

275 Statt aller Jarass/Pieroth/*Jarass*, Art. 14 GG Rn. 8.
276 Jarass/Pieroth/*Jarass*, Art. 14 GG Rn. 3.
277 Jarass/Pieroth/*Jarass*, Art. 14 GG Rn. 18.
278 v. Mangoldt/Klein/Starck/*Depenheuer*/*Froese*, Art. 14 GG Rn. 113.
279 Dreier/*Wieland*, Art 14 GG Rn. 49.
280 BVerfG, Beschluss vom 9.1.1991 – 1 BvR 929/89 = NJW 1991, 1807.
281 Maunz/Dürig/*Papier*/*Shirvani* Art. 14 Rn. 314; *Leinemann*, S. 56.
282 BVerfG, Beschluss vom 24.11.2009 – 1 BvR 213/08 = GRUR 2010, 332, 334.
283 Schricker/Loewenheim/*Stieper*, Vor §§ 44a ff. UrhG Rn. 15; *Stieper*, S. 43.
284 BVerfG, Beschluss vom 24.11.2009 – 1 BvR 213/08 Rn. 59 = GRUR 2010, 332, 334.
285 BVerfG, Beschluss vom 24.11.2009 – 1 BvR 213/08 Rn. 59 = GRUR 2010, 332, 334.
286 Schricker/Loewenheim/*Loewenheim*, Einleitung UrhG Rn. 16; *Gräbig*, S. 40 ff.
287 Loewenheim/*Götting*, § 30 Rn. 1; *Gräbig*, S. 42.
288 Loewenheim/*Götting*, § 30 Rn. 1; Sachs/*Wendt*, Art. 14 GG Rn. 72, 73; *Gräbig*, S. 42; *Poeppel*, S. 139.

BVerfG hat zudem festgestellt, dass eine vergütungsfreie Schranke ein gesteigertes öffentliches Interesse erfordert, um mit Art. 14 Abs. 1 GG in Einklang zu stehen.[289]

Art. 17 Abs. 2 GrCh nennt das geistige Eigentum ausdrücklich. Ansonsten ist das Recht auf Eigentum auch hier normgeprägt,[290] sodass es der einfachgesetzlichen Ausgestaltung bedarf. Der EuGH hat ein weites Begriffsverständnis etabliert.[291] Eine bei der Ausgestaltung vorgenommene Nutzungsbeschränkung ist gem. Art. 17, Art. 52 GrCh gerechtfertigt, wenn damit Ziele verfolgt werden, die im Gemeinwohlinteresse der Union stehen, im Hinblick auf den Zweck kein Verstoß gegen das Übermaßverbot vorliegt und das Eigentumsrecht nicht in seinem Wesensgehalt berührt wird.[292]

d) Rechteverwerter

Rechteverwerter sind unverzichtbar, um Werke der interessierten Öffentlichkeit zugänglich zu machen.[293] Sofern es um die Reichweite von urheberrechtlichen Befugnissen gegenüber den Nutzern geht, die die Rechteverwerter für Urheber wahrnehmen, besteht kein gesonderter Grundrechtsschutz. Allerdings können Rechteverwerter als Inhaber von (ausschließlichen) Nutzungsrechten selbst auch durch das Eigentumsrecht geschützte Positionen (Art. 17 GRCh; Art. 14 GG) innehaben. Hinzu kommt der Schutz der Berufsausübung (Art. 15 GRCh; Art. 12 GG) und der freien unternehmerischen Betätigung (Art. 17 GRCh), wenn durch den Entzug von urheberrechtlichen Befugnissen Geschäftsmodelle nicht mehr wahrgenommen werden können. Auch der Schutz von Betriebsgeheimnissen nach Art. 16 GRCh[294] kann betroffen sein, wenn Rechteverwerter beispielsweise spezielle Kenntnisse beim Vertrieb erworben haben. Die in der vorliegenden Untersuchung relevanten Problemfelder betreffen aber keine der letztgenannten spezifischen Positionen der Verwerter. Vielmehr sind die Positionen betroffen, die sie von den Urhebern ableiten, sodass hier keine gesonderte Betrachtung erforderlich ist.

---

289 BVerfG, Beschluss vom 7. 7. 1971 – 1 BvR 765/66 = NJW 1971, 2163, 2164; *Gräbig*, S. 42.

290 Jarass/*Jarass*, Art. 17 GRCh Rn. 6; Stern/Sachs/*Vosgerau*, Art. 17 GRCh Rn. 14, 15.

291 Stern/Sachs/*Vosgerau*, Art. 17 GRCh Rn. 26; *Streinz*, Art. 17 GRCh, Rn. 6.

292 Calliess/Ruffert/*Calliess*, Art. 17 GRCh Rn. 27; Peers/Hervey/Kenner/Ward/*Wollenschläger*, Art. 17 EU Charter Rn. 17(1).43; Stern/Sachs/*Vosgerau*, Art. 17 GRCh Rn. 84.

293 Schricker/Loewenheim/*Loewenheim*, Einleitung UrhG Rn. 15.

294 Jarass/*Jarass*, Art. 16 GRCh Rn. 9.

e) Nutzer

Im Gegensatz zu Verwertern und Urhebern sind die Nutzerinteressen deutlich heterogener. Es sind Fälle denkbar, in denen nahezu jedes Grundrecht eine Rolle spielen kann:[295] Zugang zu Informationen (Informationsfreiheit), kreative Auseinandersetzung mit fremden Werken (Kunstfreiheit), wissenschaftliche Untersuchungen (Wissenschaftsfreiheit) Schutz der Persönlichkeit vor negativen Darstellungen (APR), Berichterstattung (Pressefreiheit), Kritik (Meinungsfreiheit) etc.[296] Besondere Relevanz haben im Zusammenhang mit Drittanbietersoftware in Online-Spielen das Eigentumsrecht und die Forschungsfreiheit.

aa) Eigentum

Im Folgenden wird der Frage nachgegangen, ob sich auch der Nutzer eines Werks auf seine eigene Eigentumsfreiheit berufen kann, wenn ihm diese Rechtsposition entzogen oder sie zumindest eingeschränkt wird.

(1) Sozialpflichtigkeit

Das Recht auf Eigentum kann auf verschiedene Weisen für die Interessen der Nutzer streiten. Art. 14 Abs. 1 S. 2, 2 GG legt die Sozialbindung des Eigentums fest und dient damit als Gegenpol zum Eigentumsgrundrecht des Urhebers. Dabei handelt es sich jedoch um kein subjektives Grundrecht, auf das sich ein Nutzer berufen kann. Vielmehr ist darin eine Konkretisierung des Gestaltungsauftrag an den Gesetzgeber und gleichzeitig die Eingrenzung dieses Gestaltungsauftrags zu sehen.[297] Im Rahmen der Einschränkung des Art. 14 Abs. 1 S. 1 GG in Bezug auf die Rechte des Urhebers können sich Nutzerinteressen mit der Sozialbindung überschneiden.

Gleiches gilt in Bezug auf Art. 17 GrCh. Die Sozialbindung des Eigentums ist zwar nicht ausdrücklich genannt, ergibt sich aber aus dem Wohl der Allgemeinheit, aufgrund dessen die Nutzung des Eigentums geregelt werden kann. Dazu können alle legitimen politischen Ziele zählen.[298] Es handelt sich dabei ebenfalls nicht um eine subjektive Rechtsposition, auf die sich ein Nutzer berufen kann. Die Sozialpflichtigkeit ist vielmehr das grundrechtliche Einfallstor

295 *Poeppel*, S. 147 ff.
296 *Stieper*, S. 47 ff.
297 Jarass/Pieroth/*Jarass*, Art. 14 GG Rn. 35a.
298 Calliess/Ruffert/*Calliess*, Art. 17 GrCh Rn. 28.

für Allgemeinwohlinteressen.[299] Beispielsweise sind urheberrechtliche Schranken, die dem Allgemeinwohl dienen, Ausdruck der Sozialpflichtigkeit des Eigentums.[300]

(2) Nutzungsrecht

Für die vorliegende Untersuchung ist es von besonderer Relevanz, ob sich ein Nutzer aufgrund seines Nutzungsrechts auf den Schutz seines eigenen Eigentums berufen kann. Die Vorteile aus Sicht des Nutzers wären, dass ein eigener eigentumsrechtlicher Schutz bestehen würde und dass sein Recht auch gegenüber dem Urheber geschützt wäre. Schranken, die dieses Nutzungsrecht absichern (insb. §§ 69d, e UrhG) müssten dann auch vor diesem Hintergrund ausgelegt werden.

Ein Nutzer kann sich dann aufgrund seines Nutzungsrechts auf den Schutz seines Eigentums berufen, wenn er ein Nutzungsrecht hat und dieses urheberrechtliche Nutzungsrecht in den Schutzbereich des Eigentumsrechts des Nutzers fällt. Der Spieler eines Online-Spiels erwirbt stets ein Nutzungsrecht. Die erste Voraussetzung ist also immer erfüllt. Die zentrale Frage ist daher, ob urheberrechtliche Nutzungsrechte zum Schutzbereich des Eigentumsgrundrechts gehören.

Ein Nutzungsrecht kann gem. § 31 Abs. 1 S. 2 UrhG als einfaches oder ausschließliches Nutzungsrecht eingeräumt werden. Aufgrund der unterschiedlichen rechtlichen Ausgestaltung ist zwischen beiden Arten zu unterscheiden. Spieler und Nutzer von Computerprogrammen erlangen in aller Regel nur ein einfaches Nutzungsrecht. Um die rechtliche Problemstellung herauszuarbeiten, ist zunächst allerdings das ausschließliche Nutzungsrecht in den Blick zu nehmen, da dort eine Einbeziehung in den Schutzbereich des Eigentumsrechts weniger Schwierigkeiten bereitet.

(a) Ausschließliches Nutzungsrecht

Nach § 31 Abs. 3 S. 1 UrhG kann der Inhaber eines ausschließlichen Nutzungsrechts alle anderen Personen von der Nutzung ausschließen und das Werk somit exklusiv auf die vereinbarte Art nutzen. Hier hat der Inhaber ein positives Nutzungsrecht und ein negatives Verbotsrecht.[301] Zwar ist der Inhaber hinsichtlich der Verfügung über sein Recht nicht frei, sondern benötigt dafür die

299 *Gräbig*, S. 42.
300 *Leinemann*, S. 92.
301 Schricker/Loewenheim/*Ohly*, § 31 UrhG Rn. 50.

Zustimmung des Urhebers (§ 34 Abs. 1 S. 1 UrhG). Gleiches gilt für die Einräumung von Unterbefugnissen (§ 35 Abs. 1 S. 1 UrhG). Es schadet jedoch nicht für ein Einbeziehen in den Schutzbereich von Art. 14 GG, dass über die Position nicht völlig frei verfügt werden kann.[302] Der Grund ist, dass es dem Gesetzgeber unbenommen ist, im Rahmen der Ausgestaltung die Verfügbarkeit von vermögenswerten Rechten einzuschränken, dies aber nicht zur Einschränkung des grundrechtlichen Schutzes führen soll.[303] Die mangelnde Verfügbarkeit wirkt sich also nicht auf die Einbeziehung in den Schutzbereich aus. Die Möglichkeit des Rückrufs des ausschließlichen Nutzungsrechts wegen Nichtausübung nach § 41 Abs. 1 S. 1 UrhG steht dem ebenfalls nicht entgegen. Dadurch wird der private Nutzen zwar insofern eingeschränkt, als dass der Inhaber nicht frei darin ist, sich für keine Nutzung zu entscheiden. Dabei handelt es sich aber lediglich um einen notwendigen Ausgleich mit den Interessen des Urhebers. Der Urheber wird davor geschützt, dass der Rechtsinhaber das Werk der Öffentlichkeit vorenthält.[304] Dementsprechend gilt das Rückrufsrecht auch nur im Falle eines ausschließlichen Nutzungsrechts. Dieser Interessenausgleich kann aber nicht dazu führen, dass das Nutzungsrecht aus dem Schutzbereich der Eigentumsfreiheit hinausfällt. Gleiches gilt in Bezug auf das Rückrufsrecht wegen gewandelter Überzeugung des Urhebers aus § 42 UrhG.

Innerhalb der gesetzlichen Modalitäten (Art, Dauer, Umfang, Rückrufsrechte) der Ausübung ist eine vermögensrechtlich relevante Betätigung für den Inhaber eines ausschließlichen Nutzungsrechts möglich, die grundrechtlicher Absicherung zugänglich ist. Deswegen schaden weder die genannten gesetzlichen Beschränkungen noch inhaltliche, örtliche oder zeitliche Beschränkungen (§ 31 Abs. 1 S. 2 UrhG). Das ausschließliche Nutzungsrecht ist vom Schutzbereich des Art. 14 GG erfasst.[305]

Die Bewertung bei Art. 17 GRCh fällt gleich aus. Auch hier sind dingliche Rechte wie das Pfandrecht geschützt.[306] Als akzessorisches Sicherungsrecht unterliegt das Pfandrecht ebenfalls einigen Beschränkungen, ohne dass die die Einbeziehung in den Schutzbereich verhindert. Art. 17 GRCh erfasst alle vermögenswerten Rechte, unabhängig von deren Einschränkungen. Auch

---

302 BVerfG, Beschluss vom 9.1.1991 – 1 BvR 929/89 = NJW 1991, 1807; Dreier/*Wieland*, Art. 14 GG Rn. 58, 59.

303 BVerfG, Beschluss vom 9.1.1991 – 1 BvR 929/89 = NJW 1991, 1807.

304 Wandtke/Bullinger/*Wandtke*, § 41 UrhG Rn. 1.

305 *Schack*, in Depenheuer/Peifer, S. 123, 126.

306 Stern/Sachs/*Vosgerau*, Art. 17 GRCh Rn. 44.

Nutzungsrechte aus einem Leasingvertrag werden dazugezählt.[307] Daher sind auch die genannten Einschränkungen des ausschließlichen Nutzungsrechts unbeachtlich. Es wird auch von Art. 17 GRCh geschützt.

(b) Einfaches Nutzungsrecht

Beim Erwerb eines digitalen Produkts wird, wie bereits erwähnt, regelmäßig kein ausschließliches, sondern ein einfaches Nutzungsrecht erworben. Daher stellt sich die Frage ist, ob dieses ebenfalls in den Schutzbereich des Eigentumsgrundrechts fällt.

Die Situation bei einem einfachen Nutzungsrecht stellt sich weniger eindeutig dar, da es im Vergleich zu einem ausschließlichen Nutzungsrecht weniger Befugnisse vermittelt. Nach § 31 Abs. 2 UrhG ist eine Nutzung durch andere gerade nicht ausgeschlossen. Hinzu kommen die bereits beim ausschließlichen Nutzungsrecht genannten Einschränkungen, mit Ausnahme von § 41 UrhG.

Auf der anderen Seite kann der Inhaber eines einfachen Nutzungsrechts im Rahmen der Vorgaben das Werk frei nutzen. Auch ihm kommt der Sukzessionsschutz aus § 33 UrhG zugute.

Hinsichtlich des einfachen Nutzungsrechts wird seit längerem darüber gestritten, ob ihm dingliche Wirkung zukommt oder nicht.[308] Eine Meinung qualifiziert es als schuldrechtliche Position mit einigen dinglichen Elementen.[309] Eine andere Auffassung sieht mit Verweis auf § 33 UrhG einen dinglicher Charakter.[310] Dieser Streit ist zwar nicht deckungsgleich mit der Frage, ob ein einfaches Nutzungsrecht unter das Eigentumsrecht fällt. Darunter können nämlich auch nicht-dingliche Rechte wie schuldrechtliche Positionen fallen.[311] Dennoch sprechen die Argumente, die regelmäßig für eine dingliche Wirkung angeführt werden, für eine Einbeziehung in das Eigentumsgrundrecht, da sie für die rechtliche Wirkungskraft des einfachen Nutzungsrechts sprechen.

Im Gegensatz zum ausschließlichen Nutzungsrecht hat das einfache Nutzungsrechte nach § 31 Abs. 2 UrhG keine Ausschließungsfunktion.[312] Der Berechtigte kann daher auch nur mithilfe des Urhebers gegen Dritte vorgehen, die das Werk ohne Nutzungsrecht nutzen.[313] Das spricht gegen eine ausreichende

---

307 Stern/Sachs/*Vosgerau*, Art. 17 GRCh Rn. 45.
308 Schricker/Loewenheim/*Ohly*, § 31 UrhG Rn. 47.
309 Schricker/Loewenheim/*Ohly*, § 31 UrhG Rn. 47.
310 Wandtke/Bullinger/*Wandtke/Grunert*, § 31 UrhG Rn. 31.
311 Jarass/Pieroth/*Jarass*, Art. 14 GG Rn. 6.
312 Dreier/Schulze/*Schulze*, § 31 UrhG Rn. 51.
313 Schricker/Loewenheim/*Ohly*, § 31 UrhG Rn. 46.

Herrschaftsmacht und damit gegen eine Einbeziehung in die Eigentumsfreiheit. Die fehlende autonome Verfügungsbefugnis (§ 34 Abs. 1 S. 1 UrhG) hingegen ist wie beim ausschließlichen Nutzungsrecht nicht ausschlaggebend.

Für eine Einbeziehung spricht, dass der Berechtigte im Rahmen des Nutzungsrechts das Werk frei nutzen kann. Ein gewisses Maß an Herrschaftsmacht besteht somit. Zudem gewährt § 33 UrhG Schutz auch für das einfache Nutzungsrecht.[314] Das verstärkt dessen rechtliche Wirkungsmacht. Außerdem zeigt die Diskussion über die mögliche Insolvenzfestigkeit von Lizenzen[315] und insbesondere die Anerkennung eines gewissen Bestandsschutzes für einfache Nutzungsrechte durch die Rechtsprechung,[316] dass einfache Nutzungsrechte über ein gesteigertes Maß an Rechtskraft verfügen.

Entscheidend für die Einbeziehung in den Schutzbereich des Art. 14 Abs. 1 S. 1 GG ist aber, dass sogar schuldrechtliche Forderungen[317] und vertragliche Nutzungsrechte[318] zum Schutzbereich zählen. Die Ansprüche eines Verkäufers, Pächters oder Mieters gehören ebenso dazu[319] wie das vertragliche Nutzungsrecht an einer Domain.[320] Im letzten Fall hat das BVerfG allerdings die ausschließliche Zuordnung zum Inhaber betont, was wohl darauf abzielt, dass jede Domain nur einmal vergeben wird und damit eine faktische Ausschließlichkeit desjenigen, der das (einzige) Nutzungsrecht daran hat, geschaffen wird. Entsprechend ließe sich auch bei Miete und Pacht argumentieren, da es auch nur einen gemieteten bzw. gepachteten Gegenstand gibt. Bei einem einfachen urheberrechtlichen Nutzungsrecht besteht keine faktische Ausschließlichkeit. Die Einbeziehung des Zahlungsanspruchs des Verkäufers[321] verdeutlicht jedoch, dass es auf die faktische Ausschließlichkeit nicht ankommt. Ein Zahlungsanspruch ist nicht exklusiv, es können mehrere Zahlungsansprüche gegen eine Person bestehen. Es ist richtig, auch diese Rechtspositionen in Art. 14 GG einzubeziehen, da die faktische Nicht-Exklusivität letztlich zufällig ist. Sonst würde der Schutz des Nutzungsanspruches eines Mieters davon abhängen, ob er der einzige Nutzer ist. Daher sind auch nicht-exklusive Positionen geschützt. Das gilt auch für einfache

314 Dreier/Schulze/*Schulze*, § 31 UrhG Rn. 52.

315 Schricker/Loewenheim/*Wimmers*, § 112 Rn. 24 ff.; *Pahlow*, WM 2016, 1717, 1718 ff.

316 BGH, Urteil vom 26.3.2009 – I ZR 153/06 = NJW-RR 2010, 186.

317 Maunz/Dürig/*Papier*/*Shirvani* Art. 14 Rn. 160.

318 Friauf/Höfling/*Sieckmann*, Art. 14 GG Rn. 44; Sachs/*Wendt*, Art. 14 GG Rn. 24.

319 Maunz/Dürig/*Papier*/*Shirvani* Art. 14 Rn. 322.

320 BVerfG, Beschluss vom 24.11.2004 – 1 BvR 1306/02 = NJW 2005, 589.

321 BVerfG, Beschluss vom 8.6.1977 – 2 BvR 499/74, 1042/75 = NJW 1977, 2024, 2027, 2028.

urheberrechtliche Nutzungsrechte. Sie sind vermögenswert, zum privaten Nutzen zugewiesen und erlauben ein rechtliches Können. Sie haben bestimmte dingliche Wirkungen. Es fehlt lediglich die negative Herrschaftsmacht im Sinne einer Ausschließlichkeit, was in der Gesamtabwägung aber nicht durchschlägt.

Gegen die mangelnde Ausschließungsfunktion des einfachen Nutzungsrechts lässt sich schließlich noch der Charakter des Urheberrechts anführen. Im Gegensatz zum Sacheigentum ist das Urheberrecht nicht auf den Ausschluss anderer, sondern auf Nutzungsgewährung ausgerichtet.[322] Ein geistiges Werk, das nicht durch Nutzung verwertet wird, bietet dem Urheber im Gegensatz zu Eigentum an einem Grundstück keine wirtschaftlichen Vorteile. Daher ist es Sinn des Urheberrechts, möglichst viele Nutzungsrechte zu verteilen. Das ändert aber nichts an der Schutzbedürftigkeit der Nutzungsrechtsinhaber. Eine Entziehung dieser Position würde einen rechtlichen und wirtschaftlichen Verlust bedeuten. Daher ist das einfache Nutzungsrecht von Art. 14 Abs. 1 S. 1 GG erfasst.

Die Argumentation lässt sich auf Art. 17 GRCh übertragen. Auch dort sind Forderung- und Nutzungsrechte erfasst,[323] sodass auch die beschränkte Herrschaftsmacht eines einfachen Nutzungsrechts ausreicht, um es in den Schutzbereich des Eigentumsrechts einzubeziehen.

(3) Neues Eigentum

Neben der Frage nach dem Schutz des Nutzungsrechts wird das Eigentumsrecht in Bezug auf den Nutzer auch relevant, wenn er selbst kreativ tätig wird und ausgehend vom Werk eines anderen ein eigenes schafft. Bezüglich der Verwertung des neuen Werkes ist das Eigentumsrecht wie bei jedem Urheber einschlägig. Die Frage der Erstellung eines aufbauenden Werkes ist hingegen wie die Erstellung insgesamt bei anderen Grundrechten angesiedelt.[324]

bb) Forschung

Die Forschungsfreiheit wird durch Art. 5 Abs. 3 GG und Art. 13 GRCh gewährleistet. Sie richtet sich in erster Linie gegen staatliche Eingriffe. Aber auch indirekte Beschränkungen, die daraus resultieren, dass der Gesetzgeber Handlungen verbietet oder bestimmte Hilfsmittel untersagt, sind rechtfertigungsbedürftig.

---

322 *Uhlenhut*, S. 37.

323 Calliess/Ruffert/*Calliess*, Art. 17 GRCh Rn. 6; Peers/Hervey/Kenner/Ward/*Wollenschläger*, Art. 17 EU Charter Rn. 17(1).16; Stern/Sachs/*Vosgerau*, Art. 17 GRCh Rn. 26; 45.

324 Siehe C.I.2.c)aa).

Würden zum Beispiel Analyseinstrumente vollständig als Hilfsmittel zur Umgehung von technischen Schutzmaßnahmen gelten[325] und daher verboten werden, würde dies die IT-Sicherheitsforschung erheblich einschränken.

f) Allgemeinheit

Neben den subjektiven Grundrechtspositionen der einzelnen Beteiligten bestehen Interessen der Allgemeinheit. Diese können gegebenenfalls herangezogen werden, um Grundrechtseinschränkungen zu rechtfertigen und sind auch im Übrigen bei Abwägungsentscheidungen zu berücksichtigen. Es handelt sich um keine subjektive Rechtspositionen.

Die Interessen der Allgemeinheit sind so vielseitig wie die Regelungszwecke des Urheberrechts. Zu den Interessen gehören in erster Linie die Schaffung und Vermittlung von Kulturgütern,[326] der Zugang zu Informationen und Wissen[327] sowie die Generierung von Fortschritt[328] durch Wettbewerb und Innovation. Diese Interessen muss der Gesetzgeber berücksichtigen.

g) Zwischenergebnis

Das Urheberrecht unterliegt sowohl auf europäischer als auch auf nationaler Ebene verschiedenen grundrechtlichen Vorgaben. Zum einen muss es das Verfügungsrecht des Urhebers schützen und ausgestalten, zum anderen die Grundrechtspositionen der anderen Beteiligten sowie die Interessen der Allgemeinheit berücksichtigen. Beispielsweise gilt es das Eigentum der Urheber zu wahren, gleichzeitig aber auch die Nutzungsrechte der Anwender zu schützen. Dabei werden fortlaufend Interessenabwägungen notwendig, die kritisch zu prüfen sind. Das gilt insbesondere für die Auslegung und Anwendbarkeit der Schranken,[329] da sie die zentralen Stellschrauben des Interessenausgleichs sind.

3. Ökonomische Rechtfertigung

Aus der ökonomischen Rechtfertigung von Recht lässt sich eine weitere Perspektive auf das Urheberrecht gewinnen. Diese wird in der Literatur als ökonomische Analyse des Rechts diskutiert.[330]

---

325 Siehe C.III.4.c)dd) und C.III.4.d)kk)(2).
326 Schricker/Loewenheim/*Loewenheim*, Einleitung Rn. 17.
327 Schricker/Loewenheim/*Loewenheim*, Einleitung Rn. 19.
328 Schricker/Loewenheim/*Loewenheim*, Einleitung Rn. 21.
329 Siehe C.III.3.b).
330 *Eidenmüller*, S. 4 ff.

a) Grundlagen

Die ökonomische Analyse des Rechts untersucht die Effizienz der Rechtsordnung im Hinblick darauf, ein bestimmtes wirtschaftliches Ziel zu erreichen.[331] Im ersten Schritt lautet die Fragestellung, welche Folgen eine rechtliche Regelung für bestimmte Verhaltensweisen hat.[332] Eine rechtliche Regelung führt immer zu einer Verteuerung oder einer Verbilligung einer Verhaltensweise.[333] Auf Grundlage des ökonomischen Verhaltensmodells kann dann prognostiziert werden, ob diese Verhaltensweise dadurch gefördert oder geschwächt wird.[334] Im zweiten, normativen Schritt erfolgt eine Bewertung der Folgen anhand der Effizienzkriterien der Wohlfahrtsökonomik.[335] Als Effizienzkriterien werden traditionell das Pareto-Kriterium[336] und Kaldor/Hicks-Kriterium[337] herangezogen. Nach ersterem ist ein Zustand dann vorzugswürdig, wenn dieser von mindestens einem Individuum vorgezogen wird und alle anderen Individuen diesem gleichgültig gegenüberstehen.[338] Nach letzterem ist ein Zustand dann vorzugswürdig, wenn der gesamte Nutzen die Kosten übersteigt.[339] Alternativ wird von der Neuen Institutionenökonomik vorgeschlagen, im Einzelfall nach wirtschaftswissenschaftlichen Erkenntnissen die beste zur Verfügung stehende Regelungslösung zu suchen.[340]

b) Kritik an der ökonomischen Analyse

Die ökonomische Analyse nimmt nur die Effizienz in den Blickpunkt und blendet Gerechtigkeitserwägungen und den Schutz von Grundrechten aus.[341] Das will sie aber auch gar nicht leisten.[342] Die anderen Belange müssen dann in weiteren Schritten berücksichtigt werden, bevor eine rechtliche Regelung getroffen oder geändert wird.[343] Effizienz hat keinen Vorrang vor anderen Zielen in der

---

331 *Eidenmüller*, S. 4; *Reich*, S. 23.
332 *Eidenmüller*, S. 21; *Reich*, S. 23, 24.
333 *Reich*, S. 24.
334 *Hansen*, S. 123
335 *Eidenmüller*, S. 21, 41; *Reich*, S. 24.
336 *Eidenmüller*, S. 48 ff.
337 *Eidenmüller*, S. 51. ff; *Suwelack*, S. 36 ff.
338 *Hansen*, S. 123, 124.
339 *Hansen*, S. 124.
340 *Reich*, S. 47.
341 *Hansen*, S. 164, 165; *Suwelack*, S. 38.
342 *Eidenmüller*, S. 37.
343 *Hansen*, S. 165, 166; *Suwelack*, S. 38, 39.

Rechtspolitik.[344] Für sich betrachtet ist Effizienz vom Grundgesetz anerkannt und damit ein legitimes Ziel.[345]

Das ökonomisches Verhaltensmodell setzt rationales und eigennütziges Agieren voraus.[346] Dieses Modell hat Grenzen und Schwächen, kann aber dennoch nutzbar gemacht werden.[347] Es geht davon aus, dass Menschen auf rechtliche Regeln rational und eigennützig reagieren.[348] Beispielsweise trifft dies auf Verwerter zu, die ein Werk vertreiben und nach Gewinn streben.[349] Mitunter sind Urheber auch ideell motiviert, weshalb sich das ökonomische Verhaltensmodell nicht in jedem Fall anwenden lässt.[350]

c) Praktischer Nutzen der ökonomischen Rechtfertigung

Die ökonomische Analyse analysiert und begründet Normen.[351] Ihr geht es um Rechtfertigung von Recht und darauf aufbauend auch um Rechtsgestaltung.[352] Im deutschen Recht kann sie aus praktischer Sicht als Gesetzgebungstheorie Anwendung finden, weniger jedoch als Gesetzanwendungstheorie.[353] Eine Ausnahme besteht dann, wenn der Gesetzgeber Effizienz als einen Gedanken bei der Gesetzgebung benannt hat,[354] dann kann die ökonomische Analyse auch bei der Anwendung von Recht als Teil der teleologischen Auslegung einer Norm herangezogen werden.[355] Im Übrigen geht es aber darum, eine bestimmte Regelung als positiv oder negativ im Hinblick auf ihre ökonomische Effizienz zu bewerten. In diesem letzteren Sinne wird die ökonomische Analyse des Urheberrechts in dieser Untersuchung nutzbar gemacht.

---

344 *Eidenmüller*, S. 321.
345 *Eidenmüller*, S. 449; 487.
346 *Eidenmüller*, S. 28 ff.; *Hansen*, S. 123; *Reich*, S. 24 ff.
347 *Reich*, S. 28, 29, 30; *Suwelack*, S. 42, 43; *Bisges*, ZUM 2014, 930, 931.
348 *Eidenmüller*, S. 29 ff.; *Reich*, S. 24.
349 *Reich*, S. 31.
350 *Eidenmüller*, S. 39; *Reich*, S. 33 ff.
351 *Hansen*, S. 122, 123.
352 *Hansen*, S. 122, 123.
353 *Eidenmüller*, S. 486.
354 *Eidenmüller*, S. 487.
355 *Reich*, S. 222, 223.

d) Ökonomische Rechtfertigung des Urheberrechts

Die ökonomische Analyse des Rechts lässt sich auf das Urheberrecht anwenden. Im Folgenden werden die für diese Untersuchung relevanten Regelungskomplexe – Verwertungsrechte, Schranken und technische Schutzmaßnahmen – in den Blick genommen und abschließend das Phänomen Drittanbietersoftware eingeordnet.

aa) Verwertungsrechte

Ausgehend von den oben erwähnten Effizienzkriterien wurden verschiedene Theorien zur Rechtfertigung des Urheberrechts entwickelt. In erster Linie ist die Property-Rights-Theory von Bedeutung. Kreative Werke sind in wirtschaftlicher Hinsicht im Ausgangspunkt öffentliche Güter, da sie für jedermann zugänglich (nicht-exklusiv) und nicht-erschöpflich (ubiquitär) sind.[356] Das gilt als Marktversagen.[357] Da ein Schöpfer weder kontrollieren kann, wer sein Werk nutzt, noch davon finanziell profitieren kann, wäre es irrational und nicht eigennützig, dennoch Werke herzustellen.[358] Werden nun von der Rechtsordnung Verfügungsbefugnisse für den Schöpfern vorgegeben, werden kreative Güter nicht-öffentlich und es wird ein Markt geschaffen.[359] Es besteht ein Anreiz für Urheber, kreative Güter zu schaffen.[360] Dadurch werden die begrenzten Güter nach dem Marktprinzip effizient verteilt,[361] da bei Verhandlungen zwischen Privaten automatisch eine effiziente Ressourcenverteilung stattfindet.[362] Beispielsweise beruht das Urheberrecht der USA auf diesem Gedanken: Es dient der Allgemeinwohlförderung, indem durch die Gewährung von Verfügungsrechten Anreize zur Schaffung von Werken gesetzt werden und Wohlstand generiert wird.[363] Bei der Anreizfunktion muss allerdings darauf geachtet werden, dass der Urheber nur von einem Mehrwert profitiert, den er auch selbst verursacht.[364] Rein technologische Verbesserungen und deren wirtschaftlichen Erträge stehen ihm nicht zu.[365]

---

356 *Reich*, S. 83, 84; *Bisges*, ZUM 2014, 930, 933.
357 *Hansen*, S. 131.
358 *Hansen*, S. 131.
359 *Reich*, S. 84.
360 *Reich*, S. 85, 86.
361 *Suwelack*, S. 60.
362 *Reich*, S. 73.
363 *Kleinemenke*, S. 47.
364 *Reich*, S. 118.
365 *Reich*, S. 118.

Davon ausgehend spielt die Transaktionskostentheorie eine wichtige Rolle. Damit Güter gehandelt und effizient verteilt werden können, dürfen die Kosten für eine entsprechende Transaktion nicht zu hoch sein.[366] Diese Transaktionskosten bestehen aus den Ausschlusskosten zur Herstellung, Überwachung und Durchsetzung der Verfügungsbefugnis sowie der Kosten der Transaktion selbst.[367] Das Recht soll diese Kosten senken.[368]

Gleichzeitig ist festzuhalten, dass Verfügungsbefugnisse dazu beitragen können, dass Monopole entstehen,[369] die wiederum ein Marktversagen bedeuten, da dann keine effiziente Ressourcenverteilung mehr erfolgt. Mit anderen Worten wird die Nicht-Exklusivität kreativer Güter auf Kosten einer potenziell weniger optimalen Verbreitung derselben geschaffen.[370] Tatsächlich ist der Markt für urheberrechtliche Produkte mitunter von wenigen großen Anbietern dominiert, da hohe Skalen- und Netzwerkeffekte auftreten.[371]

Darüber hinaus ist zu beachten, dass die Verwertungsrechte auch deswegen nicht grenzenlos ausgestaltet werden dürfen, um nicht die Schaffung neuer Werke zu verhindern. Um neue Werke zu schaffen, greift man in aller Regel auf bestehende Werke zurück. Je mehr diese geschützt sind, desto mehr kostet die Nutzung für die Herstellung neuer Werke, was wiederum die Anreizfunktion senkt.[372] Bei einer regulatorischen Maßnahme zur Stärkung der Urheberrechte muss das gegen die Steigerung der Anreizfunktion abgewogen werden.[373] So wurde kritisiert, dass die Ausweitung des Urheberrechtsschutzes der letzten Jahrzehnte (geringe Schöpfungshöhe, abschließender Schrankenkatalog, technische Schutzmaßnahmen, zeitlicher Schutz) nicht durch größere Ausnahmen auf Nutzerseite kompensiert wurde,[374] was vor diesem Hintergrund auch ökonomisch schädlich sein kann.[375]

366 *Reich*, S. 89, 90.
367 *Reich*, S. 88, 89.
368 *Eidenmüller*, S. 64.
369 *Reich*, S. 94, 95.
370 *Hansen*, S. 132.
371 *Suwelack*, S. 70, 71.
372 *Reich*, S. 149.
373 *Reich*, S. 152.
374 *Suwelack*, S. 19; *Schack*, in Depenheuer/Peifer, S. 123.
375 *Suwelack*, S. 21.

bb) Schranken

Nach einer Auffassung sind Schranken nicht ökonomisch, sondern nur mit außerökonomischen Erwägungen zu rechtfertigen.[376] Der Aussage kann in dieser Allgemeinheit nicht zugestimmt werden. Tatsächlich sind bei einigen Schranken erkennbar keine ökonomischen Erwägungen die Beweggründe gewesen, wie beispielsweise bei § 45a UrhG. Aber manche Schranken haben durchaus ökonomische Funktionen.[377] Die Bestimmungen aus §§ 69d Abs. 3, 69e UrhG sollen auch die wirtschaftliche Tätigkeit anderer Marktteilnehmer sichern.[378] Hinzu kommt, dass Schranken ein wichtiges Korrektiv zu ausufernden Verfügungsbefugnissen sind. Sie verhindern auf diesem Weg Monopolisierungen[379] und können hohen Transaktionskosten entgegenwirken.[380]

cc) Technische Schutzmaßnahmen

Technische Schutzmaßnahmen haben das Potenzial, das Urheberrecht im ökonomischen Sinne zu ersetzen, da sie den Zugang zu kreativen Gütern beschränken und sie dadurch exklusiv machen.[381] Im Zusammenspiel mit dem Urheberrecht erhöht sich mit der Möglichkeit technischer Schutzmaßnahmen folglich die Anreizwirkung noch zusätzlich. Gleichzeitig sind technische Schutzmaßnahmen jedoch nicht in der Lage, urheberrechtliche Schranken zu implementieren,[382] sodass deren ökonomische Ausgleichsfunktion von technischen Schutzmaßnahmen bedroht wird.[383]

dd) Drittanbietersoftware

Auch Drittanbietersoftware lässt sich unter dem Blickwinkel der ökonomischen Rechtfertigung betrachten und mit der Rechtfertigung des Urheberrechts in Verbindung setzen. Unterstellt man die rechtliche Zulässigkeit von Drittanbietersoftware, kann man folgende Effekte feststellen: Drittanbietersoftware fördert in Gestalt von Software Reverse Engineering Tools den Wettbewerb, indem die Voraussetzungen, um Konkurrenz- und Ergänzungsprodukte herzustellen,

---

376 *Reich*, S. 117.
377 *Stieper*, S. 95.
378 Siehe C.III.3.c)dd)(1) und C.III.3.c)ee)(1).
379 *Schack*, in Depenheuer/Peifer, S. 123, 135.
380 *Hansen*, S. 180, 181.
381 *Fitzner*, S. 64; *Hansen*, S. 143.
382 *Hansen*, S. 149.
383 *Specht*, S. 182.

geschaffen werden. Damit wirkt sie der urheberrechtlichen Monopolbildung entgegen, die durch ausufernde Ausschließlichkeitsrechte geschaffen wird. Gleichzeitig vergünstigt sie aufbauende Kreativität, da durch die vorhandenen Tools leichter neue Softwareprodukte geschaffen werden könne. Schließlich ist zu berücksichtigen, dass die Anreizfunktion es erfordert, dass der Hersteller nicht davon profitiert, wenn rein technologische Verbesserungen die Nutzung seines Werkes verbessern.[384] Denn dann ist er nicht der Verursacher der Verbesserung, profitiert aber davon. Bestimmte Drittanbietersoftware verbessert das Spielerlebnis, ohne dass der Hersteller diese geschaffen hat. Daher kann es bei bestimmter Drittanbietersoftware unter ökonomischen Gesichtspunkten sinnvoll sein, die Vorteile nicht dem Hersteller zuzuweisen, was z. B. dadurch erreicht werden kann, dass seine Verfügungsbefugnisse in dieser Hinsicht rechtlich begrenzt werden.

Dagegen lässt sich anführen, dass die Anreizfunktion zur Herstellung von Software gemindert wird, wenn sie von Konkurrenten analysiert und ggf. nachgebaut werden kann. Da schneller alternative Angebote erstellt werden, verringern sich die Amortisierungsmöglichkeiten für den Hersteller, sodass er weniger Anreiz hat, überhaupt ein neues Produkt zu erstellen. Mit anderen Worten können die Wettbewerbsbeschränkungen durch ein mögliches urheberrechtliches Verbot von Drittanbietersoftware dadurch gerechtfertigt sein, dass durch das Verbot überhaupt erst die Voraussetzungen für Wettbewerb bei Softwareprodukten geschaffen werden.[385]

Vor diesem Hintergrund wird es auf eine Lösung ankommen, die beide Belange berücksichtigt und einem angemessenen Kompromiss zuführt. Weder das völlige Verbot noch die völlige Zulässigkeit von Drittanbietersoftware ist ökonomisch sinnvoll. Das muss bei der ökonomischen Betrachtung des Urheberrechts berücksichtigt werden.

e) Zwischenergebnis

Trotz einiger berechtigter Kritik kann die ökonomische Rechtfertigung zum Verständnis und zur Ausgestaltung des Urheberrechts beitragen. Besondern wichtig ist die Anreizfunktion durch die Schaffung von Verfügungsbefugnissen. Gleichzeitig dürfen diese nicht überspannt werden, um keine Monopole entstehen zu lassen, die aufbauende Kreativität und Wettbewerb hindern. Diese

---

384 Siehe C.I.3.d)aa).

385 Vgl. *Hansen*, S. 128; *Reich*, S. 108.

Gefahr besteht zum Beispiel bei ausufernden technischen Schutzmaßnahmen. Die Schranken der Verwertungsbefugnisse und technischen Schutzmaßnahmen sind auch unter ökonomischen Gesichtspunkten ein wichtiges Korrektiv. Daher zielt auch die ökonomische Analyse auf einen angemessenen Ausgleich.[386] Drittanbietersoftware bewegt sich ebenfalls in diesem Spannungsfeld, sodass weder ein vollständiges Verbot noch eine vollständige Freigabe ökonomisch sinnvoll ist.

4. Zwischenergebnis

Die verschiedenen Rechtfertigungen verdeutlichen, dass das Urheberrecht komplexen und widerstreitenden Anforderungen unterliegt. Es muss in vielerlei Hinsicht einen Interessenausgleich schaffen.[387] In grundrechtlicher Hinsicht betrifft dies unter anderem die Eigentumsposition des Urhebers und die des Nutzers sowie die Interessen der Allgemeinheit. In ökonomischer Hinsicht muss die Anreizfunktion gewahrt werden, gleichzeitig darf sie nicht überspannt werden.

Im Folgenden wird überprüft, ob dieser vielschichtige Interessenausgleich bei Drittanbietersoftware in Online-Computerspielen gelingt. Dafür müssen die verschiedenen Stellschrauben – Schutzvoraussetzungen sowie Inhalt und Grenzen der Rechte des Urhebers – identifiziert, untersucht und in ihrer derzeitigen Anwendung hinterfragt werden.

II. Geschützte Elemente eines Online-Spiels

Ausgangspunkt jeder urheberrechtlichen Untersuchung ist das Vorliegen eines Werks oder sonstigen Schutzgegenstands. Nur dann besteht überhaupt Schutz nach dem UrhG und nur dann bedarf es eines Interessenausgleichs. Online-Spiele und Computerspiele im Allgemeinen sind technisch komplex,[388] was sich auf die urheberrechtliche Einordnung auswirkt.

1. Anforderungen an die urheberrechtliche Schutzfähigkeit

Bevor bestimmt werden kann, welche Elemente eines Computerspiels urheberrechtlich geschützt sind (C.II.2, C.II.3), muss zunächst geklärt werden, welche Anforderungen ein Werk erfüllen muss, um urheberrechtlichen Schutz genießen zu können.

---

386 *Aplin*, S. 25; *Bisges*, ZUM 2014, 930, 935, 936.
387 *Schmidt*, S. 20.
388 Siehe B.I.2.

a) *Schutzvoraussetzungen*

§ 2 Abs. 2 UrhG bestimmt, dass Werke im Sinne des UrhG nur persönliche geistige Schöpfungen sind. Dies ist die zentrale Weichenstellung für den urheberrechtlichen Schutz.[389] An einigen Stellen ist der Werkbegriff durch europarechtliche Vorgaben beeinflusst.[390] Ausdrücklich definiert sind im EU-Recht einzelne Werkarten (Computerprogramme, Lichtbildwerke, Datenbankwerke).[391] Hier ist eine europarechtskonforme Auslegung des deutschen Rechts unbestritten geboten. Der EuGH hat erste Schritte unternommen, daraus und aus den Vorgaben zu den Verwertungsrechten einen allgemeinen europäischen Werkbegriff abzuleiten.[392] Dem wird von einigen Autoren mit der Begründung zugestimmt, dass Gegenstand des Urheberrechts, auch nur teilweiser Regelungen, nur ein einheitlicher Werkbegriff sein könne.[393] Andere lehnen einen europäischen Werkbegriff ab, da das Urheberecht auf europäischer Ebene nicht umfassend sondern nur partiell harmonisiert sei.[394] Die Frage ob ein allgemeiner europäischer Werkbegriff existiert, wirkt sich bei solchen Werkarten auf die Schöpfungshöhe aus, bei denen bisher nach deutschem Recht hohe Anforderungen gestellt werden.[395] In diesen Fällen muss eine europarechtskonforme Auslegung erfolgen, die ggf. eine niedrigere Schutzschwelle ergibt. Für die folgende Untersuchung spielt die Schöpfungshöhe verschiedener Werke aber keine relevante Rolle, sodass diese Diskussion an dieser Stelle nicht weiter vertieft wird. Es kann auf § 2 UrhG zurückgegriffen werden, um die Schutzvoraussetzungen zu definieren.

aa) *Persönliche geistige Schöpfung*

Eine Schöpfung liegt bei einem Schaffensprozess vor.[396] Persönliche Schöpfung bedeutet, dass das Werk von einem Menschen und nicht von einem Tier oder

---

389 Statt aller Fromm/Nordemann/*A. Nordemann*, § 2 UrhG Rn. 1.

390 Schricker/Loewenheim/*Loewenheim/Leistner*, § 2 UrhG Rn. 3.

391 Schricker/Loewenheim/*Loewenheim/Leistner*, § 2 UrhG Rn. 3; *Fischer*, S. 228.

392 EuGH, Urteil vom 16.7.2009 – C-5/08 = GRUR 2009, 1041, 1044 ff. Schricker/Loewenheim/*Loewenheim/Leistner*, § 2 UrhG Rn. 4; Wandtke/Bullinger/*Bullinger*, § 2 UrhG Rn. 14; *Fischer*, S. 228; *Roder*, S. 9 ff; *Leistner*, GRUR 2019, 1114.

393 Fromm/Nordemann/*A. Nordemann*, § 2 UrhG Rn. 7a.; Fischer, S. 229.

394 Dreier/*Schulze*, § 2 UrhG Rn. 22.

395 Dreier/*Schulze*, § 2 UrhG Rn. 22; Wandtke/Bullinger/*Bullinger*, § 2 UrhG Rn. 13.

396 Dreier/Schulze/*Schulze*, § 2 UrhG Rn. 16.

einer Maschine geschaffen wurde.[397] Hilfsmittel dürfen allerdings eingesetzt werden.[398] Das Werk muss in irgendeiner Weise den menschlichen Geist ausdrücken.[399] Zudem wird verlangt, dass das Werk einen Gedanken- oder Gefühlsinhalt des Urhebers vermitteln muss,[400] um als geistige Schöpfung angesehen zu werden.

bb) Wahrnehmbarkeit

Da reine gedankliche Vorstellungen nicht geschützt sind, muss das Werk in irgendeiner Form, mittelbar oder unmittelbar, mit oder ohne Hilfsmittel wahrnehmbar sein.[401] Einer körperlichen oder dauerhaften Festlegung bedarf es aber nicht.[402]

cc) Individualität und Schöpfungshöhe

Individualität bedeutet, dass sich das Werk durch das individuelle geistige Schaffen des Urhebers entstanden ist.[403] Es muss mit anderen Worten besonders sein.[404] Die Schöpfungshöhe beschreibt, wie stark diese Individualität im Werk ausgeprägt ist.[405] Auch die „kleine Münze" wird geschützt, d. h. auch Werke, die eine geringe aber gerade noch ausreichende Schöpfungshöhe haben, wie z. B. Kataloge.[406] Die Mindestanforderung unterscheidet sich zumindest nach Auffassung der Rechtsprechung je nach Werkart[407] und ist abhängig von der konkreten

---

397 Dreier/Schulze/*Schulze*, § 2 UrhG Rn. 8; Schricker/Loewenheim/*Loewenheim/Leistner*, § 2 UrhG Rn. 38, 39; Wandtke/Bullinger/*Bullinger*, § 2 UrhG Rn. 15.

398 Schricker/Loewenheim/*Loewenheim/Leistner*, § 2 UrhG Rn. 40; Wandtke/*Bullinger*, § 2 UrhG Rn. 16.

399 Schricker/Loewenheim/*Loewenheim/Leistner*, § 2 UrhG Rn. 45; Wandtke/Bullinger/*Bullinger*, § 2 UrhG Rn. 21.

400 Dreier/*Schulze*, § 2 UrhG Rn. 12; Fromm/Nordemann/*A. Nordemann*, § 2 UrhG Rn. 25.

401 Dreier/*Schulze*, § 2 UrhG Rn. 13; Schricker/Loewenheim/*Loewenheim/Leistner*, § 2 UrhG Rn. 47, 48; Wandtke/*Bullinger*, § 2 UrhG Rn. 19.

402 Fromm/Nordemann/*A. Nordemann*, § 2 UrhG Rn. 23; Schricker/Loewenheim/*Loewenheim/Leistner*, § 2 UrhG Rn. 47; Wandtke/*Bullinger*, § 2 UrhG Rn. 19, 20.

403 Schricker/Loewenheim/*Loewenheim/Leistner*, § 2 UrhG Rn. 50; Wandtke/Bullinger/*Bullinger*, § 2 UrhG Rn. 21.

404 Dreier/Schulze/*Schulze*, § 2 UrhG Rn. 18.

405 Dreier/Schulze/*Schulze*, § 2 UrhG Rn. 20; Schricker/Loewenheim/*Loewenheim/Leistner*, § 2 UrhG Rn. 51; Wandtke/Bullinger/*Bullinger*, § 2 UrhG Rn. 23.

406 Schricker/Loewenheim/*Loewenheim/Leistner*, § 2 UrhG Rn. 61.

407 Dreier/Schulze/*Schulze*, § 2 UrhG Rn. 24 ff.

Gestaltungsspielräumen[408] und Freihaltebedürfnissen.[409] Bei der Beurteilung einer Schöpfung als Werk spielen Aufwand, Zweck und Qualität keine Rolle.[410]

dd) Konkrete Ausgestaltung

Bloße Ideen können nicht urheberrechtlich geschützt sein.[411] Dadurch soll eine Monopolisierung von Wissen verhindert werden,[412] die den geistigen und wirtschaftlichen Wettbewerb einschränken würde. Es geht um die Gewährleistung eines möglichst freien Informationsflusses.[413] Hier tritt die Monopolisierungsgefahr, wie sie auch die ökonomische Analyse beschreibt,[414] zutage. Es bestehen also Freihaltebedürfnisse,[415] da ein zu ausgedehnter Urheberrechtsschutz das Potential hat, wirtschaftliche, aber auch gesellschaftliche oder private Tätigkeiten unmöglich zu machen. Die konkrete Ausgestaltung einer Idee kann demgegenüber aber geschützt sein.[416] Bezüglich einer konkreten Ausgestaltung besteht kein Freihaltebedürfnis.

Im Gegensatz zu dieser nach wie vor relevanten Abgrenzung von Idee und konkreter Ausgestaltung ist die früher vertretene These, nur die Form eines Werkes und nicht dessen Inhalt könne urheberrechtlich geschützt sein, so nicht mehr haltbar.[417] Hauptargument für die Ablehnung dieser These ist die Aussage des Gesetzgebers,[418] dass urheberrechtliche Werke durch ihren Inhalt, ihre Form oder durch die Verbindung von Inhalt und Form entstehen können.[419] Daraus folgt auch, dass rein gedankliche Inhalte, wenn sie denn ausreichend konkretisiert sind und kein Freihaltebedürfnis besteht, ein Werk darstellen können.[420]

---

408 Dreier/Schulze/*Schulze*, § 2 UrhG Rn. 33.

409 Wandtke/Bullinger/*Bullinger*, § 2 UrhG Rn. 25; *Dreier/Leistner*, GRUR-Beilage 2014, 13, 14.

410 Fromm/Nordemann/*A. Nordemann*, § 2 UrhG Rn. 13.

411 Schricker/Loewenheim/*Loewenheim/Leistner*, § 2 UrhG Rn. 73; *Hofmann*, S. 156.

412 Schricker/Loewenheim/*Loewenheim/Leistner*, § 2 UrhG Rn. 73.

413 *Hofmann*, S. 156; *Hoeren* MMR 2000, 3.

414 Siehe C.I.3.d)aa).

415 *Hoeren*, MMR 2000, 3.

416 *Hofmann*, S. 156, 157; *Dreier/Leistner*, GRUR-Beilage 2014, 13, 14.

417 Fromm/Nordemann/*A. Nordemann*, § 2 UrhG Rn. 47; Schricker/Loewenheim/*Loewenheim/Leistner*, § 2 UrhG Rn. 78; *Berking* S. 242; *Hofmann*, S. 152 ff.; *Rauda* Rn. 39; *Schack*, Rn. 188; *Hoeren*, MMR 2000, 3.

418 Fromm/Nordemann/*A. Nordemann*, § 2 UrhG Rn. 47.

419 BT-Drs. IV/270, S. 38.

420 *Hofmann*, S. 156, 157.

b) Besonderheiten beim Schutz von Computerprogrammen (§§ 69a ff. UrhG)

Der Gesetzgeber hat Computerprogramme gem. § 2 Abs. 1 Nr. 1 UrhG den Sprachwerken zugeordnet. Für sie gelten die speziellen Vorschriften der §§ 69a-g UrhG, im Übrigen gelten nach § 69a Abs. 4 UrhG die Regeln über Sprachwerke. Grund für die Schaffung der Sonderregelungen war auch, dass der Gesetzgeber nicht wollte, dass die Sonderregeln über Computerprogramme das allgemeine Urheberrecht beeinflussen.[421] Eine im Grenzbereich zu anderen Verfügungsrechten angesiedelte Werkart wie Computerprogramme sollte nicht das traditionelle Urheberrecht verändern.[422]

Computerprogramme benötigen keine besondere Schöpfungshöhe, auch die sogenannte kleine Münze reicht aus.[423] Es sind nur sehr einfache Programme sind geschützt.[424] Der Grund für die niedrige Schöpfungshöhe ist nicht, dass es bei Programmen generell keinen großen Spielraum für Individualität gibt, denn auch hier besteht genügend Raum für anspruchsvolles konzeptuelles Denken und kreative Problemlösungen.[425] Vielmehr handelt es sich dabei um eine Vorgabe der Software-RL (Erwägungsgrund 8), die dem effektiven Rechtsschutz und damit auch der effektiven Sicherung der wirtschaftlichen Investition dient.

Computerprogramme unterscheiden sich von den klassischen Werken daher erstens dadurch, dass der Schutz der Investition und der wirtschaftlichen Leistung im Vordergrund steht[426] und weniger der Schutz der kreativen und persönlichen Leistung des Urhebers. Der Schutz der wirtschaftlichen Leistung stellt im Sinne der ökonomischen Analyse des Rechts einen Investitionsanreiz dar, der wiederum den gesamtgesellschaftlichen Wohlstand fördern soll.[427] Es wurde aber auch Kritik dahingehend geäußert, dass der Schutzumfang sachlich zu umfangreich und zeitlich zu lang sei und so eher innovationshemmend wirken

---

421 BT-Drs. 12/4022, S. 8.

422 BT-Drs. 12/4022, S. 8.

423 Schricker/Loewenheim/*Spindler*, § 69a UrhG Rn. 19; Wandtke/Bullinger/*Grützmacher*, § 69a UrhG Rn. 35.

424 Schricker/Loewenheim/*Spindler*, § 69a UrhG Rn. 20; Wandtke/Bullinger/*Grützmacher*, § 69a UrhG Rn. 37.

425 Schricker/Loewenheim/*Spindler*, § 69a UrhG Rn. 19.

426 Dreier/Schulze/*Dreier*, § 69a UrhG Rn. 1; Schricker/Loewenheim/*Spindler*, Vor §§ 69a ff UrhG Rn. 5; Wandtke/Bullinger/*Grützmacher*, Vorbemerkung Vor §§ 69a ff. UrhG Rn. 7.

427 Siehe C.I.3.d)aa).

würde.[428] Das verdeutlicht erneut das ökonomische Spannungsfeld urheberrechtlicher Regelungen.

Der zweite Unterschied zu den klassischen Werken liegt darin, dass Computerprogramme eher technisch funktional[429] als ästhetisch ansprechend sind. Auch die Gesetzesbegründung spricht davon, dass es sich bei Computerprogrammen eher um Industrieprodukte handelt.[430]

Wie bei klassischen Werken gilt auch bei Computerprogrammen, dass Ideen und Grundsätze ungeschützt bleiben.[431] In diesem Sinne ist ein Algorithmus, der eine Art Rechenregel darstellt, regelmäßig nicht geschützt.[432] Etwas anderes kann gelten, wenn der Algorithmus speziell und konkret in ein Programm implementiert wurde.[433] Darüber hinaus sind auch Programmiersprachen und Dateiformate nicht geschützt.[434] Bezüglich Programmschnittstellen gilt Folgendes: Nach § 69a Abs. 2 UrhG sind die den Schnittstellen zugrundeliegenden Ideen und Grundsätze nicht geschützt. Im Umkehrschluss ist die konkrete Programmierung einer Schnittstelle geschützt. Ausnahmsweise nicht geschützt sind Schnittstellenprogrammierungen, wenn sie technisch bedingt und nicht anders hätten programmiert werden können, oder wenn sie durch Normierung und Standardisierung vorgegeben sind.[435] Die Ideen und Grundsätze müssen unter anderem deswegen frei bleiben, da sonst der Inhaber des Hauptprogramms allein darüber bestimmten könnte, wer darauf aufbauende Programme erstellen und nutzen könnte.[436] Dahinter steht die ökonomische Erwägung, dass so Märkte offengehalten[437] und Innovationsförderung durch Wettbewerb stattfindet. Hier liegt auch die ratio des § 69e UrhG.[438]

---

428 Dreier/Schulze/*Dreier*, § 69a UrhG Rn. 2.

429 Dreier/Schulze/*Dreier*, § 69a UrhG Rn. 2; *Grützmacher*, ZGE/IPJ 2017, 423.

430 BT-Drs. 12/4022, S. 7; Wandtke/Bullinger/*Grützmacher*, Vorbemerkung Vor §§ 69a ff. UrhG Rn. 6.

431 Schricker/Loewenheim/*Spindler*, § 69a UrhG Rn. 12.

432 Schricker/Loewenheim/*Spindler*, § 69a UrhG Rn. 12.

433 *Triebe*, WRP 2018, 795, 796, 797.

434 EuGH, Urt. v. 2. 5. 2012 – C-406/10 = GRUR 2012, 814, 815.

435 Fromm/Nordemann/*Czychowski*, § 69a UrhG Rn. 32; Wandtke/Bullinger/*Grützmacher*, § 69a UrhG Rn. 33; Ahlberg/Götting/*Kaboth/Spies*, § 69a UrhG Rn. 11; Schricker/Loewenheim/*Spindler*, § 69a UrhG Rn. 13.

436 Dreier/Schulze/*Dreier*, § 69a UrhG Rn. 23; Dreyer/Kotthoff/Meckel/Hentsch/*Kotthoff*, § 69e Rn. 1.

437 Schricker/Loewenheim/*Spindler*, § 69a UrhG Rn. 13.

438 Auer-Reinsdorff/Conrad/*Witte/Auer-Reinsdorff*, § 5 Rn. 216, 217; siehe C.III.3.c)ee)(1).

c) Besonderheiten bei digitalen Werken

Bei der Einordnung von Werken in eine Werkkategorie kommt es nicht auf die Herstellungsart oder technische Darstellung an, sondern auf die Wahrnehmung.[439] Daher ist auch ein digitales Foto wie ein analoges Foto ein Lichtbild(werk),[440] auch ein E-Book ist ein Sprachwerk und auch ein digitaler Film ein Filmwerk.

Besonderheiten bei digitalen Werken ergeben sich erstens bei der Nutzung. Die Nutzung eines digitalen Werkes führt technisch bedingt im Gegensatz zur Nutzung eines analogen Werkes in aller Regel zu Vervielfältigungen,[441] da Zwischenspeicherungen beispielsweise im Browser-Cachespeicher oder im Arbeitsspeicher erfolgen. Das Vervielfältigungsrecht ist fast immer berührt. Auf der anderen Seite können Kopien digitaler Werke auch deutlich leichter und besser erstellt werden als bei analogen Werken,[442] was das erhöhte Schutzbedürfnis und beispielsweise auch technische Schutzmaßnahmen erklärt. Online-Spiele sind ebenfalls digitale Werke und teilen daher diese Besonderheiten. Ihnen muss bei der rechtlichen Bewertung von digitalen Werken und deren Nutzungen Rechnung getragen werden.

d) Leistungsschutzrechte

Neben dem Schutz als Werk kennt das UrhG noch Leistungsschutzrechte, die im zweiten Teil (§§ 70-87h UrhG) normiert sind und die im Falle von Online-Spielen ebenfalls relevant werden können. In Bezug auf das Gesamtwerk (dazu sogleich) kommt beispielweise Laufbildschutz nach § 95 UrhG in Betracht.[443] Leistungsschutzrechte schützen keine persönlichen geistigen Schöpfungen, sondern andere Leistungen.[444]

e) Gesamtwerk und einzelne Elemente

Werke müssen nicht nur aus einem schöpferischen Inhalt bestehen. In zahlreiche Werke fließen unterschiedliche Kreativleistungen mit ein, die mitunter

---

439 Ahlberg/Götting /*Ahlberg*, § 2 UrhG Rn. 46.
440 Dreier/Schulze/*Schulze*, § 2 UrhG Rn. 243.
441 Dreier/Schulze/*Dreier*, § 69a UrhG Rn. 2.
442 Dreier/Schulze/*Dreier*, § 69a UrhG Rn. 1; Schricker/Loewenheim/*Götting*, Vor §§ 95a ff. Rn. 2.
443 Duisberg/Picot/*Förster*, S. 59; *Rauda*, Rn. 103, 104.
444 Schricker/Loewenheim/*Loewenheim*, Einleitung UrhG Rn. 39.

jeweils ein eigenes Werk darstellen und gleichzeitig zusammengenommen ein Gesamtwerk ergeben. Das Gesetz nennt in § 4 Abs. 1 UrhG als ein Beispiel für ein Gesamtwerk die Sammelwerke. Hier können die einzelnen Elemente Werkcharakter haben, müssen dies aber nicht.[445] Die Auswahl oder Anordnung der Elemente muss eine persönliche geistige Schöpfung darstellen.[446] Zudem müssen die einzelnen Elemente unabhängig, d. h. voneinander trennbar sein.[447] Filmwerke und Multimediawerke[448] sind aus diesem Grund keine Sammelwerke, da dort die einzelnen Elemente im Gesamtwerk aufgehen.[449] Die Software lässt sich beispielsweise nicht von Sound und Grafiken trennen, ohne dass das Werk Computerspiel seine Aussagekraft verliert. Aufgrund dieser untrennbaren Verschmelzung[450] stellen Computerspiele auch keine verbundenen Werke iSd § 9 UrhG dar,[451] da die einzelnen Elemente bei einem verbundenen Werk gesondert verwertbar bleiben müssen.[452] Das ist bei Computerspielen nicht möglich. Aufgrund dieser Einheitlichkeit des Gesamtwerks stehen die verschiedenen Beteiligten eines Computerspiels[453] bezüglich des Gesamtwerks regelmäßig in Miturheberschaft gem. § 8 UrhG zueinander.[454]

Computerspiele stellen zusammengefasst nach hier vertretener und auch überwiegender Auffassung keine Sammelwerke oder verbundene Werke, sondern ein Gesamtwerk dar.[455] Dieses wird sogleich einer Werkart zugeordnet, wobei umstritten ist, ob das Gesamtwerk Computerspiel als Filmwerk, filmähnliches Werk oder als sogenanntes Multimediawerk anzusehen ist.[456] Die einzelnen Werke sind jedenfalls weiterhin für sich schutzfähig.[457] Diese Aufteilung

445 Wandtke/Bullinger/*Marquardt*, § 4 UrhG Rn. 1.

446 Wandtke/Bullinger/*Marquardt*, § 4 UrhG Rn. 3.

447 Schricker/Loewenheim/*Leistner*, § 4 UrhG Rn. 18.

448 Zum Begriff siehe C.II.2.e).

449 Schricker/Loewenheim/*Leistner*, § 4 UrhG Rn. 18; *Schack*, Rn. 289.

450 *Kreutzer/Molavi*, DGRI-Jahrbuch 2014, S. 101, 103.

451 So für Filmwerke Schricker/Loewenheim/*Loewenheim/Peifer*, § 9 UrhG Rn. 6; Wandtke/Bullinger/*Bullinger*, § 2 UrhG Rn. 121.

452 Schricker/Loewenheim/*Loewenheim/Peifer*, § 9 UrhG Rn. 4.

453 Siehe B.I.2.b).

454 Bräutigam/Rücker/*Schapiro*, 6. Teil Kapitel F. Rn. 6.

455 Ahlberg/Götting/*Ahlberg*, § 2 UrhG Rn. 49; Ahlberg/Götting/*Kaboth/Spies*, § 69a UrhG Rn. 8; Dreyer/Kotthoff/Meckel/Hentsch/*Dreyer*, § 2 UrhG Rn. 196, 276; Schricker/*Loewenheim/Leistner*, § 2 UrhG Rn. 217; *Hofmann*, S. 97, 125.

456 *Hofmann*, S. 97; siehe C.II.2.

457 Siehe C.II.3.

von Gesamtwerk und einzelnen Elementen wird nur implizit von denen abgelehnt, die ein Computerspiele insgesamt als Computerprogramm i. S. d. §§ 69a ff. UrhG einordnen wollen.[458]

Diese Aufteilung in Gesamtwerk und verschiedene einzelne Elemente ist eine entscheidende Weichenstellung,[459] da daraus überhaupt erst die Problematik entsteht, dass für das Gesamtwerk und einzelne Bestandteile andere Regeln (insbesondere in Bezug auf Verwertungsrechte, Schranken, technische Schutzmaßnahmen) gelten als für andere Bestandteile. Dennoch ist diese Aufteilung richtig. Das zeigt sich schon daran, dass in einem Computerspiel unterschiedliche kreative Leistungen zusammenfließen.[460] Dem wird man am ehesten gerecht, wenn man die einzelnen Bestandteilte und das Gesamtwerk getrennt betrachtet.

2. Online-Spiel als Gesamtwerk

Zunächst ist zu klären, inwieweit die Einordnung eines Gesamtwerks in eine Werkkategorie überhaupt relevant ist. Anschließend muss der genaue Schutzgegenstand bestimmt werden. Auf dieser Grundlage können die verschiedenen Möglichkeiten zur Einordnung diskutiert werden.

a) Relevanz der Einordnung in eine Werkkategorie

Es ist unbestritten, dass Computerspiele nach § 2 Abs. 2 UrhG urheberrechtlich geschützt sein können.[461] Die Einordnung von Computerspielen in die Werkkategorien des § 2 Abs. 1 UrhG ist jedoch uneinheitlich. Da das deutsche Urheberrecht – im Gegensatz beispielsweise zum UK Copyright Law[462] – keinen abgeschlossenen Katalog von Werkkategorien vorschreibt, könnte man auf den ersten Blick auf eine genaue Einordnung verzichten. Die Einordnung ist jedoch aus zwei Gründen von Bedeutung. Erstens hat die Rechtsprechung für verschiedene Werkarten unterschiedlich hohe Hürden bezüglich der Schöpfungshöhe herausgearbeitet.[463] Zweitens existieren in den folgenden Abschnitten des UrhG Spezialvorschriften, die auf bestimmte Werkkategorien zugeschnitten sind.[464]

---

458 Siehe C.II.2.c).

459 Vgl. *Kreutzer/Molavi*, DGRI-Jahrbuch 2014, S. 101, 102, 103.

460 Siehe B.I.2.b).

461 Schricker/Loewenheim/*Loewenheim*, § 2 UrhG Rn. 217 m. w. N.; *Hofmann*, S. 97.

462 *Aplin*, S. 37.

463 Dreier/*Schulze*, § 2 UrhG Rn. 6, 24 ff.

464 Wandtke/*Bullinger*, § 2 UrhG Rn. 4.

Dazu gehören beispielsweise die Vorschriften über Computerprogramme in den §§ 69a - 69g UrhG oder für Filmwerke in den §§ 88 - 94 UrhG.

b) Schutzgegenstand

Die Beantwortung der Frage, welcher Kategorie ein Computerspiel als Gesamtwerk zuzuordnen ist, setzt voraus, dass der Schutzgegenstand klar umrissen ist. Am häufigsten wird dafür der Begriff audiovisuelle Darstellung[465] genutzt. Dabei ist die gesamte Ausgabe von Bildern am Bildschirm und von akustischen Signalen über Audiogeräte zu verstehen, die der Spieler wahrnimmt, wenn er das Spiel spielt.[466] Bei Konsolenspielen kommt neben Hören und Sehen auch häufig über Vibrationen des Controllers ein Element des Spürens hinzu. Im Zuge des Spielens in Virtual-Reality-Umgebungen wird dieses Element zukünftig noch wichtiger werden. Insofern ist der Begriff audiovisuelle Darstellung nicht mehr völlig zutreffend, soll hier aber aufgrund seiner Verbreitung weiterhin zugrunde gelegt werden.

Um Missverständnisse zu vermeiden, sei an dieser Stelle darauf hingewiesen, dass der BGH in seiner Rechtsprechung den Begriff audiovisuelle Spieldaten nutzt.[467] Damit ist nicht die gesamte audiovisuelle Darstellung gemeint, audiovisuelle Spieldaten umfassen vielmehr die einzelnen Grafik- und Audioelemente.[468]

c) Ausdruck des Computerprogramms

Früher fand sich die Auffassung, dass die Bildschirmausgabe, d. h. die audiovisuelle Darstellung, auch eine Ausdrucksform des Computerprogramms sei und daher ebenfalls als Computerprogramm geschützt sei.[469] Als Begründung wurde unter anderem die zentrale Steuerungsfunktion des Programms für das gesamte Multimediaprodukt angeführt,[470] was in tatsächlicher Hinsicht auch nicht falsch ist. Ein weiterer Vorteil dieser Auffassung ist die einheitliche Beurteilung eines Computerspiels nach den Regelungen der §§ 69a ff. UrhG. Das würde zahlreiche Folgeprobleme, die später diskutiert werden, von Anfang an vermeiden.

---

465 Vgl. Ahlberg/Götting/*Kaboth*/*Spies*, § 69a UrhG Rn. 8; *Hofmann*, S. 102 ff.

466 *Hofmann*, S. 7, 8.

467 BGH, Urteil vom 6.10.2016 – I ZR 25/15 = GRUR 2017, 266 ff.

468 Siehe C.II.3.a).

469 *Koch*, GRUR 1995, 459, 465, 466.

470 *Koch*, GRUR 1995, 459, 462.

Es ist trotzdem nicht überzeugend, die audiovisuelle Darstellung am Bildschirm als Ausdruck des Computerprogramms einzuordnen. Wie der EuGH festgestellt hat, kann die Bildschirmdarstellung vervielfältigt werden, ohne dass der Programmcode vervielfältigt wird, da diese lediglich die grafische Schnittstelle für die Nutzer darstellt aber keine Befehle an den Computer enthält.[471] Sie ist daher kein Ausdruck des Programms.[472] Mit anderen Worten ist die Bilschirmdarstellung kein Programmcode oder eine Entwurfsfassung dafür, sondern Ergebnis der Abarbeitung der Programmbefehle durch den Prozessor.

Zudem ist anzuführen, dass sich die audiovisuelle Darstellung beispielsweise auch aus Elementen wie Filmsequenzen ergibt. Diese werden vom Programmcode lediglich zum richtigen Zeitpunkt aufgerufen und sonst in keiner Weise beeinflusst. Es ist nicht überzeugend, diese Elemente, die zwar in ein Programm eingebettet und aufgerufen werden, aber sonst in keiner Weise programmiert wurden, als Ausdrucksform des Programms anzusehen. Dementsprechend wird diese Auffassung auch überwiegend abgelehnt.[473]

d) Filmwerk, filmähnliches Werk

Nach § 2 Abs. 1 Nr. 6 UrhG gehören zu den geschützten Werken auch Filmwerke, einschließlich der Werke, die in ähnlicher Weise wie Filmwerke geschaffen werden. Ein Film wird definiert als bewegte Bild- oder Bildtonfolge, die beim Betrachter den Eindruck eines bewegten Geschehensablauf hervorruft.[474] Ein filmähnliches Werk erweckt trotz anderer Herstellung den gleichen Eindruck. Eine genauere Abgrenzung von Filmwerken und filmähnlichen Werken ist mangels rechtlicher Konsequenzen nicht erforderlich.[475] Wird die erforderliche Schöpfungshöhe nicht erreicht, kommt wie bereits erwähnt Laufbildschutz nach § 95 UrhG in Betracht.[476]

---

471 EuGH, Urteil vom 22.12.2010 – C-393/09 = GRUR 2011, 220, 222; *Marly*, GRUR 2011, 204, 207.

472 EuGH, Urteil vom 22.12.2010 – C-393/09 = GRUR 2011, 220, 222; *Marly*, GRUR 2011, 204, 207.

473 Schricker/Loewenheim/*Spindler*, § 69a UrhG Rn. 27 m. w. N.

474 Schricker/Loewenheim/*Loewenheim/Leistner*, § 2 UrhG Rn. 217; Wandtke/Bullinger/*Bullinger*, § 2 UrhG Rn. 120.

475 Ahlberg/Götting/*Ahlberg*, § 2 UrhG Rn. 39; Schricker/Loewenheim/*Loewenheim/Leistner*, § 2 UrhG Rn. 217.

476 *Rauda* Rn. 103, 104.

Der Eindruck einer bewegten Bildfolge entsteht auch beim Spieler eines Computerspiels. Deswegen werden Computerspiele von der überwiegenden Meinung den Filmwerken[477] bzw. den filmähnlichen Werken[478] zugerechnet, wobei manche aufgrund der mangelnden rechtlichen Konsequenzen auf eine Differenzierung verzichten.[479] Geschützt sind dabei nicht etwa nur einzelne Filmsequenzen, wie sie sich in zahlreichen Computerspielen finden, sondern das gesamte vom Spieler gesteuerte Geschehen.[480]

Ein Computerspiel unterscheidet sich jedoch in einigen wesentlichen Punkten von einem Film. In erster Linie sind dies der nicht-lineare Ablauf eines Computerspiels[481] und die Interaktivität zwischen Nutzer und Medium, die bei einem Film so gut wie nie gegeben ist.[482] Auch die Produktion eines Films unterscheidet sich von der Produktion eines Computerspiels.[483]

Ein Film ist eine immer wieder gleich ablaufende Abfolge von Bildern und Tönen. Die Beeinflussung durch den Nutzer beschränkt sich auf die Stoppmöglichkeit. Die Bilderfolge bei einem Computerspiel hingegen ist durch die Programmierung nur als eine Art Rahmen vorgegeben. In diesem Rahmen steuert der Nutzer die Bild- und Tonabfolge autonom. Dieser Rahmen genügt zwar nach einer Auffassung den Anforderungen an ein Filmwerk.[484] Das berücksichtigt aber nicht ausreichend, dass die audiovisuelle Darstellung eines Computerspiels durch die Beeinflussung durch den jeweiligen Spieler zu einem individuellen Geschehen wird. Die Entscheidungsmöglichkeiten und Anpassungsmöglichkeiten in modernen Computerspielen sind so groß, dass jeder Spieler seinen eigenen „Film“ sieht. Bei nochmaligem Spielen sieht derselbe Spieler einen anderen „Film“. Diese Einflussmöglichkeit wird durch Drittanbietersoftware noch größer, beispielsweise durch Mods. Dann wird sogar der vom Programmierer gesteckte Rahmen verlassen. Diese Beeinflussungsmöglichkeit entspricht nicht dem statischen Charakter eines Films. Daher sind Computerspiele keine Film- oder filmähnlichen Werke.

---

477 Wandtke/*Bullinger*, § 2 UrhG Rn. 129; *Hofmann*. S. 140.

478 Auer-Reinsdorff/Conrad/*Picot*, § 29 Rn. 4; Dreier/*Schulze*, § 2 UrhG Rn. 207; Dreyer/Kotthoff/Meckel/Hentsch/*Dreyer*, § 2 UrhG Rn. 276; Spindler/Schuster/*Wiebe*, § 2 UrhG Rn. 23; *Rauda* Rn. 98.

479 Schricker/Loewenheim/*Loewenheim/Leistner*, § 2 UrhG Rn. 217.

480 Wandtke/Bullinger/*Manegold/Czernik*, Vor §§ 88 ff. UrhG Rn. 62.

481 *Beyvers/Beyvers*, MMR 2015, 794, 795.

482 *Rauda*, Rn. 99.

483 *Rauda*, Rn. 98.

484 Wandtke/Bullinger/*Manegold/Czernik*, Vor §§ 88 ff. UrhG Rn. 61.

Schließlich besteht kein Grund, Computerspiele in diese Kategorie zu zwängen. Das UrhG schützt auch neue Werkarten, sodass keine Schutzlücke entsteht.

e) Multimediawerk

Multimediawerke bestehen aus einzelnen Werken verschiedener Art, darunter einem Computerprogramm, welche zu einer Einheit verbunden sind, die wiederum ein Werk darstellt.[485] Gelegentlich wird auch die dafür auch die Bezeichnung hybride Werke[486] genutzt. Multimediawerke basieren auf elektronischen Medien.[487] Kennzeichnend für ein solches Werk sind die Steuerung durch das Computerprogramm[488] und die Interaktionsmöglichkeiten des Nutzers.[489] Computerspiele teilen diese Charakteristika und sind daher als Multimediawerk anzusehen.[490] Zum anderen wird dadurch dem Umstand Rechnung getragen, dass Multimediawerke und damit auch Computerspiele anders als Filme hergestellt werden.[491] Das bedeute nicht, dass nicht einzelne Regeln über Filmwerke (§§ 88 ff. UrhG) ggf. analog auf Computerspiele angewandt werden könnten.[492]

f) Zwischenergebnis

Computerspiele und damit auch Online-Spiele sind Gesamtwerke. Es handelt sich um eine zentrale Weichenstellung, denn ein Gesamtwerk besteht aus vielen einzelnen Elementen, die für sich genommen auch schutzfähig sein können und unterschiedlichen Regelungen unterliegen können. Das Gesamtwerk Computerspiel stellt aufgrund der Interaktivität und der Steuerungsfunktion der Software ein Multimediawerk und kein Filmwerk dar.

---

485 Dreier/Schulze/*Dreier*, § 69a UrhG Rn. 18; Wandtke/Bullinger/*Bullinger*, § 2 UrhG Rn. 151, 153.

486 *Grützmacher*, ZGE/IPJ 2017, 423, 424.

487 Wandtke/Bullinger/*Bullinger*, § 2 UrhG Rn. 151; *Aplin*, S. 2, 3.

488 Ahlberg/Götting/*Ahlberg*, § 2 UrhG Rn. 48; Wandtke/Bullinger/*Bullinger*, § 2 UrhG Rn. 151; *Aplin*, S. 2, 3.

489 Wandtke/Bullinger/*Bullinger*, § 2 UrhG Rn. 153; *Aplin*, S. 2, 3; *Oehler*, S. 437 f.

490 Ahlberg/Götting/*Ahlberg*, § 2 UrhG Rn. 49; Fromm/Nordemann/*A. Nordemann*, § 2 UrhG Rn. 231; *Schack*, Rn. 248.

491 Fromm/Nordemann/*A. Nordemann*, § 2 UrhG Rn. 231.

492 *Oehler*, S. 472 f.; *Psczolla*, S. 24; *Schack*, Rn. 248.

3. Schutz der einzelnen Elemente

Neben dem Gesamtwerk können auch die verschiedenen einzelnen Elemente eines Online-Spiels urheberrechtlich geschützt sein. Diese werden im Folgenden identifiziert und näher untersucht. Ein Schwerpunkt liegt auf der Frage, ob das Balancing in einem Spiel ein geschütztes Werk sein kann.

a) Audiovisuelle Inhalte

Zu den audiovisuellen Inhalten eines digitalen Spiels gehören alle akustisch oder visuell wahrnehmbaren Elemente. Akustisch wahrnehmbar sind die Titel- und Begleitmusik,[493] gesprochene Mono- oder Dialoge[494] sowie Soundeffekte.[495] Visuell wahrnehmbar sind Filmsequenzen, einzelne Spielobjekte (z. B. Spielfiguren bzw. Avatare, Landschaften, Häuser, Einrichtungsgegenstände) und Texte.[496]

Die Spielfiguren und Avatare werden sogleich genauer betrachtet. Für alle anderen Elemente gelten keine Besonderheiten. Insbesondere sind diese wie die gesamte audiovisuelle Darstellung nicht Ausdruck und damit Teil des Computerprogramms, sondern selbständig geschützte Werke.[497] Sofern sie den Anforderungen des § 2 Abs. 2 UrhG genügen, sind sie urheberrechtlich geschützt.[498] Ist das nicht der Fall, kommen Leistungsschutzrechte in Betracht. Konkret für Spielobjekte Lichtbildschutz nach § 72 UrhG und für Filmsequenzen Laufbildschutz nach § 95 UrhG.

b) Spielfiguren und Avatare

Vor allem die Hauptfigur eines Online-Rollenspiels kann sich durch eine ausgefeilte Hintergrundgeschichte, komplexe Charakterzüge und bestimmte Fähigkeiten auszeichnen. Beim Online-Multiplayer-Ego-Shooter Overwatch stehen dem Spieler beispielsweise über zwanzig Spielfiguren zur Verfügung, die jeweils bestimmte Fähigkeiten und eine eigene Biografie haben.[499] Comic-Figuren sind als urheberrechtliches Werk bereits anerkannt.[500] Es spricht nichts dagegen, die

---

493 Duisberg/Picot/*Förster*, S. 60.
494 *Rauda* Rn. 94.
495 *Rauda* Rn. 85, 86, 93.
496 *Rauda* Rn. 82, 87.
497 Duisberg/Picot/*Förster*, S. 58.
498 *Psczolla*, S. 25 ff.; *Rauda* Rn. 81.
499 https://playoverwatch.com/de-de/heroes (zuletzt abgerufen am 1.5.2020).
500 Wandtke/Bullinger/*Bullinger*, § 2 UrhG Rn. 95.

Erwägungen auf Online-Spielfiguren zu übertragen.[501] Zudem sind die Übergänge zwischen Comic- und Computerspielfiguren fließend. Häufig treten sie in beiden Medien auf.

Neben der konkreten Zeichnung einer Figur kann auch die fiktive Figur insgesamt mit ihrem charakteristischen Erscheinungsbild und ihren Eigenschaften geschützt sein.[502] Das prominenteste Beispiel in der Rechtsprechung ist Astrid Lindgrens Pippi Langstrumpf, deren Schutzfähigkeit der BGH mit Verweis auf die äußere Erscheinung und Charaktereigenschaften bejahte.[503] Auch das lässt sich problemlos auf Spielfiguren in Computerspielen übertragen,[504] sofern eine Figur sowohl ein bestimmtes Äußeres als auch bestimmte Charaktereigenschaften hat. Das setzt zwangsläufig eine Handlung voraus, in der die Charaktereigenschaften zur Geltung kommen können. Beschränken sich die Interaktionen beispielsweise auf bloße Kampfhandlungen, reicht dies nicht aus. Gleiches gilt für einen völlig austauschbaren Avatar, da dann kein charakteristisches Äußeres vorliegt.

c) *Spielsoftware*

Computerspiele enthalten stets Programme, die den Spielablauf steuern. Das UrhG definiert den Begriff Computerprogramm nicht. Im Regierungsentwurf zum Zweiten Gesetz zur Änderung des Urheberrechts wurde lediglich darauf hingewiesen, dass schon der zugrundeliegende Vorschlag der EG-Kommission keine Definition enthalte, da sonst die Gefahr bestehe, dass die rasche technische Entwicklung eine Begriffsbestimmung schnell überholen würde.[505] Tatsächlich enthält auch die Richtlinie 2009/24/EG (Software-RL) keine Definition. Der Vorschlag der Kommission begründet dies mit der gleichen Erwägung.[506] Weiter heißt es dort, dass nach derzeitigem Stand der Technik unter einem Programm das in jeder Form, Sprache und Notation oder in jedem Code gewählte

501 Wandtke/Bullinger/*Bullinger*, § 2 UrhG Rn. 95; Duisberg/Picot/*Förster*, S. 61; *Marly* Rn. 82; *Brüggemann*, CR 2015, 697, 698; *Bullinger*/*Czychowski*, GRUR 2011, 19, 23.

502 *Hofmann*, S. 161, 162; *Psczolla*, S. 29 f.; *Rauda* Rn. 83, 84; *Brüggemann*, CR 2015, 697, 698; *Bullinger*/*Czychowski*, GRUR 2011, 19, 23.

503 BGH, Urteil vom 17.7.2013 – I ZR 52/12 = GRUR 2014, 258, 260; *Hofmann*, S. 165, 166.

504 Auer-Reinsdorff/Conrad/*Picot*, § 29 Rn. 7; Duisberg/Picot/*Förster*, S. 61. 62; *Rauda* Rn. 84.

505 BT-Drs. 12/4022, S. 9.

506 Abl. EG Nr. C 91 vom 12.4.1989, S. 9.

Ausdruckmittel für eine Folge von Befehlen, die dazu dient, einen Computer zur Ausführung einer bestimmten Aufgabe oder Funktion zu veranlassen, zu verstehen ist.[507] Häufig wird auch auf die Definition in § 1 (i) der Mustervorschriften der WIPO und die DIN 44300 zurückgegriffen.[508] Angesichts dieser mehrerer Jahrzehnte alten Normen wird die damalige Einschätzung der Gesetzgeber, Computerprogramme ließen sich nicht definieren, kritisiert.[509] Entscheidend für das Begriffsverständnis ist davon unabhängig die Steuerungsfunktion von Computerprogrammen.[510] Es muss sich um Befehle handeln, die ein Computer ausführen kann. Diese Definition führt dazu, dass Daten nicht Teil eines Computerprogramms im Sinne des § 69a UrhG sind.[511] Reine Daten stellen keinen Befehl an eine Maschine dar, ihnen fehlt die Steuerungsfunktion. Bei einem Computerspiel unterfällt daher nur der Programmcode dem Schutz der §§ 69a ff. UrhG[512] und nicht etwa der gesamte digital abgespeicherte Inhalt. Wichtig ist auch, dass der Programmablauf, also das Ergebnis des Abarbeitens des Programmcodes durch die CPU und die anderen Hardware-Bestandteile, nicht geschützt ist. Das ergibt sich schon daraus, dass der gleiche Programmcode von unterschiedlichen Rechnern unterschiedlich abgearbeitet wird. Dabei handelt es sich um die rein technische Umsetzung der Programmbefehle. Vom Programmcode ist ebenfalls die Ausgabe des Computerspiels am Bildschirm zu trennen, die wie oben beschrieben durchaus selbstständig geschützt sein kann.

d) Datenbanken

Datenbankschutz kommt in Betracht, wenn bestimmte Elemente, wie z. B. Daten, geordnet gesammelt werden.[513] Aus diesem Grund können Datenbanken bei einem Computerspiel auf verschiedenen Ebenen eine Rolle spielen. Zunächst könnte der Programmcode oder die Software Datenbanken enthalten (cc)).

---

507 Abl. EG Nr. C 91 vom 12.4.1989, S. 9.

508 Ahlberg/Götting/*Kaboth*/*Spies*, § 69a UrhG Rn. 2; Dreier/Schulze/*Dreier*, § 69a UrhG Rn. 12; Schricker/Loewenheim/*Spindler*, § 69a UrhG Rn. 2; Wandtke/Bullinger/*Grützmacher*, § 69a UrhG Rn. 3.

509 Marly, GRUR 2012, 773, 774.

510 Wandtke/Bullinger/*Grützmacher*, § 69a UrhG Rn. 3; Schricker/Loewenheim/*Spindler*, § 69a UrhG Rn. 2; Marly, GRUR 2012, 773, 775.

511 Schricker/Loewenheim/*Spindler*, § 69a UrhG Rn. 2; Wandtke/Bullinger/*Grützmacher*, § 69a UrhG Rn. 2, 17.

512 Duisberg/Picot/*Förster*, S. 57, 58; *Pszczolla*, S. 22.

513 Wandtke/Bullinger/*Hermes*, § 87a UrhG Rn. 4, 5.

Schließlich könnten sich im Spielablauf, den der Spieler am Bildschirm wahrnimmt, Datenbanken befinden (dd)).

aa) Begriffsbestimmung und Schutzgegenstand

Das Gesetz unterscheidet Datenbankwerke (§ 4 Abs. 2 UrhG) und Datenbanken (§ 87a Abs. 1 UrhG). Während bei Datenbankwerken die Auswahl oder Anordnung der einzelnen Elemente eine persönliche geistige Schöpfung sein muss,[514] ist bei Datenbanken gem. § 87a Abs. 1 UrhG eine nach Art oder Umfang wesentliche Investition bei der Beschaffung, Überprüfung oder Darstellung der Sammlung erforderlich. Datenbankwerke sind den klassischen Werken hinsichtlich des Rechtsschutzes vergleichbar, die §§ 87a ff. UrhG hingegen stellen ein Sui-generis-Recht dar,[515] das dem Investitionsschutz dient.[516]

In beiden Fällen sind die Schutzvoraussetzungen, dass eine Sammlung von unabhängigen Elementen vorliegt, die systematisch oder methodisch angeordnet und einzeln zugänglich sind.[517] Schutzgegenstand ist die auf einem Trägermedium festgelegte Datenbank, nicht aber die inhaltlichen Elemente.[518] Diese können eigenständig rechtlich geschützt sein.[519] Indem § 87b UrhG nur die Entnahme von wesentlichen Teilen der Datenbank dem Hersteller zuschreibt, wird auch deutlich, dass die normale Nutzung, also die Entnahme von Daten und Fakten, nicht untersagt werden soll.[520] Informationen sollen nicht monopolisiert werden.[521]

bb) Verhältnis zu Computerprogrammen

Datenbanken und Computerprogramme können in verschiedenen Konstellationen miteinander verbunden sein. Diese gilt es zu trennen. Zunächst ist festzuhalten, dass Programmcode keine Datenbank ist. Selbst wenn man einzelne Abschnitte oder Zeilen als Elemente ansieht, sind diese schon nicht unabhängig voneinander, da eine fehlende Zeile im Code das gesamte Programm unbrauchbar macht.[522] Datenbanken können umgekehrt kein Computerprogramm sein,

---

514 Schricker/Loewenheim/*Leistner*, § 4 UrhG Rn. 50.
515 Ahlberg/Götting/*Vohwinkel*, UrhG § 87a Rn. 3.
516 Ahlberg/Götting/*Vohwinkel*, UrhG § 87a Rn. 4.
517 Schricker/Loewenheim/*Vogel*, § 87a UrhG Rn. 5.
518 Schricker/Loewenheim/*Vogel*, Vor §§ 87a ff. UrhG Rn. 29.
519 *Wiebe*, GRUR 2017, 338.
520 Schricker/Loewenheim/*Vogel*, § 87b UrhG Rn. 20.
521 Wandtke/Bullinger/*Hermes*, § 87a UrhG Rn. 5; *Haberstumpf*, GRUR 2003, 14, 27.
522 *Ohst*, S. 164.

da sie keine Maschinenbefehle enthalten.[523] Es handelt sich also um verschiedene Schutzgegenstände.

Elektronische Datenbanken werden jedoch in aller Regel durch ein Programm gesteuert. Diesen Fall hat der Gesetzgeber mit § 4 Abs. 2 S. 2 UrhG dahingehend geregelt, dass das Steuerungsprogramm allein nach den §§ 69a ff. UrhG zu beurteilen ist. Umgekehrt können Computerprogramme die Elemente darstellen, die in einer Datenbank gesammelt sind. Dann sind Programme und Datenbank nach dem oben Gesagtem nach ihrem jeweiligen Regime zu bewerten. Beispiele für Datenbanken, deren Elemente Programme sind, sind Treiberdatenbanken und Klassenbibliotheken.[524] Letztere werden auch Programmbibliotheken genannt. Programmbibliotheken sind Sammlungen von Funktionen für ein bestimmtes Themenfeld, die einem Programm zur Verfügung stehen.[525] Während sogenannte statische Programmbibliotheken bei der Erstellung des Programms genutzt werden und Teil des Programmcodes werden, werden sogenannte dynamische Programmbibliotheken nicht Teil des Codes sondern während des Programmablaufs je nach Bedarf aufgerufen.[526] Programmbibliotheken beschleunigen die Erstellung von neuen Programmen, da nicht alle Funktionen neu programmiert werden müssen, sondern auf bekannte Bausteine zurückgegriffen werden kann. Dynamische Programmbibliotheken können umgekehrt auch genutzt werden, um umfangreichen fremden Code in ein Programm einzuschleusen.[527]

Statische Programmbibliotheken können, wenn sie in den Programmcode integriert sind, keine Datenbanken mehr darstellen, da die einzelnen Elemente dann weder unabhängig noch einzeln zugänglich sind. Vor diesem Zeitpunkt steht einem Datenbankenschutz für statische Programmbibliotheken aber nichts entgegen. Die einzelnen Programmzeilen sind unabhängig voneinander und für den Programmierer auch einzeln zugänglich. Die methodische Anordnung[528] und wesentliche Investition oder schöpferische Leistung muss im Einzelfall gegeben sein. Die einzelnen Programmzeilen können selbst nach § 69a UrhG geschützt sein.

523 *Ohst*, S. 165.
524 *Ohst*, S. 165, 166.
525 Auer-Reinsdorff/Conrad/*Schmidt*, § 1 Rn. 170.
526 *Eilam*, S. 28.
527 *Cano* S. 142 ff.
528 OLG Hamburg, Urteil vom 29.11.2001 – 3 U 288/00 = ZUM 2002, 558, 561.

Bei dynamischen Programmbibliotheken sind die einzelnen Programmzeilen nicht unabhängig voneinander, da sie nur als Ganzes sinnvoll in den Programmcode eingebunden werden können. Nach der Einbindung fehlt es darüber hinaus der Einzelzugänglichkeit, da der Zugriff auf die dynamische Programmbibliothek völlig automatisch im Hintergrund erfolgt und durch den Nutzer nur mit großem Aufwand nachvollzogen werden kann.[529]

Schließlich könnte noch angedacht werden, dass die im Arbeitsspeicher abgelegten Daten eine Datenbank darstellen. Dann wäre das Auslesen und oder Ändern von Daten im Arbeitsspeicher, wie es durch Drittanbietersoftware erfolgt, möglichweise ein Eingriff in eine Datenbank. Allerdings ist der Arbeitsspeicher schon deswegen keine Datenbank, weil die Datenspeicherung dort flüchtig ist, was einer Datenbank entgegensteht.[530]

cc) Spielinterne Datenbanken

Es ist denkbar, dass dem Spieler beim Spielen Inhalte in Form von Datenbanken präsentiert werden. Rechtlich kann dies beispielweise bei In-Game-Verkäufen von Items relevant werden.[531] Die dazu verwendeten Trading Interfaces stellen Datenbanken dar. Dem Schutz steht es nicht entgegen, dass die Datenbank nur über das Spiel erreichbar ist.

dd) Datenbanken über Spielperformance

Manche Betreiber stellen Daten über die Spielperformance eines Spielers (Dauer des Spiels, Treffergenauigkeit, genutzte Waffen, zurückgelegte Strecke, usw.), teilweise in sehr detaillierter Form zur Verfügung. Diese Daten werden zusammengefasst, in maschinenlesbaren Formaten gespeichert und zur Verfügung gestellt. Dabei kann es sich bei entsprechender Gestaltung um Datenbanken im rechtlichen Sinne handeln.

ee) Zwischenergebnis

Für die Erstellung des Programmcodes der Spielsoftware können Datenbanken in Gestalt von statischen Programmbibliotheken relevant sein. Das hat für die Frage nach geschützten Rechtspositionen beim Einsatz von Drittanbietersoftware aber keine Auswirkungen, da im Programmcode eingebundene Programmbibliotheken keine Datenbanken mehr darstellen. Somit verbleiben als

---

529 *Haberstumpf*, GRUR 2003 14, 19.

530 *Ohst*, S. 251.

531 Wandtke/Bullinger/*Hermes*, § 87a UrhG Rn. 98.

spezielle Anwendungsfälle spielinterne Datenbanken und Datenbanken über die Spielperformance. In beiden Fällen handelt es sich mangels schöpferischer Anordnung regelmäßig nicht um Datenbankwerke, sondern schlichtweg Datenbanken im Sinne der §§ 87a ff. UrhG.

e) Handlung des Spiels

Unabhängig vom Schutz einer fiktiven Figur,[532] kann auch die Handlung eines Spiels urheberrechtlich geschützt sein.[533] Der Schutz der Handlung wurde beispielsweise bei Romanen bejaht.[534] Der Schutzgegenstand ist dann unter anderem der Gang der Ereignisse, die Entwicklung der Charaktere und ihrer Beziehungen zueinander sowie das Setting.[535] Von entscheidender Bedeutung ist auch hier, dass eine schutzlose Idee hinreichend konkretisiert wurde.[536] Es spricht nichts dagegen, den Schutz der Handlung eines Romans auf die Handlung eines Computerspiels zu übertragen,[537] da es auf das Medium nicht ankommt, erst recht nicht bei geistigen Werken. Das Spiel muss sich durch eine besondere Handlung auszeichnen, was vor allem bei Rollenspielen und bestimmten Missionen in anderen Spielen der Fall sein kann. Ein Gefecht in einer bestimmten Umgebung mag zwar ein ansprechendes Spielerlebnis sein, stellt aber keine besondere Handlung dar.

f) Spielkonzept

Die rechtliche Einordnung des Spielkonzepts hängt wesentlich von dessen begrifflicher Bestimmung ab. Dabei ist eine Abgrenzung zur Spielidee, zum Spielsystem bzw. Balancing[538] und zu den Spielregeln[539] hilfreich. Während die Spielidee die abstrakte Vorstellung von zumindest einem zentralen Spielelement bedeutet, ist das Spielkonzept eine konkretere und umfassendere Ausarbeitung dieser oder mehrerer Ideen. Die Übergänge zwischen Spielidee und

---

532 Siehe C.II.3.b).

533 Duisberg/Picot/*Förster*, S. 63, 64; *Rauda* Rn. 95.

534 BGH, Urteil vom 29.04.1999 – I ZR 65/96 = GRUR 1999, 984, 985; Dreier/Schulze/*Schulze*, § 2 UrhG Rn. 88; Schricker/Loewenheim/*Loewenheim/Leistner*, § 2 UrhG Rn. 103.

535 Schricker/Loewenheim/*Loewenheim/Leistner*, § 2 UrhG Rn. 103; *Hofmann*, S. 159.

536 *Hofmann*, S. 159, 160.

537 Auer-Reinsdorff/Conrad/*Picot*, § 29 Rn. 9; *Bullinger/Czychowski*, GRUR 2011, 19, 24.

538 Siehe dazu sogleich C.II.3.h).

539 Siehe dazu sogleich C.II.3.g).

Spielkonzept sind dementsprechend graduell. Das Spielsystem bzw. Balancing wiederum bestimmt in einem konkreten Spiel das Spielerlebnis, indem die Entscheidungsoptionen des Spielers durch Level-Design und die Festlegung von Parametern interessant gehalten werden. Dabei handelt es sich um die Umsetzung und Präzisierung des Spielkonzepts. Das Spielkonzept verbleibt auf der Ebene der inhaltlichen Beschreibung und enthält keine Überlegungen zur technischen Umsetzung. Die Spielregeln schließlich sind die für den Spieler ersichtlichen Handlungsmöglichkeiten und Folgen seiner Entscheidungen im Spiel. Sie sind wie das Balancing eine Umsetzung des Spielkonzepts.

Dem möglichen urheberrechtlichen Schutz eines Spielkonzepts steht nicht im Wege, dass damit rein geistiger Inhalt Schutzgegenstand eines Werkes ist. In vielen Fällen wird das Spielkonzept nicht oder nicht vollständig in einem Schriftstück ausformuliert sein. Die Frage nach dem Schutz geistiger Inhalte ist eng mit dem Grundsatz verknüpft, dass Ideen nicht schutzfähig sind.[540] Eine gedankliche Ausgestaltung einer Idee kann jedoch schutzfähig sein, wenn sie hinreichend individualisiert wurde.[541] Als Beispiele für gedankliche Konstrukte, die nicht in einer vollumfänglich materialisierten Form vorliegen, aber nach dem UrhG schutzfähig sind, sind der bereits erwähnte Schutz der Fabel[542] und der Schutz der literarischen Gestalt zu nennen.[543] Hier reiht sich auch ein Urteil des OLG Düsseldorf zur Schutzfähigkeit eines Spielplans eines Spielautomaten ein. Das Gericht sah den gedanklichen Inhalt des Spielplans als Schutzgegenstand an.[544] Im Kern hat auch der BGH bereits in seiner Zahlenlotto-Entscheidung die Schutzfähigkeit von geistigem Inhalt angedeutet, wenn er feststellt, dass der geistige Inhalt schöpferisch sein kann, auch wenn der sprachliche Ausdruck des geistigen Inhalts es nicht ist.[545] Daher kann dem Spielkonzept nicht aus diesem Grund die Schutzfähigkeit aberkannt werden. Da ein Werk aber nur urheberrechtlich geschützt ist, wenn es wahrnehmbar ist, können Konzepte, die nur in immaterieller Form vorliegen, nicht geschützt sein. Das Werk muss auf irgendeine Art wahrnehmbar sein.[546]

---

540 Siehe C.II.1.a)dd).

541 *Hofmann*, S. 158.

542 *Rauda* Rn. 65; siehe C.II.3.e).

543 *Hofmann*, S. 166; siehe C.II.3.b).

544 OLG Düsseldorf, Urteil vom 21.2.1989 20 – U 54/87 = GRUR 1990, 263, 264.

545 BGH, Urteil vom 17.10.1961 – I ZR 24/60 = GRUR 1962, 51, 52.

546 Siehe C.II.1.a)bb).

In Abgrenzung zur ungeschützten Spielidee[547] kann das Spielkonzept nur urheberrechtlich geschützt sein,[548] sofern es die Spielidee genügend konkretisiert. Anhaltspunkte sind unter anderem, ob die verschiedenen Einflussmöglichkeiten des Spielers/der Spieler beschrieben sind, die spezifische Herausforderung des Spiels für den oder die Spieler benannt wird und das Setting beschrieben wird.

g) Spielregeln

Spielregeln sind aus analogen Spielen bekannt. Dort definieren sie die möglichen Spielzüge und bestimmen Ereignisse. Daneben sollen sie Chancengleichheit unter den Spielern herstellen.[549] Spielregeln müssen den Spielern bekannt sein und von ihnen befolgt werden, um die Chancengleichheit zu bewahren und das Spielerlebnis nicht zu gefährden. Allerdings können Spielregeln bei analogen Spielen durch Übereinstimmung aller Spieler modifiziert werden.

Daraus folgt bereits, dass Spielregeln abzugrenzen sind vom Spielkonzept. Letzteres ist umfassender. Die Spielregeln betreffen lediglich einen Teil des Konzepts, nämlich denjenigen, der die Einflussmöglichkeiten des Spielers beschreibt und das Eintreten von Spielereignissen definiert. Diese Elemente setzen die Spielregeln konkret um. Die inneren Mechaniken eines Spiels regeln Spielregeln dagegen nicht. Diese Funktion übernimmt das Balancing. Das Balancing enthält auch die Spielregeln,[550] da es die möglichen Eingaben des Spielers vorgibt und verarbeitet. Mit anderen Worten sind die Spielregeln ein Teil des Balancing.[551]

Wenn Spielregeln vollständig ausformuliert vorliegen, wie beispielsweise bei zahlreichen Pen&Paper-Rollenspielen, steht ihrer Schutzfähigkeit nichts im Wege.[552] Dann gilt es nur noch zu unterscheiden, ob der Schutz aufgrund der schöpferischen sprachlichen Gestaltung oder aufgrund des schöpferischen gedanklichen Inhalts erfolgt[553] oder sogar beides erfasst. Spielregeln müssen sich wie sonstige Werke vom Banalen unterscheiden und eine gewisse Schöpfungshöhe erreichen, konkret ausgestaltet[554] und wahrnehmbar sein. Liegen sie nur teilweise ausformuliert vor, kommt faktisch nur der Schutz des gedanklichen Inhalts in Betracht. Wichtig ist, dass bei

547 *Hofmann*, S. 36 ff.
548 *Conraths* CR 2016, 705, 706, 707.
549 *Hofmann*, S. 167.
550 *Hofmann*, S. 167.
551 Siehe C.II.3.h).
552 Fromm/Nordemann/*A. Nordemann*, § 2 UrhG Rn. 106.
553 Wandtke/Bullinger/*Bullinger*, § 2 UrhG Rn. 52; *Rauda* Rn. 41.
554 Auer-Reinsdorff/Conrad/*Picot*, § 29 Rn. 7; Dreier/Schulze/*Schulze*, § 2 UrhG Rn. 104.

Spielregeln die Freihaltebedürfnisse für allgemeine Regeln beachtet werden. Die Regel, dass bei einem „Kampf" beide Parteien würfeln und die höhere Augenzahl „gewinnt" ist zu allgemein, um urheberrechtlich geschützt zu sein. Sofern aber eine Reihe von weiteren Faktoren hinzukommen, können die Spielregeln zum Ablauf eines „Kampfes" schutzfähig sein.

Das Argument, das häufig gegen den generellen Schutz von Spielregeln angeführt wird, Spielregeln seien Anweisungen an den menschlichen Geist und daher mangels Individualität nicht schutzfähig,[555] überzeugt nicht. Spielregeln können zum einen gedanklichen Inhalt transportieren, der beispielsweise ähnlich einem Roman eine ganze Spielwelt entstehen lässt. Zum anderen können sie auf kreative Art und Weise einen Raum für die Spieler schaffen, der diesen Entscheidungen abverlangt, Zufall zulässt und dadurch Spielspaß ermöglicht.[556] Das unterscheidet sie von Gebrauchsanweisungen,[557] die lediglich Handlungsschritte vorgeben ohne dabei das gesonderte Ziel verfolgen, ein besonderes Erlebnis beim Anwender zu erzeugen.

h) Balancing

Bei digitalen Spielen stellt sich dir Frage, ob das Balancing ein geschützter Gegenstand sein kann. Dafür muss zunächst der Begriff und Schutzgegenstand bestimmt werden, um anschließend der Frage nachzugehen, ob es sich um ein geschütztes Werk handeln kann.

aa) Begriffsbestimmung und Schutzgegenstand

Wie jedes Spiel sind auch Online-Spiele darauf angewiesen, dass der Spieler so unterhalten wird, dass er das Spiel weiterspielt und nicht abbricht. Online-Spielen, die sich meistens über kostenpflichte Abonnements (mit-)finanzieren und auf einen Massenmarkt zielen, sind umso mehr davon abhängig, dass der Spielspaß langfristig bei möglichst vielen Teilnehmern erhalten bleibt. Dabei ist es zentral, das richtige Gleichgewicht zwischen leichten und schweren Herausforderungen zu finden.[558] Online-Spiele können aus verschiedenen Gründen als „unbalanced" gelten.[559] Als häufiges Beispiel wird eine anreizlose Spielökonomie

---

555 OLG Frankfurt a.M., Urteil vom 7.2.1995 – 11 U 76/94 juris Rn. 3.

556 *Hofmann*, S. 179.

557 *Hofmann*, S. 178, 179.

558 *Rehfeld*, S. 117.

559 https://en.wikipedia.org/wiki/Game_balance (zuletzt abgerufen am 1.5.2020).

angeführt.[560] So gut wie jede Online-Spiel verfügt über eine virtuelle, nicht in reales Geld umtauschbare, spielinterne Währung. Der Spieler erwirbt Geld, wenn er Aufgaben erfüllt, Gegenstände sammelt und verkauft, an Spielen und Turnieren teilnimmt, besiegte Gegner ausraubt, stiehlt, etc. Geld wird benötigt, um bessere Ausrüstung zu kaufen oder bestimmte Handlungsoptionen, meistens zeitsparende Handlungsoptionen, nutzen zu können. Ist zu viel Geld im Umlauf, beispielweise weil man relativ einfach und schnell Geld durch das Sammeln und Verkaufen bestimmter Rohstoffe erlangt, so verlieren die besonderen Ausrüstungsgegenstände an Exklusivität und ein wichtiges Anreizsystem für den Spielfortschritt entfällt. Daher ist es zentral, eine „Inflation" im Spielsystem zu vermeiden, was die Spielehersteller durch komplexe Berechnungen in der Entwicklungsphase[561] und durch nachträgliche Korrekturen[562] erreichen.

Auf einer abstrakteren Ebene kann Balancing als das Aufrechterhalten von interessanten Entscheidungsmöglichkeiten beschrieben werden,[563] um den langfristigen Spielspaß zu gewährleisten.[564] Es soll vermieden werden, dass es eine Handlungsoption gibt, die bedeutend effektiver ist als jede andere und daher ganz überwiegend gewählt wird.[565] Dadurch entfallen Entscheidungsfreiräume, was schlussendlich den Spielspaß mindert. Die Aufrechterhaltung von Entscheidungsfreiräumen kann sich sowohl auf die gesamte Spielstrategie (Wahl des Charakters, Entwicklung von Fähigkeiten, Wahl des Kampfstils etc.) als auch konkrete Situationen (Wahl der Ausrüstung, konkrete Handlungsoptionen) beziehen. Im Falle eines Strategiespiels muss beispielsweise darauf geachtet werden, die Angriffskraft einer bestimmten Einheit nicht zu hoch anzusetzen und mit ihren Kosten in ein angemessenes Verhältnis zu bringen. Konkret wird eine bestimmte Spielbalance erreicht, indem man Parameter wie die genannten festsetzt und Abhängigkeiten zu anderen Parametern (z. B. Abklingzeiten) und bestimmten Ereignissen, insbesondere Spielerhandlungen, definiert.[566] Häufig erfolgt in der Entwicklungsphase des Spiels eine grobe Bestimmung in einem Konzept, welches während der Programmierung umgesetzt

560 *Rauda* Rn. 57; *Rehfeld*, S. 132 ff.

561 *Rauda*, Rn. 56.

562 *Rehfeld*, S. 124; *Chen/Mori/Matsuba*, Applied Soft Computing 2014, 1.

563 http://archive.gamedev.net/archive/reference/design/features/balance/; http://www.gamasutra.com/view/feature/134768/understanding_balance_in_video_.php?print=1 (zuletzt abgerufen am 1.5.2020).

564 *Rehfeld*, S. 117.

565 Siehe als Beispiel *Rehfeld*, S. 129.

566 *Rehfeld*, S. 117.

und ausdifferenziert und in der Testphase schließlich feinabgestimmt wird.[567] Es handelt sich dabei um einen aufwändigen Prozess, der auf unterschiedliche Arten ablaufen kann.[568] Das Balancing ist dynamisch,[569] da sich die Werte im Spielverlauf beständig ändern. Werte sind hier umfassend zu verstehen, sie beziehen sich auf alle Spielobjekte.[570]

Zusammengefasst ist das Balancing also die Festsetzung von teilweise dynamischen Parametern und Abhängigkeiten in einem Spiel, um interessante Handlungsoptionen und herausfordernde Aufgaben zu gewährleisten. *Hofmann* hat für das gleiche Phänomen den Begriff des Spielsystems gewählt.[571] Es handelt sich um ein gedankliches Konzept, dessen Ergebnis sich im Spieldesign sowie in konkreten Spielwerten und Abhängigkeiten, die durch das Spielprogramm umgesetzt werden, ausdrückt.

Bei der Frage, ob das Balancing ein nach dem UrhG geschütztes Werk sein kann, stellen sich verschiedene Probleme, die im Folgenden näher untersucht werden. Zunächst muss es aber von anderen Werken abgegrenzt werden.

bb) Abgrenzungen zu anderen Werken

Die teilweise technische Implementierung im Programmcode wirft die Frage auf, ob das Balancing als Teil der Programmierleistung anzusehen ist und die konkreten Parameter „nur" Teile des Computerprogramms sind. Allerdings wurde bereits festgestellt, dass die Bestandteile des Balancing diverse Spielwerte sind, Daten aber mangels Steuerungsfunktion nicht Teil eines Computerprogramms sind. Zum anderen findet ein Großteil der Erstellung des Balancing getrennt von der Programmierung statt.[572] Das gleiche Balancing kann sogar auf unterschiedliche Arten auf Programmierungsebene umgesetzt werden.[573] Schließlich ist das gedankliche Konzept eines Balancings deutlich umfassender als eine Sammlung von Spielwerten, da es beispielsweise auch der Spielfortschritt berücksichtigen muss.[574] Das Balancing ist daher nicht identisch mit dem Computerprogramm.[575]

---

567 *Rauda* Rn. 56; http://archive.gamedev.net/archive/reference/design/features/balance/page3.html (zuletzt abgerufen am 1.5.2020).
568 *Chen/Mori/Matsuba*, Applied Soft Computing 2014, 1.
569 *Hofmann*, S. 35.
570 *Hofmann*, S. 54.
571 *Hofmann*, S. 33 ff.
572 *Rauda*, Rn. 60.
573 *Hofmann*, S. 225.
574 *Rehfeld*, S. 120, 121.
575 *Hofmann*, S. 29, 30.

Die Spielwerte sind auch kein Teil einer Datenbank. Tatsächlich finden sich einige der entsprechenden Daten in Programmbibliotheken. Um im urheberrechtlichen Sinne eine Datenbank darzustellen, müssten die Werte aber inhaltlich unabhängig sein, was bei Spielwerten nicht der Fall ist, da sie nur als Einheit Sinn ergeben.[576] Zudem ist das Balancing mehr als die Summe von Spielwerten.

Das Balancing enthält die Spielregeln, umfasst aber noch weitere Aspekte,[577] sodass sich folgende Unterschiede ergeben: Erstens sind allein die Parameter deutlich komplexer als Spielregeln,[578] zweitens sind die Mechanismen des Balancing für den Spieler in weiten Teilen nicht erkennbar,[579] drittens bestimmt das Balancing im Gegensatz zu Spielregeln nicht nur das Verhältnis des Spielers zum Spiel sondern auch der spielinternen Objekte untereinander[580] und viertens können sich die Spieler nicht einfach wie bei Spielregeln in analogen Spielen durch Absprache über das Balancing hinwegsetzen, da es technisch implementiert ist.[581] Enthält ein Spiel ein urheberrechtlich geschütztes Spielsystem, sind die Spielregeln im Hinblick auf ihren gedanklichen Inhalt im Spielsystem enthalten und daher kein gesondertes Werk. Es verbleibt dann nur noch die Möglichkeit, dass sie aufgrund ihrer sprachlichen Ausgestaltung schutzwürdig sind.

Wie oben bereits erläutert, ist das Balancing auch nicht gleichzusetzen mit dem Spielkonzept, sondern vielmehr dessen technische Umsetzung im konkreten Spiel.

cc) Einheitliche Formgebung

Es fehlt beim Balancing – zumindest auf den ersten Blick – an einer einheitlichen Formgebung. Es gibt kein umfassendes ausformuliertes Konzept, in welchem das Balancing in irgendeiner Form einheitlich fixiert wird. Vielmehr drückt es sich in einer Vielzahl von Überlegungen aus, die dann teilweise Niederschlag im Spieldesign oder in Einzelwerten und Abhängigkeiten finden, die an verschiedenen Stellen in der Software des Spiels festgelegt sind.

Insofern liegt ein Vergleich mit Showformaten nahe,[582] da auch Showformate aus einem gedanklichen Konzept bestehen, das sich in verschiedenen

576 *Hofmann*, S. 237, 238.

577 *Hofmann*, S. 180, 181.

578 *Hofmann*, S. 181.

579 *Hofmann*, S. 181; *Rauda*, Rn. 59.

580 *Hofmann*, S. 181.

581 *Rauda*, Rn. 59.

582 *Hofmann*, S. 190 ff.

Einzelleistungen ausdrückt. Die Formgebung wurde bei Showformaten bezweifelt.[583] An der fehlenden Formgebung ließ es der BGH in seiner Sendeformat-Entscheidung allerdings nicht scheitern, vielmehr bezeichnete er das Format einer Sendung als Einheit, sie mehr sei als die Summe ihrer Bestandteile.[584] Dem ist zuzustimmen. Ein Sendeformat definiert den äußeren Rahmen der folgenden Sendungen. Dieser Rahmen ist erkennbar, da sich alle weiteren Sendungen in diesem Rahmen bewegen und die charakteristischen Eigenschaften des Formats wiederholen. Insofern kann von einer mangelnden Formgebung nicht die Rede sein.

Gleiches gilt für das Balancing, das ebenfalls den Rahmen definiert, in welchem der Spieler das Spiel erlebt und gestaltet. Darin wird ein übergeordnetes Konzept deutlich, dass die einzelnen Komponenten integriert und zu einer übergeordneten Einheit zusammenführt.

dd) Wahrnehmbarkeit

Das Balancing ist im fertigen Spiel wahrnehmbar.[585] Es ist teilweise im Level-Design fixiert und wird in der Programmierung weiter ausdifferenziert.[586] Der Spieler erlebt beim Spielen fortlaufend die Auswirkungen des Balancing. In gleicher Weise wertete auch das OLG Düsseldorf einen Spielplan für einen Spielautomaten:[587] Der Spielplan als gedanklicher Inhalt geschütztes Werk, der die Funktionsweise und Gewinnchancen des Automaten beschreibt, komme im Spielfeld, das der Spieler wahrnimmt und bedient, zum Ausdruck.[588] Das genügt für eine Wahrnehmbarkeit des Werkes. Es muss nicht in allen Facetten wahrgenommen werden.

ee) Persönliche geistige Schöpfung

Eine Schöpfung ist nur persönlich, wenn sie von einem Menschen erschaffen wurde.[589] Im Balancing finden sich regelmäßig Zufallselemente, die jedoch bewusst integriert wurden und daher einer persönlichen Schöpfung nicht entgegenstehen.[590] Die konkrete Umsetzung des Balancings im Leveldesign und

583 *Berking*, S. 214 ff.

584 BGH, Urteil vom 26.6.2003 – I ZR 176/01 = GRUR 2003, 876, 878.

585 *Hofmann*, S. 300.

586 *Hofmann*, S. 300.

587 OLG Düsseldorf, Urteil vom 21.2.1989 20 – U 54/87 = GRUR 1990, 263 ff.

588 OLG Düsseldorf, Urteil vom 21.2.1989 20 – U 54/87 = GRUR 1990, 263, 265.

589 Siehe C.II.1.a)aa).

590 *Hofmann*, S. 146, 147.

den Spielwerten in der Software drücken wie bereits erwähnt nicht den gesamten Inhalt des dahinterstehenden Konzepts aus. Daher handelt es sich beim Balancing ebenfalls um ein Werk, dass (auch) geistigen Inhalt als Schutzgegenstand hat. Wie bereits oben ausgeführt, steht das der Schutzfähigkeit nicht entgegen.

ff) Individualität und Schöpfungshöhe

Um die Spielwerte (Lebenspunkte, Angriffskraft, Abklingzeiten etc.) in ein angemessenes Verhältnis zu bringen und ein ansprechendes Spiel-Design (Charakterauswahl, Einheitenauswahl etc.) zu gestalten, wird häufig auf Erfahrungswerte zurückgegriffen. Hinzukommen ausgiebige Tests.[591] Daher wird das Balancing als „educated guess“[592] bezeichnet. Gleichzeitig besteht der Prozess des Balancing auch aus dem Implementieren von mathematischen Formeln.[593] Vor diesem Hintergrund kann bezweifelt werden, ob genügend Gestaltungsraum für schöpferisches Handeln besteht. Handwerkliches Können reicht für urheberrechtlichen Schutz nicht aus.[594]

Der Rückgriff auf bekannte Mittel steht dem Urheberschutz nicht per se im Wege,[595] solange eine eigene schöpferische Handlung vorliegt und im Falle der Nutzung eines fremden Werkes eine freie Benutzung im Sinne des § 24 UrhG vorliegt. Genauso wenig schaden komplexe Schöpfungsprozesse mit Testphasen.[596] Tatsächlich sind einige Handlungen bei der Etablierung des Balancing rein handwerklicher Natur, wenn beispielsweise Wahrscheinlichkeitsberechnungen angestellt werden. Neben diesen handwerklichen Tätigkeiten, die allein der Vorbereitung dienen, bestehen jedoch viele Möglichkeiten für kreatives Handeln beim Balancing.[597] Beispielsweise muss der Spieldesigner bei der Erstellung des Ressourcensystems eine Lösung dafür finden, wie groß die Einflussnahme des Spielers sein soll, ohne dass die Spielbalance dadurch gefährdet wird.[598] Im Gefechtssystem muss vorrangig eine möglichst hohe Zahl von erfolgreichen

591 *Hofmann*, S. 277.

592 http://www.gamasutra.com/view/feature/134768/understanding_balance_in_video_.php?print=1 (zuletzt abgerufen am 1.5.2020).

593 http://archive.gamedev.net/archive/reference/design/features/balance/page3.html (zuletzt abgerufen am 1.5.2020).

594 Ahlberg/Götting/*Ahlberg*, § 2 UrhG Rn. 69.

595 Loewenheim/*Loewenheim*, § 7 Rn. 3.

596 *Hofmann*, S. 298.

597 *Hofmann*, S. 297, 298.

598 *Hofmann*, S. 262.

Strategien möglich sein, ohne dass eine zu einfach ist.[599] Allgemein muss der Spieldesigner unterschiedliche Spielertypen integrieren, einen angemessenen Schwierigkeitsgrad wählen – ggf. auch für neueinsteigende Spieler[600] – und die Spieldauer angemessen bemessen.[601] Dadurch erlangt ein Spiel ein einzigartiges Spielerlebnis.[602]

Da Computerspiele äußerst unterschiedlich in ihrer Komplexität sind, kann auch das Balancing eher simpel ausfallen. Dann sind mitunter keine Spielräume für kreative Lösungen vorhanden, sodass die Schöpfungshöhe nicht erreicht ist. Liegen solche Spielräume vor, ist nach Auffassung von *Hofmann* die Schöpfungshöhe im Allgemeinen erreicht, wenn Spielobjekte so in Abhängigkeit zueinander gesetzt werden und durch Einflussnahme des Spielers so agieren, dass ein Spielerlebnis eintritt.[603] Entscheidend ist also, dass nur das konkrete Balancing in einem konkreten Spiel geschützt sein kann.

gg) Konkrete Ausgestaltung

Demgegenüber sind Ideen, wie das Balancing in einem bestimmten Spiel ausgestaltet werden soll, nicht geschützt.[604] Dazu gehören zum Beispiel die Idee, ein Ressourcensystem festzusetzen sowie die Idee, dafür Parameter zu definieren.[605] Das ist entscheidend, um keine Ideen rechtlich zu monopolisieren und weitere Schöpfungen anderer Urheber in diesem Bereich zu ermöglichen. Auch die Spielmechaniken, welche die klassischen Handlungen eines bestimmten Genres bezeichnen, wie zum Beispiel die Rohstoffgewinnung als Element eines Strategiespiels, sind frei.[606]

Gegen den Schutz des Balancing könnte schließlich noch angeführt werden, dass es sich wie beim oben bereits erwähnten Fernsehformat nur um eine Anleitung handele. Der urheberrechtliche Schutz des Formats einer Fernsehshow, die aus vielen Folgen besteht, wurde wie erwähnt nicht mangels Formgebung von der Rechtsprechung abgelehnt.[607] Nach Auffassung des BGH könne ein Werk allerdings nur das Ergebnis der schöpferischen Formung eines bestimmten

---

599 *Hofmann*, S. 262, 263.
600 *Rauda* Rn. 57.
601 *Hofmann*, S. 268 ff.
602 *Hofmann*, S. 297.
603 *Hofmann*, S. 286.
604 *Rauda* Rn. 65.
605 *Hofmann*, S. 259.
606 *Hofmann*, S. 39 ff.; Duisberg/Picot/*Förster*, S. 63.
607 BGH, Urteil vom 26.6.2003 – I ZR 176/01 = GRUR 2003, 876 ff.

Stoffes sein, die Anleitung zur Formung eines Stoffes, wie ein Sendeformat es für die einzelnen Sendungen sei, genüge nicht, selbst wenn das Format ein schöpferisches Element enthalte.[608] Das konkrete, implementierte Balancing in einem Spiel ist aber keine Anleitung für weitere Werke, sondern bereits die Umsetzung. Es ließe sich zwar theoretisch in andere Spiele übernehmen, dies würde aber eine schlichte Vervielfältigung bedeuten. Im Gegensatz zu einer Anleitung stellt das Balancing keinen Bauplan für die Ausgestaltung von Spielen dar. Es bietet den Rahmen für das Spielerlebnis des Spielers, nicht aber für die Ausgestaltung des Spiels.

hh) Zwischenergebnis

Es bestehen keine generellen Hindernisse, um das Balancing eines Computerspiels als Werk im Sinne des § 2 Abs. 2 UrhG anzusehen. Es handelt sich um ein geistiges Werk, das sich teilweise im Spieldesign und verschiedenen Parametern und Abhängigkeiten im Programmcode ausdrückt. Unter der Voraussetzung, dass aufgrund der Komplexität des Spiels genügend Spielräume für kreative Lösungen zur Ermöglichung von längerfristigem Spielspaß bestehen, ist die Schöpfungshöhe erreicht, wenn die Spielobjekte in Abhängigkeit zueinander und zu den Eingaben des Spielers gesetzt werden.

4. Zwischenergebnis

Ein Computerspiel hat verschiedene urheberrechtlich geschützte Elemente. Neben der audiovisuellen Darstellung, die als Multimediawerk anzusehen ist, können die audiovisuellen Inhalte, die Spielfiguren und Avatare, die Spielsoftware, spezielle Datenbanken sowie ggf. die Handlung, das Spielkonzept, die Spielregeln und das Balancing treten. Beim Einsatz von Drittanbietersoftware sind Rechtsverletzungen an allen Werken denkbar. Im Folgenden wird zunächst untersucht, welche Rechte in Bezug auf die geschützten Werke bestehen und welchen Umfang diese haben.

III. Rechte des Urhebers

Die Rechte des Urhebers teilen sich auf in die Persönlichkeitsrechte (C.III.1) und die Verwertungsrechte (C.III.2). Hinzukommt das Recht, die Umgehung technischer Schutzmaßnahmen und Umgehungsmittel zu unterbinden (C.III.4).

---

608 BGH, Urteil vom 26.6.2003 – I ZR 176/01 = GRUR 2003, 876, 878.

Im Zusammenhang mit den Rechten des Urhebers müssen auch die Schranken gesehen werden (C.III.3). Hier zeigt sich, ob ein angemessener Interessenausgleich zwischen Urhebern bzw. Rechtsinhabern und den Nutzern und der Allgemeinheit im Urheberrecht gelingt.

1. Urheberpersönlichkeitsrechte

Das Gesetz zählt das Veröffentlichungsrecht (§ 12 UrhG), das Anerkennungsrecht (§ 13 UrhG) und den Entstellungsschutz (§ 14 UrhG) zu den Urheberpersönlichkeitsrechten. Neben diesem Kernbereich existieren noch weitere Vorschriften zum Schutz des Urheberpersönlichkeitsrechts.[609]

Die Urheberpersönlichkeitsrechte haben für die Konstellationen von Drittanbietersoftware in Computerspielen allerdings nur im Hinblick auf den Entstellungsschutz Relevanz. Einige Hacks und Mods können das Erscheinungsbild einzelner Inhalte, insbesondere der Spielfiguren, sowie die Gesamtdarstellung des Spiels teilweise massiv verändern.[610] Nahezu alle Hacks bewirken Änderungen an der Spielsoftware. In all diesen Fällen kann eine Beeinträchtigung im Sinne von § 14 UrhG vorliegen.

§ 14 UrhG weist dem Urheber das Recht zu, eine Entstellung oder andere Beeinträchtigung seines Werkes, die geeignet ist, seine berechtigten geistigen oder persönlichen Interessen am Werk zu gefährden, zu untersagen. Schutzgegenstand ist das ideelle Band zwischen Urheber und Werk.[611] Ein Eingriff in § 14 UrhG ist dreistufig zu prüfen.[612] Zunächst muss eine Beeinträchtigung vorliegen, diese muss zur Interessengefährdung geeignet sein und schließlich muss eine Interessenabwägung vorgenommen werden.[613]

a) Beeinträchtigung

Eine Beeinträchtigung ist jede objektiv nachweisbare Änderung des Werkes.[614] Darunter können auch Änderungen des Umfelds des Werks fallen.[615] Da das

609 Wandtke/Bullinger/*Bullinger*, Vorbemerkung vor §§ 12 ff. UrhG Rn. 4.
610 Siehe B.III.2.b) und B.III.2.c).
611 Schricker/Loewenheim/*Peukert*, § 14 UrhG Rn. 1.
612 Dreyer/Kotthoff/Meckel/Hentsch/*Dreyer*, § 14 UrhG Rn. 36; Schricker/Loewenheim/*Peukert*, § 14 UrhG Rn. 12.
613 Dreyer/Kotthoff/Meckel/Hentsch/*Dreyer*, § 14 UrhG Rn. 36; Schricker/Loewenheim/*Peukert*, § 14 UrhG Rn. 12.
614 Schricker/Loewenheim/*Peukert*, § 14 UrhG Rn. 13.
615 Wandtke/Bullinger/*Bullinger*, § 14 UrhG Rn. 3.

objektive Urheberinteresse geschützt wird, können auch Werkverbesserungen eine Beeinträchtigung darstellen.[616] Eine Beeinträchtigung soll dann nicht vorliegen, wenn der Gesamteindruck unverändert bleibt.[617] Als Beispiel wird hier das Einscannen und Abspeichern von Fotos genannt,[618] was zwar durch den Medienwechsel zu Veränderungen führt, aber die Wirkung und die Erscheinung des Werkes in keiner Weise verändert. Das kann auf Zwischenspeicherungen beim Laden und Ablaufen eines Spiels übertragen werden. Dabei finden zwar technische bedingte Änderungen insbesondere an der Software statt (z. B. durch Werteänderungen). Diese ändern aber nicht den Gesamteindruck des Spiels oder einzelner Bestandteile.

b) Eignung zur Interessengefährdung

Die Eignung zur Interessengefährdung wird durch die Beeinträchtigung indiziert, entfällt jedoch, wenn der Eingriff ausschließlich in der Privatsphäre des Eigentümers oder Besitzers stattfindet.[619] Hierunter fallen alle Spielveränderungen, die lediglich am eigenen Vervielfältigungsstück des Spiels vorgenommen und nicht veröffentlicht oder weitergegeben werden (private Hacks). Diese gefährden nicht das Interesse des Urhebers an der unverfälschten Darstellung seines Werkes. Wenn der Urheber die Änderung gestattet, beispielsweise indem er Mods zulässt, entfällt die Eignung ebenfalls.[620]

c) Interessenabwägung

Bei der abschließenden Interessenabwägung als ungeschriebenes Merkmal[621] sind die Art und Intensität des Eingriffs,[622] die Individualität des Werkes,[623] die Nutzung des Werkes,[624] die (Un-)Umkehrbarkeit der

616 Wandtke/Bullinger/*Bullinger*, § 14 UrhG Rn. 6.
617 Schricker/Loewenheim/*Peukert*, § 14 UrhG Rn. 16.
618 BGH, Urteil vom 19.3.2014 – I ZR 35/13 = GRUR 2014, 974, 979; Schricker/Loewenheim/*Peukert*, § 14 UrhG Rn. 16.
619 Schricker/Loewenheim/*Peukert*, § 14 UrhG Rn. 25; Wandtke/Bullinger/*Bullinger*, § 14 UrhG Rn. 8.
620 Schricker/Loewenheim/*Peukert*, § 14 UrhG Rn. 24.
621 Wandtke/Bullinger/*Bullinger*, § 14 UrhG Rn. 10.
622 Schricker/Loewenheim/*Peukert*, § 14 UrhG Rn. 28.
623 Schricker/Loewenheim/*Peukert*, § 14 UrhG Rn. 29; Wandtke/Bullinger/*Bullinger*, § 14 UrhG Rn. 16.
624 Schricker/Loewenheim/*Peukert*, § 14 UrhG Rn. 30; Wandtke/Bullinger/*Bullinger*, § 14 UrhG Rn. 18.

Beeinträchtigung,[625] das Ausmaß der Öffentlichkeit[626] und ggf. das Eigentumsinteresse[627] relevante Kriterien. Auch die Wertungen der gesetzlichen Schrankenbestimmungen fließen in die Abwägung ein.[628]

d) Entstellung im Falle von Drittanbietersoftware

Die Herstellung und der Einsatz von Drittanbietersoftware führen auf verschiedenen Ebenen zu Änderungen an den geschützten Werken bei Online-Spiel, die möglicherweise als Entstellung gewertet werden können: Zum einen sind die Auswirkungen der Handlungen auf Softwareebene zu betrachten (aa)) und zum anderen die Auswirkungen der Handlungen in Form von wahrnehmbaren Änderungen am Gesamtwerk oder einzelnen Bestandteilen (bb)).

aa) Spielsoftware

Beeinträchtigungen finden bei der Softwareanalyse mangels relevanter Änderungen am Programmode nicht statt. Daher fallen System Monitoring und Memory Searching nicht unter § 14 UrhG. Die anderen Handlungen bewirken aber durchaus Änderungen am Programmcode.

Zunächst ist die generelle Frage zu beantworten, ob auch die Urheber von Computerprogrammen vom Schutz des § 14 UrhG profitieren. § 14 UrhG gilt für alle Werke, zudem gelten für Computerprogramme gem. § 69a Abs. 4 die Regeln über Sprachwerke. Aus systematischer Sicht spricht also nichts gegen die Anwendbarkeit von § 14 UrhG auf Computerprogramme. Richtig ist aber auch, dass das geistige Band zwischen Programmierer und seinem Programm in aller Regel weniger stark ausgeprägt ist als beispielsweise bei einem Maler und seinem Kunstwerk. Das liegt zum einen daran, dass Software, zumindest im Falle von Spielsoftware, ein Massenprodukt mit einem klaren Gebrauchszweck[629] darstellt. Zum anderen bedeutet Programmierung in weiten Teilen, eher logisch als kreativ vorzugehen. Sie folgt häufig vorgegebenen Abfolgen, sodass im Vergleich zu anderen Werken eher geringere individuell-persönliche Ausdrucksmöglichkeiten bestehen. Das deckt sich mit dem eingangs dargestellten Befund, dass der Urheberrechtsschutz von Programmen mehr ökonomisch und weniger

---

625 Wandtke/Bullinger/*Bullinger*, § 14 UrhG Rn. 19.

626 Wandtke/Bullinger/*Bullinger*, § 14 UrhG Rn. 20.

627 Schricker/Loewenheim/*Peukert*, § 14 UrhG Rn. 33; Wandtke/Bullinger/*Bullinger*, § 14 UrhG Rn. 14.

628 Schricker/Loewenheim/*Peukert*, § 14 UrhG Rn. 32; Wandtke/Bullinger/*Bullinger*, § 14 UrhG Rn. 13.

629 *Metzger/Jaeger*, GRUR Int. 1999, 839, 844.

aus dem Persönlichkeitsschutz des Urhebers resultiert.[630] Daher haben Computerprogramme aufgrund ihrer Art als Gebrauchsgegenstand einen geringen urheberpersönlichen Einschlag als andere Werke,[631] sodass die Urheberpersönlichkeitsrechte hier auch kaum eine Rolle spielen.[632] Das schließt Programmierer aber nicht völlig vom Schutz des § 14 UrhG aus, es handelt sich vielmehr um ein relevantes Kriterium in der Interessensabwägung.[633]

Eine weitere Besonderheit liegt darin, dass sich die Urheberpersönlichkeit bei Computerprogrammen in Gestalt von Programmcode kaum in der äußeren Erscheinung des Programms niederschlägt. Programmcodezeilen mangelt es schlichtweg an Ausdrucksmöglichkeiten. Vielmehr ist, wie bereits erwähnt, die individuelle Konzeption und konkrete Problemlösung bei Programmen prägend. Hier liegt der Schwerpunkt des urheberpersönlichen Schutzgegenstands bei Programmen und damit des Anwendungsbereichs des § 14 UrhG. Der Gebrauchszweck ist entscheidend. Veränderungen am Programmcode bei Herstellung oder Einsatz von Drittanbietersoftware machen sich die Problemlösung durch die Spielsoftware aber vielmehr zunutze, als dass sie sie verändern wollen.

Der einzige Sonderfall, bei dem eine Entstellung der Software bei digitalen Spielen in Betracht kommt, betrifft Zweckänderungen. Wie oben erwähnt, sind Computerprogramme maßgeblich durch ihren Gebrauchszweck geprägt. Eine starke Änderung des Gebrauchszweck kann eine Beeinträchtigung darstellen.[634] Dadurch erlangt ein Programm eine ganz andere Wirkung. Dieser Sonderfall ist bei Drittanbietersoftware in Online-Spielen aber nicht gegeben, sodass die Entstellung der Spielsoftware keine Grenze für deren Einsatz und Herstellung darstellt.

bb) Gesamtwerk und sonstige einzelne Bestandteile

Hinsichtlich des Gesamtwerks und der einzelnen Bestandteile bewirken Hacks, Mods, Add-ons und sonstige grafische Ergänzungen Veränderungen am Erscheinungsbild des jeweiligen Werkes. Eine Spielfigur kann beispielsweise stark verändert werden, wenn sie in obszönen Posen dargestellt wird.[635] Dabei spielt es keine Rolle, ob dies mittels eines Mods innerhalb des Spiels oder außerhalb des Spiels dargestellt wird.

---

630 Siehe C.II.1.b).

631 Schricker/Loewenheim/*Peukert*, § 14 UrhG Rn. 29.

632 *Grützmacher*, ZGE/IPJ 2017, 423, 433.

633 Schricker/Loewenheim/*Peukert*, § 14 UrhG Rn. 29.

634 Wandtke/Bullinger/*Grützmacher*, § 69a UrhG Rn. 57.

635 Wandtke/Bullinger/*Bullinger*, § 14 UrhG Rn. 63.

Interessant ist die mögliche entstellende Wirkung von Wallhacks.[636] Denn damit ist die Frage aufgeworfen, wann eine Veränderung das Gesamtwerk entstellt. Das Gesamtwerk ist von jeder optischen Änderung betroffen, die allerdings umso weniger ins Gewicht fällt, je weniger intensiv sie ist. Werden beispielsweise einzelne Waffen durch Musterungen individualisiert (sogenannte Skins), so beeinflusst das die gesamte Darstellung des Spiels kaum. Ein Wallhack hingegen verändert das Gesamtwerk nicht nur punktuell, sondern in seiner gesamten optischen Erscheinung. Es kommt also entscheidend auf den Umfang der Änderung an.

Theoretisch möglich ist auch eine Entstellung des Balancing.[637] Dieses kann durch Bots gestört werden. Der Grund dafür ist allerdings nicht, dass Bots das Balancing umschreiben, sondern vielmehr, dass auf Bots die den gewählten Parametern zugrunde liegenden Annahmen (durchschnittliche Zeit, die ein Spieler mit repetitiven Handlungen wie z. B. Rohstoffsammeln verbringt) nicht zutreffen, da diese auf menschliche Spieler ausgerichtet sind. Das stellt aber keine Beeinträchtigung dar,[638] sondern nutzt lediglich eine Schwäche des Balancing aus. Etwas anderes gilt nur, wenn die Bots auch Spielwerte ändern.[639]

e) Zwischenergebnis

Bei Computerprogrammen kommen Entstellungen aufgrund ihrer Eigenart als Gebrauchsgüter und ihres logikdominierten Erstellungsprozesses kaum vor. Demensprechend ist die Relevanz des § 14 UrhG bei Drittanbietersoftware gering. Zudem sind Zwischenspeicherungen mangels Änderung der Wirkung des Werkes keine Beeinträchtigung. Private Hacks eignen sich nicht zur Interessengefährdung.

Einzelne audiovisuelle Inhalte, insbesondere Spielfiguren, können hingegen beeinträchtigt und entstellt werden. Dies gilt mangels Änderung nicht für das Balancing durch den Einsatz von Bots. Das Gesamtwerk wird entstellt, wenn die Veränderung nicht nur punktuell ist.

2. Verwertungsrechte

Die Verwertungsrechte sind für allgemeine Werke in den §§ 15 ff. UrhG geregelt. Daneben gibt es in § 69c UrhG Sonderregeln für Computerprogramme und in

---

636 *Sonntag*, in: Schweighofer, IRIS 2014, 683, 688.
637 *Hofmann*, S. 317.
638 *Hofmann*, S. 321.
639 Siehe C.V.3.d).

§ 87b UrhG für Datenbanken. Die §§ 16 ff. UrhG beziehen sich somit auf das Gesamtwerk und alle anderen Bestandteile außer Computerprogramme und Datenbanken.

Die relevanten Verwertungsrechte sind das Vervielfältigungs- und das Umarbeitungsrecht: Um ein digitales Spiel zu untersuchen und Drittanbietersoftware einzusetzen, muss das Spiel ablaufen, d. h. in den Arbeitsspeicher des Rechners geladen werden. Darin könnte eine Vervielfältigung liegen. Hacks oder bestimmte Techniken des Software Reverse Engineerings können zu Änderungen an geschützten Werken führen, sodass auch das Umarbeitungsrecht betroffen sein kann.

a) Vervielfältigung (§ 16 UrhG)

Zunächst muss die Vervielfältigung definiert werden, um anschließend die relevanten Fallgruppen bei Herstellung und Einsatz von Drittanbietersoftware identifizieren und bewerten zu können.

aa) Begriffsbestimmung

§ 16 UrhG bestimmt, dass das Vervielfältigungsrecht das Recht ist, Vervielfältigungsstücke des Werkes herzustellen. § 16 UrhG bezieht sich entsprechend der oben erläuterten Aufteilung auf das Computerspiel als Gesamtwerk und die einzelnen Bestandteile, für die keine Sonderregeln bestehen. Nach der Gesetzesbegründung zum Urheberrechtsgesetz aus dem Jahr 1965 sind Vervielfältigungsstücke im Sinne des § 16 UrhG alle körperlichen Festlegungen, die geeignet sind, das Werk den menschlichen Sinnen auf irgendeine Weise unmittelbar oder mittelbar wahrnehmbar zu machen.[640] Diese Begriffsbestimmung wird von Rechtsprechung[641] und Literatur[642] geteilt.

Das Körperlichkeitskriterium dient zur Abgrenzung von unkörperlichen Wiedergaben (§ 15 Abs. 2 UrhG).[643] Art. 2 InfoSoc-RL, der dieses Kriterium nicht nennt,[644] ändert daran nichts.[645] Dieser Unterschied zwischen national- und

---

640 BT-Drs. IV/270, S. 47.

641 BGH, Urteil vom 4.10.1990 – I ZR 139/89 = GRUR 1991, 449, 453.

642 Ahlberg/Götting/*Kroitzsch*/*Götting* § 16 UrhG Rn. 3; Dreier/Schulze/*Schulze*, § 16 UrhG Rn. 6; Fromm/Nordemann/*Dustmann*, § 16 UrhG Rn. 9; Schricker/Loewenheim/*Loewenheim*, § 16 UrhG Rn. 5; Wandtke/Bullinger/*Heerma*, § 16 UrhG Rn. 4.

643 Schricker/Loewenheim/*Loewenheim*, § 16 UrhG Rn. 5; Wandtke/Bullinger/*Heerma*, § 16 UrhG Rn. 4.

644 *Hecheltjen*, S. 98.

645 Schricker/Loewenheim/*Loewenheim*, § 16 UrhG Rn. 5.

europarechtlicher Ebene wurde nicht relevant, da es bisher zu keinen unterschiedlichen Ergebnissen kam.[646] Das Körperlichkeitskriterium führt allerdings faktisch dazu, dass die Einordnung eines technischen Vorgangs als Vervielfältigung abhängig ist von der eingesetzten Technik,[647] was mitunter zu zufälligen Ergebnissen führt.[648]

Die Anzahl der Vervielfältigungsstücke ist nach dem Gesetz ebenso irrelevant wie das Verfahren, das zur Herstellung genutzt wurde. Daher spielt es auch keine Rolle, in welcher Form das Werk körperlich festgelegt wird.[649] Ebenso folgt daraus, dass es nicht darauf ankommt, ob das Vervielfältigungsstück das gleiche oder ein anderes Medium nutzt wie das Original.[650] Auch die Vervielfältigung von Teilen eines Werkes ist eine Vervielfältigung, wenn das Teilstück selbst schutzfähig ist.[651] Es genügen beispielsweise schon Tonfetzen.[652]

Ob auch die körperliche Festlegung eines veränderten Werkes, bei dem die Änderung über technisch bedingte Veränderungen hinausgehen, eine Vervielfältigung im Sinne des § 16 UrhG darstellt, ist umstritten.[653] Nach hier vertretener Auffassung[654] ist dies abzulehnen.

Das Gesetz erfasst auch ausdrücklich vorübergehende Vervielfältigungen. Der Zusatz „gleichviel ob vorübergehend oder dauerhaft" wurde eingefügt, um Art. 2 InfoSoc-RL umzusetzen, der ebenfalls vorübergehende Vervielfältigungen umfasst.[655] Allerdings nimmt Art. 5 Abs. 1 InfosSoc-RL bestimmte vorübergehende Vervielfältigungen davon aus. Dem ist der deutsche Gesetzgeber mit § 44a UrhG nachgekommen. Es wird darüber gestritten, ob die Umsetzung als Schranke zutreffend ist[656] oder eine Tatbestandsbegrenzung des § 16 UrhG hätte vorgenommen werden sollen. Für die vorliegende Untersuchung ist dies aber nicht von Bedeutung, da die in § 44a UrhG bezeichneten Handlungen

---

646 Siehe bezüglich Bildschirmanzeigen C.III.2.a)bb).

647 *Hecheltjen*, S. 83.

648 *Dreier/Leistner*, GRUR-Beilage 2014, 13, 19; *Marly*, EuZW 2014, 616, 619.

649 Ahlberg/Götting/*Kroitzsch/Götting* § 16 UrhG Rn. 3.

650 Ahlberg/Götting/*Kroitzsch/Götting* § 16 UrhG Rn. 13.

651 Schricker/Loenwenheim/*Loewenheim*, § 16 UrhG Rn. 14.

652 EuGH, Urteil vom 29.7.2019, Rs. C476/17, Rn. 29 = MMR 2019, 596, 598, 598; Wandtke/Bullinger/*Heerma*, § 16 UrhG Rn. 6.

653 Wandtke/Bullinger/*Heerma*, § 16 UrhG Rn. 10.

654 Siehe C.III.2.c)cc)(3).

655 Schricker/Loenwenheim/*Loewenheim*, § 16 UrhG Rn. 6.

656 Zustimmend Wandtke/Bullinger/*v. Welser*, § 44a UrhG Rn. 1; ablehnend *Hecheltjen*, S. 76.

im Ergebnis wie auch von der InfoSoc-RL vorgesehen keine Rechtsverletzung darstellen.

Im Folgenden werden die beim Einsatz und der Herstellung von Drittanbietersoftware bezüglich einer Vervielfältigung relevanten Fallgruppen näher dargestellt. Dadurch wird der Vervielfältigungsbegriff weiter präzisiert.

bb) Anzeigen auf dem Bildschirm

Drittanbietersoftware soll bestimmungsgemäß „im" Spiel, also beim Ablauf des Computerspiels auf einem Rechner, eingesetzt werden. Daher werden beim Einsatz von Drittanbietersoftware stets die visuellen Inhalte und das Gesamtwerk – ggf. in veränderter Form – am Bildschirm ausgegeben. Auch im Rahmen der Herstellung, insbesondere bei Tests der Drittanbietersoftware und einigen Analysemethoden, werden die Inhalte des Spiels am Bildschirm angezeigt. Nach überwiegender Auffassung ist allein das Anzeigen auf dem Bildschirm keine Vervielfältigung im Sinne des § 16 UrhG, weil keine körperliche Festlegung stattfindet.[657] Sofern technisch bedingt dabei Speicherungen (etwa im Arbeitsspeicher oder in Zwischenspeichern[658]) erfolgen, liegt eine Vervielfältigung vor.[659]

Unionsrechtlich ist die Bewertung etwas anders. Art. 2 InfoSoc-RL sieht wie bereits erwähnt kein Körperlichkeitskriterium vor. Dementsprechend geht der EuGH davon aus, dass neben Speicherungen in einem Satellitendecoder auch die Anzeigen auf einem Fernsehbildschirm Vervielfältigungen darstellen.[660] Diese fallen nach seiner Auffassung aber unter die Ausnahme des Art. 5 Abs. 1 InfoSoc-RL,[661] sodass im Ergebnis keine Unterschiede zur deutschen Rechtslage bestehen. Aus diesem Grund musste das Ergebnis, dass eine Anzeige am Bildschirm schon nicht die Voraussetzungen des § 16 UrhG erfüllt, nicht im Zuge einer europarechtskonformen Auslegung korrigiert werden. Außerdem liegen fast immer Zwischenspeicherungen vor, sodass die unterschiedlichen Definitionen praktisch kaum Auswirkungen haben.[662]

---

657 Dreyer/Kotthoff/Meckel/Hentsch/*Dreyer*, § 16 UrhG Rn. 35; Schricker/Loewenheim/*Loewenheim*, § 16 UrhG Rn. 19.

658 *Marly* Rn. 156; siehe dazu sogleich C.III.2.a)cc),

659 Dreyer/Kotthoff/Meckel/Hentsch/*Dreyer*, § 16 UrhG Rn. 35; Schricker/Loewenheim/*Loewenheim*, § 16 UrhG Rn. 19.

660 EuGH, Urteil vom 4.10.2011 – C-403, 429/08 = GRUR 2012, 156, 163, 164.

661 EuGH, Urteil vom 4.10.2011 – C-403, 429/08 = GRUR 2012, 156, 164, 165.

662 *Schweyer*, S. 95, 96.

Dennoch wird eine Korrektur des Vervielfältigungsbegriffs im deutschen Recht unter Verweis auf die harmonisierende Wirkung der InfoSoc-RL gefordert.[663] Das europäische Urheberrecht sehe die Verwertungsrechte dann als berührt an, wenn die Interessen des Urhebers gefährdet sind.[664] Das sei bei einer unkörperlichen Kopie aber ebenso der Fall wie bei einer körperlichen.[665] Auch wird darauf hingewiesen, dass es technisch gesehen wenig Sinn ergebe, zwischen Zwischenspeichern und Bildschirmanzeigen zu differenzieren, da beides nahezu identisch sei.[666] Im Übrigen hätte man aufgrund der technischen Funktionsweise schon bei Röhrenbildschirmen konsequenterweise eine Vervielfältigung annehmen müssen.[667]

Die Einwände überzeugen allesamt, insbesondere die geringere Technikabhängigkeit wäre zu begrüßen. Alle Argumente können aber nicht den Befund verneinen, dass die Systematik der Verwertungsrechte nach § 15 UrhG ein Körperlichkeitskriterium erfordert. Darin liegt auch der Grund für die Technikabhängigkeit einer Vervielfältigung, was zwar rechtspolitisch nicht wünschenswert erscheint, aber nicht eine andere Auslegung erzwingt. Auch eine Korrektur mittels einer europarechtskonformen Auslegung ist solange nicht angezeigt, wie im Ergebnis keine Widersprüche zustande kommen. Angesichts der geringen praktischen Auswirkungen der unterschiedlichen Ansichten ist dies kaum zu erwarten.

Zusammengefasst sind nach europäischen und nach deutschem Urheberrecht Anzeigen am Bildschirm keine Vervielfältigung. Daher spielt diese Fallgruppe auch bei Drittanbietersoftware keine Rolle.

cc) Arbeitsspeicher

Wenn Drittanbietersoftware eingesetzt wird, muss das Spiel ablaufen. Dann befinden sich zumindest Teile des Computerspiels im Arbeitsspeicher. Neben dem Programmcode sind dies auch sonstige Daten, z. B. audiovisuelle Inhalte. Das gleiche gilt auf Ebene der Herstellung von Drittanbietersoftware, da das Spiel bei Analysen des Computerspiels und Tests der Drittanbietersoftware ablaufen muss.

---

663 *Hecheltjen*, S. 100, 101; *Roder*, S. 55.

664 *Schweyer*, S. 95.

665 *Schweyer*, S. 95.

666 *Sonntag*, in: Schweighofer, IRIS 2018, 569, 571, 572.

667 *Hecheltjen*, S. 95, 96.

Die Abspeicherung eines digitalen Werkes ist in den allermeisten Fällen eine Vervielfältigung.[668] Der Speichervorgang führt zu Ladungsänderungen im jeweiligen Speicher, was einer körperlichen Festlegung genügt.[669] Das Werk ist über Hilfsmittel, konkret die übrigen Rechnerbestandteile, wahrnehmbar.[670] Das Besondere am Arbeitsspeicher ist, dass die Speicherungsdauer kurz ist[671] und als Grundprinzip der virtuellen Speicherverwaltung[672] nur Teile eines Computerspiels dort abgelegt werden. Da aber auch vorübergehende Vervielfältigungen und auch nur teilweise Vervielfältigungen erfasst sind, finden im Arbeitsspeicher eines Rechners regelmäßig Vervielfältigungen statt.[673] Da die technischen Funktionsweisen von Arbeitsspeichern unterschiedlich sind, kann diese Bewertung bei bestimmten Speichern anders ausfallen. Die Festlegung in einem modernen SDRAM-Arbeitsspeicher beispielsweise ist mit 64ms[674] äußerst kurzlebig und kann nur durch regelmäßige Erhaltungsvorgänge länger erhalten bleiben, sodass eine körperliche Fixierung angezweifelt werden kann.[675] Die Festlegung in solchen Speichern sei eher vergleichbar mit der Übertragung von Daten durch ein Kabel.[676] Andererseits ändert es nichts an der urheberrechtlichen Interessenlage, dass der Urheber im Ausgangspunkt in der Lage sein soll, jede Vervielfältigung zu kontrollieren. Tatsächlich handelt es sich dabei im digitalen Raum um ein besonders effektives Kontrollrecht. Eine zeitliche Untergrenze für die Dauer einer Vervielfältigung lässt sich Art. 2 InfoSoc-RL bzw. § 16 UrhG nicht entnehmen. Wie aus Art. 5 Abs. 1 InfoSoc-RL und § 44a UrhG ersichtlich wird, hat sich der Gesetzgeber dafür entschieden, flüchtige Speicherungen erst im zweiten Schritt auszunehmen und auf diese Weise den Interessenausgleich vorzunehmen. Daher spricht die Kurzlebigkeit von Speicherungen im SDRAM-Speichern auch nicht gegen die Einordnung von solchen Speicherungen als Vervielfältigungen, sondern auf rechtspolitischer Ebene gegen das Erfordernis der Körperlichkeit

668 Fromm/Nordemann/*Dustmann*, § 16 UrhG Rn. 12; Wandtke/Bullinger/*Heerma*, § 16 UrhG Rn. 16.

669 *Hecheltjen*, S. 86.

670 Fromm/Nordemann/*Dustmann*, § 16 UrhG Rn. 12.

671 Siehe B.II.1.

672 *Schiffmann/Bähring/Hönig*, S. 61.

673 Ahlberg/Götting*Kroitzsch/Götting* § 16 UrhG Rn. 5a; Dreier/Schulze/*Schulze*, § 16 UrhG Rn. 13; Schricker/Loewenheim/*Loewenheim*, § 16 UrhG Rn. 17; Wandtke/Bullinger/*Heerma*, § 16 UrhG Rn. 18; *Marly* Rn. 159, 160; *Schweyer*, S. 90, 91.

674 https://en.wikipedia.org/wiki/Memory_refresh (zuletzt abgerufen am 1.5.2020).

675 *Hecheltjen*, S. 91.

676 *Hecheltjen*, S. 91.

im deutschen Recht.[677] Der Unterschied zu Übertragungen in Datenleitungen liegt dann auch nicht in der Kurzlebigkeit der Speicherung, sondern darin, dass die in Leitungen übertragenen Datenpakete zu gering sind, um eine selbständige Werkqualität aufzuweisen.[678] Speicherungen im Arbeitsspeicher sind daher unabhängig von der Speicherdauer Vervielfältigungen.

Das Laden in den Arbeitsspeicher als Vervielfältigung ist eine besonders relevante Grenze für Drittanbietersoftware in digitalen Spielen, da diese sowohl beim Einsatz als auch bei der Herstellung stets zumindest teilweise in den Arbeitsspeicher geladen werden müssen. Diese Handlungen sind über § 16 UrhG dem Urheber zugewiesen.

dd) Caches

Ein Cache ist ein Pufferspeicher, der Daten und Programmcode enthält, die häufig benötigt werden, um bei erneuten Zugriffen schneller arbeiten zu können.[679] Caches können an verschiedenen Stellen auftreten. Grob unterteilen lassen sie sich in Hardware- und Software-Caches. Zu den Hardware-Caches gehören beispielsweise Caches in Prozessoren oder Laufwerken. Auch der Arbeitsspeicher kann über einen Cache verfügen. Zu den Software-Caches gehören beispielsweise Browser-Caches. Beim Ablauf eines Computerspiels können sich einzelne Inhalte in Caches befinden.

Ähnlich wie bei Arbeitsspeicher können sich auch in Caches kurzlebige, schutzfähige Teile eines Werkes befinden. Beispielsweise wurde im Rahmen der Diskussion um die Zulässigkeit von Streaming herausgearbeitet, dass ein Browser-Cache urheberrechtlich geschützte Werke beinhalten kann.[680] Bestimmte Caches wie z.B. Prozessoren- oder Laufwerk-Caches erfüllen allerdings rein interne Funktionen und können nur mit großem technischen Aufwand ausgelesen werden, sodass selbst eine mittelbare Wahrnehmbarkeit für den Nutzer nicht mehr gegeben ist.[681] Dort finden keine Vervielfältigungen statt.

---

677 *Hecheltjen*, S. 91, 92, 93.

678 Schricker/Loewenheim/*Loewenheim*, § 16 UrhG Rn. 23; *Hecheltjen*, S. 126.

679 *Hellmann*, S. 30.

680 EuGH, Urteil vom 5.6.2014 – C-360/13 = GRUR Int. 2014, 694 ff.; Schricker/Loewenheim/*Loewenheim*, § 16 UrhG Rn. 22.

681 *Hecheltjen*, S. 104, 105.

ee) Grafikspeicher

Bei der Bewertung von Grafikspeichern muss zunächst die Terminologie geklärt werden. Zum einen kann der Begriff Grafikspeicher die Gesamtheit an Speicherplatz bedeuten, die Grafikdaten beinhalten.[682] Dann gehört beispielsweise auch der Arbeitsspeicher dazu. Zum anderen kann Grafikspeicher den Hardware-Cache auf der Grafikkarte bedeuten,[683] in welchem Daten vom Prozessor für die Verarbeitung durch die Grafikkarte abgelegt werden. Dann handelt es sich um einen speziellen Grafikspeicher. Dieses Begriffsverständnis wird hier zugrunde gelegt, da anderenfalls keine präzise Zuordnung zu einem physischen Speicher möglich ist, was wie gezeigt aufgrund der verschiedenen Funktionsweisen aber erforderlich ist.

Vor diesem Hintergrund ist die Formulierung des BGH, durch das Laden in den Grafikspeicher werde die Client-Sofware vervielfältigt,[684] ungenau. Im Grafikspeicher befinden sich nur Bilddaten und kein Programmcode, sodass dort nur sonstige Inhalte und das Gesamtwerk, nicht aber das Computerprogramm vervielfältigt werden können.[685] Im Übrigen unterscheidet sich ein Grafikspeicher nicht von einem anderen Zwischenspeicher. Dort finden ebenfalls Vervielfältigungen statt. Grafikspeicher lassen sich auslesen,[686] sodass zumindest eine mittelbare Wahrnehmbarkeit gegeben ist. Daher sind sie bei Drittanbietersoftware wie Arbeitsspeicher relevant.

ff) Zwischenergebnis

Anzeigen am Bildschirm stellen mangels Körperlichkeit keine Vervielfältigung dar. Im Arbeitsspeicher befinden sich unabhängig von Kurzlebigkeit der Kopie regelmäßig Vervielfältigungsstücke. Auch auf Caches trifft dies zu. Allerdings muss bei diesen differenziert werden: Je nach konkreter Funktion des Caches ist das Auslesen nicht oder nur schwer möglich. Dann finden mangels Wahrnehmbarkeit keine Vervielfältigungen statt. Grafikspeichern sind spezielle Caches, die auslesbar sind, allerdings keinen Programmcode, sondern nur sonstige Werke enthalten.

---

682 https://de.wikipedia.org/wiki/Grafikspeicher (zuletzt abgerufen am 1.5.2020).

683 *Schiffmann/Bähring/Hönig*, S. 251.

684 BGH, Urteil vom 6.10.2016 – I ZR 25/15 = GRUR 2017, 266, 269.

685 *Sonntag*, in: Schweighofer, IRIS 2018, 569, 571.

686 https://www.golem.de/news/palinopsia-bug-das-gedaechtnis-der-grafikkarte-auslesen-1503-113219.html (zuletzt abgerufen am 1.5.2020).

Der Vervielfältigungsbegriff ist weit gefasst. Das führt unter anderem dazu, dass der reine Werkgenuss, der urheberrechtlich irrelevant ist, aber im digitalen Kontext eine Vervielfältigung erfordert, urheberrechtlich relevant wird.[687] Im Fall von Drittanbietersoftware zeigt sich, dass bei der Herstellung und beim Einsatz Vervielfältigungen im Sinne des § 16 UrhG der audiovisuellen Inhalte und des Gesamtwerks im Arbeitsspeicher sowie dem Grafikspeicher stattfinden. Aus Sicht der Urheber und Rechtsinhaber ist dies begrüßenswert, da so eine effektive Kontrolle und Verwertung ermöglicht wird. Umso wichtiger wird daher, um den grundrechtlichen und ökonomischen Ausgleich mit den Interessen der Nutzer und der Allgemeinheit[688] bei Drittanbietersoftware herzustellen, die Rolle der Schranken und die Reichweite etwaiger Nutzungsrechte.

b) Vervielfältigung (§ 69c Nr. 1 UrhG)

aa) Begriffsbestimmung

Zwar beruht das Vervielfältigungsrecht des Urhebers eines Programms nicht auf Art. 2 InfoSoc-RL, sondern Art. 4 Abs. 1 lit. a Software-RL, allerdings finden die zu § 16 UrhG entwickelten Grundsätze auch bei § 69c Nr. 1 UrhG Anwendung.[689] Grund dafür sind die ähnlichen Wortlaute.[690] Auch das Körperlichkeitskriterium ist bei § 69c Nr. 1 UrhG erforderlich,[691] um auch insoweit die Abgrenzung zur unkörperlichen öffentlichen Wiedergabe im Sinne des § 69c Nr. 4 UrhG zu ermöglichen.

Zu beachten ist auch § 69c Nr. 1 S. 2 UrhG, wonach das Laden, Anzeigen, Ablaufen, Übertragen oder Speichern des Computerprogramms der Zustimmung des Rechtsinhabers bedürfen, soweit eine der Handlungen eine Vervielfältigung erfordert. Diese Vorschrift stellt zwar eine tautologische Aussage dar.[692] Aus der Formulierung „soweit" folgt aber zumindest, dass nicht jede der genannten Handlungen (Laden, Anzeigen, Ablaufen, Übertragen oder Speichern) in jedem Fall eine Vervielfältigung darstellt.[693] Ob die Handlungen eine

---

687 *Marly*, EuZW 2014, 616, 617.

688 Siehe C.I.4.

689 Schricker/Loewenheim/*Loewenheim*, § 16 UrhG Rn. 3; *Marly* Rn. 155.

690 Ahlberg/Götting/*Kaboth*/*Spies*, § 69c UrhG Rn. 1, 4; Dreier/Schulze/*Dreier*, § 69c UrhG Rn. 6; Fromm/Nordemann/*Czychowski*, § 69c UrhG Rn. 4; Schricker/Loewenheim/*Spindler*, § 69c UrhG Rn. 5.

691 Dreyer/Kotthoff/Meckel/Hentsch/*Kotthoff*, § 69c Rn. 5, 10; Schricker/Loewenheim/*Spindler*, § 69c UrhG Rn. 6.

692 Dreier/Schulze/*Dreier*, § 69c UrhG Rn. 8.

693 Dreier/Schulze/*Dreier*, § 69c UrhG Rn. 8.

Vervielfältigung erfordern, richtet sich – neben dem Körperlichkeitskriterium – danach, ob eine gesteigerte Programmnutzung erfolgt.[694] Dieses Kriterium rekurriert auf die Interessen des Urhebers, indem zusätzliche Nutzungsmöglichkeiten, die sich prinzipiell aus jeder erneuten Vervielfältigung ergeben,[695] dem Urheber zugewiesen werden.

Im Folgenden werden wiederum die relevanten Fallgruppen dargestellt, um den Vervielfältigungsbegriff des § 69c Nr. 1 UrhG weiter zu präzisieren und die Relevanz für Drittanbietersoftware herauszuarbeiten.

bb) Programmablauf

Um ein Computerspiel zu untersuchen oder Drittanbietersoftware zu testen oder einzusetzen, muss das Spiel ablaufen, d. h. auch das Steuerungsprogramm ablaufen. Wenn ein Programm abläuft, arbeitet wie eingangs erwähnt die CPU die erforderlichen Befehle des Programmcodes ab.[696] Dieses Verständnis von Programmablauf vorausgesetzt, wird der Vorgang zurecht nicht als Vervielfältigung eingestuft.[697] Es fehlt schlichtweg an Festlegungen des Codes. Die Programmcodezeilen werden nicht festgehalten, sondern umgesetzt. Rein faktisch hängt der Programmablauf mit anderen Vorgängen zusammen. In aller Regel lädt ein Rechner Teile eines ablaufenden Programms beim Start in den Arbeitsspeicher, damit die CPU effektiv darauf zugreifen kann. Das wird sogleich bewertet,[698] ist aber vom Programmablauf zu trennen.

cc) Anzeigen auf dem Bildschirm

Es wurde bereits dargestellt, dass die audiovisuelle Darstellung, wenn beispielsweise ein Spiel gespielt wird, kein Ausdruck des Programms ist, sondern ein eigenständiges Werk.[699] Daraus folgt, dass das Programm dann schon nicht angezeigt wird und sich daher die Frage nach einer Vervielfältigung nicht stellt.

Bei einigen Analysemethoden, insbesondere Live-Analysen bei Debuggern, wird der Programmcode zumindest in Teilen sichtbar gemacht. Nur dann

694 Ahlberg/Götting/*Kaboth*/*Spies*, § 69c UrhG Rn. 6.

695 Schricker/Loewenheim/*Spindler*, § 69c UrhG Rn. 5.

696 Siehe B.II.1.

697 Schricker/Loewenheim/*Spindler*, § 69c UrhG Rn. 8; Wandtke/Bullinger/*Grützmacher*, § 69c UrhG Rn. 7; *Marly* Rn. 165.

698 Siehe C.III.2.b)dd).

699 Siehe C.II.2.f).

handelt es sich um Bildschirmanzeigen eines Programms. Diese Anzeigen sind mangels körperlicher Festlegung keine Vervielfältigungen.[700]

dd) Arbeitsspeicher

Wie bereits erwähnt, wird ein Programm, und das gilt auch für die Spielsoftware eines Computerspiels, beim Ablauf auf einem Rechner zumindest teilweise in den Arbeitsspeicher des Rechners geladen.[701] Bei Online-Spielen ist es die Client-Software. Der Ablauf des Spielprogramms ist essenziell für Code-Analysen und auch für Veränderungen.[702] Wie bei § 16 UrhG wird auch bei § 69c Nr. 1 UrhG eine Vervielfältigung durch das Laden in den Arbeitsspeicher angenommen.[703] Das ist zutreffend, da es auf die Kurzlebigkeit der Speicherung nicht ankommt.[704]

ee) Caches

Für Zwischenspeicher bzw. Caches gilt hier zunächst nichts anderes als bei § 16 UrhG. Zu beachten ist lediglich, dass manche Zwischenspeicher, wie z. B. ein Grafikspeicher, gar keinen Programmcode enthalten. Allerdings wird bei § 69c UrhG gefordert, im Wege der teleologischen Reduktion des § 69c Nr. 1 UrhG rein technisch bedingte Vervielfältigungen auszunehmen.[705] Beispiele dafür sollen Zwischenspeicherungen bei Datenübertragungen sein.[706] Alternativ wird eine analoge Anwendung des § 44a UrhG vorgeschlagen,[707] sofern nicht schon § 69d Abs. 1 UrhG eingreift.[708]

---

700 Ahlberg/Götting/*Kaboth/Spies*, § 69c UrhG Rn. 6; Dreier/Schulze/*Dreier*, § 69c UrhG Rn. 8; Schricker/Loewenheim/*Spindler*, § 69c UrhG Rn. 9; Wandtke/Bullinger/*Grützmacher*, § 69c UrhG Rn. 9; siehe C.III.2.a)bb).

701 Siehe B.II.1.

702 *Kochmann*, S. 163; siehe B.III.3.

703 Ahlberg/Götting/*Kaboth/Spies*, § 69c UrhG Rn. 6; Dreier/Schulze/*Dreier*, § 69c UrhG Rn. 8; Dreyer/Kotthoff/Meckel/Hentsch/*Kotthoff*, § 69c UrhG Rn. 9; Schricker/Loewenheim/*Spindler*, § 69c UrhG Rn. 7; Wandtke/Bullinger/*Grützmacher*, § 69c UrhG Rn. 5.

704 Siehe C.III.2.a)aa).

705 Schricker/Loewenheim/*Spindler*, § 69c UrhG Rn. 8.

706 Wandtke/Bullinger/*Grützmacher*, § 69c UrhG Rn. 15.

707 Ahlberg/Götting/*Kaboth/Spies*, § 69c UrhG Rn. 7; Fromm/Nordemann/*Czychowski*, § 69c UrhG Rn. 9; Schricker/Loewenheim/*Lowenheim*, § 44a UrhG Rn. 4.

708 Dreier/Schulze/*Dreier*, § 69c UrhG Rn. 9;

Die Technikabhängigkeit wird zurecht als Problem erkannt. Allerdings müsste sie dann konsequenter Weise auch an anderen Stellen, wie z. B. beim oben diskutierten Körperlichkeitskriterium durchschlagen. Es wäre inkonsequent, sie nur hier als ausschlaggebend anzusehen. Hinzukommt, dass mit § 69d Abs. 1 UrhG eine Vorschrift existiert, um die meisten Fälle von technischen Zufälligkeiten abzudecken. Eine teleologische Reduktion ist aus diesen Gründen nicht angezeigt. Eine Lösung über § 44a UrhG[709] bietet demgegenüber auch den Vorteil, den Gleichklang mit § 16 UrhG herbeizuführen, was angesichts von Multimediawerken begrüßenswert ist.

ff) Nutzen von Schnittstellen

Drittanbietersoftware interagiert mitunter über Schnittstellen mit der Spielsoftware. So nutzen einige virtuellen Trainer die vom Spielbetreiber zur Verfügung gestellten Daten, um die Spielperformance des Spielers auszuwerten. Insofern stellt sich die Frage, ob und ggf. wann das Nutzen einer Schnittstelle eine Vervielfältigung darstellt. Nach den obigen Ausführungen[710] bedeutet die Vervielfältigung einer Schnittstellenprogrammierung eine Vervielfältigung im Sinne des § 69c Nr. 1 UrhG. Entweder handelt es sich um eine Nachahmung,[711] wenn die Programmierung nachgebaut wird, oder um eine Vervielfältigung im Arbeitsspeicher, wenn das Programm geladen wird.[712] Handelt es sich um eine Datenschnittstelle und werden die Daten zwischen den Programmen ausgetauscht, dann handelt es sich um keine erneute Vervielfältigung im Sinne des § 69c Nr. 1 UrhG. dar.[713] Vielmehr ist das eine Frage des Datenbankenschutzes oder urheberrechtlich nicht relevant.

gg) Nachahmung

§ 69c Nr. 1 UrhG schützt auch vor Nachahmungen.[714] Es macht aus Sicht des Urhebers keinen Unterschied, ob eine Programmierung technisch kopiert wird oder der Programmcode „abgeschrieben“ wird. In beiden Fällen liegt eine Beeinträchtigung seines Partizipationsinteresses vor. Dabei muss berücksichtigt werden, dass Doppelschöpfungen zulässig sind, auch wenn bei komplexen

---

709 Siehe C.III.3.d)aa).
710 Siehe C.II.1.b).
711 *Metzger/Hoppen*, CR 2017, 625, 633, 634.
712 *Metzger/Hoppen*, CR 2017, 625, 628 ff.
713 *Metzger/Hoppen*, CR 2017, 625, 628.
714 Wandtke/Bullinger/*Grützmacher*, § 69c UrhG Rn. 10 ff.

Produkten viel Computerspielen eine zufällig identische Programmierung unwahrscheinlich ist. Zweitens ist nur die konkrete Form des Programms, d.h. die konkrete Programmierung oder Konzeption, geschützt. Funktionalitäten dürfen beispielsweise kopiert und nachgebaut werden.[715]

hh) Zwischenergebnis

Programmablauf und Bildschirmanzeigen sind mangels Festlegungen bzw. körperlichen Festlegungen keine Vervielfältigungen im Sinne des § 69c Nr. 1 UrhG. In Arbeitsspeichern und Caches finden hingegen Vervielfältigungen statt, wobei bei letzteren keine teleologische Reduktion für technische Zufälligkeiten angezeigt ist. Schnittstellen können vervielfältigt werden, da sie Teil des Programmcode sind. Werden lediglich Daten ausgetauscht, ist dies keine Vervielfältigung im Sinne des § 69c UrhG Nr. 1. Es besteht zudem Nachahmungsschutz.

Der Vervielfältigungsbegriff ist ebenso weit wie bei § 16 UrhG. Das Erfordernis der gesteigerten Programmnutzung ändert daran nichts, da es keine effektive Filterwirkung hat. Auch das Nutzen eines Programms wird faktisch durch die Vervielfältigung im Arbeitsspeicher zur urheberrechtlich relevanten Nutzung. Davon sind wie bei § 16 UrhG sowohl die Herstellung als auch der Einsatz von Drittanbietersoftware betroffen, da das Zielspiel dafür regelmäßig ablaufen muss. Um diesen Befund zu ändern, müssten vorübergehende Vervielfältigunen aus dem Anwendungsbereich ausgenommen werden, was weder dem Wortlaut noch der Systematik des Gesetzes entspricht. Daher sind auch an dieser Stelle die Schranken für den Interessenausgleich essenziell.

c) Bearbeitung (§ 23 UrhG)

Bearbeitungen oder Umgestaltungen im Sinne des § 23 UrhG können relevant werden bezüglich Änderungen des Gesamtwerkes oder einzelner Bestandteile, da beispielsweise Mods, wie bereits im Rahmen von § 14 UrhG erörtert,[716] das Erscheinungsbild eines Spiels oder einzelner Spielinhalte verändern.

aa) Rechtsnatur

§ 23 S. 1 UrhG weist dem Urheber Verwertungsbefugnisse bezüglich Umgestaltungen zu und schafft gleichzeitig eine bestimmte Herstellungsfreiheit für

---

715 EuGH, Urteil vom 2.5.2012 – C-406/10 = EuZW 2012, 584, 586.

716 Siehe C.III.1.d)bb).

Nutzer,[717] da nur die Veröffentlichung und Verwertung, nicht aber die Herstellung zustimmungsbedürftig ist. S. 2 schränkt die Herstellungsfreiheit für bestimmte Werke ein, indem bereits die Herstellung einwilligungsbedürftig ist.

Die Einordnung als Verwertungsrecht ist umstritten. Nach einer Auffassung ist § 23 UrhG kein Verwertungsrecht, sondern definiert den Schutzumfang des Urheberrechts.[718] Dafür spreche der Wortlaut, der sich auf alle Verwertungsrechte beziehe, sowie die Nichtnennung des § 23 UrhG in § 15 UrhG. Nach anderer Auffassung ist § 23 UrhG ein Verwertungsrecht.[719] Dafür spricht die systematische Stellung im Abschnitt Verwertungsrechte.[720] Dem ist zuzustimmen. Da § 15 UrhG nur beispielhaft („insbesondere") Verwertungsrechte nennt, ist es nicht zwingend, die Nichtnennung als Beleg für einen anderen Rechtscharakter anzuführen. Es kommt hinzu, dass das Recht, Bearbeitung oder andere Umarbeitungen vorzunehmen, in § 69c Nr. 2 UrhG neben den anderen Verwertungsrechten steht, was trotz der unterschiedlichen Rechtsgrundlagen und der dezidiert speziellen Regelung der §§ 69a ff. UrhG als Indiz dafür steht, dass sich das Bearbeitungsrecht in die Verwertungsrechte einordnet.

bb) Begriffsbestimmung

Die Begriffe der Bearbeitung und der anderen Umgestaltung sind strittig.[721] Nach einer Auffassung haben Bearbeitungen laut Gesetzesbegründung eine dienende Funktion, sie erweitern die Verwertungsmöglichkeiten des bearbeiteten Werks.[722] Umgestaltungen sind Änderungen, die diese dienende Funktion nicht haben.[723] Innerhalb dieser Auffassung wird vertreten, dass sowohl Bearbeitungen als auch Umgestaltungen im Sinne von § 3 UrhG schutzfähig sein könnten oder nicht, mit anderen Worten sei die Schöpfungshöhe für § 23 UrhG

717 Fromm/Nordemann/*A. Nordemann*, § 24 UrhG Rn. 1, 15; Wandtke/Bullinger/*Bullinger*, § 23 UrhG Rn. 1.

718 Schricker/Loewenheim/*Loewenheim*, § 23 UrhG Rn. 1.

719 Ahlberg/Götting/*Ahlberg*, § 23 UrhG Rn. 2; Dreier/Schulze/*Schulze*, § 23 UrhG Rn. 1; Fromm/Nordemann/*A. Nordemann*, § 24 UrhG Rn. 2; *Schack*, Rn. 468.

720 Fromm/Nordemann/*A. Nordemann*, § 24 UrhG Rn. 2.

721 Ahlberg/Götting/*Ahlberg*, § 23 UrhG Rn. 5, 6; Schricker/Loewenheim/*Loewenheim*, § 23 UrhG Rn. 5.

722 BT-Drs. IV/270, S. 51; Dreier/Schulze/*Schulze*, § 23 UrhG Rn. 5, 6; Schricker/Loewenheim/*Loewenheim*, § 23 UrhG Rn. 4.

723 BT-Drs. IV/270, S. 51; Dreier/Schulze/*Schulze*, § 23 UrhG Rn. 5, 7; Schricker/Loewenheim/*Loewenheim*, § 23 UrhG Rn. 4; 12.

irrelevant.[724] Demgegenüber wird vertreten, dass sowohl Bearbeitungen als auch Umgestaltungen selbst schutzfähig sein müssten.[725] Andere Veränderungen, die diese Voraussetzung nicht erfüllen, seien gem. § 12 UrhG[726] oder im Umkehrschluss aus § 39 Abs. 1 UrhG untersagt.[727]

Nach anderer Auffassung sind Bearbeitungen im Sinne des § 23 UrhG aufgrund der schöpferischen Leistung selbst Werke.[728] Andere Umgestaltungen sind dies mangels dieser Leistung nicht.[729] Das Begriffsverständnis, wonach es laut Gesetzesbegründung letzten Endes auf die Motive des Handelnden ankommen soll (dienende Funktion der Bearbeitung), sei überholt.[730]

Da die Rechtsfolgen für Bearbeitungen und Umgestaltungen gleich sind,[731] ist die praktische Relevanz der unterschiedlichen Ansichten gering, zumal alle Ansichten zu einem Änderungsverbot außerhalb der Herstellungsfreiheit gelangen. Dennoch sprechen die besseren Argumente für die Abgrenzung der Begriffe anhand der schöpferischen Leistung der Änderung. Der Wortlaut des Gesetzes gibt keinen Anlass, Bearbeitungen im Sinne des § 23 UrhG anders zu verstehen als in § 3 UrhG. Die Gesetzesbegründung zu § 23 UrhG nimmt ebenfalls Bezug auf § 3 UrhG, ohne einen anderen Wortlaut nahezulegen. Die Abgrenzung anhand der dienenden Funktion dürfte daraus resultieren, dass einer nicht-dienenden Funktion im Rahmen des § 23 UrhG eine schöpferische Leistung abgesprochen wurde. Jedenfalls fehlt es an Anhaltspunkten für ein anderes Begriffsverständnis. Die Abgrenzung anhand der schöpferischen Leistung fügt sich zudem nahtlos in das System von §§ 23, 24 UrhG ein.[732]

cc) Abgrenzungen

§ 23 UrhG steht mit einigen anderen Vorschriften in Zusammenhang, teils aus rechtlichen, teils aus faktischen Gründen. Die Abgrenzungen sind wichtig, um

---

724 Dreier/Schulze/*Schulze*, § 23 UrhG Rn. 2, 5.
725 Ahlberg/Götting/*Ahlberg*, § 23 UrhG Rn. 6.
726 Ahlberg/Götting/*Ahlberg*, § 23 UrhG Rn. 3.
727 Ahlberg/Götting/*Ahlberg*, § 23 UrhG Rn. 6.
728 Dreyer/Kotthoff/Meckel/Hentsch/*Dreyer*, § 23 UrhG Rn. 8; Fromm/Nordemann/*A. Nordemann*, § 24 UrhG Rn. 10; Wandtke/Bullinger/*Bullinger*, § 23 UrhG Rn. 3.
729 Dreyer/Kotthoff/Meckel/Hentsch/*Dreyer*, § 23 UrhG Rn. 8; Fromm/Nordemann/*A. Nordemann*, § 24 UrhG Rn. 10; Wandtke/Bullinger/*Bullinger*, § 23 UrhG Rn. 4.
730 Wandtke/Bullinger/*Bullinger*, § 23 UrhG Rn. 5.
731 Dreyer/Kotthoff/Meckel/Hentsch/*Dreyer*, § 23 UrhG Rn. 9; Wandtke/Bullinger/*Bullinger*, § 23 UrhG Rn. 2.
732 Fromm/Nordemann/*A. Nordemann*, § 24 UrhG Rn. 10.

erstens das Bearbeitungsrecht genau zu bestimmen und zweitens, um etwaige Eingriffe durch Drittanbietersoftware genau zuordnen und ggf. rechtfertigen zu können.

(1) Entstellung (§ 14 UrhG)

Hierzu wird eine Differenzierung zwischen Werkoriginalen und sonstigen Werkexemplaren vertreten.[733] Bei Werkoriginalen werde § 23 S. 1 UrhG durch § 14 UrhG eingeschränkt, da der Integritätsschutz bei diesen besonders wichtig sei.[734] Bei sonstigen Werkexemplaren sei § 23 S. 1 UrhG in der Interessenabwägung des § 14 UrhG zu berücksichtigen.[735] Etwas weitergehend wird vertreten, dass § 23 UrhG gar nicht auf Veränderungen von Originalen anwendbar sei, dies werde ausschließlich von §§ 14, 39 UrhG geregelt.[736] § 23 UrhG betreffe daher nur die Änderungen von Vervielfältigungsstücken.[737] Nach anderen Auffassungen ist § 14 UrhG parallel zu § 23 UrhG anwendbar[738] und damit eine Art Grenze für den Nutzer.[739]

Die Anwendbarkeit des § 14 UrhG auch auf Fälle des § 23 UrhG wird nicht bestritten. Fraglich ist nur, ob aus der Abgrenzung folgt, dass § 23 UrhG auf die Veränderung von Werkoriginalen nicht oder nur eingeschränkt anwendbar ist. Diese Differenzierung findet aber keine Stütze im Gesetz und ist daher abzulehnen. § 14 UrhG ist auch auf Fälle des § 23 UrhG anwendbar. In der Interesseabwägung spielt es sowohl eine Rolle, ob ein Werkoriginal vorliegt und ob ein Fall des § 23 UrhG vorliegt. Eine Einschränkung des § 23 UrhG ergibt sich daraus aber nicht.

(2) Änderung (§ 39 UrhG)

Aus § 39 UrhG ergibt sich ebenfalls keine Einschränkung des § 23 S. 1 UrhG. Das Änderungsverbot des § 39 Abs. 1 UrhG betrifft nur die weitere Verwertung des geänderten Werks.[740] Eine Änderungsbefugnis nach § 31 Abs. 1 UrhG, die

---

733 Wandtke/Bullinger/*Bullinger*, § 23 UrhG Rn. 23, 24.
734 Wandtke/Bullinger/*Bullinger*, § 23 UrhG Rn. 23.
735 Wandtke/Bullinger/*Bullinger*, § 23 UrhG Rn. 24.
736 Fromm/Nordemann/*A. Nordemann*, § 24 UrhG Rn. 3.
737 Fromm/Nordemann/*A. Nordemann*, § 24 UrhG Rn. 3.
738 Dreier/Schulze/*Schulze*, § 23 UrhG Rn. 26.
739 Ahlberg/Götting/*Ahlberg*, § 23 UrhG Rn. 3.
740 Wandtke/Bullinger/*Bullinger*, § 23 UrhG Rn. 12.

bei § 39 UrhG zu berücksichtigen ist, ist zudem deckungsgleich mit einer Einwilligung nach § 23 S. 1 UrhG.[741]

(3) Vervielfältigung (§ 16 UrhG)

Der BGH nimmt eine Vervielfältigung nicht nur bei einer Kopie an, sondern auch dann, wenn Veränderungen an einem Werk vorgenommen wurden, die Eigenart des Werkes aber erhalten bleibt und ein übereinstimmender Gesamteindruck zwischen Ausgangswerk und verändertem Werk besteht.[742] Eine Bearbeitung oder andere Umgestaltung liege nur dann vor, wenn es zu wesentlichen Änderungen kommt.[743] Auch dann finde aber gleichzeitig eine Vervielfältigung statt.[744] Erst wenn die Änderungen so wesentlich sind, dass von einer freien Benutzung ausgegangen werden könne, liege keine Vervielfältigung und keine Bearbeitung oder andere Umgestaltung mehr vor.[745]

Der EuGH hat zu dieser Problematik bisher keine Stellung bezogen. Er führt lediglich aus, dass die Übernahme eines kurzen Audiofragments in ein neues Musikwerk in geänderter und nicht wiedererkennbarer Form keine Vervielfältigung darstellt.[746] Darin liegt aber keine generelle Aussage zum Verhältnis von Vervielfältigung und Bearbeitung, zumal der EuGH seine Auslegung maßgeblich auf die Kunstfreiheit stützt.[747] Die InfoSoc-RL regelt das Bearbeitungsrecht nicht ausdrücklich. Es wird vertreten, dass Nutzungen eines veränderten Werkes unter das Vervielfältigungsrecht fallen, da sonst die Schranke in Art. 5 Abs. 3 lit. k InfoSoc-RL überflüssig wäre.[748] Die Ansicht der deutschen Rechtsprechung entspreche daher der Auslegung der InfoSoc-RL.[749]

Nach anderer Auffassung widerspricht die Einbeziehung von Änderungen in das Vervielfältigungsrecht der Systematik des UrhG.[750] Dagegen spricht außerdem, dass die Herstellungsfreiheit des § 23 S. 1 UrhG unterlaufen wird, da der Urheber stets auf sein Vervielfältigungsrecht rekurrieren kann, um solche Nutzungen zu untersagen. Systematisch korrekt sind nach dieser Auffassung

---

741 Wandtke/Bullinger/*Bullinger*, § 23 UrhG Rn. 12.
742 BGH, Urteil vom 16.5.2013 – I ZR 28/12 = GRUR 2014, 65, 70.
743 BGH, Urteil vom 16.5.2013 – I ZR 28/12 = GRUR 2014, 65, 70.
744 BGH, Urteil vom 16.5.2013 – I ZR 28/12 = GRUR 2014, 65, 70.
745 BGH, Urteil vom 16.5.2013 – I ZR 28/12 = GRUR 2014, 65, 70.
746 EuGH, Urteil vom 29.7.2019 – C 476/17 = MMR 2019, 596, 598.
747 EuGH, Urteil vom 29.7.2019 – C 476/17 = MMR 2019, 596, 598.
748 Wandtke/Bullinger/*Leenen*, Art. 1 InfoSoc-RL Rn. 2.
749 Dreyer/Kotthoff/Meckel/Hentsch/*Dreyer*, § 23 UrhG Rn. 2, 6.
750 Fromm/Nordemann/ *A. Nordemann*, § 24 UrhG Rn. 9.

geringfügige Veränderungen ausschließlich als Vervielfältigungen anzusehen, bei Veränderungen sei die Herstellung des veränderten Werkes keine Vervielfältigung, da sonst § 23 S. 1 UrhG leerliefe und bei starken Veränderungen komme § 24 UrhG zur Anwendung.[751]

Es ist nicht zu bestreiten, dass ein Zusammenhang zwischen Vervielfältigungen und Änderungen bestehen kann, da auch Änderungen erfolgen können, indem andere als die schöpferischen Elemente verändert werden, was eine Vervielfältigung bedeutet. Wichtig ist, die gesetzlich gewollte Herstellungsfreiheit gem. § 23 S. 1 UrhG zu beachten, da sie einen Interessenausgleich schafft, der nicht unterlaufen werden darf. Die Herstellung, d.h. die erste körperliche Festlegung, eines veränderten Werkes ist nach § 23 UrhG gestattet.[752] Insofern ist § 23 UrhG gegenüber § 16 UrhG spezieller.[753] Alle weiteren Verwertungen, zu welchen auch die Vervielfältigung gehört, richten sich über § 23 UrhG nach § 16 UrhG.[754] Die Tatsache, dass die InfoSoc-RL zu Bearbeitungen schweigt bedeutet nicht, dass sie als Unterfall der Vervielfältigung angesehen werden. Schließlich waren dem EU-Gesetzgeber, wie Art. 4 Abs. 1 lit. b Software-RL verdeutlicht, Bearbeitungen als Verwertungsrecht bekannt. Die Ausdehnung des Vervielfältigungsbegriffs auf veränderte Werke würde die Herstellungsfreiheit einschränken und ist daher abzulehnen.

Bei digitalen Werken muss beachtet werden, dass der Bearbeitung häufig Vervielfältigungen vorgelagert sind. Um ein digitales Werk zu verändern, muss es in den Arbeitsspeicher eines Rechners geladen werden. Diese Nutzungshandlung muss ebenfalls gerechtfertigt sein.

dd) Änderungscharakter

Eine Änderung im Sinne des § 23 UrhG liegt regelmäßig vor, wenn ein Eingriff in die Substanz des Werkes erfolgt.[755] Wenn beispielsweise eine Statue beschädigt wird, liegt darin ein Substanzeingriff. Eine Änderung kann aber auch ohne Eingriff in die Substanz des Originalwerkes erfolgen, wenn es in identischer Form in einen anderen Zusammenhang gestellt oder in ein anderes Werk integriert

751 Fromm/Nordemann/ *A. Nordemann*, § 24 UrhG Rn. 9, 10; Wandtke/Bullinger/*Bullinger*, § 23 UrhG Rn. 25.

752 Wandtke/Bullinger/*Bullinger*, § 23 UrhG Rn. 25.

753 Schricker/Loewenheim/*Loewenheim*, § 16 UrhG Rn. 8.

754 Fromm/Nordemann/*A. Nordemann*, § 24 UrhG Rn. 9.

755 Dreier/Schulze/*Schulze*, § 23 UrhG Rn. 8.

wird.[756] Dadurch ändert sich der geistige Gehalt eines Werkes.[757] Demgegenüber ist die bloße Digitalisierung eines Werkes keine Änderung,[758] da es an einer Änderung des geistigen Gehalts mangelt. Gleiches gilt für Datenübermittlungen. Dabei werden digitale Werke in Datenpakete zerlegt. Dies stellt keine Bearbeitung oder Umgestaltung dar, weil sie wieder zum ursprünglichen Werk zusammengesetzt werden.[759]

ee) Änderungen bei Multimediawerken

Ein Multimediawerk als Gesamtwerk und einzelne Bestandteile werden beispielweise geändert, wenn durch Mods optische oder auditive Änderungen vorgenommen werden. Diese Änderungen dürfen hergestellt, aber ohne Nutzungsrecht oder Einwilligung weder veröffentlich noch verwertet werden. Insofern dürften Hacks, die ein digitales Spiel optisch oder auditiv ändern, sowie Mods und Add-ons für den privaten Gebrauch genutzt werden. Das Weitergeben an andere oder das Anbieten zum Download würde die Zustimmung des Urhebers bzw. Rechtsinhabers oder eine Schranke voraussetzen. Das ist unabhängig davon, ob die bewirkte Änderung eine schöpferische Leistung darstellt oder nicht.

Dieses Ergebnis wird jedoch durch einen faktischen Zusammenhang in Frage gestellt: Eine Änderung eines Multimediawerks erfordert regelmäßig auch eine Änderung des Computerprogramms. Ein Mod oder Add-on kann nur funktionieren, wenn das Programm dazu gebracht wird, die entsprechenden Dateien aufzurufen. Ein Hack erfordert beispielsweise das Auslassen oder Hinzufügen bestimmter Codezeilen.[760] Daher hängt die Zulässigkeit dieser privaten Hacks auch vom Rechtsregime des §§ 69a ff. UrhG ab, welches hinsichtlich der Herstellungsfreiheit anders ist. Dieser Konflikt wird im weiteren Verlauf der Untersuchung vertieft und aufgelöst werden.[761]

---

756 Dreier/Schulze/*Schulze*, § 23 UrhG Rn. 8; Schricker/Loewenheim/*Loewenheim*, § 23 UrhG Rn. 6.

757 Dreier/Schulze/*Schulze*, § 23 UrhG Rn. 8.

758 Schricker/Loewenheim/*Loewenheim*, § 23 UrhG Rn. 7.

759 Wandtke/Bullinger/*Bullinger*, § 23 UrhG Rn. 27.

760 Siehe B.III.3.b)cc) und B.III.3.b)dd).

761 Siehe C.III.2.d)bb)(1).

ff) Zwischenergebnis

§ 23 UrhG ist ein Verwertungsrecht, daher können daran auch Nutzungsrechte eingeräumt werden. Aus diesem Grund ist auch § 24 UrhG nach hier vertretener Auffassung als Schranke zu § 23 UrhG einzuordnen.[762] Die Abgrenzung von Bearbeitung und anderer Umgestaltung im Rahmen des § 23 UrhG findet anhand der schöpferischen Leistung statt. § 23 S. 1 UrhG ist spezieller als § 16 UrhG und gewährleistet so eine Herstellungsfreiheit, die allerdings nicht für Computerprogramme und Datenbanken gilt. Eine Änderung erfordert einen Sachsubstanzeingriff oder eine sonstige Änderung des geistigen Gehalts eines Werks. Da Änderungen an Multimediawerken auch eine Änderung des Computerprogramms erfordern, ist § 69c Nr. 2 UrhG ebenfalls zu beachten.

d) Umarbeitung (§ 69c Nr. 2 UrhG)

aa) Begriffsbestimmung

§ 69c Nr. 2 UrhG nennt als dem Rechtsinhaber zugewiesene Rechte die Übersetzung, die Bearbeitung, das Arrangement und andere Umarbeitungen eines Computerprogramms. Aus dieser Formulierung folgt, dass der Gesetzgeber Umarbeitung als Oberbegriff und Übersetzung, Bearbeitung und Arrangement als Unterfälle der Umarbeitung ansieht.[763] Im Gegensatz zu § 23 UrhG ist hier eindeutig, dass Umarbeitung der Oberbegriff sein soll, da mehrere Beispiele aufgezählt werden. Unter Umarbeitung ist jede Abänderung eines Programms zu verstehen.[764] Dazu gehört jedenfalls das Ergänzen des Objekt- oder Quellcodes.[765] Dies wird sogleich noch näher bestimmt. Sehr geringfügige Abänderungen sind keine Umarbeitung.[766]

Die Bearbeitung bedeutet im Gleichklang mit § 3 UrhG und § 23 UrhG eine Umarbeitung mit schöpferischer Tätigkeit. In diesem Fall erwirbt der Umarbeitende nach § 3 UrhG die Urheberrechte an den von ihn umgearbeiteten

---

762 Siehe C.III.3.c)aa)(1).

763 Ahlberg/Götting/*Kaboth*/*Spies*, § 69c UrhG Rn. 9; Dreier/Schulze/*Dreier*, § 69c UrhG Rn. 15; Schricker/Loewenheim/*Spindler*, § 69c UrhG Rn. 13; Wandtke/Bullinger/*Grützmacher*, § 69c UrhG Rn. 18; *Marly*, Rn. 168.

764 Ahlberg/Götting/*Kaboth*/*Spies*, § 69c UrhG Rn. 10; *Geiger*, S. 86.

765 Ahlberg/Götting/*Kaboth*/*Spies*, § 69c UrhG Rn. 10; Dreier/Schulze/*Dreier*, § 69c UrhG Rn. 15; Fromm/Nordemann/*Czychowski*, § 69c UrhG Rn. 21; Wandtke/Bullinger/*Grützmacher*, § 69c UrhG Rn. 21.

766 Dreier/Schulze/*Dreier*, § 69c UrhG Rn. 15; Schricker/Loewenheim/*Spindler*, § 69c UrhG Rn. 18.

Programmteilen.[767] Übersetzung bedeutet eine Änderung der Programmsprache.[768] Dazu gehört das Dekompilieren und das Disassemblieren.[769] Arrangement bedeutet schließlich das Neuanordnen von Programmmodulen.[770]

bb) Abgrenzungen

(1) Bearbeitung (§ 23 UrhG)

§ 69c Nr. 2 ist gegenüber § 23 UrhG spezieller.[771] Im Gegensatz zu § 23 UrhG ist bereits die Erstellung von umgearbeiteten Werken unzulässig.[772] Dies bedeutet, dass es keine Herstellungsfreiheit für die Umarbeitung von Programmen gibt.[773] Der Regierungsentwurf zu § 69c UrhG stellt den Unterschied nur fest.[774] Das europäische Recht schweigt dazu verständlicherweise, da die Infosoc-RL das Bearbeitungsrecht nicht regelt und somit in der Software-RL keine Aussagen über dieses spezielle Verhältnis getroffen werden müssen. Im Begründungsvorschlag der Kommission zur Software-RL wird zwar nicht explizit auf diesen normativen Unterschied eingegangen, aber für ein umfassendes Änderungsrecht des Urhebers argumentiert,[775] was in der Sache zum gleichen Ergebnis führt. Die Kommission sieht Gewährleistungsvereinbarungen, Wartungsvereinbarung und Schutzmaßnahmen in Gefahr, wenn dem Nutzer zugestanden wird, das Programm eigenhändig umzuarbeiten.[776] Zudem könnten fehlerhafte Umarbeitungen durch Nutzer den Ruf des Urhebers beeinträchtigen.[777] Umgestaltungen von Computerprogrammen könnten sehr leicht in den Verkehr gebracht werden.[778] Zudem seien der Know-How-Schutz, der durch ein umfassendes Umarbeitungsrecht gewährleistet wird, und das Vermarktungsinteresse von

---

767 OLG Hamburg, Urteil vom 28.2.2019 – 5 U 146/16 = CR 2019, 634, 636.

768 *Marly* Rn. 174.

769 *Kochmann*, S. 162.

770 Dreyer/Kotthoff/Meckel/Hentsch/*Kotthoff*, § 69c Rn. 12; Wandtke/Bullinger/*Grützmacher*, § 69c UrhG Rn. 20.

771 *Karl*, S. 104; siehe C.II.1.b).

772 Ahlberg/Götting/*Kaboth*/*Spies*, § 69c Rn. 9; Dreier/Schulze/*Dreier*, § 69c Rn. 14; Schricker/Loewenheim/*Spindler*, § 69c UrhG Rn. 12; Wandtke/Bullinger/*Grützmacher*, § 69c UrhG Rn. 18; *Karl*, S. 104, 105.

773 Wandtke/Bullinger/*Bullinger*, § 23 UrhG Rn. 26.

774 BT-Drs. 12/4022, S. 11.

775 Abl. EG Nr. C 91 vom 12.4.1989, S. 12.

776 Abl. EG Nr. C 91 vom 12.4.1989, S. 12; *Marly* Rn. 170, 171.

777 Dreyer/Kotthoff/Meckel/Hentsch/*Kotthoff*, § 69c Rn. 13.

778 *Schack*, Rn. 470.

kundenspezifischen Lösungen berechtigte Interessen des Urhebers.[779] Gewährleistungs- und Wartungsvereinbarungen sind allerdings ein schuldrechtliches Phänomen, welches nach den dortigen Vorgaben gelöst werden kann[780] und jedenfalls nicht geeignet ist, urheberrechtliche Interessensabwägungen zu rechtfertigen. Der Schutz von technischen Schutzmaßnahmen vor Umgehungen ist ebenfalls nicht geeignet, die Verwertungsrechte zu definieren, sondern stellt ein spezifisches Problem des jeweiligen Rechtsregimes (§ 95a UrhG bzw. § 69f Abs. 2 UrhG) dar.[781] Rufschädigungen sind bei der eigenen Herstellung nicht zu befürchten, die Weitergabe ist gerade nicht gestattet. Hier kann auch nicht das Dammbruch-Argument angeführt werden: Veränderte Computerprogramme könnten leicht weitergereicht werden, daher müsste die Änderung von Anfang an untersagt werden. Denn die Fehlerberichtigung und damit die Änderung des Programms gehört zum festen Bestandteil der Rechte des Nutzers.[782] Die übrigen Argumente belegen zwar das Integritäts- und Partizipationsinteresse des Urhebers. Das entbindet allerdings nicht vom Interessenausgleich mit den Nutzern. Ein gangbarer Weg wäre gewesen, § 69c UrhG wie § 23 UrhG zu formulieren, um zumindest im Hinblick auf die Herstellungsfreiheit die Interessen der Nutzer zu wahren, ohne die der Urheber und Rechtsinhaber unangemessen zu beeinträchtigen. Das ist aber erkennbar nicht geschehen. Folglich muss der notwendige Interessenausgleich über die Schranken aus §§ 69d, e UrhG stattfinden. § 69c Nr. 2 UrhG eröffnet keine Herstellungsfreiheit für den Nutzer.

Hier zeigt sich eine erste Verwerfung im Sinne einer Rechteausdehnung durch die Anwendbarkeit eines restriktiveren Rechtsregimes (§ 69c Nr. 2 UrhG) auf ursprünglich anders geschützte Werke (§ 23 UrhG) aufgrund der faktischen Verbundenheit mit einem Computerprogramm. Dieser Effekt wird noch an weiteren Stellen auftreten.

(2) Vervielfältigung (§ 69c Nr. 1 UrhG)

Es stellt sich wie beim Verhältnis von § 23 UrhG zu § 16 UrhG die Frage, ob eine Umarbeitung gleichzeitig eine Vervielfältigung sein kann. Mangels Herstellungsfreiheit bezüglich umgearbeiteter Programme ist diese im Gegensatz zum Verhältnis des § 23 UrhG zu § 16 UrhG[783] kein Argument, um die Umarbeitung

779 Wandtke/Bullinger/*Grützmacher*, § 69c UrhG Rn. 18.
780 *Marly* Rn. 170.
781 *Marly* Rn. 171.
782 Siehe C.III.3.c)cc)(6)(a).
783 Siehe C.III.2.c)cc)(3).

als spezieller anzusehen. Nichtsdestotrotz gilt auch hier, dass Umarbeitungen und schöpferische Bearbeitungen zum Umarbeitungsrecht gehören. So stellt das Übersetzen des Codes keine Vervielfältigung dar,[784] wohl aber die in diesem Zusammenhang notwendigen Vervielfältigungen. Der Gesetzgeber ordnet in § 69c Nr. 2 S. 1 UrhG an, dass die Vervielfältigung der Ergebnisse von Umarbeitungen dem Urheber zustehen. Das belegt, dass die Herstellung selbst keine Vervielfältigung sein soll. Das deckt sich mit §§ 16, 23 UrhG.[785]

cc) Erforderlichkeit eines Eingriffs in die Programmsubstanz

Es wird vertreten, dass eine Umarbeitung nur dann vorliegt, wenn ein Eingriff in die Programmsubstanz erfolgt.[786] Daran schließt sich unmittelbar die Frage an, was Programmsubstanz bedeutet. Eine klärende Definition fehlt meistens, es werden lediglich Beispiele genannt. So sollen einfache Datenänderungen für einen Eingriff in die Programmsubstanz nicht ausreichen.[787] Zur Begründung wird angeführt, dass Daten, die keine Steuerungsfunktion haben, im urheberrechtlichen Sinne nicht Teil eines Computerprogramms seien.[788] Die Programmsubstanz besteht nach dieser Auffassung nicht aus Daten, die das Programm lediglich verarbeitet. Auf dieser Linie liegen auch zwei Urteile des OLG Hamburg[789] und des OLG Düsseldorf,[790] in denen jeweils die Frage zu klären war, ob Speicherstände eines Computerspiels Teile eines Computerprogramms sind. Das OLG Hamburg verneinte dies mit Verweis auf die fehlenden Programmbefehle in einem Spielstand.[791] Dem schlossen sich das OLG Düsseldorf[792] und Stimmen in der Literatur[793] an. Die Umarbeitung müsse sich auf den Schutzgegenstand, also eine Ausdrucksform des Programms beziehen, was regelmäßig der Programmcode sei.[794] Die Beeinflussung des Programmablaufs

---

784 *Kochmann*, S. 167.

785 Siehe C.III.2.c)cc)(3).

786 LG Hamburg, Urteil vom 3.5.2016 – 308 O 46/16 = CR 2016, 782, 783; Schricker/Loewenheim/*Spindler*, § 69c UrhG Rn. 14; Wandtke/Bullinger/*Grützmacher*, § 69c UrhG Rn. 22; *Spindler* CR 2012 417, 420.

787 Wandtke/Bullinger/*Grützmacher*, § 69c UrhG Rn. 22; *Geiger*, S. 81.

788 *Geiger*, S. 81; *Marly*, Rn. 25, 26.

789 OLG Hamburg, Urteil vom 12.3.1998 – 3 U 226–97 = NJW-RR 1999, 483 484.

790 OLG Düsseldorf, *Urteil* vom 12.7.1999 – 20 U 40/99 = MMR 1999, 602.

791 OLG Hamburg, Urteil vom 12.3.1998 – 3 U 226–97 = NJW-RR 1999, 483, 484.

792 OLG Düsseldorf, *Urteil* vom 12.7.1999 – 20 U 40/99 = MMR 1999, 602.

793 Ahlberg/Götting/*Kaboth*/*Spies* § 69a UrhG Rn. 8; Auer-Reinsdorff/Conrad/*Witte*/*Auer-Reinsdorff*, § 5 Rn. 62; Wandtke/Ohst/*Kauert*, Kapitel 6 Rn. 124; *Marly*, Rn. 26.

794 Dreyer/Kotthoff/Meckel/Hentsch/*Kotthoff*, § 69c UrhG Rn. 12.

z. B. durch Hilfsprogramme, stelle keine Umarbeitung dar, wenn der Code dabei nicht geändert wird, da Funktionalitäten nicht vom Schutzumfang erfasst seien.[795] Um eine nähere Definition bemüht war das LG Hamburg, indem es einen Eingriff in die Programmsubstanz fordert, welcher sich als Einwirkung auf den Programmcode niederschlägt.[796] Als Grund führt das Gericht ebenfalls den eingangs erwähnten Gedanken an, dass Schutzgegenstand des § 69a UrhG nur die verkörperten Programmbefehle und nicht der Programmablauf sei.[797] Ein Urteil des KG[798] lässt sich hingegen nicht eindeutig in diese Interpretation des § 69c Nr. 2 UrhG einordnen. Das Gericht stellte fest, dass das Nicht-Ansteuern einzelner Programmkomponenten keine Umarbeitung darstelle,[799] allerdings ohne dies näher zu begründen. Daher ist nicht klar, ob die Nicht-Ansteuerung nur durch eine Datenänderung zustande kam.

Demgegenüber vertreten das OLG Hamburg und verschiedene Stimmen in der Literatur, dass es eine Umarbeitung ausreichen soll, wenn die im Arbeitsspeicher vom Programm abgelegten und genutzten Daten verändert werden.[800] Eines Eingriffs in die Programmsubstanz in Gestalt einer Einflussnahme auf den Programmcode bedürfe es nicht, vielmehr genüge der Eingriff in den Programmablauf durch externe Befehle aus dem Arbeitsspeicher.[801] Als Begründung wird angeführt, dass es das Schutzinteresse des Urhebers genauso berühre, ob der Programmcode oder der Programmablauf verändert wird.[802] Der Urheberschutz würde leerlaufen, da Nutzer diesen durch die richtige technische Vorgehensweise umgehen könnten.[803]

Mit dem Streit um die Erforderlichkeit eines Eingriffs in die Programmsubstanz ist also die Frage gemeint, ob eine Änderung der Daten im Arbeitsspeicher, die das Programm verarbeitet, für eine Umarbeitung ausreicht. Dieses

---

795 Dreyer/Kotthoff/Meckel/Hentsch/*Kotthoff*, § 69c UrhG Rn. 12.

796 LG Hamburg, Urteil vom 3.5.2016 – 308 O 46/16 = CR 2016, 782, 783.

797 LG Hamburg, Urteil vom 3.5.2016 – 308 O 46/16 = CR 2016, 782, 783, 784.

798 KG, Urteil vom 6.9.2010 – 24 U 71/10 = ZUM-RD 2011, 544 ff..

799 KG, Urteil vom 6.9.2010 – 24 U 71/10 = ZUM-RD 2011, 544, 548.

800 OLG Hamburg, Urteil vom 14.4.2012 – 5 U 11/11 = CR 2012, 503, 504; Dreier/Schulze/*Dreier*, § 69c UrhG Rn. 16; Spindler/Schuster/*Wiebe*, § 69c UrhG Rn. 10; *Werner*, CR 2013, 516, 521; *Conraths* CR 2016, 705, 707.

801 OLG Hamburg, Urteil vom 14.4.2012 – 5 U 11/11 = CR 2012, 503, 504, 505.

802 OLG Hamburg, Urteil vom 14.4.2012 – 5 U 11/11 = CR 2012, 503, 504, 505; *Conraths*, CR 2016, 705, 707.

803 OLG Hamburg, Urteil vom 14.4.2012 – 5 U 11/11 = CR 2012, 503, 504, 505; *Conraths*, CR 2016, 705, 707.

unterschiedliche Verständnis hinsichtlich Datenveränderungen hat auch Auswirkungen auf die urheberrechtliche Zulässigkeit von Game-Hacking-Maßnahmen. Beim Memory Writing werden Daten im Arbeitsspeicher verändert. Gleiches gilt für bestimmte Maßnahmen beim Debuggen.[804] Nach der weiten Auffassung wären diese Methoden eine Umarbeitung, nach der engeren Auffassung nicht. Es bedarf daher einer genaueren Untersuchung, ob Umarbeitungen im Sinne des § 69c Nr. 2 UrhG auch ohne Eingriff in die Programmsubstanz erfolgen können. Zunächst werden die technischen Gegebenheiten erläutert, um anschließend die verschiedenen Argumente bewerten zu können.

(1) Technische Gegebenheiten

Der Quellcode ist in vielen Fällen kein sinnvoller Anknüpfungspunkt, um eine Programmänderung zu bewirken. Dies hat verschiedene Gründe. In vielen Fällen ist der Original-Quellcode gar nicht bekannt, da die Software in kompilierter Form ausgeliefert wird. Zudem ist der Aufwand, den Quellcode zu ermitteln, außerordentlich groß. Zudem können Signaturen das Verändern des Programmcodes zusätzlich erschweren. Die allermeisten Hacking-Methoden (so auch Memory Writing, Code Injection, Hooking, NoPing) zielen daher auf den Programmablauf im Arbeitsspeicher.[805] Der Quellcode des Programms wird dabei nicht verändert. Es ist also zu klären, ob eine Umarbeitung vorliegt, wenn im Arbeitsspeicher Daten verändert, Befehle übersprungen, hinzugefügt oder abgeändert werden. Dabei ist zu beachten, dass es bei einigen Prozessortypen und abhängig von Betriebssystem und Programmiersprache technisch außerordentlich schwierig und teilweise sogar unmöglich sein kann, den im Arbeitsspeicher liegenden Programmcode zu ändern. Der Programmcode liegt nämlich mitunter in einem Bereich des Speichers, der aufgrund mangelnder Zugriffsrechte nicht geändert werden kann.[806] So kann das Codesegment nur gelesen und nicht geändert werden.[807] Wären dort Änderungen möglich, wäre dies stets eine Umarbeitung des Computerprogramms. Stattdessen finden Änderungen in den anderen Segmenten statt. Werden die Programmvariablen im BSS- und

---

804 Siehe B.III.3.a)bb).

805 Siehe B.III.3.b).

806 *Erickson*, S. 69; https://www.pcwelt.de/ratgeber/Buffer-Overflow-So-funktioniert-ein-Pufferueberlauf-Die-Hacker-Bibel-4838377.html (zuletzt abgerufen am 1.5.2020); http://www.learncpp.com/cpp-tutorial/79-the-stack-and-the-heap/ (zuletzt abgerufen am 1.5.2020).

807 Siehe B.II.1.

Data-Segment geändert, so ändern sich die Befehlsfolgen, die der Programmcode ursprünglich vorsieht. Manipulationen im Stack-Speicher verändern ebenfalls die Befehlsfolge, wie sie vom Programm ursprünglich vorgesehen wurde. Das gleiche gilt für Änderungen im Heap-Segment. Eingriffe in diesem diesen Bereich führen dazu, dass sich Befehlsfolgen ändern oder sogar fremder Code eingeschleust wird.[808] Zusammengefasst ändern Game Hacking-Methoden nicht den Original-Programmcode im Arbeitsspeicher, sondern den Ablauf des Programms im Arbeitsspeicher, indem sie dessen Speicherbereiche (Daten oder Befehlsfolgen) verändern.

(2) „Andere Umarbeitung"

Der Wortlaut des § 69c Nr. 2 S. 1 UrhG ist hinsichtlich der Frage nach einem Eingriff in die Programmsubstanz unergiebig. Zwar wird richtigerweise vertreten, dass die dort genannten Beispiele (Übersetzung, Bearbeitung, Arrangement) allesamt eine Codeänderung bedeuten.[809] Der daraus gezogene Schluss, dass andere Umarbeitungen dann auch eine Codeänderung beinhalten müssten, lässt sich aber genauso ins Gegenteil kehren: Eine andere Umarbeitung ist anders, weil sie eben keine Codeveränderung herbeiführt und dennoch den Programmablauf beeinflusst. Ein zwingendes Argument lässt hier nicht ableiten.

(3) Umfassender Schutz vor Beeinflussung

Der Ablauf eines Programms kann verändert werden, indem lediglich Daten im Arbeitsspeicher verändert werden. Ist beispielsweise eine bestimmte Fähigkeit des Spielcharakters davon abhängig, dass ein bestimmter Schwellenwert erreicht wird (Kampfpunkte, Magie, Erfahrung, etc.), so lässt sich die Fähigkeit durch Manipulation der Werte beliebig einsetzen.[810] Dies verdeutlicht, dass im Arbeitsspeicher abgelegte Daten durchaus eine gewisse Steuerungsfunktion für das Programm haben können.[811] Das jeweilige Programm nutzt sie nämlich für den weiteren Ablauf und knüpft an verschiedene Werte mitunter andere Befehlsfolgen. Dieses Beeinflussungspotential macht sich beispielsweise das Memory Writing zunutze. Fordert man allerdings einen Eingriff in die Programmsubstanz im Sinne einer Codeveränderung, würden diese Methode das

808 https://m.heise.de/security/artikel/Ein-Haufen-Risiko-270800.html?seite=all (zuletzt abgerufen am 1.5.2020).
809 *Spindler*, CR 2012 417, 419.
810 OLG Hamburg, Urteil vom 14.4.2012 – 5 U 11/11 = CR 2012, 503, 505.
811 Vgl. *Karl*, S. 236; *Spindler*, CR 2012, 417, 419.

Umarbeitungsrecht nicht berühren. Um diesem Beeinflussungspotential entgegenzuwirken müssten Datenverarbeitungen im Arbeitsspeicher ebenfalls zum Schutzgegenstand des § 69a UrhG gehören. Nur dann ließen sich nicht im Programmcode angelegte Programmablaufänderungen aufgrund von Datenveränderungen als Umarbeitungen erfassen. Schutzgegenstand der §§ 69a ff. UrhG wäre dann der Programmcode, ergänzt um die Datenverarbeitung durch das Programm in einem System. Diese Schutzgegenstandserweiterungen würden dem Zweck dienen, einen umfassenden Schutz des Urhebers und der Rechtsinhaber bei Computerprogrammen zu gewährleisten. Dadurch hätten sie die vollständige rechtliche Kontrolle über den Programmablauf. Sämtliche Hacking-Methoden, die den Arbeitsspeicher verändern, wären Umarbeitungen.

(4) Widerspruch zum Schutzgegenstand

Ein solches Verständnis steht aber im Widerspruch zum bereits identifizierten Schutzgegenstand der §§ 69a ff. UrhG.[812] Ein Computerprogramm ist definiert als Folge von Befehlen, nicht als Datenverarbeitung. Das gleiche Programm läuft auf unterschiedlichen Rechnern nie völlig gleich ab, da es stets mit diesen interagieren muss und dabei unterschiedliche Vorgaben umsetzt. Zum geschützten Programmablauf würden dann aber auch die Daten gehören, die im Arbeitsspeicher abgelegt und mittels Prozessor nach den Vorgaben des Programmcodes verarbeitet werden, gehören. Daten sind mangels Steuerungsfunktion allerdings keine Programme. Würde man annehmen, dass Daten Teil des Computerprogramms sind, ließe sich beispielweise die Erkenntnis, dass die Bildschirmanzeige eines Programms kein Ausdruck desselben ist, sondern ggf. ein eigenständiges Werk, nicht mehr haltbar. Denn die Anzeige am Bildschirm resultiert aus Daten, die das Programm und zusätzlichen Funktionen des Betriebssystems generieren. Dann könnte das Programm als Werk nicht mehr sinnvoll von der Bildschirmausgabe als eigenständiges Werk getrennt werden. Der Schutzgegenstand würde folglich ausgedehnt werden.

(5) Gefährdung der Interaktion, Interoperabilität und weiterer Innovationen

Zudem wäre die Interaktion verschiedener Programme, die den gleichen Speicherbereich nutzen oder auf diesem Wege Daten austauschen und interagieren (Betriebssystem, Add-ons, Plug-Ins, etc.), stets eine Umarbeitung, da es

812 Siehe C.II.1.b).

permanent und funktionsbedingt zu Datenänderungen[813] kommt. Mit anderen Worten wäre die Programminteroperabilität ganz vom Willen der jeweiligen Urheber bzw. Rechtsinhaber abhängig.[814] Das widerspricht dem in Erwägungsgrund Nr. 15 der Software-RL formulierten Ziel der Förderung der Interoperabilität.[815] Auch bereits der Regierungsentwurf zum 2. Gesetz zur Änderung des Urheberrechtsgesetzes, welches die §§ 69a ff. in das UrhG einführte, betonte die naturgemäß notwendige Kompatibilität eines Computerprogramms,[816] auch wenn damit wohl eher die Software-Hardware-Kompatibilität gemeint war. Zudem verdeutlicht auch § 69e UrhG das Ziel, die Interoperabilität von Programmen zu fördern. Wenn ein Programm mit weniger anderen Programmen zusammenarbeiten kann, senkt das auch die Möglichkeiten für weitere Entwicklungen.[817] Zudem wäre es widersprüchlich, dem Nutzer die Erlangung von nicht ersichtlichen Schnittstelleninformationen mittels Dekompilierung nach § 69e UrhG zu erlauben, die Schnittstelle dann aber faktisch nicht nutzen zu können, weil alle relevanten Datenänderungen Umarbeitungen wären. Gerade die Nutzung von offenen Schnittstellen ist keine Umarbeitung.[818] Datenänderungen als urheberrechtlich relevant einzustufen wäre also eine erhebliche Einschränkung von Interoperabilität und Interaktion, was die aufgezeigten ökonomischen Vorteile[819] reduzieren würde.

(6) Schutz der Nutzerinteressen

Programme dürfen nach den Vorgaben des Gesetzes auch dann nicht umgearbeitet werden, wenn sie nur im privaten Bereich verändert werden.[820] Das stellt eine rechtfertigungsbedürftige Ausdehnung des Schutzumfangs bei Computerprogrammen dar. Es wäre ein weiterer Schritt, nicht nur private Codeänderungen zu untersagen, sondern auch Datenänderungen im Arbeitsspeicher. Der Grund ist, dass sich Datenänderungen im Arbeitsspeicher nur auf das konkrete System des Nutzers auswirken. Es besteht keine Gefahr, dass der Ruf des Programmierers geschädigt wird, da gar kein manipuliertes Programm verbreitet

---

813 *Spindler*, CR 2012 417, 421.
814 *Spindler*, CR 2012, 417, 420.
815 LG Hamburg, Urteil vom 3.5.2016 - 308 O 46/16 = CR 2016, 782, 784; *Spindler*, CR 2012, 417, 420.
816 BT-Drs. 12/4022, S. 7, 8.
817 *Spindler*, CR 2012 417, 420.
818 LG Hamburg, Urteil vom 3.5.2016 - 308 O 46/16 = CR 2016, 782, 784.
819 Siehe B.III.5.d).
820 Siehe C.III.2.d)bb)(1).

werden kann. Möglich ist nur, Zusatzsoftware weiterzuverbreiten, die erkennbar nicht vom Urheber stammt.

Schließlich spielt das Eigentumsrecht (§ 903 BGB) am Rechnersystem und das Nutzungsrecht an der speziellen und der restlichen Software eine entscheidende Rolle. Wie gezeigt[821] würde die möglichen Interaktionsmöglichkeiten der Software massiv eingeschränkt, was sich auf die gesamte Nutzung von Software und des Systems auswirken würde. Der Nutzer könnte sein System nicht mehr frei nutzen. Das Urheberrecht schreibt die Art und Weise der Werknutzung aber – abgesehen von den Persönlichkeitsrechten – gerade nicht vor.[822] Es wäre eine systemwidrige Ausdehnung, Umarbeitungen ohne Eingriffe in die Programmsubstanz als Teil der Verwertungsrechte des Urhebers anzusehen. Die Eigentumsfreiheit des Nutzers hinsichtlich seines Eigentums am Rechnersystem, seines Nutzungsrechts an der erworbenen Software und an sonstiger interagierender Software wäre berührt.

(7) Zwischenergebnis

Die oben zitierte Entscheidung des OLG Hamburgs,[823] in der das Umarbeitungsrecht weit gefasst wurde, wurde sowohl in der Rechtsprechung[824] als auch in der Literatur[825] zu Recht widersprochen. Das Gericht hat einen beachtenswerten Einwand erhoben. Der Ablauf eines Programms kann erheblich beeinflusst werden, indem nur Daten im Arbeitsspeicher und nicht der Programmcode verändert wird. Es spricht für eine weite Auslegung des Umarbeitungsrecht und gegen das Erfordernis des Eingriffs in die Programmsubstanz, den Urheber vor solchen Beeinflussungen seines Werks zu schützen.

Allerdings wird durch Datenänderungen im Arbeitsspeicher zwar der Programmablauf im konkreten System geändert, nicht aber die Programmsubstanz. Genau hier verläuft aber die urheberrechtliche Trennlinie zwischen unzulässigen Umarbeitungen eines Programms und urheberrechtlich irrelevanten Datenmanipulationen im Arbeitsspeicher. Dies stellt keine unangemessene Schutzlücke für den Urheber da. Die Manipulationen der Arbeitsabläufe auf dem Rechner eines Nutzers betreffen die Interessen des Urhebers eines Programms nicht,

---

821 Siehe C.III.2.d)cc)(5).

822 *Marly*, Rn. 176.

823 OLG Hamburg, Urteil vom 14.4.2012 – 5 U 11/11 = CR 2012, 503, 505; siehe C.III.2.d) cc)(3).

824 LG Hamburg, Urteil vom 3.5.2016 – 308 O 46/16 = CR 2016, 782 ff.

825 Schricker/Lowenheim/*Spindler*, § 69c UrhG Rn. 18; *Marly* Rn. 176.

selbst wenn dieses dann anders abläuft als von diesem geplant. Datenmanipulationen können nur über andere Rechtsregime geschützt werden. Urheberrechtliche Verwertungsrechte können hingegen nicht losgelöst vom Schutzgegenstand des Werkes definiert werden. Der Schutzgegenstand der §§ 69a ff. UrhG sind maschinenlesbare Befehle.

Hinzu kommt, dass sonst die Interoperabilität und Interaktion von Programmen im weiten Teilen rechtlich untersagt wäre. Das hätte negative Auswirkungen auf Innovationen und Wettbewerb im Softwaremarkt. Schließlich würden dadurch die Eigentumsbefugnisse des Nutzers beschnitten werden. Er könnte weder sein System noch seine Software frei nutzen, wenn der konkrete Programmablauf vom Urheberrechtsschutz umfasst wäre.

Aus diesen Gründen ist das Merkmal des Eingriffs in die Programmsubstanz eine sinnvolle Einschränkung.

dd) Auswirkungen auf Drittanbietersoftware

Die Folge ist, dass alle Datenmanipulationen im Arbeitsspeicher nicht in das Umarbeitungsrecht eingreifen. Hinsichtlich des Software Reverse Engineerings hat dies wenig Auswirkungen. System Monitoring verändert weder Code noch Daten und kann daher keine Umarbeitung sein. Im Rahmen von Debugging kann es zu Datenänderungen kommen, was dann urheberrechtlich irrelevant ist. Das gilt aber nicht für Haltepunkte oder andere Änderungen am Code. Bei Haltepunkten wird der Programmablauf unterbrochen und damit die Befehlskette, wie sie der Programmcode vorsieht, verändert. Darin liegt eine Codeänderung. Disassemblieren und Dekompilieren verändern den Code ebenfalls, da sie in Befehlsfolgen übersetzt werden. Auch bei einer Portierung kommt es zur Übersetzung des Programmcodes. Beim Emulieren wird zwar nicht der Programmcode in Gänze umgewandelt, sondern „nur" die Befehle vom Programm an den Prozessor umgewandelt. Diese sind allerdings wesentliche Teile eines Computerprogramms, sodass auch hier eine Übersetzung stattfindet.

Hinsichtlich des Games Hackings sind die Auswirkungen wie folgt: Memory Reading ist urheberrechtlich irrelevant, gleiches gilt aber auch für das Memory Writing, da nur Daten im Arbeitsspeicher geändert werden. Daher ist beispielsweise die Manipulation von Spielständen keine Umarbeitung.[826] Code Injection, Hooking and NoPing ändern hingegen die Befehlsfolge im Arbeitsspeicher und sind daher Umarbeitungen.[827] Entsprechend verläuft auch die Grenze

826 Wandtke/Ohst/*Kauert*, Kapitel 6 Rn. 125.

827 *Sonntag*, in: Schweighofer, IRIS 2014, 683, 688.

beim Einsatz von Bots. Solche Bots, die während ihres Einsatzes nur Lesen und Reagieren (z. B. Healing Bots[828]) oder Werte ändern, sind keine Umarbeitung. Solche Bots, die Code Injection (regelmäßig bei Zusatzfunktionen, z. B. bei einem Aimbot) oder Hooking and NoPing nutzen, sind hingegen Umarbeitungen. Bei der Herstellung ist dies abhängig von den vorgenommenen Software Reversing Maßnahmen.

ee) Zwischenergebnis

Als Umarbeitung im Sinne des § 69c Nr. 2 UrhG ist somit jede Veränderung des Programmcodes zu verstehen. Dies setzt eine Einwirkung auf den Programmcode voraus. Darunter fallen keine Datenmanipulationen des Arbeitsspeichers, wohl aber Änderungen der Befehlsfolgen im Arbeitsspeicher. Es besteht keine Herstellungsfreiheit wie bei § 23 UrhG.

e) Rechte des Datenbankherstellers (§ 87b UrhG)

Bezüglich der spielinternen Datenbanken ist festzustellen, dass der Datenbankhersteller kein Bearbeitungsrecht hat.[829] Eine Manipulation der Daten in einer Datenbank ist also kein Eingriff in ein Verwertungsrecht. Das Vervielfältigungsrecht ist beschränkt auf die Entnahme von wesentlichen Teilen oder die wiederholte und systematische Übernahme von unwesentlichen Teilen der Datenbank. Wird eine spielinterne Datenbank in den Arbeitsspeicher geladen, wird sie vollständig übernommen, sodass eine Vervielfältigung erfolgt. Gleiches gilt, wenn eine Datenbank über die Spielperformance heruntergeladen und gespeichert wird.

f) Zwischenergebnis

Beim Einsatz und der Herstellung von Drittanbietersoftware ist hinsichtlich der Persönlichkeitsrechte in extremen Fällen der Entstellungsschutz relevant, allerdings nicht in Bezug auf Computerprogramme.

Die zentrale Weichenstellung zugunsten des Urhebers findet bei den Verwertungsrechten, genauer über den weiten Vervielfältigungsbegriff, sowohl bei § 16 UrhG als auch bei § 69c Nr. 1 UrhG, statt. Dadurch dass auch Zwischenspeicherungen und damit das Laden in den Arbeitsspeicher erfasst werden, berühren

828 *Cano*, S. 218.

829 Schricker/Loewenheim/*Vogel*, § 87b Rn. 23.

nahezu alle Nutzungshandlungen beim Einsatz und bei der Herstellung von Drittanbietersoftware dieses Recht.

Das Veränderungsrecht ist ebenfalls betroffen. § 23 UrhG gewährleistet eine Herstellungsfreiheit im privaten Bereich, die über § 69c Nr. 2 UrhG aber wieder konterkarikiert wird. Nur durch das eingrenzende Merkmal der Erforderlichkeit eines Eingriffs in die Programmsubstanz kann hier eine sinnvolle Einschränkung erreicht werden, die im Zusammenspiel mit § 23 UrhG zumindest ein gewisses Maß an Herstellungs- und Nutzungsfreiheit im privaten Bereich, nämlich bei Arbeitsspeichermanipulationen, herstellt.

Im Übrigen, also insbesondere im Hinblick auf die Herstellungsfreiheit bei codeverändernden Änderungen und generell bei Vervielfältigungen, muss der Interessenausgleich über die Schranken stattfinden.

3. Schranken der Rechte

Die Rechte des Urhebers gelten nicht unbegrenzt. Neben den verschiedenen zeitlichen Beschränkungen (z. B. §§ 64, 76, 82, 87d, 87g UrhG) existieren zahlreiche inhaltliche Schranken, die unter bestimmten Voraussetzungen bestimmte Nutzungshandlungen gestatten. Für Drittanbietersoftware in multimedialen Werken sind §§ 24, 44a, 69d Abs. 1, 69d Abs. 3 und § 69e UrhG relevant. Diese Schranken werden sogleich genauer untersucht, um ihre Bedeutung für Drittanbietersoftware zu herauszuarbeiten. Zunächst muss aber der allgemeine Zweck der Schranken und die generelle Auslegung geklärt werden. Erst vor dem Hintergrund der Bedeutung der Schranken im Allgemeinen (C.III.3.a), C.III.3.b)) und der Bedeutung der jeweiligen Schranken im Speziellen (C.III.3.c)) kann der Frage nach der Anwendbarkeit der verschiedenen Schrankenregime bei Multimediawerken (C.III.3.d)) nachgegangen werden.

a) Zweck von Schranken

Die Gründe für inhaltliche Schranken sind gesellschaftliche, wissenschaftliche oder wirtschaftliche Interessen,[830] die unter einem unbeschränkten Urheberrecht gefährdet wären. Diese Erkenntnis hat sich bereits bei den verschiedenen Rechtfertigungen des Urheberrechts gezeigt.[831] Die Schranken sind zentrale Stellschrauben für die Berücksichtigung von Allgemeininteressen,

---

830 Schricker/Loewenheim/*Stieper*, Vor §§ 44a ff. UrhG, Rn. 3, 4; *Gräbig*, S. 43; *Leinemann*, S. 93, 94.

831 Siehe C.I.2.g) und C.I.3.e).

der Grundrechtspositionen der Beteiligten und zur Begrenzung der Anreizfunktion.[832] Bei den Schranken wird besonders deutlich, dass die Funktion des Urheberrechts sich nicht darin erschöpfen darf, dem Urheber als Leistenden Verfügungsbefugnisse zuzuweisen, sondern ebenso dem Ausgleich der Interessen aller Beteiligten dient.[833]

Im digitalen Zeitalter ist die Bedeutung der Schranken zudem gestiegen,[834] da der Genuss digitaler Werke fast immer Vervielfältigungshandlungen in Arbeits- oder Zwischenspeichern erfordert und damit zustimmungspflichtig ist.[835] Als Konsequenz daraus müssen Handlungen zur Werknutzung durch Schranken oder zumindest zwingende vertragliche Rechteeinräumung wieder freigestellt werden. Gleichzeitig können die umfassenden Verwertungsrechte einen Schutz der ungeschützten Ideen bewirken, weswegen Schranken auch im Hinblick darauf von Bedeutung sind.[836] Zudem regelt das Urheberrecht auch den Zugang zu Informationen und Bildung, was in einer Wissensgesellschaft von zentraler Bedeutung ist. Dieser Zugang wird häufig über Schranken ermöglicht. Schließlich nimmt die digitale Wertschöpfung zu, sodass auch die bereits herausgearbeitete wirtschaftliche Bedeutung der Begrenzung von Verfügungsrechten bei der Schöpfung neuer Werke eine Rolle spielt.

b) Grundrechtskonforme Auslegung

Im deutschen Urheberrecht wurde lange vertreten, dass Schranken eng auszulegen wären.[837] Dafür wurden verschiedene Argumente angeführt. Zunächst spreche der Ausnahmecharakter von Schranken für eine enge Auslegung.[838] Zudem zeige die einzelfallbezogene Aufzählung der Schranken im UrhG, dass

---

832 Siehe C.I.2.g) und C.I.3.e).

833 *Schmidt*, S. 208; *Dreier/Leistner*, GRUR-Beilage 2014, 13; *Geiger* in: Hilty/Peukert, S. 143, 144; *Honnefelder/Leenen*, in Depenheuer/Peifer, S. 47, 49.

834 *Dreier/Leistner*, GRUR-Beilage 2014, 13, 21.

835 *Marly*, EuZW 2014, 616, 618; siehe C.III.2.a)cc).

836 *Kochmann*, S. 168.

837 BGH, Urteil vom 24.1.2002 – I ZR 102/99 = GRUR 2002, 605, 606; BGH, Urteil vom 6.6.1991 – I ZR 26/90 = GRUR 1991, 903, 905; Dreyer/Kotthoff/Meckel/Hentsch/*Dreyer*, Vor §§ 44a ff. UrhG, Rn. 25; Fromm/Nordemann/*Dustmann*, Vor § 44a ff. UrhG, Rn. 7; Wandtke/Bullinger/*Lüft*, Vor §§ 44a ff. UrhG, Rn. 1; *Schack*, Rn. 95; *Hansen*, S. 390; ff.; siehe dazu auch *Hoeren/Mörike* in Noller/Weber/Heinemann/Baumgartner, S. 323, 327 ff.

838 BGH, Urteil vom 6.6.1991 - I ZR 26/90 = GRUR 1991, 903, 905.

den Interessen des Urhebers Vorrang einzuräumen sei.[839] Weiter wurde auf Art. 14 Abs. 1 GG verwiesen, der eine enge Auslegung der Schranken gebiete.[840] Schließlich wurde argumentiert, dass der Urheber an der Verwertung seines Werks angemessen zu beteiligen sei, was nur gewährleistet werden könne, wenn die Schranken eng ausgelegt würden.[841]

Allerdings dienen die Schranken dem Schutz grundrechtlich geschützter Interessen der Nutzer[842] und sonstiger verfassungsrechtlich geschützter Interessen der Allgemeinheit.[843] Daraus folgt keine enge, sondern eine zweckorientierte Auslegung,[844] welche die verfassungsrechtlichen Wertungen berücksichtigt.[845] Der Gesetzgeber hat mittels der Schranken verschiedene Positionen auszugleichen,[846] wobei keiner pauschal ein Vorrang einzuräumen ist. Deswegen besteht kein Ausnahme-Regel-Verhältnis. Das Urheberrecht verfolgt, wie oben gezeigt, unterschiedliche Ziele und operiert in verfassungsrechtlich komplexem Terrain. Werden die Befugnisse des Urhebers verstärkt, verringern sich automatisch die Nutzungsfreiheiten.[847] Eine enge Auslegung der Schranken hat vor diesem grundrechtlichen Hintergrund keine Berechtigung mehr.[848]

Für das unionsrechtliche Urheberrecht gilt ebenfalls, dass eine grundrechtskonforme Auslegung entscheidend ist.[849] Auch dort werden durch die urheberrechtlichen Regelungen verschiedene grundrechtlich geschützte Positionen

---

839 Dreyer/Kotthoff/Meckel/Hentsch/*Dreyer*, Vor §§ 44a ff. UrhG, Rn. 25.

840 *Schack*, Rn. 95.

841 BGH, Urteil vom 24.1.2002 - I ZR 102/99, GRUR 2002, 605, 606; Fromm/Nordemann/*Dustmann*, Vor § 44a ff. UrhG, Rn. 7; Wandtke/Bullinger/*Lüft*, Vor §§ 44a ff. UrhG, Rn. 1.

842 *Poeppel*, S. 42; *Stieper*, S. 45; siehe C.I.2.e).

843 Schricker/Loewenheim/*Stieper*, Vor §§ 44a ff. UrhG, Rn. 39; *Leinemann*, S. 92.

844 Schricker/Loewenheim/*Stieper*, Vor §§ 44a ff. UrhG, Rn. 37.; *Hansen*, S. 397; *Poeppel*, S. 45.

845 EuGH, Urteil vom 29.7.2019 – C-469/17 = GRUR 2019, 934, 938, 939; BVerfG, Beschluss vom 17.11.2011 – 1 BvR 1145/11 = GRUR 2012, 389, 390; BGH, Urteil vom 24.1.2002 – I ZR 102/99 = GRUR 2002, 605, 606; Dreier/Schulze/*Dreier*, Vor § 44a UrhG Rn. 7; Fromm/Nordemann/*Dustmann*, Vor § 44a ff. UrhG, Rn. 7; Wandtke/Bullinger/*Lüft*, Vor §§ 44a ff. UrhG, Rn. 1; *Poeppel*, S. 45; *Stieper*, S. 69.

846 *Gräbig*, S. 42.

847 *Hoeren*, GRUR 1997, 866, 871 ff.

848 Dreier/Schulze/*Dreier*, Vor § 44a UrhG, Rn. 7; Schricker/Loewenheim/*Stieper*, Vor §§ 44a ff. UrhG, Rn. 36; Wandtke/Bullinger/*Lüft Stefan*, Vorbemerkung Vor §§ 44a ff. UrhG, Rn. 1.

849 EuGH, Urteil vom 29.7.2019 – C-469/17 = GRUR 2019, 934, 938, 939.

zum Ausgleich gebracht, was in den Erwägungsgründen 3, 31 InfoSoc-RL sogar ausdrücklich erwähnt wird. Eine enge Auslegung ist hier ebenfalls nicht gerechtfertigt.

Daraus folgt, dass in beiden Rechtsordnungen bei Auslegungsfragen die grundrechtlichen Positionen berücksichtigt werden müssen. Das gilt auch für die Frage, ob ein bestimmtes Schrankenregime anwendbar ist.[850] Die Frage, ob eine bestimmte Schranke überhaupt zur Anwendung kommt, berührt die Interessen der Beteiligten genauso wie ihre inhaltliche Reichweite.

c) Relevante Schranken

Im Folgenden werden die für die Herstellung und den Einsatz von Drittanbietersoftware relevanten allgemeinen und computerprogrammspezifischen Schranken untersucht. Ziel ist es, die spezifische Bedeutung der einzelnen Schranken für diesen Bereich herauszuarbeiten. Die Frage, ob die jeweilige Schranke überhaupt anwendbar ist, wird dabei ausgeklammert und erst im Anschluss diskutiert, da die Relevanz der verschiedenen Schranke und die Unterschiede zwischen den allgemeinen und spezifischen Schranken entscheidend sind für die Diskussion über ihre Anwendbarkeit.

aa) Freie Benutzung (§ 24 UrhG)

§ 24 Abs. 1 UrhG regelt die freie Benutzung eines fremden Werkes. Wer ein selbständiges Werk in freier Benutzung eines anderen Werkes erstellt, benötigt nicht die Zustimmung des Urhebers, um sein Werk zu veröffentlichen und zu verwerten. Kulturelles Schaffen bedeutet regelmäßig, auf Vorhandenem aufzubauen,[851] weswegen eine Norm wie § 24 UrhG von zentraler Bedeutung ist.[852] Auf grundrechtlicher Ebene wird dadurch die Kunstfreiheit geschützt,[853] da dadurch gewährleistet wird, dass auch Kunst auf Vorhandenem aufbauen kann. Für Drittanbietersoftware ist die Norm von Bedeutung, wenn ein Spiel durch umfassende Mods geändert wird, da das vorhandene Spiel genutzt wird, um ein neues Werk zu erschaffen.

---

850 Siehe daher unten C.III.3.d)dd)(2)(b).

851 *Dreier/Leistner*, GRUR-Beilage 2014, 13, 14; siehe C.I.3.d)aa).

852 Schricker/Loewenheim/*Loewenheim*, § 24 UrhG Rn. 1, 2.

853 BVerfG, Urt. v. 31.5.2016 – 1 BvR 1585/13 = GRUR 2016, 690, 691.

(1) Einordnung als Schranke

Die Einordnung von § 24 UrhG als Schranke ist nicht unbestritten.[854] Trotz der systematischen Stellung im 4. und nicht im 6. Abschnitt des UrhG ist die Norm aber richtigerweise als Schranke anzusehen.[855] Da § 23 UrhG ein Verwertungsrecht ist,[856] welches durch § 24 UrhG begrenzt wird, handelt es sich funktional um eine Schranke.[857] Durch die Norm werden unter bestimmten Voraussetzungen Bearbeitungen vom Verwertungsrecht ausgenommen. Die andere Auffassung, wonach § 24 UrhG keine Schranke, sondern eine immanente Begrenzung des Schutzgegenstands sei,[858] resultiert aus einer unvollständigen Einordnung von § 24 UrhG. Sofern § 24 UrhG bestimmt, dass keine Rechtsverletzung vorliegt, wenn das übernommene Werk nicht mehr zu erkennen ist, drückt er in der Tat eine selbstverständliche Beschränkung des Urheberrechts aus.[859] Daneben hat § 24 UrhG aber auch die wichtige Funktion, Bearbeitungen zu erlauben, die keinen äußeren Abstand, sondern nur einen inneren Abstand zum übernommen Werk haben.[860] Darin liegt die Schrankenfunktion des § 24 UrhG.

(2) Europarechtskonforme Auslegung

Dieses Verständnis hat auch den Vorteil, einer europarechtskonformen Auslegung entgegenzukommen. In Bezug auf Tonträger hat der EuGH angemerkt, dass es aufgrund des abschließenden Katalogs des Art. 5 InfoSoc-RL keine darüberhinausgehende Schranke geben darf.[861] Allerdings gestattet Art. 5 Abs. 3 lit. k InfoSoc-RL Karikaturen, Parodien und Pastiche. Insbesondere vor dem Hintergrund, dass eine Schranke für kreatives Schaffen im deutschen Urheberrecht fehlt, ist es angezeigt, diese Ausnahmen bis zu einer gesetzlichen Neuregelung weit zu verstehen und über das Kriterium des inneren Abstands in § 24 UrhG hineinzulesen.[862] Anderenfalls würde zahlreichen aufbauenden kreativen

854 Vgl. Dreier/Schulze/*Schulze*, § 24 UrhG Rn. 1 und Dreyer/Kotthoff/Meckel/Hentsch/*Dreyer*, § 24 UrhG Rn. 1.

855 Fromm/Nordemann/*A. Nordemann*, § 24 UrhG Rn. 4.

856 Siehe C.III.2.c)aa).

857 Dreier/Schulze/*Schulze*, § 24 UrhG Rn. 1.

858 *Dreier/Leistner*, GRUR-Beilage 2014, 13, 16; Dreyer/Kotthoff/Meckel/Hentsch/*Dreyer*, § 24 UrhG Rn. 1.

859 *Ohly*, GRUR 2017, 965, 967.

860 Dreier/Schulze/*Schulze*, § 24 UrhG Rn. 25.

861 EuGH, Urteil vom 29.7.2019 = C476/17 = MMR 2019, 596, 600.

862 *Ohly*, GRUR 2017, 965, 968, 969.

Tätigkeiten, die bewusst die äußere Nähe zu einem anderen Werk suchen, die urheberrechtliche Erlaubnis entzogen werden.

(3) Freie Benutzung

Die entlehnten eigenpersönlichen Züge des älteren Werkes müssen verblassen.[863] Je höher der Grand an Individualität beim neuen Werk ist, desto eher liegt ein Verblassen vor.[864] Dieser Abstand zum alten Werk kann sich wie bereits erwähnt aus der äußeren oder inneren Gestaltung des neuen Werks ergeben.[865] Der innere Abstand ist vor allem bei Parodien relevant. Ein solche liegt vor, wenn an ein Werk erinnert wird, aber wahrnehmbare Unterschiede bestehen und dabei Humor oder Verspottung zum Ausdruck kommt.[866]

Die Möglichkeit, Pastiche herzustellen und zu verwerten, dürfte für Fan-Fiction relevant sein.[867] Aus der Kunst ist ein Pastiche als Nachahmung des Stils und der Ideen eines anderen Künstlers bekannt. Der Vergleich zu Fan-Fiction liegt nahe, da dort ebenfalls Figuren und Szenarien übernommen werden, um weitere Geschichten zu kreieren und die Charaktere fortzuentwickeln. Für Drittanbietersoftware in Form von Mods ist diese Ausnahme allerdings nichts geeignet. Das Erscheinungsbild des Ausgangsbild wird zwar geändert, aber nicht in ein neues Werk integriert. Es bleibt bei optischen Veränderungen des bestehenden Werks. Wird hingegen ein ganzes Spiel in veränderter Form nachgebaut und so ein ähnliches Nachfolgerspiel erschaffen, könnte ein Vergleich zu Pastichen wiederum gelingen. Allerdings sind dafür bisher keine praktischen Beispiele aufgetreten. Bei den bisherigen Nachbauten von Spielwelten ging es vielmehr darum, die Ursprungswelt möglichst genau zu übernehmen. Im Übrigen kommt es auch immer wieder vor, dass Spiele, nachdem sie eine Zeit lang kommerziell genutzt wurden, unter freien Lizenzen veröffentlicht werden.[868] Sofern die konkreten Lizenzbestimmungen es vorsehen, können auf diesem Wege rechtskonforme Weiterentwicklungen stattfinden, ohne dass auf § 24 UrhG zurückgegriffen werden muss.

---

863 BGH, Urteil vom 28.7.2016 – I ZR 9/15 = GRUR 2016, 1157, 1159; Dreyer/Kotthoff/Meckel/Hentsch/*Dreyer*, § 24 UrhG Rn. 21.

864 Schricker/Loewenheim/*Loewenheim*, § 24 Rn. 14.

865 Schricker/Loewenheim/*Loewenheim*, § 24 Rn. 15.

866 Wandtke/Bullinger/*Bullinger*, § 24 UrhG Rn. 14.

867 *Ohly*, GRUR 2017, 965, 968.

868 Siehe z. B. https://de.wikipedia.org/wiki/Arx_Fatalis (zuletzt abgerufen am 1.5.2020).

(4) Zwischenergebnis

§ 24 UrhG ist als Schranke des Bearbeitungs- bzw. Umarbeitungsrechts auch auf Multimediawerke anwendbar. Im Fall von Drittanbietersoftware in Computerspielen ist die Norm jedoch nur beim Nachbau von Spielen von Relevanz.

bb) Vorübergehende Vervielfältigungshandlungen (§ 44a UrhG)

§ 44a Nr. 2 UrhG gestattet unter bestimmten Voraussetzungen vorübergehende Vervielfältigungen, wenn der alleinige Zweck der Vervielfältigung darin liegt, eine rechtmäßige Nutzung zu ermöglichen. Dazu können auch Speicherungen im Arbeitsspeicher gehören.[869]

Bezüglich der Herstellung von Drittanbietersoftware könnte § 44a Nr. 2 UrhG auf den ersten Blick wie folgt relevant werden: Sofern man unterstellt, dass die Analyse des Steuerungsprogramms nach §§ 69d, e UrhG gerechtfertigt ist, könnte dies die rechtmäßige Nutzung im Sinne des § 44a Nr. 2 UrhG darstellen. Die Speicherungen des Gesamtwerks und der einzelnen Bestandteile im Arbeitsspeicher, die bei einer Analyse des Steuerungsprogramms zwangsläufig erfolgen, wären dann durch § 44a Nr. 2 UrhG gedeckt. Allerdings muss die rechtmäßige Nutzung „eines Werkes" im Sinne der Vorschrift so verstanden werden, dass sich die rechtmäßige Nutzung auf das gleiche Werk beziehen muss, welches vorübergehend und flüchtig vervielfältigt wird. Aus diesem Grund ist die beschriebene Konstellation nicht erfasst.

Darüber hinaus kann die Norm auch nicht zur Rechtfertigung von Vervielfältigungen herangezogen werden, die Analysehandlungen vorgelagert sind. Zwar werden für die Analyse Werke in den Arbeitsspeicher kopiert, was § 44a UrhG rechtfertigen könnte. Allerdings scheitert es an der eigenständigen wirtschaftlichen Bedeutung, da Analysehandlungen regelmäßig Vorbereitungen für Verbesserungen, ergänzende Produkte oder Konkurrenzprodukte sind. Die Norm spielt folglich bei der Herstellung von Drittanbietersoftware keine Rolle.[870]

Beim Einsatz von Drittanbietersoftware kann § 44a Nr. 2 UrhG hingegen Zwischenspeicherungen im Arbeitsspeicher rechtfertigen, nämlich wenn das Spiel und seine Bestandteile in den Arbeitsspeicher geladen werden. Das ist dann identisch mit der Rechtfertigung der Speicherungen beim normalen Spielen

---

869 Dreyer/Kotthoff/Meckel/Hentsch/*Dreyer*, § 44a UrhG Rn. 6; Schricker/Loewenheim/*Loewenheim*, § 44a UrhG Rn. 18.

870 Siehe zu einer möglichen weiten Auslegung des §§ 44a Nr. 2 UrhG *Grützmacher*, ZGE/IPJ 2017, 423, 439 m. w. N.

eines Spiels. Es ist vorrangig auf das Nutzungsrecht abzustellen,[871] welches die damit zusammenhängenden Vervielfältigungen rechtfertigt.

cc) Bestimmungsgemäße Nutzung (§ 69d Abs. 1 UrhG)

Die Vorschrift gestattet Vervielfältigungen und Umarbeitungen von Computerprogrammen, wenn sie für die bestimmungsgemäße Nutzung notwendig sind und keine abweichenden vertraglichen Regelungen vorliegen.

(1) Bedeutung für Drittanbietersoftware

§ 69d Abs. 1 UrhG soll sicherstellen, dass der berechtigte Nutzer eines Computerprogramms über alle Rechte verfügt, die er für die bestimmungsgemäße Nutzung des Programms benötigt.[872] Im Hinblick auf die grundrechtsschützende Funktion von Schranken kommt § 69d Abs. 1 UrhG eine zentrale Bedeutung zu. Es geht gerade darum, dass das Nutzungsrecht des Nutzers nicht ausgehöhlt wird. Grundrechtlich gesprochen soll das von Art. 17 GRCh bzw. Art. 14 GG geschützte Nutzungsrecht[873] nicht leerlaufen. Ein solcher Leerlauf entsteht auch dann, wenn das Nutzungsrecht keine materiellen Befugnisse mehr vermittelt.

In Bezug auf Drittanbietersoftware stellt sich die Frage, ob deren Herstellung oder der Einsatz von der bestimmungsgemäßen Nutzung eines Programms erfasst sein kann und bejahendenfalls, unter welchen Voraussetzungen dies der Fall ist. In diesem Fall muss auch der Frage nachgegangen werden, ob bestimmte Handlungen dem abredefesten Kern des § 69d Abs. 1 UrhG zuzuordnen sind.

(2) Rechtsnatur

Die Rechtsnatur des § 69d Abs. 1 UrhG ist umstritten.[874] Es wird vertreten, dass es sich um eine Mischung aus einer gesetzlichen Lizenz und einer Auslegungsregel[875] oder einer Schrankenregelung handele,[876] da nur der Berechtigte erfasst werde und nicht alle Dritten.[877] Eine andere Auffassung sieht die Norm als reine gesetzliche Lizenz.[878] Demgegenüber wird vertreten, dass es sich um eine

---

871 Siehe C.IV.1.
872 Schricker/Loewenheim/*Spindler*, § 69d Abs. 1 UrhG Rn. 2.
873 Siehe C.I.2.e)aa)(2)(b).
874 *Marly* Rn. 243.
875 Dreier/Schulze/*Dreier*, § 69d UrhG Rn. 2.
876 Fromm/Nordemann/*Czychowski*, § 69d UrhG Rn. 4.
877 Fromm/Nordemann/*Czychowski*, § 69d UrhG Rn. 4.
878 Spindler/Schuster/*Wiebe*, § 69d UrhG Rn. 6.

Inhaltsnorm für die Rechteübertragung handelt.[879] Jedenfalls gehe es darum, ein Korrektiv zu § 69c UrhG zu schaffen und die Nutzerinteressen zu wahren.[880] Schließlich findet sich die Auffassung, dass § 69d Abs. 1 UrhG eine Schranke ist.[881] Dieser Ansicht ist zuzustimmen. § 69d Abs. 1 UrhG enthält einen abredefesten Kern,[882] sodass die Norm nicht gänzlich abbedungen werden kann. Der zwingende Inhalt spricht für den Charakter als Schranke. Zudem muss § 69d Abs. 1 UrhG auch ohne Vertrag wirken. Ansonsten wäre nämlich der Erschöpfungsgrundsatz aus § 69c Nr. 3 S. 2 UrhG deutlich weniger effektiv, da der Zweiterwerber keinerlei Nutzungsrechte hätte,[883] wenn er sich mangels Vertrags mit dem Veräußerer nicht auf § 69d Abs. 1 UrhG berufen könnte. Die Begrenzung des persönlichen Anwendungsbereichs auf den Berechtigten ist lediglich ein einschränkendes Tatbestandsmerkmal und kein Anhaltspunkt für eine andere Rechtsnatur. § 69d Abs. 1 UrhG ist daher eine Schranke. Es überzeugt daher auch, der Norm eine ähnliche Funktion wie § 12 Abs. 2 URG zuzuschreiben.[884] Der Schutz der Nutzerinteressen ist die zentrale Funktion der Vorschrift.

(3) Berechtigter

Berechtigter im Sinne der Vorschrift ist jeder, der urheberrechtlich Nutzungsbefugnisse erworben hat.[885] Ein viel diskutiertes Problem betrifft die Frage, ob irgendein Erwerbsvorgang ausreicht oder ob eine zusätzliche Nutzungsrechteeinräumung vom ursprünglichen Veräußerer erforderlich ist.[886] Nach richtiger Auffassung kann sich ein rechtmäßiger Erwerber immer auf § 69d Abs. 1 UrhG berufen, auch ohne Rechteeinräumung durch den Veräußerer.[887] Erforderlich ist eine lückenlose Reihe von Berechtigungen,[888] welche entweder aufgrund von Nutzungsrechten oder aufgrund von Erschöpfung bestehen kann.[889] Grund

879 Wandtke/Bullinger/*Grützmacher*, § 69d UrhG Rn. 3; *Marly* Rn. 246.

880 Dreier/Schulze/*Dreier*, § 69d UrhG Rn. 5; Spindler/Schuster/*Wiebe*, § 69d UrhG Rn. 7; Wandtke/Bullinger/*Grützmacher*, § 69d UrhG Rn. 3.

881 Schricker/Loewenheim/*Spindler*, § 69d Rn. 1; *Stieper*, S. 128.

882 Siehe C.III.3.c)cc)(7).

883 *Grützmacher*, CR 2011, 485, 487.

884 Wandtke/Bullinger/*Grützmacher*, § 69d UrhG Rn. 4.

885 Loewenheim/Schricker/*Spindler*, § 69d UrhG Rn. 4.

886 Fromm/Nordemann/*Czychowski*, § 69d UrhG Rn. 9.

887 Wandtke/Bullinger/*Grützmacher*, § 69d UrhG Rn. 30.

888 Fromm/Nordemann/*Czychowski*, § 69d UrhG Rn. 10.

889 Dreier/Schulze/*Dreier*, § 69d UrhG Rn. 6; Fromm/Nordemann/*Czychowski*, § 69d UrhG Rn. 10.

dafür ist, dass der Erschöpfungsgrundsatz die Verkehrsfähigkeit von Computerprogrammen erhalten soll. Diese wäre aber gefährdet, wenn der Zweiterwerber nicht zur gleichen bestimmungsgemäßen Nutzung wie der Ersterwerber berechtigt wäre.

(4) Notwendigkeit

Die vom Nutzer vorgenommene Handlung muss außerdem für die bestimmungsgemäße Nutzung notwendig sein. Schon nach dem Wortlaut ist Notwendigkeit erforderlich, Nützlichkeit reicht nach ganz überwiegender Auffassung nicht aus.[890] Das bedeutet auch, dass kein milderes Mittel vorliegen darf, um das gewünschte Ziel zu erreichen.[891]

(5) Bestimmungsgemäße Nutzung

Die bestimmungsgemäße Nutzung ist im Gesetz nicht definiert, lediglich die Fehlerberichtigung wird ausdrücklich hinzugezählt (Art. 5 Abs. 1 Software-RL; § 69d Abs. 1 UrhG). Erwägungsgrund 13 der Software-RL liefert noch den Hinweis, dass das Laden und Ablaufen eines Programms zur bestimmungsgemäßen Nutzung gehört, sofern es für die Nutzung des Programms erforderlich ist.

Die Konkretisierung der bestimmungsgemäßen Nutzung erfolgt in drei Stufen, die in einer Hierarchie stehen:[892] Wie sich bereits aus dem Gesetz ergibt, sind Parteiabreden vorrangig heranzuziehen.[893] Dabei sind sowohl dingliche als auch schuldrechtliche Vereinbarungen relevant.[894] Daher kann auch eine Nutzung untersagt werden, die urheberrechtlich nicht relevant ist, wie zum Beispiel die private Nutzung. Außerdem ist zu beachten, dass § 69d Abs. 1 UrhG einen abredefesten Kern enthält.[895] Zudem sind bei den Parteiabreden die allgemeine Grenzen der Privatautonomie und das AGB-Recht zu berücksichtigen.[896] Eine

890 Ahlberg/Götting/*Kaboth/Spies*, § 69d UrhG Rn. 9; Dreier/Schulze/*Dreier*, § 69d UrhG Rn. 11; Dreyer/Kotthoff/Meckel/Hentsch/*Kotthoff*, § 69d UrhG Rn. 8; aA *Günther*, CR 1994, 321, 325, 326.

891 *Kochmann*, S. 184.

892 Schricker/Loewenheim/*Spindler*, § 69d Rn. 8.

893 Ahlberg/Götting/*Kaboth/Spies*, § 69d UrhG Rn. 5; Schricker/Loewenheim/*Spindler*, § 69d UrhG Rn. 7; Dreier/Schulze/*Dreier*, § 69d UrhG Rn. 7.

894 Dreier/Schulze/*Dreier*, § 69d UrhG Rn. 7; Wandtke/Bullinger/*Grützmacher*, § 69d UrhG Rn. 6; *Kochmann*, S. 178, 179.

895 BGH, Urteil vom 24.2.2000 – I ZR 141/97 = GRUR 2000, 866, 868; Schricker/Loewenheim/*Spindler*, § 69d UrhG Rn. 6; siehe C.III.3.c)cc)(7).

896 Schricker/Loewenheim/*Spindler*, § 69d UrhG Rn. 7.

Parteiabrede muss nicht ausdrücklich getroffen werden, sie kann auch stillschweigend erfolgen und sich insbesondere aus dem objektiven Vertragszweck und der objektiven Zweckbestimmung der Software[897] und dem Vorhandensein von technischen Beschränkungen ergeben. Auch sonstige vertragliche Bestimmungen können Anhaltspunkte liefern.[898] Wenn sich keine Parteiabrede finden lässt, muss auf zweiter Stufe die Ausgestaltung des Programms und seine übliche Nutzung abgestellt werden.[899] Kann so keine bestimmungsgemäße Nutzung festgestellt werden, ist auf der dritten Stufe eine Interessenabwägung vorzunehmen.[900] Dabei verbietet sich jegliches einseitiges Abstellen, sei es auf die Interessen der Hersteller oder der Nutzer.[901] Hier spielen auch die grundrechtlich geschützten Interessen der Beteiligten eine Rolle. Vor diesem Hintergrund kann untersucht werden, welche konkreten Handlungen von der bestimmungsgemäßen Nutzung erfasst sind.

(6) Umfasste Handlungen

Zunächst ist zu klären, welche Handlungen als Fehlerberichtigung anzusehen sind (a), da zahlreiche Programme, die zur Fehlberichtigung eingesetzt werden, klassische Beispiele für Drittanbietersoftware sind. Für die Herstellung von Drittanbietersoftware ist sodann interessant, ob darüberhinausgehende Programmanalysen durch die Vorschrift erlaubt werden (b). Häufig stehen dem technische Schutzmechanismen im Weg, sodass der Frage nachgegangen werden muss, ob eine Entfernung derselbigen zulässig ist (c). Möglicherweise deckt § 69d Abs. 1 UrhG auch Programmanpassungen und Erweiterungen (d). Darüber hinaus besteht insbesondere bei älteren Computerspielen und solchen, die für ein bestimmtes Betriebssystem geschrieben wurden, häufig das Bedürfnis, sie auch in neuen Betriebsumgebungen ablaufen zu lassen. Daher ist zu untersuchen, ob Portierungen und Emulationen durch die Norm gedeckt werden (e). Schließlich stellt sich die Frage, ob die Interaktion von Software untereinander, wie sie beim Einsatz von Drittanbietersoftware zwangsläufig stattfindet,[902] zulässig ist (f).

---

897 Dreyer/Kotthoff/Meckel/Hentsch/*Kotthoff*, § 69d UrhG Rn. 5.

898 Wandtke/Bullinger/*Grützmacher*, § 69d UrhG Rn. 7.

899 Ahlberg/Götting/*Kaboth/Spies*, § 69d UrhG Rn. 5; Schricker/Loewenheim/*Spindler*, § 69d UrhG Rn. 8;

900 Dreyer/Kotthoff/Meckel/Hentsch/*Kotthoff*, § 69d UrhG Rn. 5; Schricker/Loewenheim/*Spindler*, § 69d UrhG Rn. 8.

901 Wandtke/Bullinger/*Grützmacher*, § 69d UrhG Rn. 7.

902 Siehe B.III.1.

(a) Fehlerberichtigung

Fehlerberichtigung spielt in Bezug auf Drittanbietersoftware eine wichtige Rolle, da zum einen zahlreiche Instrumente, insbesondere Debugger, die bei der Herstellung von Drittanbietersoftware zum Einsatz kommen, primär zur Fehlerberichtigung eingesetzt werden. Zum anderen werden alle Maßnahmen des allgemeinen Software Reverse Engineering[903] sowohl bei der Herstellung von Drittanbietersoftware als auch bei der Fehlerberichtigung relevant. Hier stellt sich die Frage, wie sehr die jeweilige Handlung an den Zweck der Fehlerberichtigung gebunden sein muss. Hierzu gehört unter anderem die Frage, inwieweit Informationen über ein Programm, die bei der Fehlerberichtigung gewonnen wurden, für andere Zwecke genutzt werden dürfen.

Der prinzipielle Einsatz von Drittanbieterprogrammen bei der Fehlerberichtigung ist richtigerweise gestattet. Ohne Analysetools wäre es regelmäßig unmöglich, den genauen Fehler überhaupt zu lokalisieren.[904] Daher sind Analysehandlungen und Analyseprogramme zur Vorbereitung der Fehlerberichtigung zulässig.[905] Ohne diese Zwecksetzung können diese Handlungen aber nicht im Rahmen von § 69d Abs. 1 UrhG gerechtfertigt sein,[906] da sonst der Wortlaut gesprengt wird. Das eingesetzte Programm und die konkrete Handlung müssen dem Zweck der Fehlerbeseitigung dienen. Das steht auch im Einklang mit dem Sinn der Vorschrift: Fehler verhindern die bestimmungsgemäße Nutzung des Programms, sodass deren Beseitigung, aber auch nur deren Beseitigung, der effektiven Nutzung des Programms dient.

Erst recht dürfen Hilfsprogramme für die Beseitigung des Fehlers eingesetzt werden. Die Erlaubnis zur Fehlerberichtigung gestattet sogar, dass das Programm umgearbeitet wird. Das ist beispielsweise für den Einsatz von Virenprogrammen relevant.[907] Allgemein gesprochen ist auch Drittanbietersoftware, die ein Programm umarbeitet, zulässig, solange dies der Fehlerberichtigung dient.

Die Fehlerberichtigung gehört zum abredefesten Kern,[908] sodass sie vertraglich nicht ausgeschlossen werden kann. Nur ausnahmsweise reduzieren sich die Befugnisse des Berechtigten, wenn ein legitimes Interesse des Herstellers besteht, nur selbst in das Programm einzugreifen und dieser eine zeitnahe

903 Siehe B.III.3.a).
904 *Eilam*, S. 131.
905 So auch *Hoeren/Pinelli*, CR 2019, 410, 413.
906 *Triebe*, WRP 2018, 795, 798.
907 Schricker/Loewenheim/*Spindler*, § 69d Rn. 10.
908 Siehe C.III.3.c)cc)(7).

Fehlerberichtigung besorgt.[909] Dabei muss es sich aber um ein über das immer bestehende Interesse des Herstellers, die Fehlerkorrektur selbst durchzuführen, hinausgehendes Interesse handeln, wie zum Beispiel ein Geheimhaltungsinteresse[910] oder die Gewährleistung der IT-Sicherheit. Das bloße Anbieten von Fehlerberichtigung durch den Hersteller kann die Befugnis des Nutzers aber nicht einschränken, da der Hersteller die Befugnis dann leicht aushebeln könnte. Zudem würde sich dann die Frage stellen, wie lange ein Nutzer auf eine herstellerseitige Fehlerberichtigung warten muss. Wenn der Hersteller vermeiden will, dass der Nutzer außerhalb der genannten Einschränkungen eigenhändig Fehler beseitigen darf, muss er parallel zur Veräußerung der Software einen Pflegevertrag mit dem Nutzer vereinbaren.

Als Fehler ist alles zu betrachten, was die bestimmungsgemäße Nutzung des Programms beeinträchtigt, wie z. B. Funktionsstörungen, Programmabstürze und Bugs.[911] Auch eine unzumutbare Programmperformance (z. B. lange Reaktionszeiten) kann einen Fehler darstellen. Die Anknüpfung an die bestimmungsgemäße Nutzung mag als Zirkelschluss erscheinen, da die Fehlerberichtigung nach dem Gesetz ein Teil derselben ist („einschließlich“). Tatsächlich muss die Fehlerberichtigung an dieser Stelle gedanklich ausgeklammert werden. Ergibt sich nach den oben dargestellten Grundsätzen eine bestimmungsgemäße Nutzung – ohne Fehlerberichtigung – kann dann im zweiten Schritt festgestellt werden, ob ein Fehler vorliegt, was dann der Fall ist, wenn diese bestimmungsgemäße Nutzung beeinträchtigt wird. Das Abstellen auf den Willen und die Erwartungen der Parteien bei der Definition des Fehlers steht auch im Einklang mit der generellen Definition der bestimmungsgemäßen Nutzung.[912]

Ein Problem im Hinblick auf zulässige Handlungen zur Fehlerberichtigung ergibt sich daraus, dass Lösungsstrategien für Programmfehler vielfältig sein können. Das zeigt sich am Beispiel von Funktionserweiterungen, die je nach Standpunkt als Teil der bestimmungsgemäßen Nutzung angesehen werden[913] oder von dieser nicht erfasst sein sollen.[914] Der BGH ordnete das Hinzufügen eines Moduls, wodurch Kompatibilitätsprobleme beseitigt wurden, richtigerweise als

909 Schricker/Loewenheim/*Spindler*, § 69d Rn. 14.

910 BGH, Urteil v. 24.2.2000, Az. I ZR 141/97 = NJW 2000, 3212, 3213.

911 Ahlberg/Götting/*Kaboth*/*Spies*, § 69d UrhG Rn. 7; Dreier/Schulze/*Dreier*, § 69d UrhG Rn. 9; Schricker/Loewenheim/*Spindler*, § 69d Rn. 10.

912 C.III.3.c)cc)(5).

913 Möhring/Nicolini/*Hoeren*, 2. Auflage, § 69d UrhG Rn. 12.

914 Schricker/Loewenheim/*Spindler*, § 69d Rn. 10.

Fehlerberichtigung ein.[915] Ausgangspunkt ist nämlich die bestimmungsgemäße Nutzung. Wenn diese beeinträchtigt ist und eine Funktionserweiterung Abhilfe bietet, ist dies eine zulässige Fehlerberichtigung. Das Merkmal „notwendig"[916] gewährleistet eine ausreichende Begrenzung, sodass es keiner zusätzlichen Einschränkungen bedarf.

Ein weiteres Problem stellt sich bei der Frage, wie ein Programm oder eine konkret genutzte Programmfunktion zu bewerten ist, die zwar Fehler beseitigt, aber als Nebenprodukt Einblicke in das Programm liefert, die dann für andere Handlungen genutzt werden können. Beispiele dafür sind Debugger, die genau aufschlüsseln, welche Prozesse gerade stattfinden, und daher als wichtiges Tool beim Software Reverse Engineering gelten. Aus dem Sinn und Zweck des § 69d Abs. 1 UrhG und im Umkehrschluss zu § 69e Abs. 2 UrhG folgt, dass keine Beschränkung der Verwendung der gewonnenen Informationen normiert ist,[917] solange die vorgenommenen Handlungen der Fehlerbeseitigung dienen. Hinzukommt, dass § 69d Abs. 3 UrhG das generelle Untersuchen eines Programms erlaubt, ohne irgendeine Verwendungsbegrenzung bezüglich gewonnener Informationen aufzustellen. Dann muss das Gleiche auch bei der Fehlerberichtigung gelten. Schließlich ist die Verwendung von beiläufig im Zuge der Fehlerbeseitigung gewonnenen Informationen urheberrechtlich unbeachtlich, sodass ohne eine explizite gesetzliche Anordnung kein Informationsverwendungsverbot besteht. Die Zweckbindung ist mit anderen Worten bei der konkreten Handlung streng, nicht aber bei der Verwendung von dabei gesammelten Informationen.

Davon abzugrenzen ist die Frage, wie Programme zu bewerten sind, die verschiedene Funktionen haben, nämlich teilweise Fehlerbeseitigungsfunktionen und teilweise andere Funktionen (Multi-Use-Tools). Das trifft auf zahlreiche Drittanbietersoftware zu, wie zum Beispiel die meisten Debugger. Die Frage ähnelt der Problematik um die Bestimmung zur unerlaubten Umgehung bei § 69f Abs. 2 UrhG. Dort sieht das Gesetz explizit vor, dass nur Mittel untersagt und vernichtet werden dürfen, die allein zur unerlaubten Umgehung bestimmt sind.[918] Bei § 69d Abs. 1 UrhG fehlt eine solche Konkretisierung, sodass es auf die subjektive Bestimmung des Programms allein deswegen schon nicht ankommen kann. Ein sinnvoller Anknüpfungspunkt ist allerdings die objektive Eignung des Programms zur Fehlerbeseitigung. Verfügt es nicht über entsprechende

---

915 BGH, Urteil vom 24.2.2000 – I ZR 141/97 = GRUR 2000, 866, 868.

916 Siehe C.III.3.c)cc)(4).

917 *Kochmann*, S. 179.

918 Siehe dazu C.III.4.c)ff)(5).

Funktionen, kann es sich bei der damit durchgeführten Handlung nicht um Fehlerbeseitigung handeln. Darüber hinaus muss der jeweilige Zweck der Handlung die Fehlerberichtigung sein. Dabei handelt es sich um keinen subjektiven, sondern einen objektiven Zweck. Die Handlung muss objektiv dem Ziel dienen, einen Fehler zu beseitigen. Es schadet also nicht, wenn ein zur Fehlerberichtigung eingesetztes Programm auch andere Funktionen hat. Ausschlaggebend sind allein die objektive Eignung des Programms und die objektive Eignung der konkreten Handlung zur Fehlerberichtigung. Die dabei gewonnenen Informationen können mangels anderslautender Bestimmungen zu anderen Zwecken eingesetzt werden.

Ein letztes Problem ergibt sich aus dem Zusammenspiel von § 69d Abs. 1 UrhG und § 69e UrhG. Die strittige Frage lautet, ob im Rahmen des § 69d Abs. 1 UrhG dekompiliert werden darf.[919] Das kommt praktisch gesehen nur bei der Fehlerberichtigung in Betracht, da es zwar vorstellbar, aber praktisch kaum relevant ist, dass die bestimmungsgemäße Nutzung eines Programms jenseits der Fehlerberichtigung auch die Dekompilierung des Programms umfasst.

Nach einer Auffassung darf zur Fehlerberichtigung im Rahmen des § 69d Abs. 1 UrhG dekompiliert werden,[920] wobei manche dies auf bestimmte Ausnahmefälle,[921] wie z.B. schwere Programmfehler, die der Hersteller nicht zeitnah beseitigt,[922] begrenzen. Dafür werden verschiedene Argumente angeführt. Dekompilieren bedeute urheberrechtlich eine Übersetzung iSd § 69c Nr. 2 UrhG, welche vom Wortlaut des § 69d UrhG gestattet wird.[923] Zudem stelle § 69e UrhG keine abschließende Regelung zur Dekompilierung, sondern vielmehr eine zusätzliche Ausnahme zu den Verwertungsrechten des Urhebers dar.[924] § 69e UrhG regele nur den Fall der Dekompilierung zur Herstellung der Interoperabilität[925] und nicht die Dekompilierung zu anderen Zwecken. Daher nehme auch der 21. Erwägungsgrund – jetzt der 13. Erwägungsgrund – der Software-RL wie von der Gegenseite unterstellt keine abschließende Stellung zur Zulässigkeit von Dekompilierungen im Allgemeinen.[926] Die Vorschrift regele die Umarbeitung

919 *Geiger*, S. 96.

920 Dreyer/Kotthoff/Meckel/Hentsch/*Kotthoff*, § 69d UrhG Rn. 7, § 69e UrhG Rn. 4; *Geiger*, S. 125; *Kochmann*, S. 181; *Schweyer*, S. 111, 112.

921 Fromm/Nordemann/*Czychowski*, § 69d UrhG Rn. 20.

922 Möhring/Nicolini/*Hoeren*, 2. Auflage, § 69d UrhG Rn. 9.

923 Dreyer/Kotthoff/Meckel/Hentsch/*Kotthoff*, § 69d UrhG Rn. 7; *Kochmann*, S. 181.

924 Dreyer/Kotthoff/Meckel/Hentsch/*Kotthoff*, § 69d UrhG Rn. 7; *Geiger*, S. 99.

925 *Geiger*, S. 98, 99; *Kochmann*, S. 181.

926 *Geiger*, S. 98, 99.

des untersuchten Programms schlichtweg nicht.[927] Aus praktischer Sicht erfordere aber nahezu jede Fehlerberichtigung zunächst eine genaue Lokalisierung und Identifizierung des Problems, was zumindest Disassemblierungen unentbehrlich mache.[928] Gleiches gilt für die Herstellung von Virenprogrammen, deren Herstellung ohne Disassemblierung kaum möglich wäre[929] sowie die Korrektur von Programmfehlern (z. B. stack overflow, auch wenn dieser Fehler in modernen Systemen behoben wurde[930]).[931] Wenn das Programm nur um Objektcode vorliegt, seien Dekompilierungen unentbehrlich für die Umarbeitung im Rahmen der Fehlerberichtigung.[932] Schließlich wird angeführt, dass das Merkmal der Notwendigkeit den Umfang der Analyse ausreichend begrenze.[933]

Nach anderer Auffassung ist § 69e UrhG eine Spezialvorschrift bezüglich des Dekompilierens eines Programms, sodass nur unter dessen engen Voraussetzungen entsprechende Handlungen vorgenommen werden dürfen.[934] Der Wortlaut des § 69d Abs. 1 UrhG umfasse Dekompilieren als Vorbereitungsmaßnahme für Fehlerberichtigungen nicht.[935] In nahezu jedem Programm würden sich Fehler finden, sodass es im Ergebnis zulässig wäre, ein Programm zu diesem Zweck in weiten Teilen zu dekompilieren.[936] Erwägungsgrund 15 Software-RL mache deutlich, dass Codeübersetzungen nur zur Herstellung der Interoperabilität erlaubt sind. Erwägungsgrund 13 Software-RL spreche ohnehin nur von Vervielfältigungen, die im Rahmen der Fehlerberichtigung gestattet sind.

Die Einwände überzeugen nicht. Würde man Erwägungsgrund 13 Software-RL dahingehend verstehen, dass nur Vervielfältigungen gestattet sind, wären die Anwendungsfälle der Fehlerberichtigung drastisch reduziert. Der Wortlaut des § 69d Abs. 1 UrhG lässt eindeutig sämtliche Formen von Umarbeitungen und damit auch Übersetzungen zu. Es ist daher nicht zwingend, dass Codeübersetzungen aufgrund von Erwägungsgrund 15 nur bei der Herstellung der Interoperabilität erlaubt sein sollen. § 69e UrhG regelt nur die Dekompilierung im

---

927 *Geiger*, S. 96.

928 *Kochmann*, S. 181; *Schweyer*, S. 109, 110, 111.

929 *Schweyer*, S. 108, 109.

930 *Schmidt*, c't 21/2019, 142, 144.

931 *Schweyer*, S. 109.

932 *Geiger*, S. 99.

933 *Kochmann*, S. 181.

934 Dreier/Schulze/*Dreier*, § 69d UrhG Rn. 10; Schricker/Loewenheim/*Spindler*, § 69d UrhG Rn. 3; *Fiedler* S. 193.

935 *Geiger*, S. 97.

936 *Fielder*, S. 193.

Rahmen der Herstellung der Interoperabilität. Vielmehr sprechen die besseren Gründe dafür, auch zur Fehlerberichtigung Übersetzungen zuzulassen. Das Recht zur Fehlerberichtigung muss effektiv bleiben, auch im Hinblick auf den Schutz des Nutzungsrechts durch Art. 14 GG bzw. Art. 17 GRCh. Das Recht zur Fehlerberichtigung soll gerade gewährleisten, dass das erhaltene Programm funktioniert und zur Not auch vom Nutzer selbst dazu gebracht werden kann. Würde ihm dies versagt, wären weitreichende Befugnisse aus seinem Nutzungsrecht entfernt. Beispielsweise könnten Debugger, die regelmäßig den Programmcode rückübersetzen, um den Fehler einzugrenzen und zu identifizieren, nicht mehr eingesetzt werden. Dabei handelt es sich aber um ein zentrales Instrument zur Fehlerberichtigung. Folglich sind Übersetzungen, einschließlich Disassemblierungen und Dekompilierungen zur Fehlerberichtigung erlaubt. Die Interessen des Urhebers sind im Rahmen des § 69d Abs. 1 UrhG ausreichend geschützt. Zum einen können vertragliche Regelungen getroffen werden, die eine effektive Fehlerberichtigung gewährleisten und so Übersetzungen durch den Nutzer überflüssig machen, da Handlungen des Nutzers auf die objektiv notwendigen Schritte beschränkt sind. Dekompilieren ist nur als allerletztes Mittel im Rahmen der Fehlerberichtigung möglich. Keineswegs darf ein gesamtes Programm im Rahmen des § 69d Abs. 1 UrhG dekompiliert werden. Gleiches gilt für anlasslose Dekompilierungen.

(b) Sonstige Programmanalysen

Programmanalysen, die nicht der Fehlerberichtigung dienen, sind nicht von § 69d Abs. 1 UrhG erfasst. Die bestimmungsgemäße Nutzung bedeutet ein Programm zu nutzen und Fehler zu berichtigen und nicht es zu anderen Zwecken zu analysieren.[937] Dafür existieren §§ 69d Abs. 3, 69e UrhG.

(c) Entfernung von Programmschutzmechanismen

Genau wie Computerprogramme werden auch Computerspiele häufig durch technische Schutzmaßnahmen vor unbefugter Nutzung, u. a. auch Veränderungen, geschützt.[938] Daher stellt sich die Frage, ob im Rahmen der Befugnisse des § 69d Abs. 1 UrhG auch Programmschutzmechanismen entfernt werden dürfen. Am Beispiel von Dongles wurde diese Frage bereits diskutiert.[939] Die Entfernung ist nur ausnahmsweise gestattet, nämlich dann, wenn der Schutzmechanismus

937 *Schweyer*, S. 112.
938 Siehe C.III.4.
939 Dreier/Schulze/*Dreier*, § 69d UrhG Rn. 9.

defekt ist und die Nutzung des Programms behindert und nur dessen Entfernung Abhilfe verspricht.[940] Das gilt, wie bereits dargestellt, auch bezüglich Vorbereitungshandlungen, welche möglicherweise bereits durch Schutzmaßnahmen verhindert werden. Technische Schutzmaßnahmen dürfen, wie noch zu zeigen sein wird,[941] zur Schrankennutzung umgangen werden.

Im Übrigen ergibt sich aber aus dem technischen Vorhandensein eines Programmschutzmechanismus, dass das Programm dazu bestimmt ist, nur in dessen Rahmen genutzt zu werden, sodass sich die bestimmungsgemäße Nutzung, abseits des abredefesten Kerns und insbesondere der Fehlerberichtigung, danach zu richten hat.

(d) Anpassungen und Erweiterungen

Anpassung an Nutzerwünsche sind richtigerweise keine bestimmungsgemäße Nutzung, wenn die Nutzerwünsche nicht von Anfang an vereinbart oder zumindest zugrunde gelegt wurde.[942] Dies wird mit der Gesetzgebungsgeschichte des Art. 5 Abs. 1 Software-RL begründet, in deren Zuge die Wartung des Programms als Sonderfall der bestimmungsgemäßen Nutzung neben der Fehlerberichtigung gestrichen wurde.[943] Unter Wartung seien aber gerade Fälle wie die Anpassung an Nutzerwünsche zu fassen.[944] Eine andere Begründung stellt darauf ab, dass die Fehlerberichtigung im Gesetz ausdrücklich genannt wurde und sich daraus im Umkehrschluss ergebe, dass es um die im Vertrag vorausgesetzte Funktion gehe und nicht um eine Erweiterung.[945] Beide Begründungen überzeugen. Wenn sich nicht ergibt, dass eine bestimmte Funktion zugrunde gelegt wurde oder über einen längeren Zeitraum auch bei geänderten Umständen gewährleistet sein soll, dann stellt eine Anpassung oder Erweiterung keine bestimmungsgemäße Nutzung dar.

(e) Portieren und Emulieren

Portieren und Emulieren sind Maßnahmen, um Programme in anderen als den ursprünglichen Umgebungen ablaufen zu lassen.[946] Es ist umstritten, ob diese Maßnahmen als Teil der bestimmungsgemäßen Nutzung anzusehen sind.

---

940 Dreier/Schulze/*Dreier*, § 69d UrhG Rn. 9; *Geiger*, S. 110; *Kochmann*, S. 182.
941 Siehe C.III.4.c)ff)(4) und C.III.4.d)jj)(2)(c).
942 *Kochmann*, S. 182, 183; *Schweyer*, S. 114.
943 *Schweyer*, S. 114.
944 *Schweyer*, S. 114.
945 *Fiedler*, S. 187.
946 Siehe B.III.3.a)ee).

Nach einer Auffassung muss bei der Beurteilung von Portierungen ein zeitlicher Faktor berücksichtigt werden: Wenn ein Programm immer wieder in neuen Versionen vertrieben werde, dann wäre es eine unzumutbare Verletzung des Partizipationsinteresses des Herstellers, wenn alte Versionen in neue Umgebungen übertragen werden und dafür eigentlich vom Hersteller eine neue Version vorgesehen sei.[947] Bei komplexeren Programmen könne aber etwas anderes gelten.[948]

Nach einer anderen Ansicht sind Portierung und Emulation als Teil der bestimmungsgemäßen Nutzung anzusehen.[949] Es würden keine umfassenden Analysen vorgenommen werden, sodass keine Gefahr für das im Programcode verkörperte Know-How bestehe.[950] Dementsprechend seien aber die Erstellung der Übersetzungsprogramme selbst sowie sonstige Schnittstellenuntersuchungen nicht erfasst, da dafür umfassende Analysen erforderlich sind.[951] Eine Einschränkung dahingehend, dass Portierungen und Emulationen nur während des Lebenszyklus eines Programms gestattet sind, sei abzulehnen, weil es im Ergebnis nicht darum gehe, ein Vervielfältigungsstück zu erstellen und somit urheberrechtlich keine unzulässige Nutzung beabsichtigt sei.[952]

Eine dritte Auffassung differenziert dahingehend, dass eine Emulation nicht in den Programmablauf eingreife, sondern nur die Kommunikation mit dem Betriebssystem uminterpretiere und daher gar keine Umarbeitung stattfinde.[953] Bei Portierungen sei das hingegen der Fall, sodass diese nur im Einzelfall zur bestimmungsgemäßen Nutzung gehören könnten.[954]

Die urheberrechtlich relevanten Vorgänge müssen zunächst genau benannt werden. Ein Emulator fängt Befehle zwischen Programm und Prozessor ab und wandelt diese um. Die Programmbefehle sind urheberrechtlich geschützt.[955] Die Umwandlung bedeutet eine Übersetzung und damit richtigerweise einen urheberrechtlich relevanten Vorgang. Zwar ist richtig, dass die Emulation nicht in die Programmstruktur eingreift und auch sonst den Programmcode nicht verändert.[956] Damit ist aber nur gesagt, dass keine Bearbeitung vorliegt. Die

947 *Geiger*, S. 114.
948 *Geiger*, S. 115.
949 *Schweyer*, S. 116.
950 *Schweyer*, S. 115.
951 *Schweyer*, S. 115, 116.
952 *Schweyer*, S. 115, 116.
953 *Fiedler*, S. 197.
954 *Fiedler*, S. 197.
955 Siehe auch C.III.2.d)dd).
956 *Fiedler*, S. 197.

Übersetzung des Programms gehört nach § 69c Nr. 2 UrhG aber ebenfalls zum Umarbeitungsrecht des Urhebers. Bei der Portierung finden in aller Regel Änderungen am Programmcode statt, sodass ein urheberrechtlich relevanter Vorgang vorliegt. Beide Vorgänge dienen dazu, ein Programm in einer neuen Umgebung zu nutzen. Der Programmablauf ist im Ausgangspunkt bestimmungsgemäße Nutzung. Das Partizipationsinteresse des Urhebers ist nicht beeinträchtigt, da keine gesteigerte Nutzung stattfindet. Der Erwerber nutzt exakt die Programmkopie, die er erworben hat. Der von *Geiger* erhobene Einwand, dass ein Programm von Herstellerseite häufig nur eine bestimmte Laufzeit hat,[957] ist zwar in der Sache richtig, stellt aber einseitig auf das Interesse des Herstellers ab. Es steht dem Hersteller frei, eine zeitlich beschränkte Nutzung vertraglich zu vereinbaren. Darüberhinausgehende Emulationen oder Portierungen sind dann keine bestimmungsgemäße Nutzung mehr. Ansonsten muss er wie jeder andere Marktteilnehmer durch Innovation und Verbesserungen einen Anreiz für den Kunden schaffen, eine neue Programmversion zu erwerben. An dieser Stelle wäre urheberrechtliche Schützenhilfe völlig verfehlt und ökonomisch nicht sinnvoll. Die Bindungszwänge an bestimmte Laufumgebungen sind aus technischen Gründen bereits hoch und sollten unter dem Gesichtspunkt des Wettbewerbs nicht noch rechtlich verstärkt werden. Wird eine erworbene Programmkopie zur weiteren Nutzung emuliert oder portiert, handelt es sich um bestimmungsgemäße Nutzung.

(f) Indirekte Nutzung

Die indirekte Nutzung eines Computerprogramms lässt sich als Zugriff eines Nutzers auf eine Software mittels zwischengeschalteter Drittanbietersoftware definieren.[958] Es existieren verschiedene Fallgruppen: automatisierte Nutzereingaben[959], reine Dateiabgriffe[960], Interaktion über Programmschnittstellen[961], sowie Codeübernahmen[962].

Zu den automatisierten Nutzereingaben gehört die Robot Process Automation (RPA), bei welcher menschliche Eingaben von einer Software vorgenommen

957 *Geiger*, S. 114.

958 *Barnitzke*, K&R 2018, 455, 456; *Kroke*, CR 2019, 73, 74; *Metzger/Hoppen*, CR 2017, 625, 626; *Schneider*, ITRB 2017, 286.

959 *Häuser/Schmid*, CR 2018, 266, 267 ff.

960 *Metzger/Hoppen*, CR 2017, 625, 637 ff.

961 *Metzger/Hoppen*, CR 2017, 625, 628 ff.

962 *Metzger/Hoppen*, CR 2017, 625, 632 ff.

werden.[963] Kennzeichnend für diese Fallgruppe ist, dass keine gesonderten Schnittstellen benötigt werden,[964] da schlichtweg die Eingabemöglichkeiten für menschliche Nutzer beansprucht werden.[965] Das bedeutet in aller Regeln eine stärkere Nutzung der Software, da eine automatisierte Bedienung mehr Datenverarbeitungen und diese auch zeitlich extensiver vornehmen kann.[966] Dabei finden aber gerade keine zusätzlichen Vervielfältigungen statt.[967] Es wird nur die im Arbeitsspeicher liegende Kopie genutzt, wie es auch bei einer menschlichen Nutzung der Fall wäre.[968] Eine intensivere Nutzung ist keine urheberrechtlich relevante Kategorie.

Es wird allerdings bestritten, dass schon die ursprüngliche Vervielfältigung zum Zweck der automatisierten Nutzung Teil der bestimmungsgemäßen Nutzung ist.[969] Die Abwesenheit von Programmschnittstellen zeige gerade, dass keine automatisierte Nutzung gewünscht sei.[970] Zudem sei das Partizipationsinteresse des Herstellers zu berücksichtigen, da eine intensivere Nutzung regelmäßig dazu führe, dass weniger Lizenzen erworben werden und damit weniger Lizenzeinnahmen generiert werden.[971] Das berücksichtigt aber nicht ausreichend die wirtschaftliche Bedeutung von Automatisierungen aus Sicht des Nutzers und der Gesellschaft. Auf diese Weise lassen sich Routineaufgaben schneller erledigen und so Zeit und Ressourcen einsparen. Zudem fördert es die Innovation. Automatisierungen sind ein Baustein für künstliche Intelligenz, die zunehmend Softwareprozesse steuern wird. Das berechtigte Partizipationsinteresse des Herstellers muss dahinter zurückstehen. Außerdem steht es ihm frei, zu vereinbaren, dass eine automatisierte Nutzung nicht gestattet ist.[972]

Damit ist auch beantwortet, dass die Nutzung eines Bots in einem Computerspiel im Hinblick auf die automatische Steuerung unter § 69d Abs. 1 UrhG fällt. Die Anwendbarkeit der Norm unterstellt, hat ein Botprogramm u.a. ebenfalls die Funktion, die Eingaben des Spielers zu ersetzen. Es werden keine Eingaben getätigt, die ein Spieler nicht auch tätigen könnte. Es handelt sich lediglich um

963 *Häuser/Schmid*, CR 2018, 266, 267.
964 *Häuser/Schmid*, CR 2018, 266, 267.
965 *Scholz*, CR 2019, 417, 418.
966 *Häuser/Schmid*, CR 2018, 266, 270.
967 *Häuser/Schmid*, CR 2018, 266, 271; *Metzger/Hoppen*, CR 2017, 625, 628.
968 *Scholz*, CR 2019, 417, 419.
969 *Häuser/Schmid*, CR 2018, 266, 272, 273.
970 *Häuser/Schmid*, CR 2018, 266, 273.
971 *Häuser/Schmid*, CR 2018, 266, 273; *Scholz*, CR 2019, 417, 421, 422.
972 *Kroke*, CR 2019, 73, 76; *Scholz*, CR 2019, 417, 420, 421.

eine zeitlich extensivere und meist eher repetitive Nutzung des Spielprogramms. Das ist aber urheberrechtlich irrelevant. Hier gelten die gleichen Argumente wie bei einer RPA-Nutzung. Der Spielehersteller muss ein ausdrückliches Verbot der Botnutzung vereinbaren,[973] um sie der bestimmungsgemäßen Nutzung zu entziehen. Zusätzlich zu den automatisierten Nutzungseingaben kann es abhängig vom jeweiligen Bot allerdings zu weiteren urheberrechtlich relevanten Handlungen kommen,[974] die berücksichtigt werden müssen.[975]

Neben automatisierten Nutzereingaben kann Software auch dadurch indirekt genutzt werden, dass Dateien oder Daten ausgelesen werden. Da Daten aber nicht urheberrechtlich geschützt sind, stellt das Auslesen keinen urheberrechtlich relevanten Vorgang dar.[976] Die aus einem Softwareprodukt durch den Kunden generierten Daten stehen nicht dem Hersteller der Software zu,[977] sodass kein berechtigtes wirtschaftliches Interesse des Herstellers besteht, an deren Nutzen beteiligt zu sein.[978] Damit sind allein die Nutzerinteressen ausschlaggebend. Schließlich lässt auch § 69e UrhG die gesetzliche Wertung erkennen, dass Interoperabilität – und um nichts anderes geht es beim Datenabgriff – ein legitimes Anliegen ist.[979]

Bei der Interaktion über offene Programmschnittstellen wird zurecht angemerkt, dass das Vorhandensein offener Schnittstellen bereits belegt, dass das Programm mit anderen interagieren soll.[980] Das wird durch die Wertung des § 69e UrhG weiter gestützt: Da diese Norm es erlaubt, versteckte Schnittstellen zu entdecken, darf erst recht eine offene Schnittstelle genutzt werden.[981] Schließlich würden noch größere Lock-in-Effekte auftreten,[982] da die Hersteller,

973 Beispielsweise https://www.blizzard.com/de-de/legal/cd5930c0-2784-420c-a23d-1e0d6ff8599b/anti-cheating-vereinbarung (zuletzt abgerufen am 1.5.2020); beachte aber C.IV.2.

974 Siehe B.III.2.d).

975 Siehe C.V.3.d).

976 *Barnitzke*, K&R 2018, 455, 457; *Oelschlägel/Schmidt*, ITRB 2015, 72, 73; *Schneider*, ITRB 2017, 286; *Scholz*, CR 2019, 417, 419.

977 Loewenheim/Schricker/*Spindler*, § 69d UrhG Rn. 14; *Oelschlägel/Schmidt*, ITRB 2015, 72, 73.

978 *Redeker*, ITRB 2017, 44, 45, 46.

979 Loewenheim/Schricker/*Spindler*, § 69d UrhG Rn. 14.

980 *Barnitzke*, K&R 2018, 455, 457; *Metzger/Hoppen*, CR 2017, 625, 629.

981 *Metzger/Hoppen*, CR 2017, 625, 629.

982 *Metzger/Hoppen*, CR 2017, 625, 629.

insbesondere von Plattform-Systemen, Konkurrenten aus dem Markt hinausdrängen könnten.

Schließlich existiert noch die Fallgruppe, dass Code übernommen wird. Das stellt keine bestimmungsgemäße Benutzung dar. Die Vervielfältigung von Code berührt das Partizipationsinteresse des Herstellers zu sehr,[983] da dessen eigene Leistung übernommen und ausgenutzt wird. Er muss an dieser Nutzung beteiligt werden und dafür eigenen Lizenzen vergeben können. Selbst ohne vertragliche Untersagung ist diese Form der indirekten Nutzung nicht gestattet.

Zusammengefasst kommt es bei der indirekten Nutzung auf die konkrete Form an. Softwareinteraktionen sind so lange Teil der bestimmungsgemäßen Nutzung, wie kein Code übernommen wird. Konkret betrifft dies automatisierte Eingaben, Dateiauslesen und Interaktion über offene Schnittstellen.

(7) Abredefester Kern

Der abredefeste Kern des § 69d Abs. 1 UrhG ist die Grenze für Parteiabreden zur bestimmungsgemäßen Nutzung eines Computerprogramms. Er folgt aus dem 13. Erwägungsgrund der Software-RL und wurde vom deutschen Gesetzgeber in der Gesetzesbegründung übernommen.[984] Der Nutzer soll rechtlich in der Lage sein, alle erforderlichen Handlungen vorzunehmen, um das Programm zumindest laden, ablaufen lassen und Fehler beseitigen zu können. Hier wird deutlich, dass § 69d Abs. 1 UrhG den Zweck verfolgt, den Nutzer nicht völlig rechtlos zu stellen und somit sein Nutzungsrecht schützt. Seine Nutzungsberechtigung soll nicht nur formal bestehen, sondern auch materiellrechtlich durch Mindestrechte abgesichert sein. Hier wird das durch das Eigentumsrecht geschützte Nutzungsrecht vor einer Aushöhlung bewahrt.

Der abredefeste Kern umfasst das Speichern eines Programms im Arbeitsspeicher und alle sonstigen für den Programmablauf erforderlichen Speicherungen sowie – mit vereinzelten Ausnahmen[985] – die Fehlerberichtigung.[986] Da die Fehlerberichtigung Teil des abredefesten Kerns ist, ist ein pauschaler Ausschluss des Einsatzes von Drittanbietersoftware vertraglich unwirksam. Auch Emulieren und Portieren gehören zum abredefesten Kern, solange keine zeitlichen Begrenzungen umgangen werden. Hinsichtlich der indirekten Nutzung gehören

983 *Metzger/Hoppen*, CR 2017, 625, 633.

984 BT-Drs. 12/4022, S. 12; Schricker/Loewenheim/*Spindler*, § 69d Rn. 13.

985 Siehe C.III.3.c)cc)(6)(a).

986 Dreier/Schulze/*Dreier*, § 69d UrhG Rn. 12; Schricker/Loewenheim/*Spindler*, § 69d Rn. 14.

der Dateiabgriff und die Interaktion über Programmschnittstellen zum abredefesten Kern, da hier nicht nur das Recht des Nutzers, sondern auch zentrale Elemente der Programminteraktion und -interoperabilität geschützt werden. Es wäre zudem unter ökonomischen Gesichtspunkten nicht wünschenswert, wenn der Hersteller die Interaktion mit anderen Programmen pauschal vertraglich untersagen könnte. Für bestimmte Drittanbietersoftware, wie z. B. Bots, kann allerdings eine vertragliche Vereinbarung getroffen werden,[987] da sie nicht zur Programmnutzung erforderlich ist.

(8) Zwischenergebnis

§ 69d Abs. 1 UrhG ist eine Schranke und nimmt als solche eine zentrale Rolle bei der Absicherung der Nutzerbefugnisse ein. Der Nutzer wird dadurch rechtlich in die Lage versetzt, das erworbene Programm zu nutzen und etwaige Fehler zu berichtigen. Dadurch ist eine gewisse Unabhängigkeit vom Hersteller und einer zu einschränkenden Lizenzpolitik gewährleistet. Besonders deutlich wird dies am abredefesten Kern.

Im Rahmen der bestimmungsgemäßen Nutzung kann eine Vielzahl von Drittanbietersoftware zum Einsatz kommen, zum Beispiel Debugger und Virenprogramme zur Fehlerberichtigung. Es schadet nicht, wenn das eingesetzte Programm auch andere Funktionen hat. Es kommt auf die objektive Eignung des Programms und die objektive Eignung der konkreten Handlung zur Fehlerberichtigung an. Dabei gewonnene Informationen können zu anderen Zwecken eingesetzt werden. Zur Fehlerberichtigung darf auch dekompiliert werden. Sonstige Programmanalysen sind nicht gestattet. Technische Schutzmaßnahmen dürfen nur unter engen Voraussetzungen umgangen werden. Portieren und Emulieren ist zulässig, wenn dadurch keine explizit vereinbarten zeitlichen Beschränkungen umgangen werden. Softwareinteraktionen in Gestalt indirekter Nutzung sind so lange Teil der bestimmungsgemäßen Nutzung, wie kein Code übernommen wird. Das betrifft konkret automatisierte Eingaben (und damit die automatisierte Steuerung durch einen Bot), das Auslesen von Daten und die Interaktion über offene Schnittstellen.

dd) Programmuntersuchungen (§ 69d Abs. 3 UrhG)

Die Vorschrift gestattet es dem Berechtigten, das Funktionieren eines Programms, das er rechtmäßig nutzt, im Rahmen seiner Befugnisse zu beobachten,

987 Siehe C.IV.2.

zu untersuchen und zu testen. Das darf nur geschehen, um die einem Programmelement zugrundeliegenden Ideen und Grundsätze zu ermitteln.

(1) Bedeutung für Drittanbietersoftware

Im Hinblick auf Drittanbietersoftware ist § 69d Abs. 3 UrhG von zentraler Bedeutung. Sie ermöglicht Analysehandlungen, die auch zur Vorbereitung der Herstellung von Ergänzungs- und Alternativprogrammen dienen können.[988] Die Vorschrift soll Lock-in-Effekte überwinden,[989] was sich mit der ökonomischen Funktion von Drittanbietersoftware deckt.[990] Hier wird wiederum das Ziel der Wettbewerbsförderung durch Innovation verfolgt. Auch die Forschungsfreiheit wird durch die Analysebefugnisse gefördert. Gleichzeitig schützt § 69d Abs. 3 UrhG das Nutzungsrecht des Berechtigten, indem ihm Handlungen erlaubt werden und über § 69g Abs. 2 UrhG der vertraglichen Disposition entzogen werden.

(2) Keine neuen Befugnisse

§ 69d Abs. 3 UrhG folgt nach hier vertretener Auffassung der Rechtsnatur des Abs. 1,[991] da er diesen ergänzt. Abs. 3 ist auch eine Schranke der Rechte des Urhebers. Dabei werden nicht die Verwertungsrechte beschränkt, sondern das Bestimmungsrecht des Urhebers bezüglich der bestimmungsgemäßen Nutzung aus Abs. 1 UrhG.[992] Dementsprechend ergeben sich aus Abs. 3 aber auch für den Nutzer keine weiteren urheberrechtlichen Berechtigungen als ihm nicht schon aus der Nutzungsrechteeinräumung und § 69d Abs. 1 UrhG zustehen.[993]

Deswegen und weil es nur um die Ermittlung von Grundsätzen geht, die nicht geschützt sind, wurde die Vorschrift als überflüssig bezeichnet.[994] Sie erhalte ihre Bedeutung nur in Verbindung mit § 69g Abs. 2 UrhG sowie dadurch, dass sie Handlungen außerhalb der bestimmungsgemäßen Nutzung erlaube.[995] Letzteres ist insbesondere im Hinblick auf Programmanalysen relevant, die nicht der Fehlerberichtigung dienen, wie z. B. einige Maßnahmen beim Software Reverse

---

988 *Czychowski*, GRUR 2017, 362, 363.
989 *Schweyer*, S. 132, 164.
990 Siehe B.III.5.
991 Siehe C.III.3.c)cc)(2).
992 Schricker/Loewenheim/*Spindler*, § 69d UrhG Rn. 21.
993 Dreyer/Meckel/Kotthoff/Hentsch/*Kotthoff*, § 69d UrhG Rn. 19; Wandtke/Bullinger/*Grützmacher*, § 69d UrhG Rn. 79; *Marly* Rn. 254.
994 Möhring/Nicolini/*Hoeren*, 2. Auflage, § 69d UrhG Rn. 23.
995 Schricker/Loewenheim/*Spindler*, § 69d UrhG Rn. 21.

Engineering.[996] Diese finden regelmäßig beim Ablauf der Software statt, ohne dass sie für den Ablauf, d. h. die bestimmungsgemäße Nutzung, erforderlich sind. Auch bei Computerspielen kommt es häufig vor, dass der Ablauf der Software während des Spiels beobachtet und ausgewertet wird. Ein Beispiel ist die Untersuchung der Programmphysik, wie etwa das Verhalten eines herabfallenden Gegenstandes. Das sind keine Beobachtungen, die der Fehlerberichtigung dienen und sich auch sonst nicht als bestimmungsgemäße Nutzung (Spielen des Spiels) einordnen lassen. Insofern bewirkt Abs. 3 eine wertvolle Klarstellung, dass diese Beobachtungen außerhalb des Abs. 1 zulässig sind. Genauso relevant ist die vertragliche Unabdingbarkeit gem. § 69g Abs. 2 UrhG. Anderenfalls wären Online-Spiele, deren Spielregeln regelmäßig Drittanbietersoftware verbieten, außerhalb der Fehlerberichtigung nicht untersuchbar. Insofern hat § 69d Abs. 3 UrhG durchaus Relevanz.

(3) Umfasste Handlungen

§ 69d Abs. 3 zählt die erlaubten Handlungen abschließend auf und nennt dabei nicht die Umarbeitung. Daher sind alle umarbeitenden Handlungen im Sinne des Abs. 1 nicht im Rahmen des Abs. 3 gestattet.[997] Mit anderen Worten ist die Fehlerberichtigung aus Abs. 1 keine Grundlage für Handlungen nach Abs. 3, da diese in aller Regel mit Umarbeitungen einhergehen.

Daraus wird das systematische Verhältnis der Absätze ersichtlich. Die bestimmungsgemäße Nutzung ist gestattet, richtet sich allerdings nach den vertraglichen Bestimmungen oder den Parteiinteressen. Davon ausgenommen sind nach Abs. 1 der abredefeste Kern (einschließlich Umarbeitungen) und nach Abs. 3 Beobachtungen (ohne Umarbeitungen).

Im Rahmen des Abs. 3 sind keine Dekompilierungen erlaubt.[998] Die Norm nennt Umarbeitungen bzw. Übersetzungen gerade nicht. Es dürfen keine Vervielfältigungen oder Bearbeitungen vorgenommen werden, zu denen der Nutzer nicht schon aus anderen Gründen berechtigt ist.[999] Ein Hauptanwendungsfall des § 69d Abs. 3 UrhG ist daher das Black-Box-Testing.[1000] Dabei werden nur Eingaben gemacht, die ein Nutzer im normalen Betrieb auch tätigt, sodass nur im Rahmen der bestehenden Berechtigungen gehandelt wird. Das gleiche gilt für

996 Siehe B.III.3.a).
997 *Hoeren/Pinelli*, CR 2019, 410, 414.
998 Spindler/Schuster/*Wiebe*, § 69d Rn. 28; *Triebe*, WRP 2018, 795, 798.
999 Ahlberg/Götting/*Kaboth/Spies*, § 69d UrhG Rn. 16; *Triebe*, WRP 2018, 795, 799.
1000 *Schweyer*, S. 131; *Triebe*, WRP 2018, 795, 798.

das System Monitoring[1001] und reines Debuggen ohne Übersetzungen.[1002] Diese Analysen sind zur Herstellung von Drittanbietersoftware von großer Bedeutung, sodass § 69d Abs. 3 UrhG eine wichtige Rolle spielt.

Darüber hinaus wird die Entfernung von Programmschutzmechanismen zur Analyse nach einer Auffassung durch Abs. 3 nicht gestattet.[1003] Richtigerweise muss hier differenziert werden. Ein Mechanismus, der urheberrechtlich relevante Handlungen unterbindet (z. B. Kopierschutzmaßnahmen), darf nicht entfernt werden, da § 69d Abs. 3 UrhG dahingehend keine zusätzlichen Befugnisse verleiht. Dient ein Schutzmechanismus aber dazu, die Analyse zu verhindern, welche urheberrechtlich irrelevant sind, darf dieser umgangen werden, um den durch die Schranken geschaffenen Interessenausgleich nicht zu gefährden. Zwar könnte man auch dann argumentieren, dass eine Entfernung eine Bearbeitung sei, die § 69d Abs. 3 UrhG gerade nicht privilegiere. Dem ist aber entgegenzuhalten, dass die Analyse nach Entfernung des Mechanismus nur im Rahmen von berechtigten Handlungen stattfindet. Zu Vorfeldmaßnahmen schweigt § 69d Abs. 3 UrhG, sodass von deren Zulässigkeit zur Schrankennutzung auszugehen ist.

(4) Zweck der Analyse

Die Tatsache, dass der Nutzer durch Abs. 3 keine neuen Befugnisse erhält, wirkt sich besonders in einem Punkt positiv auf die Nutzerinteressen aus. Sowohl EuGH als auch BGH folgerten aus diesem Umstand, dass der Zweck der Beobachtung irrelevant sei.[1004] Im Falle des BGH war nach der Lizenzvereinbarung nur eine private Nutzung der Software gestattet. Der Nutzer beobachtete und testete die erworbene Software aber zu gewerblichen Zwecken. Darin sah das Gericht kein Hindernis für die Anwendung des § 69d Abs. 3 UrhG.[1005] Es sei allein entscheidend, ob die konkrete Handlung im Rahmen der Rechteeinräumung stattfindet. Das gilt nach Auffassung des BGH selbst dann, wenn die vertragsrechtliche Einschränkung dinglich wirkt.[1006] Er stützte sich dabei auf ein

---

1001 *Schweyer*, S. 132; *Triebe*, WRP 2018, 795, 798; siehe B.III.3.a)aa).

1002 Ahlberg/Götting/*Kaboth/Spies*, § 69d UrhG Rn. 15; Dreier/Schulze/*Dreier*, § 69d UrhG Rn. 22; Fromm/Nordemann/*Czychowski*, § 69d UrhG Rn. 29; *Schweyer*, S. 132; *Hoeren/Pinelli*, CR 2019, 410, 414; *Triebe*, WRP 2018, 795, 798; siehe B.III.3.a)bb).

1003 Wandtke/Bullinger/*Grützmacher*, § 69d UrhG Rn. 77.

1004 EuGH, Urteil vom 2.5.2012 – C-406/10 = GRUR 2012, 814, 816; BGH, Urteil vom 6.10.2016 – I ZR 25/15 = GRUR 2017, 266, 272.

1005 BGH, Urteil vom 6.10.2016 – I ZR 25/15 = GRUR 2017, 266, 272.

1006 BGH, Urteil vom 6.10.2016 – I ZR 25/15 = GRUR 2017, 266, 270.

Urteil des EuGH, welches eine vergleichbare Frage zum Gegenstand hatte.[1007] Die beklagte Partei hatte ein Programm der Klägerin nachgebaut, dabei allerdings nur die Funktionalität und nicht etwa den Quellcode übernommen. Dafür hatte sie das Programm der Klägerin analysiert. Der Gerichtshof erteilte dem Argument, damit hätte sie die Lizenzbedingungen verletzt, eine Absage. Solange keine Handlungen vorgenommen wurden, die die Urheberrechte der Klägerin verletzten, stünde dies im Einklang mit den gesetzlichen Bestimmungen.[1008]

Der Auffassung beider Gerichte ist zuzustimmen.[1009] Der Wortlaut des § 69d Abs. 3 UrhG spricht nur vom Testen durch Handlungen, zu denen der Nutzer berechtigt ist. Hier findet sich keine Bestimmung, wonach die Handlungen zweckgebunden sein müssten. Es fehlt eine Eingrenzung auf die bestimmungsgemäße Nutzung nach § 69d Abs. 1 UrhG. Diese wird vielmehr gerade erweitert. Darüber hinaus stützt der Vergleich mit § 69e Abs. 2 UrhG dieses Ergebnis. Dort hat der Gesetzgeber eine Zweckbegrenzung für die durch Dekompilieren gewonnenen Informationen vorgesehen.[1010] Eine solche Einschränkung fehlt aber bei § 69d Abs. 3 UrhG. Des Weiteren könnte § 69d Abs. 3 UrhG seine Funktion, die nicht geschützten Funktionen und Ideen hinter einem Programm freizuhalten, durch eine solche Zweckbindung nicht erfüllen. Der Rechtsinhaber könnte mittels der Nutzungsrechteeinräumungen oder vertraglicher Bestimmungen den Zweck vorgeben und damit jede Programmanalyse zu anderen Zwecken unterbinden. Da der Rechtsinhaber ein genuines Interesse am Unterbinden von Drittanbietersoftware hat, wäre dies auch häufig der Fall. Die Folge wäre ein faktischer Schutz ungeschützter Elemente, was der gesamten Struktur des Urheberrechts entgegenliefe. Auch § 69g Abs. 2 UrhG liefe ins Leere.

In engem Zusammenhang damit steht auch das Ziel, den Wettbewerb im Softwarebereich zu fördern. Die Entwicklung von Alternativprodukten ist elementar für einen funktionierenden Markt. Könnten Konkurrenzprodukte nicht mehr zu diesem Zweck analysiert werden, wäre dies eine Wettbewerbsbehinderung. So geht es beispielsweise bei der Entwicklung von Bots auch um die Freihaltung des Marktes.[1011]

Schließlich hätte eine derartig enge Auslegung von § 69d Abs. 3 UrhG negative Auswirkungen auf das durch Art. 17 GRCh und Art. 14 GG geschützte

1007 EuGH, Urteil vom 2. 5. 2012 – C-406/10 = GRUR 2012, 814, 815, 816.
1008 EuGH, Urteil vom 2. 5. 2012 – C-406/10 = GRUR 2012, 814, 816.
1009 *Triebe*, WRP 2018, 795, 799.
1010 EuGH, Urteil vom 2. 5. 2012 – C-406/10 = GRUR 2012, 814, 816.
1011 Schricker/Loewenheim/*Spindler*, § 69d UrhG Rn. 22.

Nutzungsrecht des Nutzers. Seine Befugnisse würden weiter eingeschränkt werden und stünden noch mehr in Abhängigkeit der vertraglichen Ausgestaltung.

(5) Zwischenergebnis

§ 69d Abs. 3 UrhG ist zentral für die Entwicklung von Drittanbietersoftware, da ohne die Analyse des Hauptprogramms selten Ergänzungen oder interoperable Produkte entwickelt werden können. Es handelt sich um eine Absicherung der bestimmungsgemäßen Nutzung, vor einschränkenden Vorgaben des Urhebers.

ee) Dekompilierungen (§ 69e UrhG)

Die Vorschrift gestattet unter zahlreichen Voraussetzungen das Dekompilieren von Teilen eines Computerprogramms. Es handelt sich unbestritten um eine Schrankenbestimmung.[1012]

(1) Bedeutung für Drittanbietersoftware

Die Vorschrift soll den Wettbewerb sichern,[1013] Monopole verhindern,[1014] die Entwicklung neuer Softwareprodukte gewährleisten[1015] und Sekundärmärkte schützen,[1016] indem sie unter engen Voraussetzungen das Dekompilieren eines Programms erlaubt und so die Entwicklung von daran andockenden Produkten erlaubt. Damit deckt sich ihr Regelungszweck wie § 69d Abs. 3 UrhG mit der ökonomischen Funktion von Drittanbietersoftware (Innovationsförderung und Verhinderung von Monopolen). Gleichzeitig dient sie dem Know-How-Schutz, indem sie enge Vorgaben aufstellt. Es wurde ein mühsamer Kompromiss zwischen diesen Interessen gefunden,[1017] was sich unter anderem in den zahlreichen Voraussetzungen niederschlägt.

Schnittstellen haben die eingangs erwähnte generelle Bedeutung für die Kommunikation zwischen Programmen.[1018] Software ist auf Interaktion und

1012 Schricker/Loewenheim/*Spindler*, § 69e UrhG Rn. 3.

1013 Schricker/Loewenheim/*Spindler*, § 69e UrhG Rn. 1; Wandtke/Bullinger/*Grützmacher*, § 69e UrhG Rn. 1.

1014 Dreier/Schulze/*Dreier*, § 69e UrhG Rn. 1; Schricker/Loewenheim/*Spindler*, § 69e UrhG Rn. 1.

1015 Wandtke/Bullinger/*Grützmacher*, § 69e UrhG Rn. 1.

1016 Dreier/Schulze/*Dreier*, § 69e UrhG Rn. 1; Dreyer/Kotthoff/Meckel/Hentsch/*Kotthoff*, § 69e UrhG Rn. 1, 2; Wandtke/Bullinger/*Grützmacher*, § 69e UrhG Rn. 1.

1017 Wandtke/Bullinger/*Grützmacher*, § 69e UrhG Rn. 2.

1018 Siehe B.II.4.

Interoperabilität angewiesen, weswegen sich ein zu starker Urheberrechtsschutz bezüglich Schnittstellen negativ auf neue Softwareinnovationen auswirken würde.[1019]

Die urheberrechtliche Relevanz der Vorschrift liegt darin, dass verhindert werden soll, dass faktisch etwas geschützt wird, was nicht geschützt ist.[1020] Schnittstelleninformationen sind mit Ausnahme der spezifischen Programmierung nämlich keine urheberrechtlich geschützten Informationen.[1021] Sie werden aber faktisch dadurch geschützt, dass sie in einen Programmcode, der nicht im Quelltext vorliegt, eingebettet werden und dann nicht genutzt werden können. Um die relevanten Informationen zu erhalten, müssen dann Analysehandlungen vorgenommen werden, die nicht durch § 69d UrhG gestattet sind. Dagegen soll § 69e UrhG helfen.[1022]

Grundrechtlich wird damit weniger das Nutzungsrecht des Nutzers geschützt, da es seine Befugnisse in Bezug auf die Nutzung des erworbenen Produkts nur wenig erweitert. Stattdessen geht es um den Ausgleich der geschützten Interessen der Allgemeinheit an freien Wettbewerb und der Förderung von Innovationen und denen des Urhebers, das im Programm verkörperte Know-How zu wahren.

Die praktische Relevanz der Vorschrift wird teilweise als gering eingestuft.[1023] Das stimmt insoweit, als dass es wenig gerichtliche Streitigkeiten dazu gibt. Zudem ist Dekompilieren mit erheblichem Aufwand verbunden, sodass es nicht das erste Mittel der Wahl bei einer Softwareanalyse ist. Hinzu kommen schließlich Open-Source-Projekte, bei denen Dekompilieren unnötig ist sowie die freiwilligen Angaben zu Schnittstelleninformationen von Softwareherstellern. Gerade bei letzterem zeigt sich aber die präventive Wirkung des § 69e UrhG. Die Tatsache, dass sich Dritte die Informationen über die Schnittstellen auch eigenhändig beschaffen können, dürfte eine nicht unerhebliche Motivation zur proaktiven Veröffentlichung darstellen. Neben dieser präventiven Wirkung ist auch die potenzielle Bedeutung zu beachten. Drittanbietersoftware ist naturgemäß auf die Anbindung an andere Systeme angewiesen, also auf Interoperabilität. In der Vergangenheit war die Zugänglichkeit und die Nutzung von Schnittstellen

1019 *Gratz/Lemley*, 31 Harv. J. L. & Tech. 2018, 603, 613.

1020 Schricker/Loewenheim/*Spindler*, § 69e UrhG Rn. 1.

1021 Siehe C.II.1.b).

1022 Auer-Reinsdorff/Conrad/*Witte*/*Auer-Reinsdorff*, § 5 Rn. 217; Dreyer/Kotthoff/Meckel/Hentsch/*Kotthoff*, § 69e Rn. 1.

1023 Fromm/Nordemann/*Czychowski*, § 69e UrhG Rn. 2.

bereits Streitgegenstand zwischen Plattformbetreibern und Drittanbietern.[1024] Plattformbetreiber stehen immer vor der Wahl, entweder die Anbindung fremder Systeme möglich zu machen und dadurch die Popularität und die Verkaufszahlen ihrer Plattform zu erhöhen oder nur eigene Anwendungen zuzulassen.[1025] In letzterem Fall kann die Dekompilierungserlaubnis helfen, Lock-in-Effekte zu beseitigen.

In den USA findet im Hinblick auf Schnittstelleninformationen und deren Bedeutung seit Jahren ein Rechtsstreit zwischen den IT-Unternehmen Oracle und Google statt. Der Fall illustriert besonders die Bedeutung von Schnittstellen und Interoperabilität. Das Unternehmen Sun, welches später von Oracle übernommen wurde, schuf eine plattformunabhängige Java-Laufzeitumgebung,[1026] die sehr populär wurde. Ein wesentlicher Bestandteil der Laufzeitumgebung war die Java-API.[1027] Als Google das Betriebssystem Android für mobile Endgeräte entwickelte, sollten auch Programme, die in Java geschrieben wurde, auf Android ablaufen können sollen. Dafür übernahm Google wenige Teile der Java API (sog. API Packages) in das Android-Betriebssystem.[1028] Genauer gesagt wurden Codezeilen (sog. „declaring code“) aus 37 der 155 Java API Packages entnommen, wobei diese Codezeilen nur 3% der Codezeilen der 37 Packages darstellten.[1029] Oracle sah darin unter anderem eine Urheberrechtsverletzung und reichte dementsprechend Klage gegen Google ein. Zentrale Streitpunkte des Rechtsstreits, der noch nicht entschieden ist und bereits mehrere Gerichte[1030] beschäftigt hat und inzwischen beim Supreme Court angekommen ist,[1031] sind die Urheberrechtsfähigkeit von APIs, die Anforderungen an eine Urheberrechtsverletzung sowie ggf. eine mögliche Rechtfertigung aufgrund der Fair-Use-Schranke.[1032] Es wird befürchtet, dass im Falle einer erfolgreichen Klage das Konzept von offenen Betriebssystemen und Softwareplattformen vor dem

---

1024 https://csgo.99damage.de/de/news/41817-valve-trocknet-gluecksspielsumpf-aus (zuletzt abgerufen am 1.5.2020).

1025 *Eilam*, S. 17.

1026 *Holton*, 62 Loy. L. Rev., 2016, 189, 192.

1027 *Harrington*, 21 Lewis & Clark L. Rev., 2017, 813, 826.

1028 *Harrington*, 21 Lewis & Clark L. Rev., 2017, 813, 826.

1029 *Harrington*, 21 Lewis & Clark L. Rev., 2017, 813, 826.

1030 Oracle Am., Inc. v. Google, Inc., 750 F.3d 1339 (Fed. Cir. 2014); Oracle Am., Inc. v. Google, Inc., 872 F. Supp. 2d 974, 975 (N.D. Cal. 2012.

1031 https://www.nytimes.com/2020/10/07/us/supreme-court-google-oracle.html (zuletzt abgerufen am 30.11.2020)

1032 *Holton*, 62 Loy. L. Rev., 2016, 189, 208, 209.

Aus steht, da die Nutzung der dafür erforderlichen Programmschnittstellen vom Willen des Urhebers abhängt.[1033] Sollte sich dies bestätigen, zeigt sich daran überdeutlich, welche Bedeutung Reverse Engineering-Erlaubnisse haben, allen voran § 69e UrhG. Google wäre nach deutschem Recht wohl befugt gewesen, die erforderlichen Schnittstelleninformationen durch Dekompilieren in Erfahrung zu bringen. Dadurch könnte die Interoperabilität hergestellt werden, ohne dass Code übernommen werden muss.

(2) Umfasste Handlungen

§ 69e Abs. 1 UrhG gestattet nach seinem Wortlaut Vervielfältigungen und Übersetzungen. Da das Dekompilieren nur eine spezielle Form der Übersetzung ist, nämlich das Rückübersetzen des Objektcodes in den Quellcode,[1034] können auch andere Übersetzungen dadurch gerechtfertigt sein,[1035] wie zum Beispiel das Disassemblieren.[1036] Die Überschrift ist nicht ausschlaggebend. Andere Umarbeitungen als die Übersetzung in andere Programmsprachen sind hingegen nicht erlaubt.[1037]

Im Rahmen der erlaubten Handlungen dürfen auch Tools eingesetzt werden.[1038] Das ist sogar faktisch zwingend, da Dekompilierungen und Disassemblierungen nicht von Hand durchgeführt werden können, sondern entsprechende Hilfsmittel erfordern.

(3) Zur Herstellung der Interoperabilität

§ 69e UrhG erlaubt die genannten Handlungen nur, um Informationen zu erlangen, die zur Herstellung von Interoperabilität erforderlich sind. Interoperabilität wird wie bereits eingangs erwähnt[1039] von Erwägungsgrund 10 der Software-RL als Austausch und gegenseitige Verwendung von Informationen definiert. Während der Erwägungsgrund sowohl von Hardware- als auch von

1033 *Gratz/Lemley*, *Gratz/Lemley*, 31 Harv. J. L. & Tech. 2018, 603, 613.

1034 Ahlberg/Götting/*Kaboth/Spies*, § 69e UrhG Rn. 3; Wandtke/Bullinger/*Grützmacher*, § 69e UrhG Rn. 5.

1035 Schricker/Loewenheim/*Spindler*, § 69e UrhG Rn. 17.

1036 Dreyer/Kotthoff/Meckel/Hentsch/*Kotthoff*, § 69e UrhG Rn. 3; Fromm/Nordemann/*Czychowski*, § 69e UrhG Rn. 6; Schricker/Loewenheim/*Spindler*, § 69e UrhG Rn. 6; Wandtke/Bullinger/*Grützmacher*, § 69e UrhG Rn. 5.

1037 Fromm/Nordemann/*Czychowski*, § 69e UrhG Rn. 5; Schricker/Loewenheim/*Spindler*, § 69e UrhG Rn. 17; Wandtke/Bullinger/*Grützmacher*, § 69e UrhG Rn. 4.

1038 Schricker/Loewenheim/*Spindler*, § 69e UrhG Rn. 17.

1039 Siehe B.II.4.

Softwareinteroperabilität spricht, findet sich im Wortlaut des Art. 6 Abs. 1 Software-RL und § 69e Abs. 1 UrhG nur die Interoperabilität zwischen zwei Programmen wieder.[1040] Eine Auslegung der Normen dahingehend, dass auch die Schaffung von Interoperabilität mit Hardware erfasst ist, ist daher nicht angezeigt.[1041] Dieses Ergebnis wird dadurch gestützt, dass die gesamte Richtlinie nur Computerprogramme betrifft.[1042]

Software-Software-Interaktion findet vor allem mittels Schnittstellen statt. Daher soll mit einer Dekompilierung im Sinne von § 69e UrhG erreicht werden, Schnittstelleninformationen zu sammeln.[1043] Für Drittanbietersoftware ist die Anbindung an das Hauptprogramm eine Grundvoraussetzung, weshalb die Herstellung von Interoperabilität für diese elementar ist. Dekompilierung ist eine Möglichkeit, dieses Ziel zu erreichen. Daneben können Schnittstelleninformationen vom Hersteller freiwillig zur Verfügung gestellt werden.

Das Dekompilieren zu anderen Zwecken als zur Herstellung der Interoperabilität ist nicht vom Wortlaut erfasst.[1044] Hier liegt im Gegensatz zu § 69d Abs. 3 UrhG und im Gleichklang mit der Fehlerberichtigung aus § 69d Abs. 1 UrhG eine klare Zweckbindung vor. Daher ist auch das Analysieren eines Programms, um Ideen und Grundsätzen zu erfahren, mittels Dekompilierungen nicht durch § 69e UrhG gestattet.[1045] Die Norm stellt keine allgemeine Schranke für Reverse Engineering dar.[1046] Ebenso wenig können Programmwartungen[1047] oder der Versuch, Schutzrechtsverletzungen nachzuweisen,[1048] auf § 69e UrhG gestützt werden.

(4) Unabhängig geschaffenes Computerprogramm

Ziel der Handlungen muss die Herstellung von Interoperabilität mit einem unabhängig geschaffenen Programm sein. Unabhängig bedeutet in diesem Sinne, dass das Programm selbständig und nicht mithilfe des durch die Dekompilierung gewonnenen Codes des Hauptprogramms erstellt wurde.[1049] Die

---

1040 Fromm/Nordemann/*Czychowski*, § 69e UrhG Rn. 1, 9; Schricker/Loewenheim/*Spindler*, § 69e UrhG Rn. 7, 11.

1041 Wandtke/Bullinger/*Grützmacher*, § 69e UrhG Rn. 9.

1042 Schricker/Loewenheim/*Spindler*, § 69e UrhG Rn. 11.

1043 Wandtke/Bullinger/*Grützmacher*, § 69e UrhG Rn. 6.

1044 *Hoeren/Pinelli*, CR 2019, 410, 414.

1045 *Schweyer*, S. 133.

1046 Ahlberg/Götting/*Kaboth/Spies*, § 69e UrhG Rn. 4.

1047 Dreyer/Kotthoff/Meckel/Hentsch/*Kotthoff*, § 69e UrhG Rn. 4.

1048 *Schweyer*, S. 138 ff.

1049 Ahlberg/Götting/*Kaboth/Spies*, § 69e UrhG Rn. 6.

Dekompilierung darf nur dazu dienen, das Zusammenwirken der Programme zu ermöglichen.[1050]

Wichtig ist, dass es sich bei dem neugeschaffenen Programm nicht um ein unabhängiges Programm handeln muss. Es muss nur unabhängig erstellt sein. Das lässt sich am Beispiel von Bots illustrieren. Diese sind abhängig vom jeweiligen Computerspiel, da sie speziell für ein Spiel erstellt wurden und nur dort eingesetzt werden können. Würde § 69e UrhG nur die Interoperabilität mit unabhängigen Programmen erlauben, wären alle Formen abhängiger Drittanbietersoftware nicht erfasst.

Zudem ist festzuhalten, dass § 69e UrhG keine Bestimmung enthält, die verbietet, Konkurrenzprodukte herzustellen.[1051] Daher ist ein solches Bestreben zulässig. Das ist unter Wettbewerbsgesichtspunkten relevant und verdeutlicht, dass dieser gefördert werden soll. Es wäre auch nur schwer zu rechtfertigen, Softwareherstellern systemfremd über das Urheberrecht solchen Wettbewerbsschutz zukommen zu lassen. Zwar ist es ein Anliegen des Urheberrechts, die Investition in die Erstellung eines Werkes zu schützen, wozu auch der Schutz vor Übernahmen gehört. Aber der Investitionsschutz würde weit über sein Ziel hinausschießen, wenn er auch zum Schutz vor Konkurrenz führen würde. Genau diesen schmalen Grat wahrt § 69e UrhG mit seinem Interessenausgleich, indem er die Übernahme von Codesegmenten verbietet, die Entwicklung von Konkurrenzprodukten aber erlaubt.

Außerdem muss es nicht zwangsläufig um die Interoperabilität mit dem dekompilierten Programm gehen.[1052] Es ist auch zulässig, ein Programm zu dekompilieren, um dessen Interaktionen mit anderen Programmen zu erforschen und das eigene, unabhängige Programm entsprechend zu gestalten.[1053]

(5) Unerlässlich und keine anderweitige Zugänglichkeit

Die Norm gibt mehrfach vor, dass Dekompilierungen nur zulässig sind, wenn es keine andere Möglichkeit gibt, die Interoperabilität zu erreichen.[1054] Falls die notwendigen Informationen ohne weiteres zugänglich sind, darf nach § 69e Abs. 1 Nr. 2 UrhG keine Dekompilierung erfolgen. Hin und wieder stellen

---

1050 Dreyer/Kotthoff/Meckel/Hentsch/*Kotthoff*, § 69e UrhG Rn. 4, 5.

1051 Ahlberg/Götting/*Kaboth*/*Spies*, § 69e UrhG Rn. 8; Wandtke/Bullinger/*Grützmacher*, § 69e UrhG Rn. 8; *Kochmann*, S. 170; *Schweyer*, S. 133.

1052 Schricker/Loewenheim/*Spindler*, § 69e UrhG Rn. 12; *Kochmann*, S. 170.

1053 Schricker/Loewenheim/*Spindler*, § 69e UrhG Rn. 12.

1054 Dreyer/Kotthoff/Meckel/Hentsch/*Kotthoff*, § 69e UrhG Rn. 8.

Programmhersteller Informationen über ihre Schnittstellen zur Verfügung (z. B. im Falle der Windows API[1055]), sodass ein anderes Programm problemlos angebunden werden kann.

Es wird uneinheitlich beurteilt, ob der Berechtigte darauf verwiesen werden kann, zunächst die nach § 69d Abs. 3 UrhG erlaubten Handlungen durchzuführen.[1056] Dafür spricht, dass Dekompilieren als besonders invasives und damit Know-how-gefährdendes Analysemittel immer erst als letztes Mittel eingesetzt werden sollte.[1057] Dagegen spricht, dass das Merkmal „ohne weiteres zugänglich" impliziert, dass die erforderlichen Informationen ohne erheblichen Zusatzaufwand verfügbar sein müssen. Analysen nach § 69d Abs. 3 UrhG sind aber mitunter aufwändig. Zudem ist es unrealistisch, durch Programmbeobachtung Schnittstelleninformationen zu erlangen. Einzig könnte verlangt werden, durch Programmbeobachtung den zu dekompilierenden Programmteil näher einzugrenzen. Das entspricht aber der Voraussetzung, dass nur notwendige Programmteile[1058] dekompiliert werden dürfen.

Es wird vertreten, dass vor einer Dekompilierung zuerst eine Anfrage bezüglich der erforderlichen Informationen an den Hersteller gestellt werden muss.[1059] Das ist abzulehnen. Erstens sieht § 69e UrhG dies nicht ausdrücklich vor. Zweitens wäre ein Hersteller so stets über potenzielle Konkurrenten informiert. Er könnte die Erteilung der Informationen hinauszögern. Es ist ihm vielmehr zuzumuten, die Informationen allgemein zugänglich zu machen, wenn er Dekompilierungen vermeiden will.

(6) Notwendige Programmteile

Des Weiteren ist die Dekompilierung nach § 69e Abs. 1 Nr. 3 UrhG auf die Programmteile beschränkt, die für die Interoperabilität erforderlich sind. Allerdings ist es nicht nur zulässig, mittels Dekompilierung Informationen über definierte Schnittstellen zu erhalten, sondern auch über Programmteile, die man erst als Schnittstellen identifiziert.[1060] Anderenfalls wäre Dekompilieren faktisch unmöglich, da von außen betrachtet nicht feststeht, an welcher Stelle des Codes

---

1055 https://docs.microsoft.com/en-us/windows/ (zuletzt abgerufen am 1.5.2020).

1056 Siehe Dreyer/Kotthoff/Meckel/Hentsch/*Kotthoff*, § 69e UrhG Rn. 8.

1057 Ahlberg/Götting/*Kaboth/Spies*, § 69e UrhG Rn. 10.

1058 Siehe C.III.3.c)ee)(6).

1059 Wandtke/Bullinger/*Grützmacher*, § 69e UrhG Rn. 15.

1060 Dreier/Schulze/*Dreier*, § 69e Rn. 16; Wandtke/Bullinger/*Grützmacher*, § 69e UrhG Rn. 16.

die relevanten Informationen zu finden sind. Es kann nur verlangt werden, dass der Nutzer die zu dekompilierenden Programmteile auch im laufenden Analyseprozess soweit wie möglich eingrenzt. Er wird dies allein aus wirtschaftlichen Effizienzgründen tun.

Es dürfen auch urheberrechtlich geschützte Schnittstellenelemente übernommen werden, da dies häufig unvermeidbar ist.[1061] Die Vorschrift wäre ihrer Effektivität beraubt, wenn nur die ungeschützten Schnittstelleninformationen genutzt werden dürften.[1062] Die Beschränkung auf die notwendigen Programmteile sorgt bereits für ausreichenden Schutz vor ausufernden Übernahmen. Nach anderer Auffassung fehlt es an der Befugnis zur Verbreitung bezüglich der geschützten Schnittstellenelementen, da diese nicht durch § 69e UrhG gestattet wird.[1063] Das ist korrekt, muss allerdings vor dem Hintergrund der Effektivität als gesetzgeberisches Versäumnis gewertet werden. Ein Marktteilnehmer könnte sein Produkt völlig abschotten, wenn er alle Schnittstellen spezifisch programmiert. Diese Abschaffung soll § 69e UrhG gerade verhindern.

(7) Eingeschränkte Informationsverwendung

§ 69e Abs. 2 UrhG schränkt die Verwendung der gewonnenen Informationen ein, indem er eine strenge Zweckbindung anordnet. Damit geht die Vorschrift noch eine Stufe weiter, da nicht nur die urheberrechtlich relevanten Handlungen, sondern auch der Umgang mit den gewonnenen Informationen zweckgebunden ist. Insofern ist § 69e UrhG strenger als § 69d Abs. 1 UrhG in Hinblick auf die durch Fehlerberichtigung gewonnen Informationen.[1064]

Da Informationen selbst urheberrechtlich nicht geschützt sind, sondern nur in der jeweiligen Verkörperung eines Werkes, kann zutreffend von einer systemfremden Vorschrift gesprochen werden.[1065] Das ändert aber nichts an ihrem normativen Gehalt.

(8) Interessenabwägung

Schließlich formuliert Abs. 3 eine letzte Einschränkung: Bei der Auslegung der Norm muss beachtet werden, dass weder die normale Auswertung des Werkes beeinträchtigt noch die berechtigten Interessen des Rechtsinhabers unzumutbar

---

1061 Schricker/Loewenheim/*Spindler*, § 69e UrhG Rn. 18; *Marly* Rn. 274.

1062 *Karl*, S. 238.

1063 Wandtke/Bullinger/*Grützmacher*, § 69e UrhG Rn. 11.

1064 Siehe C.III.3.c)cc)(6)(a).

1065 Wandtke/Bullinger/*Grützmacher*, § 69e UrhG Rn. 3.

verletzt werden dürfen. Als Beispiele für solche unzumutbaren Beeinträchtigungen werden Gewinneinbußen, welche über die Lizenzverluste hinausgehen, und Reputationsverluste genannt.[1066] Auch Cheats werden hinzugezählt.[1067] Speziell bei Bots ist eine negative Auswirkung auf die Spielökonomie allerdings nicht pauschal feststellbar,[1068] sodass keine unzumutbare Verletzung vorliegt.

Es wird vertreten, dass die Umgehung technischer Schutzmaßnahmen eine unzumutbare Beeinträchtigung im Sinne des Abs. 3 darstellt.[1069] Auch hier ist allerdings eine Differenzierung angebracht: Schutzmaßnahmen, die gerade das Dekompilieren verhindern sollen, dürfen umgangen wären, weil sonst durch faktische Gegebenheiten rechtliche Interessen der Nutzer und der Allgemeinheit über das in § 69e UrhG definierte Maß hinaus beeinträchtigt werden würden.[1070] Zwar ist der Einwand richtig, dass die Umgehung eine von § 69e UrhG nicht erfasste Umarbeitung darstellen kann.[1071] Es wäre aber widersinnig, dem Nutzer Befugnisse zu geben, die der Rechtsinhaber nach eigenem Gutdünken wieder beseitigen kann.[1072] § 69f Abs. 2 UrhG untersagt mit guten Gründen nur die unerlaubte Umgehung. Andere Schutzmaßnamen dürfen allerdings unter Berufung auf § 69e UrhG nicht umgangen werden.

(9) Zwischenergebnis

Mit der Herstellung der Interoperabilität mittels Dekompilierung regelt § 69e UrhG einen zentralen Bestandteil für die Anbindung von Drittanbietersoftware. Die Vorschrift sieht zahlreiche Einschränkungen vor, was insoweit gerechtfertigt ist, als dass der Quellcode eines Programms das gesamte dahinterstehende Know-How verkörpert und daher schutzwürdig ist. Dem Investitionsschutz wird die Vorschrift auf diese Weise gerecht. Gleichzeitig ist sie bedeutsam, um den Wettbewerb in der Softwarebranche zu fördern. Durch die Schaffung der Möglichkeit, Konkurrenz- und Ergänzungsprodukte herzustellen, wird ein wichtiger Beitrag zur Innovationsförderung geleistet.

1066 Wandtke/Bullinger/*Grützmacher*, § 69e UrhG Rn. 25.
1067 Schricker/Loewenheim/*Spindler*, § 69e UrhG Rn. 22.
1068 Siehe B.III.5.b).
1069 Dreyer/Kotthoff/Meckel/Hentsch/*Kotthoff*, § 69e UrhG Rn. 17.
1070 Siehe C.III.4.c)ff)(4).
1071 Fromm/Nordemann/*Czychowski*, § 69e UrhG Rn. 15.
1072 Siehe C.III.4.c)ff).

ff) Zwischenergebnis

Bezüglich der Herstellung und dem Einsatz von Drittanbietersoftware ist bei den allgemeinen Schranken (§§ 44a ff. UrhG) nur § 24 UrhG von Relevanz, nämlich beim Nachbau von Spielen. Die Schranken aus §§ 69d Abs. 1, 3, 69e UrhG sind hingegen allesamt von großer Bedeutung. Sie erfüllen verschiedene Funktionen. Während § 69d Abs. 1 UrhG vor allem das Nutzungsrecht materiellrechtlich effektiv halten will, schützen §§ 69d Abs. 3, 69e UrhG Forschung und Innovation durch Wettbewerb vor einem zu restriktiven Urheberrecht. Ohne die Erlaubnisse wäre der Nutzer völlig auf die Fehlerbehebung durch den Hersteller angewiesen. Es könnten keine Ergänzungs- oder Konkurrenzprodukte, d. h. keine Drittanbietersoftware entwickelt und angebunden werden. Die Softwareinteraktion würde völlig im Belieben des Herstellers stehen. Der Gesetzgeber hat durch die Schranken einen detaillierten Interessenausgleich vorgenommen. Dies muss bei der Diskussion um die (Nicht-) Anwendbarkeit der computerprogrammspezifischen Schranken auf Multimedia-Werke berücksichtigt werden.[1073]

d) Anwendbares Schrankenregime bei Multimediawerken

Nachdem die Bedeutung der Schranken im Allgemeinen und im Speziellen geklärt wurde, kann nun der Frage nachgegangen werden, welche Schranken bei Multimediawerken anwendbar sind. Das UrhG sieht in § 24 UrhG und seinem gesamten 6. Abschnitt (§§ 44a – 63a UrhG) allgemeine Schranken für alle Werke und in §§ 69d, e UrhG spezielle Schranken für Computerprogramme vor. Für eine differenzierte Diskussion ist es unerlässlich, die verschiedenen Konstellationen einzeln zu beleuchten. Zunächst muss geklärt werden, ob die allgemeinen Schranken für Computerprogramme (aa)) und die §§ 69d, e UrhG für allgemeine Werke (bb)) gelten. Anschließend wird die Situation bei Multimediawerken untersucht (cc), dd)).

Die Frage nach der Anwendbarkeit ist die entscheidende Stellschraube bei der Zulässigkeit von Drittanbietersoftware. Die allgemeinen und spezifischen Schranken enthalten wie gezeigt unterschiedliche Befugnisse, sodass ein Ausschluss der computerprogrammspezifischen Schranken nicht durch das Eingreifen der allgemeinen Schranken kompensiert werden kann. Darüber hinaus sind Schranken auf abstrakter Ebene wichtige Beschränkungen des Urheberrechts, die sowohl aus Sicht des Urhebers als auch aus Sicht des Nutzers gerechtfertigt sein müssen.

1073 Siehe C.III.3.d)dd).

aa) Anwendbarkeit der §§ 24, 44a ff. UrhG auf reine Computerprogramme

Nach § 69a Abs. 4 UrhG ist die Anwendbarkeit der allgemeinen Schranken auf reine Computerprogramme möglich. Gestritten wird daher nicht über die grundsätzliche Anwendbarkeit, sondern nur über die Anwendbarkeit einzelner Schranken.[1074] Beispielsweise sei § 53 UrhG bei reinen Computerprogrammen nicht einschlägig, weil das Vervielfältigungsrecht bei Computerprogrammen abschließend geregelt sei.[1075] Hingegen sei § 44a UrhG bei Vervielfältigungen von Computerprogrammen zumindest analog anwendbar,[1076] da eine vergleichbare Interessenlage wie bei anderen Werken bestehe[1077] und da § 44a UrhG auf Datenbankwerke anwendbar sei und sonst eine ungerechtfertigte Ungleichbehandlung von Computerprogrammen erfolgen würde.[1078]

Im Ergebnis ist es richtig, die Schranken im Einzelnen auf ihre Anwendbarkeit für Computerprogramme zu prüfen, da einzelne Schranken aufgrund ihres Regelungsgehalts nicht anwendbar sein können.[1079] Beispielsweise können Computerprogramme nicht im Sinne des § 47 UrhG in Schulfunksendungen gesendet werden. Davon abgesehen bestehen allerdings keine grundlegenden Bedenken, die §§ 44a ff. UrhG auf Computerprogramme anzuwenden. Insbesondere verfängt das Argument, die Software-RL sei eine abschließende Regelung, weswegen neben §§ 69d, e UrhG keine Schranken auf Computerprogramme anwendbar sein könnten, nicht. Bereits beim Recht der öffentlichen Zugänglichmachung wird ein Rückgriff auf das allgemeine Urheberrecht vorgenommen,[1080] sodass dies bei den Schranken ebenfalls erfolgen kann. § 69a Abs. 4 UrhG bestätigt diesen Befund.

1074 Dreier/Schulze/*Dreier*, § 69a UrhG Rn. 34; Fromm/Nordemann/*Czychoswki*, § 69a UrhG Rn. 43; Schricker/Loewenheim/*Spindler*, § 69a UrhG Rn. 25i; Wandtke/Bullinger/*Grützmacher*, § 69a UrhG Rn. 84, 85.

1075 Schricker/Loewenheim/*Spindler*, § 69a UrhG Rn. 25i; Wandtke/Bullinger/*Grützmacher*, § 69a UrhG Rn. 85.

1076 Ahlberg/Götting/*Kaboth*/*Spies*, § 69c UrhG Rn. 7.

1077 Fromm/Nordemann/*Czychowski*, § 69c UrhG Rn. 9.

1078 Schricker/Loewenheim/*Lowenheim*, § 44a UrhG Rn. 4.

1079 Wandtke/Bullinger/*Grützmacher*, § 69a UrhG Rn. 85.

1080 Wandtke/Bullinger/*Grützmacher*, § 69c UrhG Rn. 81.

bb) Anwendbarkeit der §§ 69d, e UrhG auf Nicht-Computerprogramme

Aus § 69a Abs. 4 letzter Hs. UrhG ergibt sich auch, dass der 8. Abschnitt Sonderregeln für Computerprogramme enthält. Die Gesetzessystematik und der Wortlaut sprechen dafür, die Schranken des allgemeinen Teils nicht um diese Sonderregeln zu erweitern. Darüber hinaus wollte der Gesetzgeber eine Ausstrahlung der Sonderregeln für Computerprogramme auf die anderen Werkarten ausweislich der Gesetzesbegründung ausdrücklich vermeiden.[1081] Das ist insoweit nachzuvollziehen, als dass §§ 69d, e UrhG computerprogrammspezifische Probleme adressieren. Die bestimmungsgemäße Nutzung eines Programms bedarf dessen Vervielfältigung, weshalb diese materiellrechtlich abgesichert werden muss, um eine einseitige Kontrolle durch den Urheber zu verhindern. Gleiches gilt für das Reverse Engineering. Programme können in den allermeisten Fällen nur während der Nutzung analysiert werden, weswegen § 69d Abs. 3 UrhG die nötigen Freiräume schafft. Schließlich sind Programme auf Interoperabilität angewiesen, weswegen Dekompilierungen unter engen Voraussetzungen nötig sein müssen.

Das Problem, dass Nutzung eines Werks die Vervielfältigung desselben bedeutet, betrifft zwar allgemein digitale Werke und nicht nur Computerprogramme. Für allgemeine Werke hat der Gesetzgeber jedoch die Lösung über § 44a UrhG und § 31 Abs. 5 UrhG gewählt. Aus diesen Gründen besteht bereits kein Bedürfnis, die §§ 69d, e UrhG auf Nicht-Computerprogramme anzuwenden.

cc) Anwendbarkeit der §§ 24, 44a ff. UrhG auf Multimediawerke

Nach der Rechtsprechung des EuGH und des BGH sind bei Multimediawerken auf das Gesamtwerk und die einzelnen Bestandteile, sofern es sich nicht um das Computerprogramm handelt, Art. 6 InfoSoc-RL bzw. § 95a UrhG anwendbar.[1082] Als Argument führt der EuGH an, dass zwar durch die Software-RL Sonderregeln für das Computerprogramm in einem Multimediawerk bestehen, im Übrigen aber auf die restlichen Bestandteile und das Gesamtwerk die allgemeinen Regeln anzuwenden sind.[1083] Das Urteil betrifft zwar formell nur die Anwendbarkeit der Vorschriften über technische Schutzmaßnahmen, es lässt sich aber genauso auf die Anwendbarkeit der Schranken übertragen. Demnach gelten

---

1081 BT-Drs. 12/4022, S. 8.

1082 EuGH, Urteil vom 23.1.2014 – C-355/12 = GRUR 2014, 255, 256; BGH, Urteil vom 27.11.2014 – I ZR 124/11 = GRUR 2015, 672, 675, 676.

1083 EuGH, Urteil vom 23.1.2014 – C-355/12 = GRUR 2014, 255, 256; siehe dazu auch C.III.4.f)dd).

die allgemeinen Schranken bezüglich des Gesamtwerks und aller Bestandteile, die nicht ein Computerprogramm sind. Dieses Ergebnis verdient Zustimmung, allerdings muss dafür bei genauer Betrachtung einiger Begründungsaufwand betrieben werden, den die Rechtsprechung bisher nicht geleistet hat.

Der Grund dafür liegt im Problem der Mitnutzung bei Multimediawerken. Wird das Gesamtwerk im Rahmen einer Schranke genutzt, dann wird das Computerprogramm faktisch als „Beiwerk" auch genutzt. Das Multimediawerk kann beispielsweise nicht nach § 44a UrhG vervielfältigt werden, ohne die Steuerungssoftware ebenfalls zu vervielfältigen. Gleiches gilt für § 24 UrhG. Zwar lassen sich einige Änderungen am Gesamtwerk über den Arbeitsspeicher und damit ohne Eingriff in das Umarbeitungsrecht des Programmierers bewerkstelligen,[1084] aber einige erfordern doch eine Änderung des Programmcodes.[1085] In diesen Fällen kann ein Computerspiel nicht gem. § 24 UrhG frei bearbeitet werden, da zeitgleich der Programmcode geändert wird. Dieses Phänomen wird hier als Mitnutzung bezeichnet.[1086] Es resultiert daraus, dass Computerprogramm und andere Werke in einem Multimediawerk verschmelzen und faktisch nicht getrennt genutzt werden können.

Für dieses Problem sind verschiedene dogmatische Lösungsmöglichkeiten denkbar. Zunächst könnte man den Standpunkt vertreten, dass stets eine Doppelrechtfertigung erforderlich sei. Eine Handlung wäre nur zulässig, wenn sie nach einer allgemeinen Schranke in Bezug auf das Multimediawerk und nach einer programmspezifischen in Bezug auf das Computerprogramm gerechtfertigt wären. Dann würden aber nahezu alle allgemeinen Schranken bei Multimediawerken ihre Wirksamkeit einbüßen, da sie kaum Entsprechung bei den programmspezifischen Schranken haben.

Alternativ könnte dafür plädiert werden, die allgemeinen Schranken insgesamt auf Computerprogramme anzuwenden, sodass automatisch immer eine Doppelrechtfertigung vorliegen würde. In einigen Fällen dürfte dies auch zu bejahen sein.[1087] Will beispielsweise ein Dozent ein Computerspiel nach § 60a Abs. 1 Nr. 1 UrhG in einer Lehrveranstaltung vorführen, so greift die Norm sowohl in Bezug auf das Gesamtwerk als auch das Programm ein. Es gibt allerdings Fälle, in denen eine Schranke für das Multimediawerk einschlägig ist, nicht jedoch für das Computerprogramm. Soll ein Multimediawerk beispielsweise in

1084 Siehe C.III.2.d)cc).

1085 *Sonntag*, in: Schweighofer, IRIS 2014, 683, 688; siehe C.III.2.d)ee).

1086 Siehe dazu auch *Grützmacher*, ZGE/IPJ 2017, 423, 439.

1087 Siehe C.III.3.d)aa).

freier Benutzung nach § 24 UrhG verändert werden, so müsste auch das Computerprogramm frei benutzt werden. Da eine verblassende Nutzung von Programmcode aber faktisch kaum möglich ist, würde dieser Lösungsweg hier nicht weiterhelfen.

In diesen Fällen könnte jedoch argumentiert werden, dass aufgrund der Natur eines Multimediawerks die Mitnutzung des Computerprogramms als „unvermeidbares Beiwerk" zwingend erforderlich und damit zulässig ist, sofern die Voraussetzungen einer allgemeinen Schranke vorliegen. Mit anderen Worten tritt der Sonderschutz des Computerprogramms zurück, wenn eine allgemeine Schranke bezüglich des Gesamtwerks eingreift und die Mitnutzung faktisch unumgänglich ist. Dafür spricht, dass so die Wirksamkeit der allgemeinen Schranken bei Multimediawerken gewahrt bleibt. Es kommt zudem zu keinem einseitigen „Aufsummieren" der Rechtsregime zugunsten der Rechtsinhaber. Zudem wird der durch die Schranken vermittelte Interessenausgleich gewahrt. Es ist nicht ersichtlich, dass dadurch eine unangemessene Beeinträchtigung der Verwertung der Computerprogramme stattfinden würde. Diese Fälle setzen nämlich voraus, dass das Computerprogramm nur im Rahmen der für die Schranke erforderlichen Nutzung des Gesamtwerks oder sonstigen Werks beansprucht wird. Eine derartige Auslegung entspricht schließlich auch dem Rechtsgedanken des Art. 5 Abs. 3 lit. i InfoSoc-RL, der beiläufige, d.h. nichtbezweckte oder unvermeidbare Einbeziehungen fremder Werke gestattet.[1088] Genauso verhält es sich auch bei Multimediawerken. Das Gesamtwerk oder einzelne Bestandteile können aufgrund der Verschmelzung nicht genutzt werden, ohne auch das Computerprogramm zu nutzen. Die Nutzung des Computerprogramms ist im Rahmen der Schrankennutzung der §§ 24, 44a ff. UrhG in Bezug auf das Gesamtwerk oder sonstige Bestandteile weder bezweckt noch ist sie vermeidbar. Insofern kann die Mitnutzung des Computerprogramms als zulässiges Beiwerk angesehen werden.

Im deutschen Recht ist § 57 UrhG die Entsprechung des Art. 5 Abs. 3 lit. i InfoSoc-RL. Die Norm gestattet ebenfalls bestimmte Nutzungshandlungen bei unwesentlichen Beiwerken. Diese Norm wird derzeit jedoch dahingehend interpretiert, dass das beiläufige Werk austauschbar sein muss oder weggelassen werden können muss.[1089] Es darf keinen Bezug zum Hauptgegenstand geben.[1090]

1088 Wandtke/Bullinger/*Leenen*, Art. 5 InfoSoc-RL Rn. 136.

1089 Dreyer/Kotthoff/Meckel/Hentsch/*Dreyer*, § 57 UrhG Rn. 6; Schricker/Loewenheim/*Vogel*, § 57 UrhG Rn. 10; Wandtke/Bullinger/*Lüft*, § 57 UrhG Rn. 2.

1090 Schricker/Loewenheim/*Vogel*, § 57 UrhG Rn. 9.

Insofern wird hier im Gegensatz zur InfoSoc-RL mehr die Zufälligkeit als die Unvermeidbarkeit ins Zentrum gerückt. Nach diesem engen Verständnis[1091] stellt § 57 UrhG keine taugliche Grundlage für die hier skizzierte Mitnutzung. Die Norm und insbesondere Art. 5 Abs. 3 lit. i InfoSoc-RL zeigen aber, dass es faktische Zusammenhänge bei Werken geben kann, die nicht dazu führen sollen, dass ein Urheber die Nutzung untersagen können soll. Dieser Regelungsgedanke kann fruchtbar gemacht werden, um die §§ 24, 44a ff. UrhG auf Multimediawerke in allen Fällen konsequent und dogmatisch begründet anzuwenden.

Daher ist diesem Lösungsweg der Vorzug zu geben. Die Mitnutzung des Computerprogramms als beiläufiges Beiwerk im Rahmen der Schrankennutzung des Gesamtwerks oder eines sonstigen Bestandteils ist demnach zulässig. Im umgekehrten Fall, d. h. bei der Anwendbarkeit der §§ 69d, e UrhG auf Multimediawerke, gilt dieser Gedanke, wie sogleich gezeigt wird, ebenfalls.

dd) Anwendbarkeit der §§ 69d, e UrhG auf Multimediawerke

Die Anwendbarkeit der §§ 69d, e UrhG auf Multimediawerke ist die zentrale Weichenstellung in der urheberrechtlichen Bewertung dieser Werke. Die Bejahung der Anwendbarkeit würde für die Nutzer die aufgezeigten Befugnisse bedeuten, gleichzeitig für die Urheber die damit verbundene Einbuße an Kontrollbefugnissen. Umgekehrt bedeutet die Verneinung der Anwendbarkeit eine Versagung von Befugnissen für die Nutzer und für die Urheber eine Stärkung ihrer Befugnisse.

Die Frage nach der Anwendbarkeit war bereits Gegenstand von Gerichtsurteilen und wurde dort abgelehnt. Diese Auffassung wird zunächst dargestellt (1) und anschließend kritisch gewürdigt (2). Abschließend wird ein Lösungsvorschlag präsentiert (3).

(1) Keine Anwendbarkeit

Nach Auffassung des BGH können Computerspiele nicht gem. § 69d Abs. 3 UrhG analysiert werden, da sie als hybride Werke nicht dem Regime der §§ 69a ff. UrhG unterfallen.[1092] Diese Regeln seien ausschließlich auf Computerprogramme anwendbar.[1093] Eine vergleichbare Schranke existiere in den §§ 44a ff.

1091 *Grützmacher*, ZGE/IPJ 2017, 423, 439.

1092 BGH, Urteil vom 6.10.2016 – I ZR 25/15 = GRUR 2017, 266, 273; *Czychowski*, GRUR 2017, 362, 363, 364; *Lober/Conraths*, K&R 2019, Beilage Heft 7-8, 37, 39.

1093 BGH, Urteil vom 6.10.2016 – I ZR 25/15 = GRUR 2017, 266, 273.

UrhG nicht.[1094] Unter Bezugnahme auf seine Entscheidung zur Anwendbarkeit des § 95a UrhG führt er implizit sein Argument, andere Werke dürfen nicht schlechter gestellt werden, weil sie in einem Gesamtwerk mit einem Computerprogramm aufgenommen werden, an dieser Stelle fort.[1095] Die weiterreichenden Erlaubnisse der §§ 69a ff. UrhG seien ausschließlich auf Programme anwendbar und könnten nicht auf andere Werke übertragen werden.

Eine weitere inhaltliche Auseinandersetzung findet im Urteil nicht statt. Die weitreichende Konsequenz dieser Auffassung ist, dass kein Computerspiel und kein Multimediawerk nach § 69d Abs. 3 UrhG untersucht werden kann,[1096] da Computerspiele stets aus audiovisuellen Inhalten und Computerprogrammen bestehen. Diese werden immer mitvervielfältigt.[1097] Eine technische Trennung der verschiedenen Elemente ist auf der Ebene der Analyse nicht möglich. Im Falle des Untersuchens wird stets das gesamte Computerspiel vervielfältigt. Soll z. B. die Programmphysik untersucht werden, die in der Steuerungssoftware verankert ist, werden systematisch verschiedene Handlungen im Spiel vorgenommen. Dafür muss dieses ablaufen und damit mit all seinen Bestandteilen vervielfältigt werden.

Zudem gilt dieses Postulat in konsequenter Weise für alle Schranken aus §§ 69d, e UrhG, da hier das gleiche Anwendungshindernis besteht. Die computerprogrammspezifischen Schranken gelten nach dieser Auffassung nicht für Multimediawerke. Daher gibt es auch aufgrund der audiovisuellen Werke keine bestimmungsgemäße Nutzung einschließlich Fehlerberichtigung. Denn auch dafür müssen die anderen Werke in den Arbeitsspeicher geladen und damit vervielfältigt werden. Hier kann nur auf das eingeräumte Nutzungsrecht zurückgegriffen werden. Dieses vermag zwar die zu den zum Spielen erforderlichen Vervielfältigungen ermächtigen, nach Auffassung der Rechtsprechung aber nicht zur Schrankennutzung nach §§ 69d, e UrhG.

1094 BGH, Urteil vom 6.10.2016 – I ZR 25/15 = GRUR 2017, 266, 273; *Rauda*, MMR-Beilage 2019, 20, 21.

1095 BGH, Beschluss vom 6.2.2013 – I ZR 124/11 = MMR 2013, 671, 673; *Kreutzer/Molavi*, DGRI-Jahrbuch 2014, S. 101, 102.

1096 *Grützmacher*, ZGE/IPJ 2017, 423, 438, 439; *Sonntag*, in: Schweighofer, IRIS 2018, 569 ff.

1097 *Rauda*, MMR-Beilage 2019, 20, 21.

(2) Würdigung

Die Argumente, auf die die Ablehnung der Anwendbarkeit gestützt wird, werden im Folgenden näher untersucht (a) – (c). Anschließend werden die Gegenargumente (d) – (h) überprüft und abschließend ein Blick in andere Rechtsordnungen geworden (i).

(a) Systematik der InfoSoc- und der Software-Richtlinie

Die Problematik der anwendbaren Schranken bei Multimediawerken wurde im EU-Recht nicht geregelt. Art. 5 InfoSoc-RL listet die möglichen Schranken in Bezug auf allgemeine Werke nach Erwägungsgrund 32 abschließend auf. Aus diesem Grund könnte gegen die Anwendbarkeit der computerprogrammspezifischen Schranken aus der Software-RL ins Feld geführt werden, dass dadurch de-facto weitere, nicht in Art. 5 InfoSoc-RL vorgesehene Schranken anwendbar werden.

Erwägungsgrund 20 der InfoSoc-RL relativiert diesen abschließenden Charakter allerdings dahingehend, dass dort bestimmt wird, dass die Software-RL unbeschadet weiter gelten soll. Eine Einschränkung des Anwendungsbereichs der Art. 5, 6 Software-RL dahingehend, dass sie für multimediale Software nicht gelten, wäre aber gerade eine solche Einschränkung. Jedes multimediale Computerprogramm würde nicht mehr den Bestimmungen der Art. 5, 6 Software-RL unterfallen. Eine solche Einschränkung hätte aber explizit durch die InfoSoc-RL angeordnet werden müssen, was nicht der Fall ist. Insofern hindert der abschließende Schrankenkatalog des Art. 5 InfoSoc-RL die Anwendbarkeit der computerprogrammspezifischen Schranken auf multimediale Werke nicht. Es kann auf die uneingeschränkte Geltung der Software-RL verwiesen werden.

In diesem Zusammenhang wird auch zurecht argumentiert, dass durch den zusätzlichen Schutz durch die InfoSoc-RL die Bestimmung des Art. 1 Abs. 2 S. 2 Software-RL (kein Schutz von Ideen und Grundsätzen) bei Software in multimedialen Werken konterkarikiert wird.[1098] Es besteht die Gefahr eines mittelbaren Ideenschutzes, wenn Programme in multimedialen Werken integriert sind, da diese dann nicht analysiert werden können. Dieser Gefahr kann dadurch entgegengewirkt werden, dass die computerprogrammspezifischen Schranken, die unter anderem gerade die Freiheit der Ideen gewährleisten sollen, anwendbar sind und die damit einhergehende Nutzung der anderen Werke als Mitnutzung, nach Art. 5 Abs. 3 lit. i InfoSoc-RL zulässig sind.[1099]

1098 *Grützmacher*, ZGE/IPJ 2017, 423, 430.

1099 So auch *Grützmacher*, ZGE/IPJ 2017, 423, 439; siehe C.III.3.d)dd)(3).

Zusammengefasst steht die InfoSoc-RL einer Anwendbarkeit der computerprogrammspezifischen Schranken nicht entgegen. Sie eröffnet vielmehr über die Mitnutzung die Möglichkeit, diese anzuwenden. Da die InfoSoc-RL die uneingeschränkte Effektivität der Software-RL gewährleisten will, steht dieser Weg auch im Einklang mit dem Verhältnis der Richtlinien.

(b) Systematik des UrhG

Neben den EU-rechtlichen Regelungen muss sich eine Ausdehnung der Anwendbarkeit auch in die Systematik des deutschen Urheberrechts einfügen. Es ist richtig, dass die §§ 69a ff. UrhG speziell auf Computerprogramme ausgerichtet sind. Es ist aber nicht zwingend, daraus den Schluss zu ziehen, dass Multimediawerke ausschließlich nach den allgemeinen Vorschriften zu beurteilen sind. Ihre Sondernatur als hybride Werke könnte auch dazu führen, die Schranken aus §§ 69d, e UrhG anzuwenden. Die Spezialität der computerprogrammspezifischen Schranken bedeutet zunächst nur, dass sie nicht auf Werke angewandt werden sollen, die nicht aus Computerprogrammen bestehen.[1100]

Das Argument des BGH gewinnt allerdings an Schlagkraft, wenn man die bereits erwähnte Intention des Gesetzgebers hinzunimmt, eine Ausstrahlung der Sonderregeln für Computerprogramme auf die anderen Werkarten verhindern zu wollen.[1101] Wenn Multimediawerke den §§ 69d, e UrhG unterfallen, dann wirken diese Schranken auch für die anderen Werke in einem Multimediawerk. Es wird jedoch sogleich gezeigt, dass dies ein zu vernachlässigendes Beeinträchtigungsrisiko darstellt. Es ist festzuhalten, dass die Systematik des UrhG einer Anwendbarkeit ebenfalls nicht im Wege steht.

(c) Ausreichender Schutz der audiovisuellen Bestandteile

Wie bereits erwähnt, führt der BGH an, dass die anderen audiovisuellen Bestandteile eines Computerspiels zu wenig geschützt wären, wenn für sie die weitergehenden Befugnisse nach §§ 69a ff. UrhG gelten würden.[1102] Der BGH sieht hier ein Minus an urheberrechtlichem Schutz.

Dagegen spricht als erstes, dass die Befugnisse aus §§ 69d, e UrhG nur dem Berechtigten zustehen. Es handelt sich um Schranken mit beschränktem Adressatenkreis, sodass bei einer Anwendbarkeit nur die sowieso schon zur Nutzung

---

1100 Siehe C.III.3.d)bb).

1101 BT-Drs. 12/4022, S. 8.

1102 BGH, Beschluss vom 6.2.2013 – I ZR 124/11 = MMR 2013, 671, 673.

Berechtigten erweiterte Befugnisse hätten. Die Auswirkungen des vermeintlichen Schutzminus sind somit gering.

Zweitens ist die Missbrauchsgefahr gering. Es könnte argumentiert werden, dass unter dem Deckmantel der Befugnisse der computerprogrammspezifischen Schranken Handlungen vorgenommen werden, die in Wahrheit auf die anderen Werke und deren unrechtmäßige Nutzung abzielen. Dagegen ist einzuwenden, dass alle Befugnisse aus §§ 69d, e UrhG objektiv den Programmcode betreffen. Dessen Nutzung ist Voraussetzung für die Erlaubnisse. Gleichzeitig setzen alle Befugnisse aus §§ 69d Abs. 1, 3, 69e UrhG voraus, dass der Zweck der Handlung eine Einwirkung auf den Code ist. Die Nutzung der anderen Bestandteile und des Gesamtwerks sind lediglich eine faktisch bedingte Mitnutzung.[1103] Über die Nutzung des Programmcodes und den erforderlichen Zweck einer Handlung lässt sich also genau bestimmen, ob sich eine Handlung auf den Programmcode bezieht. Beispielsweise hätte das reine Vervielfältigen (und erst recht das Verbreiten) einer Filmdatei aus einem Computerspiel keinerlei Bezug zu einer Nutzung des Programmcodes im Rahmen der Schranken. Es könnte leicht als urheberrechtswidriges Verhalten identifiziert werden. Folglich besteht ein geringes Risiko, dass missbräuchliche Handlungen vorgenommen werden.

Drittens ist in den audiovisuellen Bestandteilen oder dem Gesamtwerk kein Know-How versteckt, was besonders schützenswert und in Gefahr wäre, wenn Programmanalysen möglich wären. In diesen Bestandteilen sind vielmehr kreative Leistungen verkörpert. Durch Programmanalysen kann daher kein besonderes Wissen über die diese Bestandteile offenbart werden.

Viertens werden die audiovisuellen Bestandteile auf Ebene der Verwertungsrechte vom Programmcode mitgeschützt. Bei einem Multimediawerk bedeutet die Änderung eines audiovisuellen Bestandteils oder des Gesamtwerks regelmäßig eine Änderung am Programmcode.[1104] Daher ist auch immer eine doppelte Eingriffsprüfung erforderlich. Das führt bereits zu Verwerfungen, wie etwa hinsichtlich der mangelnden Herstellungsfreiheit bei Computerprogrammen und damit auch bei Computerspielen.[1105] Damit besteht also ein erhöhter Schutz, der aus der Verschmelzung der Werkarten resultiert. Vor diesem Hintergrund kann von keinem generellen Schutzminus gesprochen werden. Vielmehr ist es konsequent, bei der parallelen Anwendung der Verwertungsrechte auch die Schranken parallel anzuwenden.

1103 Siehe C.III.3.d)cc).
1104 Siehe C.III.2.c)ee).
1105 Siehe C.III.2.d)bb)(1).

Zusammengefasst ist das urheberrechtliche Schutzminus, das der BGH als Argument anführt, nicht überzeugend. Es existiert nicht in dem behaupteten Ausmaß.

(d) Ökonomische Relevanz

Für die Meinung des BGH (Nicht-Anwendung der Schranken) spricht unter ökonomischen Gesichtspunkten, dass durch den besseren Schutz multimedialer Werker (gegenüber reinen Computerprogrammen) der Anreiz steigt, multimediale Werke herzustellen. Gerade bei modernen Videospielen handelt es sich um sehr aufwändige Projekte, deren Finanzierung erhebliche Ressourcen beansprucht. Im Bereich von Online-Spielen ist die langfristige Bindung der Spieler mittels kostenpflichtiger Abonnements, Updates und In-Game-Käufen ein wichtiger Einkommensbaustein.[1106] Es geht nicht nur um den Verkauf des Spiels sondern um den langfristigen Spielspaß. Das gefährdet Drittanbietersoftware, wenn sie das gesamte Spiel oder Zusatzangebote substituiert oder den langfristigen Spielspaß mindert. Durch eine bessere rechtliche Absicherung können solche negativen Effekte verhindert werden, wodurch die Herstellung lukrativer wird. Die Anreizfunktion des Urheberrechts wird also gestärkt.

Gleichzeitig drohen aber auch negative Effekte. Der bessere Schutz multimedialer Werke verteuert die Herstellung aufbauender Werke, da Drittanbietersoftware nur unter Verstoß gegen Urheberrecht erstellt werden kann. Dies führt zu Innovationsbehinderungen, da die Herstellung von Alternativprodukte gehemmt wird, die den Wettbewerb befördern würden. Speziell §§ 69d, e UrhG sollen auch den Wettbewerb durch Bekämpfung von Monopolen und der Absicherung der Tätigkeit von Konkurrenten sichern. Gerade bei softwaregestützten Produkten als funktionalen Produkten besteht eine erhöhte Monopolisierungsgefahr.[1107] Darüber hinaus ist es gerade keine Stärkung der Anreizfunktion, wenn der Hersteller eines Produkts Zusatzprodukte rechtlich unterbinden kann, da diese einen Mehrwert für den Nutzer darstellen, den der Hersteller zu schaffen unterlassen hat.[1108] Für ihn wird kein Anreiz zu neuen Produkten gesetzt, vielmehr kann er seine bestehenden Produkte vor Konkurrenz besser abschirmen.

Es muss berücksichtigt werden, dass die Faktenlage bei der wirtschaftlichen Bedeutung von Drittanbietersoftware bisher dünn und kontrovers ist.[1109] Das

---

1106 https://www.game.de/marktdaten/deutscher-games-markt-im-ersten-halbjahr-2019/ (zuletzt abgerufen am 1.5.2020).

1107 *Grützmacher*, ZGE/IPJ 2017, 423, 426, 427.

1108 Siehe C.I.3.d)aa).

1109 Siehe B.III.5.d).

liegt nicht zuletzt daran, dass es sich um ein komplexes Phänomen handelt. Mangelnde gesicherte empirische Erkenntnisse machen exakte Effizienzvorhersagen im Sinne der ökonomischen Analyse schwierig.[1110] Daher können über die allgemeinen Auswirkungen hinaus keine genauen Aussagen zur ökonomischen Auswirkung der Nicht-Anwendung der computerprogrammspezifischen Schranken gemacht werden.

Abschließend ist daher festzuhalten, dass sich auf abstrakterer Ebene für beide Positionen Effizienz-Argumente finden lassen. Auf konkreter Ebene bedarf es noch genauerer ökonomischer Untersuchung der Effekte von Drittanbietersoftware, um belastbare rechtsökonomische Aussagen treffen zu können.

(e) Bedeutung von multimedialer Software

Software wird zunehmend multimedial. Moderne Programm beziehen zunehmend Bilder, Töne und Videos mit ein. Immer mehr urheberrechtlich geschützte Werke liegen digital und im Zusammenspiel mit Software vor. Neben Computerspielen ist das auch der gesamte Bereich von Virtual Reality. Hier werden zahlreiche Werke mithilfe von Software dem Nutzer interaktiv präsentiert. Man kann also von einer Tendenz zu multimedialer Software sprechen. Dort sind die von §§ 69d, e UrhG vermittelten Befugnisse aber nicht weniger wichtig. Auch hier müssen Fehler am Programmcode berichtigt, Analysen durchgeführt und im Extremfall Dekompilierungen vorgenommen werden, um Drittanbieterangebote einzubinden. So bestand im US Copyright Law drei Jahre lang eine Vorschrift, dies es erlaubte, bei Computerspielen Zugangskontrollen zu umgehen, um Sicherheitslücken aufzudecken.[1111] Auch das Interesse, die Ideen und Grundsätze eines fremden Programms zu eruieren, ist bei monomedialen Programmen genauso vorhanden wie bei multimedialen Programmen. Der Nutzer hat bei Software generell ein Interesse an einem materiell effektiven Nutzungsrecht. Schließlich soll auch bei multimedialer Software Innovation durch Wettbewerb gefördert werden. Vor diesem Hintergrund würde bei zunehmender Multimedialisierung von Software in gleichem Maße die Anwendbarkeit der Sonderschranken abnehmen und die dadurch geschützten Interessen vernachlässigt.

1110 *Eidenmüller*, S. 168.

1111 https://www.copyright.gov/fedreg/2010/75fr43825.pdf (zuletzt abgerufen am 1.5.2020).

(f) Faktische Disponibilität der Schranken

Abgesehen von der Tatsache, dass Software zunehmend multimedial wird, besteht auch das Risiko, dass bewusst audiovisuelle Werke in Programmcode eingebunden werden und so die computerprogrammspezifischen Schranken unanwendbar werden.[1112] Der Urheber kann de-facto das rechtliche Schutzniveau seines Werkes bestimmen.[1113] Darin liegt ein Missbrauchsrisiko. Konkurrenten könnten ihre Produkte beispielsweise vor Dekompilierung dadurch rechtlich schützen, dass sie audiovisuelle Werke einbinden und so gegen jedes Zusatzprodukt vorgehen, da es dann nicht mehr rechtskonform hergestellt und angebunden werden kann. Ebenso ließe sich die Online-Erschöpfung eines Computerprogramms dadurch verhindern, dass ein anderes Werk integriert wird.[1114] Die Situation lässt sich mit der Problematik im Rahmen von technischen Schutzmaßnahmen vergleichen, dass der Urheber nur pro forma urheberrechtlich geschützte Werke einbindet, aber in Wahrheit darauf zielt, nicht schutzfähige Gegenstände zu schützen.[1115] Dieser Missbrauch führt dort zurecht zum Versagen des Schutzes. Die gleiche Wertung muss auf Ebene der Schranken gelten.

Es ist bei den Schranken nicht ersichtlich, warum der Urheber die Befugnis haben sollte, über die Anwendbarkeit von Schranken zu bestimmen. Dies gilt umso mehr, als dass die computerprogrammspezifischen Schranken über § 69g Abs. 2 UrhG und den abredefesten Kern des § 69d Abs. 1 UrhG aufgrund ihrer zentralen Bedeutung gerade der vertraglichen Disposition entzogen sind.[1116] Darüber hinaus ist es die Entscheidung des Urhebers, ein softwaregestütztes Werk zu erstellen. Daher muss er auch das zwingende Rechtsregime akzeptieren, dass für Computerprogramme besteht.

(g) Alternatives Schutzregime

Der Urheber ist außerdem nicht schutzlos gestellt, um gegen bestimmte geschäftsschädigende Software vorzugehen. Beispielsweise kann ein Spielhersteller, der befürchtet, dass Bots das Spielerlebnis verschlechtern, ein entsprechendes Verbot in den Spielregeln verankern und dann, wie bereits geschehen,

---

1112 *Grützmacher*, ZGE/IPJ 2017, 423, 439; *Sonntag*, in: Schweighofer, IRIS 2018, 569, 573; siehe C.III.3.d)dd)(2)(a).

1113 Darauf hinweisend *Kreutzer/Molavi*, DGRI-Jahrbuch 2014, S. 101, 103.

1114 *Grützmacher*, ZGE/IPJ 2017, 423, 439.

1115 Siehe C.III.4.d)bb).

1116 *Grützmacher*, ZGE/IPJ 2017, 423, 439.

mittels des Lauterkeitsrechts gegen einen Bot-Anbieter vorgehen.[1117] Der Vorteil dieses Schutzregimes ist, dass dadurch nicht pauschal Programmanalysen und Drittanbieterangebote untersagt werden.

(h) Grundrechtliche Relevanz

Die §§ 69d, e UrhG haben eine mehrseitige grundrechtliche Dimension. Sie beschränken zunächst wie alle Schranken das Eigentumsgrundrecht des Urhebers.[1118] Gleichzeitig schützen sie die Grundrechtspositionen der Nutzer. Das ist zum einen die materielle Effektivität des Nutzungsrechts des Nutzers und damit dessen Eigentumsfreiheit,[1119] zum anderen in spezifischen Fällen die Forschungsfreiheit. Hinzu kommt das Interesse der Allgemeinheit an Wettbewerb und Innovation.

Aus Sicht des Urhebers würde die Anwendbarkeit der Schranken aus §§ 69d, e UrhG auf Multimediawerke sein Eigentumsgrundrecht bezüglich der Verwertung der anderen Bestandteile beeinträchtigen. Da es sich um vergütungsfreie Schranken handelt, bedarf es zur Rechtfertigung dieser Ausdehnung der Schranken eines gesteigerten öffentlichen Interesses.[1120] Diese Beeinträchtigung muss insgesamt verhältnismäßig sein. Das gebietet auch der Drei-Stufen-Test aus Art. 5 Abs. 5 InfoSoc-RL. Zwar steht vorliegend auf den ersten Blick der Anwendungsbereich der Schranken der Software-RL in Frage. Im Ergebnis wirkt sich aber eine Ausdehnung dieser Schranken auf multimediale Werke aber dergestalt auf die sonstigen Werke aus, dass sie auch diesen Schranken unterliegen.

Die Ausdehnung der Anwendbarkeit muss verhältnismäßig sein. Dieses Erfordernis ist erfüllt. Die Ausdehnung bezweckt den Schutz der Befugnisse des Nutzers, den Schutz der Forschungsfreiheit und die Förderung von Wettbewerb und Innovation. Das sind legitime Ziele. Die Anwendbarkeit ist geeignet, diese Ziele zu erreichen, da dadurch die Rechte von Nutzern und Forschenden gesichert und Vorbereitungshandlungen für Konkurrenz- und Ergänzungsprodukte legitimiert werden. Mildere, gleich effektive Mittel sind nicht ersichtlich.

Hinsichtlich der Angemessenheit ist eine Interessenabwägung zu treffen. Das Schutzminus und damit die Beeinträchtigung des Eigentumsrechts des Urhebers

---

1117 BGH, Urteil vom 12.1.2017 – I ZR 253/14 = GRUR 2017, 397, 403; *Rauda*, MMR-Beilage 2019, 20, 21 ff.

1118 Sachs/*Wendt*, Art. 14 GG Rn. 72, 73.

1119 Für das US-amerikanische Recht *Darroch*, Manchester Review of Law, Crime and Ethics, Vol. 1, 2012, 136, 163.

1120 Siehe C.I.2.c)bb).

ist wie gezeigt im Ausgangspunkt eher gering.[1121] Der Beeinträchtigung stehen gewichtige individuelle und allgemeine Interessen gegenüber. Wettbewerb bei multimedialer Software ist in einer zunehmend digitalisierten Wirtschaft und Gesellschaft von großer Bedeutung. Innovationen und Konkurrenz kann aber nur bestehen, wenn entsprechende Produkte entwickelt und angeboten werden dürfen. Wenn wenige Anbieter mit großen Marktanteilen ihre Plattformsysteme abschotten, ist jeglichem Wettbewerb der Boden entzogen. Das liegt nicht im Interesse der Allgemeinheit. Gleiches gilt für die IT-Sicherheit. Schwachstellen in technischen Schutzmaßnahmen können nur dann aufgedeckt werden, wenn sie von externen Spezialisten attackiert werden können, ohne dass diese eine Verletzung von Urheberrechten riskieren. Die computerprogrammspezifischen Schranken bieten einen bewährten und ausdifferenzierten Rahmen.

Aus Sicht der Nutzer gilt es das Nutzungsrecht vor einer Aushöhlung zu bewahren. Genau das würde aber geschehen, wenn §§ 69d, e UrhG nicht mehr auf multimediale Software anwendbar wäre. Dann würden nur die allgemeinen Schranken gelten, die keine vergleichbaren Befugnisse enthalten. Alle durch die computerprogrammspezifischen Schranken abgedeckten Handlungen, wie sie oben geschildert wurden, wären nicht zulässig. Diese Schranken sind eine Reaktion auf die Besonderheiten von Softwareprodukten. Daran ändert sich nichts, wenn der Urheber auch sonstige Werke in sein Softwareprodukt einbindet.

Das einfache Nutzungsrecht ist eine vom Eigentumsrecht erfasste grundrechtlich geschützte Position.[1122] Die Reduzierung der rechtlichen Befugnisse durch Unanwendbarkeit der computerprogrammspezifischen Schranken bei multimedialen Werken bedarf aber ihrerseits der Rechtfertigung. Die geringe Beeinträchtigung der anderen Werke genügt dafür nicht. Die Anreizverluste sind minimal. Die computerprogrammspezifischen Schranken haben nicht dazu geführt, dass sich die Produktion von Software nicht mehr lohnt. Es sind keine Anhaltspunkte ersichtlich, warum dies bei multimedialen Produkten anders sein sollte.

(i) Andere Rechtsordnungen

Die Anwendbarkeit von computerprogrammspezifischen Schranken auf Multimediawerke wurde auch in anderen Rechtsordnungen als Problem identifiziert. Sofern Lösungen gefunden wurden, lassen sich daraus möglicherweise

---

1121 Siehe C.III.3.d)dd)(2)(c).
1122 Siehe C.I.2.e)aa)(2)(b).

Erkenntnisse für eine Lösung im deutschen Urheberrecht gewinnen. Aus diesem Grund lohnt der Blick auf einige ausgewählte Rechtsordnungen.

Im Vereinigten Königreich, in Österreich und in der Schweiz besteht das gleiche strukturelle Problem wie im deutschen Urheberrecht. Multimediawerke werden urheberrechtlich geschützt,[1123] gleichzeitig existieren spezielle Schranken für Computerprogramme (Sec. 50A CDPA ff; §§ 40d Abs. 2, 3, 40e öUrhG; Art 21 URG, Art. 17 URV und das ungeschriebene Recht zur Fehlerberichtigung[1124]). Es ist allerdings weder gesetzlich noch durch Rechtsprechung geklärt, ob und in welchem Umfang diese Schranken für Multimediawerke gelten. In der Literatur wird das Problem vereinzelt erkannt,[1125] allerdings nicht umfassend diskutiert.

Im US-amerikanischen Recht stellt sich die Situation anders dar. Computerprogramme sind dort als literarische Werke nach 17 USC sec. 102 (a) (1) geschützt.[1126] Computerspiele sind ebenfalls schutzfähig.[1127] Es existieren auch einige computerprogrammspezifische Schranken (17 USC sec. 117). Insbesondere die für die Nutzung erforderlichen Vervielfältigungen und Umarbeitungen dürfen demnach vorgenommen werden. Das kann Disassemblierungen und Dekompilierungen umfassen.[1128] Der entscheidende Unterschied im US-Copyright zu den anderen Rechtsordnungen besteht aber darin, dass mit 17 USC sec. 107 eine allgemeine Fair-Use-Schranke existiert.[1129] Darüber lässt sich auch (Software) Reverse Engineering rechtfertigen.[1130] Es wird sogar vertreten, dass der Einsatz eines Bots in einem Computerspiel Fair Use ist.[1131] Jedenfalls besteht kein Problem mit der Anwendbarkeit der Schranke auf Multimediawerke.

In *Sega Enterprises Ltd. v. Accolade, Inc.*[1132] wurde erstmals in Bezug auf Computerspiele festgestellt, dass Reverse Engineering unter bestimmten

1123 Müller/Oertli/*Cherpillod*, Art. 2 URG Rn. 60, 65; *Aplin/Davis*, S. 713, 716; *Hilty*, S. 103, 104; *Rehbinder*, S. 114; *Walter*, S. 222.

1124 Müller/Oertli/*Oertli*, Art. 21 URG Rn. 56 ff.

1125 *Aplin*, S. 170, 171; *Sonntag*, in: Schweighofer, IRIS 2018, 569, 573, 574; angedeutet bei *Hilty*, S. 93.

1126 *Schweyer*, S. 52.

1127 *Lipson/Brain*, S. 225.

1128 *Schweyer*, S. 125.

1129 *Kleinemenke*, S. 101 ff.

1130 *Schweyer*, S. 142.

1131 *Yang*, 2 Ariz. St. U. Sports & Ent. L. J., 2012, 95, 135, 136 137.

1132 United States Court of Appeals, Ninth Circuit, 1993, 977 F.2d 1510, in: *Lipson/Brain*, S. 132 ff.

Voraussetzungen keine Urheberrechte verletzt,[1133] wenn es den Voraussetzungen des Fair-Use genügt.[1134] Accolade entwickelte Spiele, die auf einer von Sega hergestellten Konsole abgespielt werden sollten.[1135] Accolade war kein Lizenznehmer von Sega und analysierte daher die Konsolensoftware und Spiele von Sega, um seine Spiele mit der Konsole kompatibel zu gestalten.[1136] Später ergänzte Accolade sein Spiel, um einen simplen Schutzmechanismus der Sega-Konsole zu umgehen.[1137] Der Fall ereignete sich vor Erlass des Digital Millennium Copyright Act (DMCA), sodass die Frage nach der Umgehung von technischen Schutzmaßnahmen nicht gestellt wurde. Die Analyse wurde als Fair-Use gewertet.[1138] An diesem Fall ist nicht nur interessant, dass er unterstreicht, dass für Reverse Engineering bei Computerspielen ein Bedürfnis bestehen kann. Darüber hinaus bewertet das Gericht die Folgen des Reverse Engineering als in wirtschaftlicher Hinsicht positiv.[1139]

Die Anwendbarkeit der Fair-Use-Klausel auf multimediale Software wurde in *Sony Computer Ent., Inc. vs. Connectix Corp.*[1140] bestätigt. Das Unternehmen Connectix erstelle eine PC-Software („Virtual Games Station"), die es ermöglichte, Spiele, die für Sonys Playstation erstellt worden waren, auf einem PC zu spielen.[1141] Dafür emulierte Connectix's Software die Playstation-Software.[1142] Im Zuge der Herstellung der Virtual Games Station musste die entsprechende Playstation-Software analysiert und dafür mehrfach vorübergehend vervielfältigt und teilweise disassembliert werden.[1143] Das Gericht sah diese Vervielfältigungen unter Verweis auf die Entscheidung in *Sega vs. Accolade* ebenfalls als

1133 *de Gyarfas*, Southwestern University L. R., Vol. 23, 1994, 571; *Eilam*, S. 18.
1134 *de Gyarfas*, Southwestern University L. R., Vol. 23, 1994, 571, 582.
1135 *de Gyarfas*, Southwestern University L. R., Vol. 23, 1994, 571, 576.
1136 *de Gyarfas*, Southwestern University L. R., Vol. 23, 1994, 571, 576.
1137 *de Gyarfas*, Southwestern University L. R., Vol. 23, 1994, 571, 580.
1138 United States Court of Appeals, Ninth Circuit, 1993, 977 F.2d 1510, in: *Lipson/Brain*, S. 132, 143.
1139 United States Court of Appeals, Ninth Circuit, 1993, 977 F.2d 1510, in: *Lipson/Brain*, S. 132, 141.
1140 United States Court of Appeals, Ninth Circuit, 2000, 203 F.3d 596, in: *Lipson/Brain*, S. 147 ff.
1141 United States Court of Appeals, Ninth Circuit, 2000, 203 F.3d 596, in: *Lipson/Brain*, S. 147, 149.
1142 United States Court of Appeals, Ninth Circuit, 2000, 203 F.3d 596, in: *Lipson/Brain*, S. 147, 149.
1143 United States Court of Appeals, Ninth Circuit, 2000, 203 F.3d 596, in: *Lipson/Brain*, S. 147, 149.

„fair use" an.[1144] An dieser Entscheidung ist vor allem interessant, dass selbst die klare Herstellung eines Konkurrenzprodukts kein Ausschlussgrund für einen „fair use" waren.

Die Anwendbarkeit der Fair-Use-Schranke auf multimediale Software im Falle von Software Reverse Engineering in beiden Fällen verdeutlicht, dass auch bei multimedialer Software ein berechtigtes Interesse von Nutzern, insbesondere Konkurrenten, an solchen Maßnahmen besteht. Das US Copyright Law hat den Vorteil, dass eine allgemeine Fair-Use-Schranke existiert und diese nicht auf bestimmte Werke begrenzt ist. Sobald in einer Rechtsordnung Sonderschranken für Computerprogramme bestehen, wie zum Beispiel im Vereinigten Königreich, Österreich, Deutschland und der Schweiz, stellt sich die Frage nach der Anwendbarkeit bei Multimediawerken.

(j) Zwischenergebnis

Die Systematik der InfoSoc-RL und der Software-RL spricht nicht gegen die Anwendbarkeit der computerprogrammspezifischen Schranken auf multimediale Software. Gleiches gilt für die Systematik des UrhG. Die Intention des Gesetzgebers, eine Ausstrahlungswirkung der Sonderregeln für Computerprogramme zu verhindern, wird dadurch entkräftet, dass die Anwendbarkeit der computerprogrammspezifischen Schranken nur eine geringe Schutzreduzierung in Bezug auf die anderen Werke bedeutet.

Die ökonomische Bewertung von Drittanbietersoftware ist zweischneidig. Sie kann die Anreizwirkung sowohl senken und als auch stärken. Demgegenüber nimmt die Bedeutung von multimedialer Software weiter zu. Auch bei dieser besteht unter Gesichtspunkten der Wettbewerbsförderung das Bedürfnis für Analysehandlungen, was auch durch die Diskussionen in anderen Rechtsordnungen und insbesondere durch die Anwendbarkeit der Fair-Use-Klausel im US Copyright Law auf multimediale Software verdeutlicht wird.

Die faktische Disponibilität der Schranken birgt vor diesem Hintergrund Missbrauchsgefahr im Hinblick auf das Ausschalten von Konkurrenten. In Software könnten andere Werke eingebunden werden, um die Befugnisse der Nutzer zu reduzieren. Das würde dem Wettbewerb schaden. Gleichzeitig ist der Rechtsinhaber im Falle von geschäftsschädigender Drittanbietersoftware nicht schutzlos, da mit dem Lauterkeitsrecht ein alternatives Schutzregime besteht, das ins Feld geführt werden kann.

1144 United States Court of Appeals, Ninth Circuit, 2000, 203 F.3d 596, in: *Lipson/Brain*, S. 147, 152.

Grundrechtlich bedeutet die Ausdehnung der Anwendbarkeit der computerprogrammspezifischen Schranken keine unverhältnismäßige Einschränkung des Eigentumsrechts des Urhebers. Hingegen handelt es sich um eine angemessene Schutzvorrichtung für das Eigentumsrecht des Nutzers und dem Interesse der Allgemeinheit an Wettbewerb und Innovation.

Aus diesen Gründen ist die Auffassung der Rechtsprechung abzulehnen. Die besseren Gründe sprechen dafür, die §§ 69d, e UrhG auf multimediale Werke anzuwenden. Die erhobenen Einwände sind nicht überzeugend. Davon ausgehend kann eine alternative Lösung erarbeitet werden.

(3) Lösungsvorschlag für Anwendbarkeit

Wie bereits angedeutet, kann die Anwendbarkeit der §§ 69d, e UrhG auf multimediale Werke dogmatisch als ein weiterer Fall der Mitnutzung angesehen werden. Wie im umgekehrten Fall (Anwendbarkeit der §§ 44a UrhG bei Multimediawerken[1145]) werden aufgrund der faktischen Verbindung in einem Multimediawerk andere Werke mitgenutzt, wenn das zugrundeliegende Programm im Rahmen der §§ 69d, e UrhG genutzt wird.

Um die Effektivität der computerprogrammspezifischen Schranken zu wahren, ist eine zulässige Mitnutzung in diesen Fällen erforderlich. Dafür streitet der Rechtsgedanke des Art. 5 Abs. 3 lit. i InfoSoc-RL bzw. § 57 UrhG.[1146] Da diese Handlungen sich auf technischer Ebene auf das Programm beziehen und zudem einem bestimmten Zweck dienen müssen, stellt es kein Problem dar, Handlungen auszusortieren, die nur zum Schein als Schrankennutzung durchgeführt werden. Es besteht, wie bereits ausgeführt, keine Missbrauchsgefahr.

Diese Lösung lässt sich auch auf andere Konstellationen übertragen. Auch für Datenbanken gelten gem. § 87c UrhG wie bei Computerprogrammen spezielle Schranken. Das würde zu der gleichen Verwerfung führen, dass die § 87c UrhG bei Multimediawerken nicht gelten. Dort ist die Problematik zwar entschärft, da sich die die Schranken aus § 87c UrhG auch im allgemeinen Teil finden. Allerdings ist die Mitnutzung wichtig, wenn Datenbanken nach § 87c UrhG genutzt werden und dabei Computerprogramme mitgenutzt werden.[1147] Bei Multimediawerken dürfen Datenbanken im Rahmen von Schranken nach §§ 69d, e UrhG ebenfalls mitgenutzt werden.

1145 Siehe C.III.3.d)cc).

1146 *Grützmacher*, ZGE/IPJ 2017, 423, 439.

1147 Vgl. Wandtke/Bullinger/*Hermes*, § 87c UrhG Rn. 9.

Schließlich wäre mit dieser Lösung auch Rechtsklarheit bei der Frage der Erschöpfung beim Online-Vertrieb von Multimediawerken geschaffen.[1148] Die anerkannte Erschöpfung des dazugehörigen Computerprogramms würde die Erschöpfung der anderen Werke miterfassen, wenn diese lediglich als Mitnutzung anzusehen ist.

e) Zwischenergebnis

Die Schranken im Urheberrecht sind elementar, um die verschiedenen Interessen auszugleichen. Gerade bei digitalen Werken stellen sie ein wichtiges Korrektiv zu den ansonsten ausufernden Verwertungsrechten des Urhebers dar. Durch §§ 69d, e UrhG werden die Befugnisse der Nutzer speziell bei Softwareprodukten gewahrt und der Wettbewerb und Forschung im IT-Bereich gefördert. Es ist nicht überzeugend, diese Interessen bei multimedialer Software zu vernachlässigen und die §§ 69d, e UrhG nicht anzuwenden. Vielmehr gelten für Multimediawerke §§ 24, 44a ff. UrhG genauso wie §§ 69 d, e UrhG und sonstige Sonderschranken. Die Mitnutzung der jeweils anderen Werke im Rahmen der Schrankennutzung ist eine Folge der durch den Urheber verursachten Verschmelzung verschiedener Werke und darf sich nicht einseitig zulasten der Nutzer auswirken.

4. Schutz technischer Maßnahmen und technische Programmschutzmechanismen

Neben den Persönlichkeits- und Verwertungsrechten des Urhebers weist das Urheberrecht dem Rechtsinhaber die Befugnis zu, gegen die Umgehung technischer Schutzmaßnahmen vorzugehen. Hier muss untersucht werden, inwieweit der soeben gefundene Interessenausgleich fortgeführt werden kann und muss.

a) Relevanz

Das Urheberrecht normiert in § 95a UrhG und § 69f Abs. 2 UrhG den rechtlichen Schutz von technischen Vorkehrungen, die der Rechtsinhaber getroffen hat, um unbefugte Nutzungen geschützter Werke zu unterbinden. Beide Regelungen haben europarechtliche Vorlagen (Art. 6 InfoSoc-RL und Art. 7 Software-RL). Mit diesen Regelungen wird dem Umstand Rechnung getragen, dass Rechtsinhaber den Gefahren der Digitalisierung für ihre Werke (namentlich die

---

1148 Siehe zu dieser umstrittenen Frage Wandtke/Bullinger/*Heerma*, § 17 UrhG Rn. 29, 30; *Grützmacher*, ZGE/IPJ 2017, 423, 437, 438.

Herstellung verlustfreier Kopien, die leichte Verbreitbarkeit von Vervielfältigungen und der daraus resultierender Kontrollverlust[1149]) auch mit technischen Mitteln begegnen. Ein klassisches Beispiel sind Kopierschutzvorrichtungen. Technische Schutzmaßnahmen im Sinne des UrhG verfolgen den Zweck, urheberrechtliche Rechte zu schützen.[1150]

§ 95a UrhG und § 69f Abs. 2 UrhG sichern technischen Schutzmaßnahmen wiederum rechtlich gegen Umgehungen ab und untersagen bestimmte Vorbereitungsmaßnahmen und -mittel.[1151] Ein Werk kann also auf drei Ebenen geschützt sein: Erstens rechtlich mittels der Verwertungs- und Persönlichkeitsrechte des Urhebers, zweitens technisch durch Schutzmaßnahme und drittens wiederum rechtlich durch den Schutz der technischen Schutzmaßnahme.

§ 69f Abs. 2 UrhG gilt für Computerprogramme, § 95a UrhG für andere Werke. Da § 69f Abs. 2 UrhG einen etwas spezielleren Anwendungsbereich hat, wird diese Norm zuerst untersucht. Der Frage nach der Anwendbarkeit bei multimedialen Werken wird nach der Untersuchung beider Normen nachgegangen,[1152] da erst dann die Unterschiede der Regelungen und somit die Relevanz der Anwendbarkeit deutlich sind. Von besonderer Bedeutung ist das Verhältnis zu den Schranken.

Für die Hersteller von Drittanbietersoftware sind §§ 95a UrhG und 69f Abs. 2 UrhG von Bedeutung, da sie erstens im Rahmen der Analyse des Spiels des Betreibers technischen Schutzmaßnahmen gegenüberstehen können, die das weitere Vorgehen einschränken, und zweitens der Einsatz ihrer Software die Umgehung von Schutzmechanismen bedeuten kann.[1153] Sollten die Schutzmaßnahmen als technische Schutzmaßnahme im Sinne des UrhG gelten, kann ein Spielbetreiber möglicherweise zum einen die konkreten Umgehungen rechtlich unterbinden sowie zum anderen aus § 95a Abs. 3 UrhG bzw. § 69f Abs. 2 UrhG gegen den Hersteller von Drittanbietersoftware, die die Schutzmaßnahmen umgeht, vorgehen und die Herstellung der Software unterbinden.[1154]

Fragen in Bezug auf technischen Schutzvorkehrungen bei Computerspielen wurden in der Literatur bisher vereinzelt angesprochen[1155] aber nicht umfassend

---

1149 Schricker/Loewenheim/*Götting*, Vor §§ 95a ff. Rn. 1; *Poeppel*, S. 101.
1150 *Riesenhuber*, in: Leible/Ohly/Zech, S. 141, 152.
1151 Dreier/Schulze/*Specht*, § 95a UrhG Rn. 1.
1152 Siehe C.III.4.f).
1153 Siehe B.III.4.
1154 *Sonntag*, in: Schweighöfer, IRIS 2014, 683, 690.
1155 *Picot*, in: Taeger, S. 351 ff.; *Wieduwilt* MMR 2008, 715, 718.

diskutiert. Angesichts der zunehmend intensiveren technischen Sicherung von Online-Spielen und anderen softwaregestützten Werken ist es geboten, diesen Themenkomplex genauer zu beleuchten und die Risiken für den Interessenausgleich zwischen Spielbetreibern und Spielern zu verdeutlichen. Ein Risiko besteht unter anderem darin, dass das oben gefundene Gleichgewicht zwischen den Interessen von Urhebern und Nutzern, welche die Rechte und Schranken herstellen, durch technische Maßnahmen wieder verändert wird.[1156] Die Nutzer müssen auch vor technischen Schutzmaßnahmen geschützt werden.[1157]

b) Rechtsnatur

Der Schutz technischer Maßnahmen stellt kein Verwertungsrecht und kein Leistungsschutzrecht dar, sondern ergänzt den bestehenden Schutz des Werkes oder Leistungsgegenstands.[1158] Ein Verstoß gegen den Schutz einer technischen Maßnahme stellt daher auch keinen Urheberrechtsverstoß dar.[1159] Daraus ergibt sich bereits eines der Hauptprobleme dieses Rechtsschutzes, nämlich die Frage, inwieweit die Umgehungshandlung einen urheberrechtlichen Bezug aufweisen muss. Darüber hinaus folgt aus dieser besondere Rechtsnatur auch die Frage, ob und inwieweit die Schranken eingreifen, da sie nicht einfach wie bei einem Verwertungsrecht angewandt werden können.

c) Schutz technischer Programmschutzmechanismen (§ 69f Abs. 2 UrhG)

§ 69f Abs. 2 UrhG dehnt den Anspruch aus Abs. 1 auf Vernichtung rechtswidriger Vervielfältigungsstücke auf solche Mittel aus, die allein dazu bestimmt sind, die unerlaubte Beseitigung oder Umgehung technischer Programmschutzmechanismen zu erleichtern.

aa) Technische Programmschutzmechanismen

Darunter fallen alle Vorrichtungen, die Urheberrechtsverletzungen verhindern sollen, indem sie Handlungen in Bezug auf urhebergeschützte Programme

---

1156 *Gräbig*, S. 28; *Schweyer*, S. 166; *Geiger* in: Hilty/Peukert, S. 143, 156.

1157 Hoeren/Sieber/Holznagel/*Arlt*, Teil 7.7 Rn. 2.

1158 Dreier/Schulze/*Specht*, § 95a UrhG Rn. 1; Fromm/Nordemann/*Czychowski*, § 95a UrhG Rn. 1; Schricker/Lowenheim/*Götting*, Vor §§ 95a ff. Rn. 11; Wandtke/Bullinger/*Wandtke*/*Ohst*, § 95a UrhG Rn. 4.

1159 BGH, Urteil vom 27.11.2014 – I ZR 124/11 = GRUR 2015, 672, 678.

einschränken.[1160] Einer früher vertretenen Auffassung, wonach § 69f Abs. 2 UrhG nur auf Umgehungsmittel bezüglich Kopierschutzmechanismen anzuwenden sei,[1161] ist nicht zu folgen.[1162] Diese Einschränkung gibt der Wortlaut nicht her.[1163] Zudem ist nicht erkennbar, warum Programme nicht auch vor Veränderungen technisch geschützt sein sollten.

bb) Allgemeines Umgehungsverbot

Es wird teilweise verneint, dass sich aus § 69f Abs. 2 UrhG ein allgemeines Umgehungsverbot für technische Schutzmaßnahmen ergibt.[1164] Der Gesetzestext sieht einen Vernichtungsanspruch für Umgehungsmittel vor, statuiert aber kein ausdrückliches Umgehungsverbot.

Es liegt nahe, als Minusmaßnahme zum Verbot von Umgehungsmitteln auch ein Umgehungsverbot anzunehmen. Es wurde bereits aufgezeigt, dass für sehr viele Nutzungen bei Computerprogrammen Hilfsmittel (z. B. Debugger und Disassembler) erforderlich sind. Solche Hilfsmittel zu verbieten aber nicht deren Anwendung im Einzelfall, wäre wenig konsequent. Zudem wird so auch der Gleichlauf mit § 95a UrhG gewahrt. Dort sind sowohl die Umgehung verboten (Abs. 1), also auch bestimmte Handlungen in Bezug auf Hilfsmittel (Abs. 3). Schließlich kommt nach der hier vertretenen Auffassung hinzu, dass sich auch an der konkreten Umgehung entscheidet, ob eine zulässige Schrankennutzung vorliegt.[1165] Der Vernichtungsanspruch bezüglich Hilfsmittel ist aufgrund der drohenden Verhinderung von wichtigen Hilfsmitteln zur Schrankennutzung zu reduzieren.[1166] Umso wichtiger ist dann, dass die Umgehung im Einzelfall untersagt werden kann, um die Schutzmaßnahmen, die ja durchaus eine Berechtigung haben, nicht völlig schutzlos zu stellen. Es bleibt allerdings dabei, dass nur solche Schutzmaßnahmen nicht umgangen werden dürfen, die konkret urheberrechtlich relevante Handlungen verhindern.[1167] Werden beispielsweise unter Einsatz eines zulässigen Mittels die Zugriffsrechte im Arbeitsspeicher verändert

---

1160 Fromm/Nordemann/Czychowski, § 69f UrhG Rn. 9; Dreier/Schulze/*Dreier*, § 69f UrhG Rn. 11; Schricker/Loewenheim/*Spindler*, § 69f UrhG Rn. 10; Wandtke/Bullinger/*Grützmacher*, § 69f UrhG Rn. 14.

1161 *König*, NJW 1995, 3293, 3294.

1162 *Schweyer*, S. 211, 212; *van Schoor*, S. 88, 89.

1163 *van Schoor*, S. 88, 89.

1164 *Kreutzer*, CR 2006, 804, 805.

1165 Siehe C.III.4.c)ff)(4).

1166 Siehe C.III.4.c)ff)(5).

1167 Siehe C.III.4.c)dd).

und so Daten ausgelesen, ist dies keine Umgehung,[1168] eine so vorgenommene Codeveränderung hingegen schon.

Es wird vertreten, dass sich ein Umgehungsverbot nicht aus § 69f Abs. 2 UrhG, sondern daraus, dass eine Ausschaltung des Schutzmechanismus nicht mehr von § 69d Abs. 1 UrhG gedeckt sei und damit gegen § 69c UrhG verstoße.[1169] Das überzeugt aber nicht, da eine Umgehung der Urheberrechtsverletzung vorgelagert sein kann. Beispielsweise können Zugriffsrechte verändert werden, was die Umgehung darstellt, um anschließend Code einzuschleusen, was eine Umarbeitung darstellt.

Im Folgenden bezieht sich die Bezeichnung „Anspruch aus § 69f Abs. 2 UrhG" auf das ungeschriebene allgemeine Umgehungsverbot. Umgehung ist dabei als jede Handlung zu verstehen, die eine technische Schutzmaßnahme zumindest abschwächt. Sofern der Vernichtungsanspruch bezüglich Hilfsmittel gemeint ist, wird dies kenntlich gemacht.

cc) Schutzgegenstand

Technische Programmschutzmechanismen schützen aufgrund des Wortlauts und der systematischen Stellung in den §§ 69a ff. UrhG ausschließlich Computerprogramme. Mit anderen Worten ist der Rechtsschutz aus § 69f Abs. 2 UrhG nur einschlägig, wenn durch eine Maßnahme Handlungen in Bezug auf Computerprogramme unterbunden werden sollen.

Wird ein Programm geschützt, kommt es allerdings regelmäßig zu einem Mischschutz dahingehend, dass neben dem geschützten Programmcode auch andere Gegenstände vom Programmschutzmechanismus profitieren. So schützen Zugriffsrechte im Arbeitsspeicher sowohl den Programmcode als auch Daten, da beides dort abgelegt ist. Für § 69f Abs. 2 UrhG genügt es aber, wenn *auch* ein Computerprogramm geschützt wird. Ansonsten wäre der Anwendungsbereich des § 69f Abs. 2 UrhG zu gering, da Software heutzutage regelmäßig multimedial ist.[1170]

1168 *Sonntag*, in: Schweighofer, IRIS 2014, 683, 687.

1169 Wandtke/Bullinger/*Grützmacher*, § 69f UrhG Rn. 13.

1170 Siehe C.III.3.d)dd)(2)(e).

dd) Umgehungsmittel

Umgehungsmittel sind alle Mittel, die die Umgehung der Programmschutzmechanismen zumindest erleichtern.[1171] Angesichts des Wortlauts können hier keine strengeren Anforderungen aufgestellt werden, sodass alle Hilfsmittel des Software Reverse Engineering darunterfallen können.

ee) Urheberrechtlicher Bezug des Schutzmechanismus

Der Programmschutzmechanismus muss Bezug zu einer urheberrechtlich relevanten Handlung haben.[1172] Es wird allerdings nicht immer einheitlich beurteilt, ob und in welcher Stärke dieser Bezug vorliegen, wie sich am Beispiel von Bots zeigt.[1173] Ein Bezug könnte in diesem Beispiel hergestellt werden, wenn entweder das Spielen mittels eines Bots keine bestimmungsgemäße und damit eine urheberrechtswidrige Nutzung ist,[1174] oder wenn durch die Gegenmaßnahme das weitere Laden des Programms verhindert wird, weil dann urheberrechtlich Relevantes (Vervielfältigung im Arbeitsspeicher) unterbunden wird,[1175] oder wenn das Ablaufen eines Bots zu Umarbeitungen am Programmcode führt.

Daran wird deutlich, dass ein urheberrechtlicher Bezug einer Schutzmaßnahme gegen Bots je nach konkretem Fall vorliegen kann, aber nicht muss. Gleiches gilt für das bereits geschilderte Beispiel der Änderungen von Zugriffsrechten, um anschließend Daten auszulesen (was urheberrechtlich irrelevant ist) und um den Code zu ändern (was urheberrechtlich relevant ist).

Die Frage nach einem ausreichenden Bezug zu urheberrechtlich relevanten Handlungen bedarf genauer Betrachtung. Im Grundsatz muss jede Vorschrift im Urheberrecht diesen Bezug haben. Bei § 95a UrhG resultiert das Problem daraus, dass der Gesetzgeber Zugangsmechanismen ausdrücklich als Schutzmaßnahmen anführt. Das ist bei § 69f Abs. 2 UrhG nicht der Fall. Der Vernichtungsanspruch bezüglich Hilfsmittel verlagert den Schutz zeitlich weit vor eine Urheberrechtsverletzung, sodass ein Bezug zu urheberrechtlichen Handlungen

---

1171 Dreier/Schulze/*Dreier*, § 69f UrhG Rn. 12; Dreyer/Kotthoff/Meckel/Hentsch/*Kotthoff*, § 69f UrhG Rn. 6; Schricker/Loewenheim/*Spindler*, § 69f UrhG Rn. 13; Wandtke/Bullinger/*Grützmacher*, § 69f UrhG Rn. 15, 16.

1172 Schricker/Loewenheim/*Spindler*, § 69f UrhG Rn. 10; Wandtke/Bullinger/*Grützmacher*, § 69f UrhG Rn. 14.

1173 Wandtke/Bullinger/*Grützmacher*, § 69f UrhG Rn. 14.

1174 Wandtke/Bullinger/*Grützmacher*, § 69f UrhG Rn. 14.

1175 Schricker/Loewenheim/*Spindler*, § 69f UrhG Rn. 10; *Wieduwilt*, MMR 2008, 715, 718.

umso wichtiger ist. § 69f Abs. 2 UrhG statuiert zudem einen Vernichtungsanspruch bezüglich Produkte, für die kein Urheberrechtschutz des Rechtsinhabers besteht. Insofern ist ein urheberrechtlicher Bezug erforderlich, um keinen völlig ausufernden, systemfremden Schutz zu schaffen. Das ist keine unangemessene Benachteiligung der Rechtsinhaber, da ausreichend technische Schutzinstrumente bezüglich Vervielfältigungen und Umarbeitungen des Codes bestehen (z. B. Kopierschutz, Verschlüsselung, Schreibberechtigung etc.). Mit anderen Worten sind ausreichend Schutzmaßnahmen vorhanden, die urheberrechtlichen Bezug haben.

Damit ist allerdings der Zugang als unterbundene Handlung fraglich. Der Zugang zu einem Werk ist im Ausgangspunkt urheberrechtlich irrelevant. Das ändert sich erst, wenn es zu Zwischenspeicherungen kommt. Reine Zugangsbeschränkungen fallen aber nicht unter § 69f Abs. 2 UrhG. Dafür hätte es einer gesetzlichen Anordnung bezüglich des Zugangs bedurft, wie es bei § 95a UrhG der Fall ist. Daher sind beispielsweise Authentisierungscodes bei Online-Spielen kein technischer Programmschutzmechanismus iSd § 69f Abs. 2 UrhG. Es wird nur der Zugang zum Programm geschützt. Bezüglich der anderen Inhalte kann § 95a UrhG in Betracht kommen.

Es gibt Schutzmechanismen, die nicht unmittelbar eine Vervielfältigung verhindern, sondern mittelbar wirken, indem sie beispielsweise nicht die Erstellung einer Kopie verhindern, sondern die erstellte Kopie lediglich unbrauchbar machen.[1176] Dieser mittelbare Bezug in Gestalt des eindeutigen Zwecks der Verhinderung einer urheberrechtlich relevanten Handlung genügt. Es genügt hingegen nicht, dass auch die Zugangsverhinderungen mittelbar – sozusagen als Vorbereitungshandlung – Vervielfältigungen des Programmcodes oder andere Handlungen verhindern sollen.[1177] Hier besteht kein eindeutiger Bezug. Mit dieser Argumentation würde doch wieder jede Form von Zugangsbeschränkung unter § 69f Abs. 2 UrhG fallen. Der objektive Zweck des Schutzmechanismus muss eindeutig auf eine urheberrechtlich relevante Handlung gerichtet sein. Anderenfalls wäre der Schutz zu weitgehend. Nur dann ist auch gewährleistet, dass Programmschutzmechanismen, die andere Zwecke jenseits des Urheberrechts verfolgen, beispielsweise die Bindung an bestimmte Hardware,[1178] nicht den Schutz nach § 69f Abs. 2 UrhG genießen.

1176 *Trayer*, S. 71; *van Schoor*, S. 89, 90

1177 So aber *Trayer*, S. 71; *van Schoor*, S. 90.

1178 Schricker/Loewenheim/*Spindler*, § 69f UrhG Rn. 10.

Zusammengefasst bedeutet der urheberrechtliche Bezug, dass reine Zugangsbeschränkungen nicht geschützt sind. Ein mittelbarer Bezug genügt, wenn die Maßnahme objektiv auf die Verhinderung dieser urheberrechtlich relevanten Handlung abzielt.

Für Anti-Bot-Maßnahmen ergibt sich daraus folgendes: Das Spielen mit Bots ist bei einer entsprechenden Vereinbarung keine bestimmungsgemäße Nutzung. Eine urheberrechtswidrige Nutzung besteht aber nur bei einer dinglich wirkenden Einschränkung. Da Bots äußerst vielfältig sind und auch rechtlich unterschiedlich zu bewertende Handlungen vornehmen, ist diese dingliche Wirkung aufgrund des Verkehrsschutzes zu verneinen.[1179] Wenn die Schutzmaßnahme hingegen so wirkt, dass das weitere Laden des Spiels unterbunden wird, wird unmittelbar eine urheberrechtlich relevante Handlung verhindert, da dies eine Vervielfältigung darstellt. Auch Veränderungen am Code bedeuten einen ausreichenden urheberrechtlichen Bezug. Ob eine Umarbeitung vorliegt, hängt allerdings von der konkreten Funktionsweise ab. Bei Code Injection, Hooking oder NoPing, ist dies zu bejahen.[1180] Bei der Herstellung kommt es auf die jeweilige Reversing Maßnahme an.[1181] Das führt dazu, dass Bots je nach Gegenmaßnahmen und jeweiliger Funktion gegen Schutzmaßnahmen verstoßen.

ff) Fehlende Erlaubnis

§ 69f Abs. 2 UrhG setzt eine unerlaubte Beseitigung oder Umgehung voraus. Durch den Verweis auf Abs. 1 wird zudem auf rechtswidrige Umgehungsmittel abgestellt. Streng genommen beinhaltet die Vorschrift also zwei Mal das Erfordernis, dass keine Rechtfertigung oder sonstige Erlaubnis vorliegt. Zwar wird das Verhältnis der beiden Merkmale nicht völlig einheitlich beurteilt, im Ergebnis unterscheiden sich die Auffassung aber nicht.[1182] Die entscheidende und umstrittene Frage ist vielmehr, ob der Anspruch aus § 69f Abs. 2 UrhG entfällt, wenn Beseitigungs- oder Umgehungshandlungen vorgenommen werden, die im Rahmen der computerprogrammspezifischen Schranken liegen.[1183]

1179 Siehe C.IV.2.a)bb).

1180 Siehe C.III.2.d)ee).

1181 Siehe C.V.1.

1182 *van Schoor*, S. 87, 88.

1183 Siehe dazu *Entelmann*, S. 153 ff.

(1) Vorrang des Schutzmechanismus

Nach einer Auffassung sind Handlungen im Rahmen von Schranken generell nicht legitimiert.[1184] Aus dogmatischer Sicht spreche dafür, dass §§ 69d, e UrhG nur Ausnahmen von § 69c UrhG statuieren, nicht aber von § 69f UrhG.[1185] Das Merkmal „erlaubt" könne sich nur auf eine Gestattung durch den Rechtsinhaber beziehen, weil keine gesetzliche Regelung zum Verhältnis des Umgehungsschutzes zu den Schranken geschaffen wurde.[1186] Es fehle an einer dem § 95b UrhG vergleichbaren Vorschrift, wodurch deutlich werde, dass keine Legitimierung durch Schranken erfolgen könnte.[1187] Es gebe zudem kein Selbsthilferecht.[1188] Selbst aus § 69g Abs. 2 UrhG würden sich höchstens vertragliche Ansprüche auf Ermöglichung der Schrankennutzung ergeben.[1189] Erwägungsgrund 50 S. 3 InfoSoc-RL spreche auch nicht für die Berücksichtigung von Schranken bei § 69f Abs. 2 UrhG, weil er lediglich die Reichweite von Art. 6 InfoSoc-RL (§ 95a UrhG) bestimme.[1190] Schließlich würde die Erlaubnis durch Schranken einen effektiven Schutz von technischen Maßnahmen unmöglich machen,[1191] da immer die Schutzbehauptung, man bezwecke eine von den Schranken gedeckte Handlung, möglich wäre.

(2) Vorrang der Schranken

Nach der Gegenauffassung besteht ein Recht zur Umgehung, wenn die Voraussetzungen einer Schranke der §§ 69a ff. erfüllt sind.[1192] Erwägungsgrund 50 der InfoSoc-RL bestimme, dass der Vorrang technischer Schutzmaßnahmen vor Schranken bei Software nicht einschlägig sei.[1193] Zudem sehe Art. 11 WIPO Copyright Treaty, der nach seinem Art. 4 auch für Computerprogramme gilt, Schranken als Ausnahme vom Umgehungsverbot an.[1194]

1184 Fromm/Nordemann/*Czychowski*, § 69f UrhG Rn. 8; *Arnold*, S. 133; *Entelmann*, S. 155.

1185 *Entelmann*, S. 153; *Wand*, S. 147.

1186 *Entelmann*, S. 153, 154.

1187 Fromm/Nordemann/*Czychowski*, § 69f UrhG Rn. 8.

1188 Fromm/Nordemann/*Czychowski*, § 69f UrhG Rn. 8.

1189 *Entelmann*, S. 154.

1190 *Entelmann*, S. 154, 155.

1191 Schricker/Loewenheim/*Spindler*, § 69f UrhG Rn. 12; *Arnold*, S. 133; *Wand*, S. 148.

1192 *Arlt*, S. 165, 166; *Specht*, ZGE/IPJ 2016, 289, 294.

1193 *Arlt*, S. 165, 166; *Specht*, ZGE/IPJ 2016, 289, 294.

1194 *Mittenzwei*, S. 42.

(3) Differenzierung nach Schranke

Nach einer vermittelnden Auffassung muss das Verhältnis je nach Schranke differenziert betrachtet werden,[1195] wobei innerhalb dieser Meinung unterschiedlich bewertet wird, welche Schranken Vorrang vor Programmschutzmechanismen haben.

(a) Bestimmungsgemäße Benutzung (§ 69d Abs. 1 UrhG)

Wie bereits festgestellt,[1196] dürfen Programmschutzmechanismen im Rahmen der Fehlberichtigung entfernt werden, wenn sie die Nutzung des Programms entgegen der bestimmungsgemäßen Nutzung stören. Es wäre höchst widersprüchlich, diese Befugnis dadurch auszuhebeln, dass sie als Umgehung gewertet werden würde und dann unzulässig wäre. Der Nutzer wäre dann doch auf die Beseitigung durch den Hersteller angewiesen. Sein eigenes Recht zur Fehlerberichtigung, das zum zwingenden Kern der bestimmungsgemäßen Nutzung gehört, würde leerlaufen. Hier zeigt sich besonders deutlich, wie ausufernd § 69f Abs. 2 UrhG in seiner Wirkung sein kann, wenn die gesetzlichen Befugnisse nicht berücksichtigt werden. Die urheberrechtliche Interessenlage ändert sich nicht dadurch, dass der Rechtsinhaber technische Schutzmaßnahmen ergreift. Vielmehr erhöht sich das Risiko, dass die Interessen des Nutzers beeinträchtigt werden.

(b) Sicherungskopie (§ 69d Abs. 2 UrhG)

Das Recht auf eine Sicherungskopie ist für die Herstellung und den Einsatz von Drittanbietersoftware nicht relevant. Allerdings wird das Verhältnis des § 69d Abs. 2 UrhG zu § 69f Abs. 2 UrhG bereits diskutiert.[1197] Aus der Diskussion ergeben sich einige grundlegende Erwägungen, weshalb sie hier nachvollzogen und dazu Stellung bezogen wird.

Nach einer Auffassung besteht lediglich ein Anspruch auf Beseitigung der Maßnahme[1198] oder die Lieferung einer Sicherungskopie.[1199] Zur Begründung wird angeführt, dass die Gesetzesbegründung Sicherungskopien nicht als Ausnahme bei § 69f Abs. 2 UrhG nennt, vielmehr werden Kopierprogramme als

---

1195 Schricker/Loewenheim/*Spindler*, § 69f UrhG Rn. 12; *van Schoor*, S. 92; *Wand*, S. 149.

1196 C.III.3.c)cc)(6)(c).

1197 Dreier/Schulze/*Dreier*, § 69f UrhG Rn. 12.

1198 Dreyer/Kotthoff/Meckel/Hentsch/*Kotthoff*, § 69d UrhG Rn. 18; Schricker/Loewenheim/*Spindler*, § 69d UrhG Rn. 20.

1199 Schricker/Loewenheim/*Spindler*, § 69d UrhG Rn. 20; *van Schoor*, S. 100.

Umgehungsmittel genannt.[1200] Dieser Hinweis geht aber schon deswegen fehl, da die Gesetzesbegründung das Verhältnis von § 69d Abs. 2 UrhG zu § 69f UrhG explizit als Problem anspricht, es aber offenlässt.[1201] Aus der Gesetzesbegründung können also keine Schlüsse gezogen werden .

Als weiteres Argument wird angeführt, dass das Recht auf eine Sicherungskopie nicht zu den von Erwägungsgrund 50 S. 3 InfoSoc-RL hervorgehobenen Schranken gehöre.[1202] Dem ist zuzugeben, dass das Recht auf eine Sicherungskopie im Gegensatz zu den genannten §§ 69d Abs. 3, 69e UrhG weniger stark leiden würde, wenn es sich nicht gegen technische Schutzmaßnahmen durchsetzen würde, da dann immerhin noch der vertragliche Anspruch auf eine Sicherungskopie konstruiert werden könnte. Es besteht jedoch auch im Falle der Sicherungskopie ein berechtigtes Interesse des Nutzers im Sinne einer sinnvollen Nutzung,[1203] als letztes Mittel auch selbst eine Programmsicherung durchführen zu können. Nur so ist sein Nutzungsrecht effektiv und gleichzeitig ist der Rechtsinhaber gezwungen, dieses Recht ernst zu nehmen.

Weiterhin spricht gegen diese Argumentation, dass der Rechtsinhaber selbst die Erforderlichkeit der Sicherungskopie durch entsprechende Services steuern kann. Insofern ist er alles andere als schutzlos gestellt. Schließlich kann der Rechtsinhaber andere Methoden anwenden, um unbefugte Kopien zu unterbinden (z. B. Produktaktivierung). Diese machen nicht die Kopie selbst unmöglich, sodass das Selbsthilferecht gewahrt bleibt, unterbinden aber die Nutzung unrechtmäßiger Vervielfältigungsstücke.

(c) Programmuntersuchungen und Dekompilierungen (§ 69d Abs. 3, § 69e UrhG)

Hinsichtlich der Schranken für Programmuntersuchungen und Dekompilierungen wird vertreten, dass sie Vorrang vor Programmschutzmechanismen haben.[1204] Als Argument wird angeführt, dass sonst der Umgehungsschutz weiterreiche als der Urheberrechtsschutz.[1205] Dem ist zuzustimmen, allerdings ist

---

1200 *van Schoor*, S. 98.

1201 BT-Drs. 12/4022, S. 12.

1202 *van Schoor*, S. 99, 100.

1203 *Kreutzer* CR 2006, 804.

1204 Schricker/Loewenheim/*Loewenheim*/*Spindler*, § 69f UrhG Rn. 12; Wandtke/Bullinger/*Grützmacher*, § 69f UrhG Rn. 17, 19; *Schweyer*, S. 231; *van Schoor*, S. 107; für Vorrang zumindest des § 69e UrhG: Ahlberg/Götting/*Kaboth*/*Spies*, § 69f UrhG Rn. 10; *Wand*, S. 149.

1205 *van Schoor*, S. 92.

das kein Argument, das spezifisch nur für §§ 69d Abs. 3, 69e UrhG Geltung hat. Darüber hinaus wird angeführt, dass es bei diesen Schranken um die Förderung von Weiterentwicklung und Forschung gehe,[1206] was kaum erreicht werden kann, wenn zu diesen Zwecken keine Schutzmaßnahmen umgangen werden können.

(d) Erschöpfung

Es wird vertreten, dass Weitergabesperren entfernt werden dürfen, wenn und weil diese die Weitergabe trotz der Erschöpfung verhindern.[1207] Das ist korrekt, da ansonsten die explizite Anordnung des Gesetzgebers, dass der Rechtsinhaber die Weitergabe eines einmal in den Verkehr gebrachtes Vervielfältigungsstücks nicht kontrollieren können soll, umgangen würde. Das lässt sich dogmatisch damit begründen, dass es Weitergabesperren bei veräußerten Vervielfältigungsstücken am soeben herausgearbeiteten erforderlichen Bezug der Schutzmaßnahme zu einer urheberrechtlich relevanten Handlung mangelt. Im Übrigen kann angeführt werden, dass es dem Rechtsinhaber auch hier freisteht, sein Produkt so zu gestalten, dass die Erschöpfung nicht eintritt, beispielsweise mittels der Vermietung von Software.

(4) Bewertung und Lösungsvorschlag

Es ist kein Grund ersichtlich, warum einzelne Schranken gegenüber § 69f UrhG Vorrang haben sollten und andere nicht. Erwägungsgrund 50 InfoSoc-RL mag eine solche Differenzierung zwar auf den ersten Blick nahelegen. Hinter den dort nicht erwähnten § 69d Abs. 1 und 2 UrhG stehen aber genauso schützenswerte Interessen. Diese Regelungen wären nicht mehr effektiv, wenn sie durch technische Programmschutzmechanismen de facto ausgeschaltet werden könnten. *Wand* vertritt die Auffassung, dass nur Art. 6 Software-RL Interessen schützt, die es gebieten, dass die Dekompilierung auch bei technischen Programmschutzmechanismen erlaubt ist.[1208] Das trifft aber auf die anderen Schranken ebenso zu. So kann beispielsweise die Codeverschleierung das Analysieren des Codes (§ 69d Abs. 3 UrhG) unmöglich machen.

1206 *Schweyer*, S. 231.

1207 Schricker/Loewenheim/*Loewenheim*/*Spindler*, § 69f UrhG Rn. 12; Wandtke/Bullinger/*Grützmacher*, § 69f UrhG Rn. 20; *van Schoor*, S. 105, 106; *Specht*, ZGE/IPJ 2016, 289, 294.

1208 *Wand*, S. 133, 149.

Das Argument, es fehle eine zu § 95b UrhG vergleichbare Regelung und daher könne keine Legitimierung durch Schranken erfolgen,[1209] überzeugt nicht. Genauso gut könnte man argumentieren, dass die Abwesenheit eines § 95b UrhG dafür spricht, dass die Schranken Umgehungsmittel und -handlungen legitimieren, da die Nutzer gerade durch das Gesetz auf Ansprüche gegen den Rechtsinhaber verwiesen werden.

Erwägungsgrund 50 InfoSoc-RL besagt, dass die computerprogrammspezifischen Schranken aus Art. 5 Abs. 3 und Art. 6 Software-RL nicht durch Art. 6 InfoSoc-RL beschränkt werden sollen.[1210] Diese Erwägung hat auch der deutsche Gesetzgeber übernommen.[1211] Diese Anordnung ergibt allerdings nur Sinn, wenn die computerprogrammspezifischen Schranken nicht schon von Art. 7 Software-RL bzw. § 69f Abs. 2 UrhG ausgeschalten werden. Würden die Schranken schon hinter den Schutz technischer Maßnahmen zurücktreten, würde sich keine negative Auswirkung daraus ergeben, dass sie nun auch hinter § 95a UrhG zurücktreten sollen, da der Schutz der technischen Schutzmaßnahmen vom Schrankenverhältnis abgesehen in beiden Vorschriften sehr ähnlich ist.[1212]

Aus grundrechtlicher Sicht kann hier das gleiche Argument wie beim oben dargestellten Streit um die Anwendbarkeit des §§ 69d, e UrhG angeführt werden: Die durch die Schranken vermittelten Befugnisse des Nutzers würden durch technische Schutzmaßnahmen doch wieder entzogen werden und damit den Interessenausgleich stören. Die Schranken würden wiederum dispositiv werden.[1213] Gleiches gilt aus ökonomischer Sicht: Die durch die Schranken geförderte Innovation würde ebenfalls gefährdet, wenn eine durch den Rechtsinhaber implementierte technische Schutzmaßnahme diese unanwendbar macht.

Allerdings verdient das „Dammbruch-Argument", wonach eine einmal ausgeschaltete Schutzmaßnahme von jedem umgangen werden kann, weil sich die Umgehung herumspricht,[1214] Aufmerksamkeit. Konkret sieht das Szenario wie folgt aus: Ein Nutzer umgeht einen Schutzmechanismus auf Grundlage einer Schranke und somit in zulässiger Weise. Anschließend stellt er sein Wissen oder seine genutzten Hilfsmittel anderen zur Verfügung. Heutzutage finden sich bereits nach wenigen Suchvorgängen im Web zahlreiche Anleitungen und

1209 Fromm/Nordemann/*Czychowski*, § 69f UrhG Rn. 8.

1210 *Rauch*, MR 2014, 303, 307; *Specht*, ZGE/IPJ 2016, 289, 294.

1211 BT-Drs. 15/38, S. 26; *Kreutzer*, CR 2006, 804, 805.

1212 Siehe C.III.4.e).

1213 *Specht*, GRUR 2019, 253, 258.

1214 *Eilam*, S. 312, 313; *Kreutzer*, CR 2006, 804, 807.

Hilfsprogramme für Umgehungen. Dadurch kann eine Schutzmaßnahme faktisch nutzlos werden, das Risiko von unrechtmäßigen Umgehungen steigt und das gesamte Sicherheitssystem wird kompromittiert.[1215] Für einen angemessenen Interessenausgleich ist die Risikoverteilung zu beachten. Zunächst ist der Hersteller in der Pflicht, sein Sicherheitssystem so zu gestalten, dass die Schranken nicht beeinträchtigt werden. Da er sein Produkt entwirft, kann ihm auch besser zugemutet werden, die Schrankennutzungen zu berücksichtigen, als den Nutzer darauf zu verweisen, dass die zu weit gezogenen Schutzmaßnahmen zur Schrankennutzung nicht umgangen werden dürfen, da sie sonst insgesamt wirkungslos werden. Einzelne Schranken (§ 69d Abs. 2; § 69e UrhG) kann der Hersteller aufgrund der Voraussetzung, dass die Handlung erforderlich sein muss, wie gezeigt selbst beeinflussen. Darüber hinaus ist das Auffinden von Sicherheitslücken auch im Interesse des Herstellers, da er dadurch sein System sicherer machen kann. Heutzutage machen sich Hersteller dieses Lückensuche zu eigen, indem sie „Hacker" dafür entlohnen und so zur Suche animieren.[1216] Die Umgehung selbst ist also im Interesse des Herstellers. Kritisch ist lediglich die sofortige Verbreitung der sicherheitsrelevanten Informationen an andere als den Hersteller. Insofern wäre eine vertragliche Bestimmung zum „Coordinated Disclosure"[1217] sinnvoll, welche die Schrankennutzung und damit auch die Suche nach Lücken gestattet, den Nutzer aber verpflichtet, bei Entdecken einer Sicherheitslücke zunächst den Hersteller zu informieren. Dadurch wird vermieden, dass Informationen über Sicherheitslücken ausgenutzt werden können. Gleichzeitig wird die Schrankennutzung gewahrt.

Die Schranken gestatten also eine Umgehung von technischen Schutzmaßnahmen im Sinne des § 69f Abs. 2 UrhG. Durch diese Lösung wird erstens Rechtssicherheit für die Nutzer geschaffen. Wenn eine Handlung im Rahmen einer Schranke stattfindet, ist sie zulässig. Zweitens wird sichergestellt, dass Innovation, Forschung und Weiterentwicklung nicht beeinträchtig werden. Drittens haben die Nutzer ein Mittel, ihre Rechte notfalls selbst durchzusetzen, sodass ihre Rechte effektiv gewahrt werden.

Hinsichtlich von Multimediawerken gilt, dass auch die Schranken der §§ 44a UrhG eine Umgehung im Rahmen von § 69f Abs. 2 UrhG legitimieren können. Diese sind mit wenigen Ausnahmen auf Computerprogramme anwendbar[1218]

1215 *Schweyer*, S. 234 ff.

1216 *Schmidt*, c't 21/2019, 142, 146.

1217 *Schmidt*, c't 21/2019, 142, 145 ff.

1218 Siehe C.III.3.d)aa).

und daher bei der Erlaubnis zur Umgehung zu berücksichtigen. Da § 95a UrhG aber wegen § 95b UrhG nicht zur Schrankennutzung umgangen werden darf, bleibt insofern auch die Unterscheidung zwischen technischen Schutzmaßnahmen nach § 69f Abs. 2 UrhG und § 95a UrhG relevant.

(5) Schrankennutzung bei Umgehungsmitteln

Hinsichtlich des Vernichtungsanspruchs in Bezug auf Hilfsmittel muss die mögliche Schrankennutzung des Hilfsmittels berücksichtigt werden. Denn die Hilfsmittel sind unverzichtbare Voraussetzung für die Schrankennutzung:[1219] Ohne Debugger und Disassembler kann weder eine Fehlerberichtigung noch eine Analyse, ohne Dekompilierer keine Dekompilierung stattfinden.[1220] Es wäre widersinnig, die Umgehung aufgrund der Schrankennutzung zu erlauben, die dafür unverzichtbaren Hilfsmittel aber zu verbieten.

Nach dem Wortlaut des Gesetzes gilt der Vernichtungsanspruch nur in Bezug auf Hilfsmittel, die allein dazu bestimmt sind, eine unerlaubte Umgehung zu erleichtern. Da nahezu jedes Mittel auch einen zulässigen Anwendungsbereich hat – und sei es eben im Rahmen der Schrankennutzung[1221] – würde der Anspruch bei wortgetreuer Auslegung nie bestehen. Es könnte stets die Schutzbehauptung aufgestellt werden, dass auch eine Schrankennutzung erfolgen kann.[1222] Eine legale Nutzungsmöglichkeit genügt also nicht.[1223] Es ist darauf abzustellen, ob das Hilfsmittel aus Sicht eines objektiven Beobachters[1224] urheberrechtlich relevante Vorgänge erleichtert und falls ja, ob es typischerweise der Schrankennutzung dient,[1225] wobei auch Vorbereitungshandlungen zu beachten sind. Dann ist die Beurteilung objektiv und kann nicht durch Schutzbehauptungen beeinflusst werden. Typischerweise für Schrankennutzungen genutzt werden wie oben gezeigt Debugger, Disassembler und Dekompilierer. Auch Kopierprogramme gehören aufgrund des Rechts auf eine Sicherungskopie dazu.

Um möglichst allen Interessen gerecht zu werden, könnte angedacht werden, die individuelle Nutzung von Kopierprogrammen zu erlauben, die

---

1219 Angedeutet bei Schricker/Loewenheim/*Spindler*, § 69f UrhG Rn. 12; Wandtke/Bullinger/*Grützmacher*, § 69f UrhG Rn. 19; *Schweyer*, S. 231.

1220 Siehe B.III.3.a).

1221 *Triebe*, WRP 2018, 795, 800.

1222 *Entelmann*, S. 155; Wand, S. 148; *Arnold*, MMR 2008, 144, 145.

1223 Dreyer/Kotthoff/Meckel/Hentsch/*Kotthoff*, § 69f UrhG Rn. 7; *van Schoor*, S. 109.

1224 Wandtke/Bullinger/*Grützmacher*, § 69f UrhG Rn. 21.

1225 Angedeutet bei Dreier/Schulze/*Dreier*, § 69f UrhG Rn. 13; *Triebe*, WRP 2018, 795, 800.

Massenverbreitung solcher Programme hingegen zu untersagen.[1226] Das führt allerdings zu dem Problem, dass der Nutzer dann kein Kopierprogramm von Dritten erwerben könnte, sondern nur selbst ein Programm erstellen könnte. Dazu sind die wenigsten Nutzer in der Lage. Das Recht auf eine Sicherungskopie würde faktisch nicht bestehen.

Die Beschränkung auf typische Schrankennutzungen ist dem Umstand geschuldet, dass es sich mitunter um eine Prognoseentscheidung handelt. Es ist in Kauf zu nehmen, dass dadurch nicht mehr alle Mittel verboten werden können, die auch zur unrechtmäßigen Nutzung eingesetzt werden. Als Ausgleich für die Rechtsinhaber bleibt das Umgehungsverbot welches er im Einzelfall geltend machen kann. Das ist insbesondere bei Kopierprogrammen sinnvoll, da nur im konkreten Fall beurteilt werden kann, ob eine Sicherungskopie zulässig ist oder nicht. Wenn ein Rechtsinhaber ein Kopierprogramm nach § 69f Abs. 2 UrhG vernichten lässt, muss er darlegen, dass dieses Kopierprogramm keinen Anwendungsbereich für rechtmäßige Kopien hat.

Dieser Paradigmenwechsel, der die „Kollateralschäden" (statt eines Verbots von Mitteln, die auch zulässige Handlungen ermöglichen, die Zulässigkeit von Mitteln, die auch verbotene Handlungen ermöglichen) dem Rechtsinhaber zuschreibt, ist gerechtfertigt, da die Nutzer im Gegensatz zum Rechtsinhaber keine Ausweichmöglichkeiten durch alternative Produktgestaltung oder alternative technische Schutzmaßnahmen haben.

(6) Zwischenergebnis

Zusammengefasst ist im Rahmen der Erlaubnis zu prüfen, ob eine Grenze eines Verwertungsrechts besteht oder eine Schranke aus §§ 69d, e UrhG eingreift.[1227] Wenn eine Begrenzung oder eine Schranke vorliegt, ist die konkrete Umgehung zulässig. Das gilt nicht nur für bestimmte, sondern für alle Schranken. Ein Umgehungsmittel ist zulässig, wenn es typischerweise der Schrankennutzung dient. Dadurch wird gewährleistet, dass die Schrankennutzung effektiv bleibt und der durch die Schranken hergestellte Interessenausgleich nicht durch technische Mittel zugunsten der Urheber und Rechtsinhaber verschoben wird.

1226 *Schweyer*, S. 228, 229; ähnlich *van Schoor*, S. 98.

1227 *Rauch*, MR 2014, 303, 307, 308; *Specht*, ZGE/IPJ 2016, 289, 294.

gg) *Verhältnismäßigkeit*

Das Umgehungsverbot und der Vernichtungsanspruch aus § 69f Abs. 2 UrhG stehen unter dem Vorbehalt der Verhältnismäßigkeit.[1228] Dies ergibt sich aus Abs. 1 S. 2 und Art. 7 Abs. 1 Software-RL.[1229] Da die Schranken aber schon bei den Anspruchsvoraussetzungen berücksichtigt werden, kommt der Verhältnismäßigkeit keine gesteigerte Bedeutung zu.

hh) *Zwischenergebnis*

§ 69f Abs. 2 UrhG beinhaltet ein allgemeines Umgehungsverbot technischer Programmschutzmechanismus und einen Vernichtungsanspruch in Bezug auf Hilfsmittel zur Umgehung. Als Programmschutzmechanismen gelten alle technischen Vorrichtungen, die Handlungen in Bezug auf Computerprogramme einschränken. Allerdings ist ein urheberrechtlicher Bezug erforderlich, der Schutz allein vor Zugang genügt nicht. Ein mittelbarer Bezug ist dabei ausreichend, wenn der objektive Zweck des Schutzmechanismus eindeutig auf eine urheberrechtlich relevante Handlung gerichtet ist. Zudem müssen bei der jeweiligen Umgehung und bei der Zulässigkeit eines Hilfsmittels die Grenzen der Verwertungsrechte sowie die Schranken berücksichtigt werden. Ein Umgehungsmittel ist nicht allein dazu bestimmt, Umgehungen zu erleichtern, wenn typischerweise Schrankennutzungen erleichtert werden. Umgehungsverbot und Vernichtungsanspruch müssen zudem verhältnismäßig sein.

Ausgehend von dieser Auslegung findet durch § 69f Abs. 2 UrhG keine ungerechtfertigte Verringerung der Nutzerbefugnisse statt. Die gleiche Frage muss nun im Hinblick auf § 95a UrhG und im Anschluss im Hinblick auf die Anwendbarkeit der Rechtsregime auf Multimediawerke beantwortet werden.

d) *Schutz technischer Maßnahmen (§ 95a Abs. 1, 2 UrhG)*

Die Norm schützt ähnlich wie § 69f Abs. 2 UrhG technische Schutzmaßnamen rechtlich vor deren Umgehung. Im Vergleich zu § 69f Abs. 2 UrhG ist § 95a UrhG detaillierter geregelt. Im Folgenden werden zunächst die einzelnen Tatbestandsmerkmale, mit besonderem Blick auf der Frage nach dem Verhältnis zu den Schranken, dargestellt. Anschließend kann der Vergleich zu § 69f Abs. 2 UrhG gezogen werden (e). Vor diesem Hintergrund kann die Frage nach der

---

1228 Dreier/Schulze/*Dreier*, § 69f UrhG Rn. 11; Wandtke/Bullinger/*Grützmacher*, § 69f UrhG Rn. 22.

1229 Wandtke/Bullinger/*Grützmacher*, § 69f UrhG Rn. 22.

Anwendbarkeit der verschiedenen Schutzregime auf Multimediawerke beantwortet werden (f).

aa) Technische Maßnahme

§ 95a Abs. 2 S. 1 UrhG definiert technische Maßnahmen als Technologien, Vorrichtungen und Bestandteile, die im normalen Betrieb dazu bestimmt sind, geschützte Werke oder andere nach diesem Gesetz geschützte Schutzgegenstände betreffende Handlungen, die vom Rechtsinhaber nicht genehmigt sind, zu verhindern oder einzuschränken. Mit anderen Worten sind davon sämtliche technischen Maßnahmen erfasst, die im normalen Betrieb dazu bestimmt sind, Nutzungshandlungen einzuschränken.[1230] Der Begriff ist umfassend gemeint, sodass alle Maßnahmen, die technisch und in irgendeiner Form einschränkend wirken, darunterfallen können.

Man kann Zugangs-, Nutzungs- und Integritätskontrollmechanismen unterscheiden:[1231] Zugangskontrollen bestimmen, ob ein Nutzer überhaupt auf den geschützten Gegenstand zugreifen darf, Nutzungskontrollen bestimmen, wie die Nutzung des Gegenstands erfolgen kann. Integritätskontrollen richten sich nach § 95c UrhG.[1232]

bb) Schutzgegenstand

§ 95a Abs. 1 UrhG spricht von technischen Maßnahmen zum Schutz eines nach diesem Gesetz geschützten Werkes oder eines anderen nach diesem Gesetz geschützten Schutzgegenstandes. Faktisch kommt es regelmäßig vor, dass eine technische Maßnahme nicht nur urheberrechtlich geschützte Gegenstände schützt, da Schutzmaßnahmen nach derzeitigem Stand der Technik nicht entsprechend differenziert werden können. Daher stellt sich die Frage, ob Schutzmaßnahmen auch in diesen Fällen von § 95a UrhG erfasst werden.

(1) Urheberrechtlich geschützter Gegenstand

Aufgrund der gesetzlichen Vorgabe herrscht Einigkeit, dass ungeschützte Ideen,[1233] Schutzobjekte, welche die erforderliche Schöpfungshöhe nicht

---

1230 Dreier/Schulze/*Specht*, § 95a Rn. 14; Schricker/Loewenheim/*Götting*, § 95a Rn. 16.

1231 Schricker/Loewenheim/*Götting*, § 95a Rn. 17; Wandtke/Bullinger/*Wandtke/Ohst*, § 95a UrhG Rn. 14 ff.; *Conraths*, CR 2018, 170, 172.

1232 Wandtke/Bullinger/*Wandtke/Ohst*, § 95a UrhG Rn. 17.

1233 Dreier/Schulze/*Specht*, § 95a UrhG Rn. 3.

erreichen,[1234] sowie gemeinfreie Werke[1235] allein keine tauglichen Schutzgegenstände im Sinne des § 95a UrhG sind.

Bei einigen Schutzmaßnahmen muss genau untersucht werden, welche Werke sie schützen. Ein Anti-Bot-Programm schützt das Balancing, indem es Drittanbietersoftware entdeckt und ausschaltet. Gleichzeitig soll der Code der Spielsoftware vor Änderungen geschützt werden. Das richtet sich allerdings nach § 69f Abs. 2 UrhG. Ein Anti-Bot-Programm schützt jedoch nicht die audiovisuellen Inhalte des Clients vor unzulässigen Vervielfältigungen,[1236] da diese nur im Rahmen der bestimmungsgemäßen und vereinbarten Nutzung (Spielen des Spiels) und damit zulässigerweise im Arbeitsspeicher vervielfältigt werden. Weitere Vervielfältigungen oder andere Verwertungen der audiovisuellen Inhalte finden nicht statt, daher entfaltet die Maßnahme dahingehend keine Schutzwirkung.

Arnold weist daraufhin, dass es im Rahmen des Vorfeldschutzes des § 95a Abs. 3 UrhG unmöglich sei, zu beurteilen, ob eine Maßnahme nur nicht geschützte Werke schütze.[1237] Der Hinweis ist berechtigt, führt aber lediglich dazu, dass ein Anspruch aus § 95a Abs. 3 UrhG nie an dem Einwand scheitern wird, dass die vertriebene Vorrichtung nur für gemeinfreie Werke genutzt werde.[1238] Da es im Rahmen des § 95a Abs. 1, 2 UrhG immer um eine konkrete Umgehung einer konkreten Schutzmaßnahme geht, stellt sich dieses Problem dort ohnehin nicht. [1239]

Es ist festzuhalten, dass das Werk oder der Schutzgegenstand eines Leistungsschutzrechts nach dem UrhG geschützt sein muss, um in den Genuss des Schutzes von § 95a Abs. 1, 2 UrhG zu kommen.[1240] Davon sind die Fälle zu unterscheiden, in denen eine Maßnahme sowohl geschützte als auch ungeschützte Werke erfasst.[1241]

1234 *Arlt*, S. 113.

1235 Dreier/Schulze/*Specht*, § 95a UrhG Rn. 3; Schricker/Loewenheim/*Götting*, § 95a UrhG Rn. 3.

1236 Vgl. United States Court of Appeals, Ninth Cicuit, 2009, 629 F.3d 928, in: Lipson/Brain, S. 294, 301.

1237 *Arnold*, S. 115.

1238 *Arnold*, S. 117, 118.

1239 *Arnold*, S. 117.

1240 Fromm/Nordemann/*Czychowski*, § 95a UrhG Rn. 14; *Arlt*, S. 113.

1241 *Trayer*, S. 23.

(2) Mischschutz

Bei der Frage, ob eine Maßnahme nach § 95a UrhG geschützt ist, wenn sie sowohl urheberrechtlich geschützte als auch nicht geschützte Gegenstände betrifft, herrscht Einigkeit: § 95a UrhG ist anwendbar, wenn zumindest teilweise urheberrechtlich geschützte Gegenstände abgesichert werden, außer es handelt sich im Missbrauch.[1242] Ein solcher liegt beispielsweise dann vor, wenn nur zum Schein ein urheberrechtlich geschütztes Werk integriert wird, damit dieses von der Schutzmaßnahme profitiert, es in Wahrheit aber um die Absicherung nicht geschützter Gegenstände geht.[1243] Umgekehrt gilt aber auch, dass Maßnahmen iSd § 95a UrhG nicht nur solche sein können, die ausschließlich urheberrechtlich geschützte Werke und sonstige Gegenstände absichern, da § 95a UrhG sonst nur selten zur Anwendung kommen.[1244] Ziel der gesetzlichen Regelung sei aber, möglichst viele Schutzmaßnahmen zu erfassen.[1245]

An dieser Stelle zeigt sich, dass technische Schutzmaßnahmen über das urheberrechtlich festgesetzte Maß hinausgehen können. Es wäre wünschenswert, wenn der rechtliche Schutz einer Maßnahme davon abhängig gemacht werden könnte, ob ein urheberrechtlich geschütztes Werk geschützt wird oder nicht. Es ist praktisch jedoch nicht möglich, diese Trennung bei jeder Schutzmaßnahme durchzuführen, da diese selbst nicht danach unterscheiden, was sie genau schützen.[1246] Aus diesem Grund besteht keine andere Möglichkeit, als diesen überschießenden Schutz an dieser Stelle hinzunehmen.

cc) Betreffende Handlungen

Nach dem Wortlaut des Gesetzes ist eine technische Schutzmaßnahme von § 95a UrhG erfasst, wenn sie geschützte Schutzgegenstände betreffende Handlungen, die vom Rechtsinhaber nicht genehmigt sind, verhindert oder einschränkt. Das Merkmal „betreffende Handlungen“ wird nicht genauer definiert. Daraus ergeben sich wie bei § 69f Abs. 2 UrhG zwei Fragen. Zum einen muss geklärt werden, ob auch Handlungen, die zwar einen Schutzgegenstand betreffen, aber

1242 Dreier/Schulze/*Specht*, § 95a Rn. 9; Dreyer/Kotthoff/Meckel/Hentsch/*Dreyer*, § 95a UrhG Rn. 8; Fromm/Nordemann/*Czychowski*, § 95a UrhG Rn. 34; Schricker/Loewenheim/*Götting*, § 95a Rn. 5; Wandtke/Bullinger/*Wandtke/Ohst*, § 95a UrhG Rn. 52.

1243 Schricker/Loewenheim/*Götting*, § 95a UrhG Rn. 5.

1244 Dreyer/Kotthoff/Meckel/Hentsch/*Dreyer*, § 95a Rn. 8.

1245 Dreier/Schulze/*Specht*, § 95a Rn. 9; Schricker/Loewenheim/*Götting*, § 95a Rn. 5.

1246 *Arnold*, S. 115.

urheberrechtlich nicht relevant sind, erfasst werden (1). Zum anderen stellt sich die Frage, ob auch Handlungen, die im Rahmen von Schrankenbefugnissen stattfinden, erfasst werden (2).

(1) Urheberrechtlich irrelevante Handlungen

Ein möglicher Effekt des § 95a UrhG könnte sein, dass der Rechtsinhaber in der Lage sein könnte, nicht nur urheberrechtlich relevante Handlungen zu unterbinden. Das Problem resultiert daraus, dass das Gesetz selbst von Zugangskontrolle (Abs. 2) und Zugang zum Werk (Abs. 1) spricht, obwohl der Zugang zu einem Werk keine urheberrechtliche relevante Nutzungshandlung darstellt. Das Zugangsrecht des § 25 UrhG steht dem Urheber gegenüber dem Nutzer und nicht andersherum zu. Auch sonst findet sich kein Zugangsrecht im Urheberrecht.[1247] Es ist umstritten, ob die Handlungen iSd § 95a UrhG, die durch technische Schutzmaßnahmen unterbunden werden sollen, urheberrechtlich relevant sein müssen.[1248]

Nach einer Auffassung sind auch urheberrechtlich irrelevante Handlungen erfasst.[1249] Das ergebe sich daraus, dass das Gesetz selbst von Zugangskontrollen (Art. 6 Abs. 3 S. 2 InfoSoc-RL; § 95a Abs. 1, Abs. 2 S. 2 UrhG) spricht.[1250] Zugangshandlungen seien regelmäßig vorgelagert, bevor urheberrechtliche relevante Handlungen vorgenommen werden und ermöglichen daher eine effektive Kontrolle der Nutzung.[1251]

Nach der Gegenauffassung sind nur urheberrechtlich relevante Handlungen erfasst.[1252] Nur so könne das Erfordernis der Genehmigung erklärt werden, da nur das genehmigt werden könne, was die urheberrechtlichen Befugnisse überhaupt berührt.[1253] Der Zugang zu einem Werk gehöre nicht zu diesen Befugnissen.[1254] Die Gesetzgebungsgeschichte der Richtlinie zeige, dass kein separates Zugangsrecht gewollt war.[1255] Auch im Vergleich zum US-amerikanischen 17

1247 *Riesenhuber*, in: Leible/Ohly/Zech, S. 141, 142.

1248 Siehe schon zu Art. 6 InfoSoc-RL *Trayer*, S. 26, 27.

1249 Wandtke/Bullinger/*Wandtke/Ohst*, § 95a Rn. 15; *Trayer*, S. 27; *Kreutzer*, CR 2006, 804, 806.

1250 Wandtke/Bullinger/*Wandtke/Ohst*, § 95a Rn. 15; *Trayer*, S. 27.

1251 Wandtke/Bullinger/*Wandtke/Ohst*, § 95a Rn. 15; *Meyer*, in Conrad/Grützmacher, S. 254, 261.

1252 Schricker/Loewenheim/*Götting*, § 95a Rn. 3; *Entelmann*, S. 44, 45; *Schweyer*, S. 214, 215.

1253 *Entelmann*, S. 45.

1254 *Schweyer*, S. 215.

1255 *Schweyer*, S. 215.

USC sec. 1201 werde deutlich, dass das europäische Recht den Zugang nicht als eigenes Recht ansehe.[1256] Der Befund, dass es auf eine urheberrechtlich relevante Nutzung ankomme, entspreche auch der Stellung des § 95a UrhG im Urheberrecht.[1257] Der vom Gesetz vorgegebene Schutz von Zugangskontrollen müsse eingeschränkt werden.[1258] Im Rahmen des Merkmals objektive Zweckbestimmung könne beispielsweise entschieden werden, ob eine Zugangskontrolle tatsächlich darauf gerichtet sei, urheberrechtlich relevante Nutzungen zu verhindern.[1259] Nur dann würde sie den Schutz des § 95a UrhG genießen.

Das Ergebnis der erstgenannten, weiten Auffassung ist ein Stück weit die Kontrolle des Werkgenusses, selbst wenn dieser völlig unabhängig von Eingriffen in Verwertungsrechte stattfindet. Das ist unter dem Gesichtspunkt des urheberrechtlichen Interessensausgleichs problematisch, aber angesichts des klaren Gesetzeswortlauts („Zugang“) an dieser Stelle unumgänglich.

Bereits der Mischschutz hat gezeigt, dass § 95a UrhG über den urheberrechtlichen Schutz hinausgeht. Es bleibt als einzig dogmatische überzeugende Lösung nur, bei Zugangskontrollen zumindest einen Bezug zu späteren Verwertungshandlungen herzustellen. Dies dürfte bei digitalen Werken aufgrund von anschließenden Zwischenspeicherungen, die nach dem Zugang zur Werkwahrnehmung erforderlich sind, regelmäßig gelingen.

Ein solcher Bezug fehlt aber beispielsweise im Falle von Botnutzung und entsprechenden Gegenmaßnahmen. Zwar soll die Anti-Bot-Maßnahme das Balancing schützen. Das Spielen eines Spiels mithilfe eines Bots gestaltet dieses aber nicht um, sofern es zu keinen Spielwertänderungen kommt,[1260] sondern nutzt es nur auf eine unvorhergesehene Weise aus. Das ist urheberrechtlich irrelevant. Denkbar wäre noch, das Unterbinden von Botnutzung als eine Kontrolle der Art der Nutzung anzusehen. Man könnte darauf abstellen, dass aufgrund der Spielregeln nur die Nutzung ohne Bots gestattet ist. Das stellt aber lediglich eine schuldrechtliches und kein urheberrechtliches Problem dar. Für letzteres müsste die Nutzungsbeschränkung dinglich wirken, was bei Bots aber allein aufgrund mangelnder Abgrenzbarkeit der Nutzung nicht möglich ist.[1261] Bei

---

1256 *Schweyer*, S. 215.
1257 *Entelmann*, S. 45.
1258 *Entelmann*, S. 48 ff., 53 ff.
1259 *Entelmann*, S. 53 ff.; ähnlich *Schweyer*, S. 214, 215.
1260 Siehe C.V.3.d).
1261 Siehe C.IV.2.a)bb).

der Nutzung von Bots fehlt also ein Bezug zu einer urheberrechtlich relevanten Verwertungshandlung.

Ein Problem offenbart sich bei der genaueren Betrachtung von Programmcodeverschlüsselungen. Diese dienen zwar auf den ersten Blick dem Schutz des Programmcode und unterfallen damit § 69f Abs. 2 UrhG. Wenn man allerdings die Zugangserlangung zu § 95a UrhG hinzunimmt, sind Programmcodeverschlüsselungen auch ein Fall des § 95a UrhG. Ist der Programmcode verschlüsselt, können beispielsweise Kopien von Mediendateien des Spiels im Arbeits- und Festplattenspeicher nicht lokalisiert werden. Es fehlt mit anderen Worten am Zugang zum Werk. Aus diesem Grund können die Mediendateien auch nicht vervielfältigt werden. Darin liegt dann auch der Bezug zu einer urheberrechtlich relevanten Handlung. Die Mediendateien werden daher durch die Programmverschlüsselung mitgeschützt. Das wirkt sich negativ auf die Zulässigkeit von Debugging aus. Sobald Programme auch Mediendateien enthalten, kann das Debuggen des Programmcodes eine Umgehung darstellen. Eine nach § 69d Abs. 1 UrhG zulässige Handlung, die auch um Falle des § 69f Abs. 2 UrhG zulässig wäre, würde dann an § 95a UrhG scheitern. Dieses Problem muss im Rahmen der Verhältnismäßigkeit bei § 95a UrhG berücksichtigt werden.[1262] Technische Schutzmaßnahmen schützen mitunter verschiedene urheberrechtliche Werke.[1263]

(2) Handlungen im Rahmen von Schranken

(a) Vorrang der technischen Schutzmaßnahmen

Das Verhältnis der Schranken aus §§ 44a ff. UrhG zu § 95a UrhG ist ein weiteres Beispiel für den überschießenden rechtlichen Schutz der Vorschrift.[1264] § 95b Abs. 1 UrhG bestimmt, dass der Rechtsinhaber den dort genannten Begünstigten die notwendigen Mittel zur Verfügung stellen muss, damit diese die Befugnisse aus den Schranken auch wahrnehmen können. Im Umkehrschluss daraus folgt, dass es für den Schutz nach § 95a UrhG irrelevant ist, ob die Nutzung durch eine Schranke gestattet ist.[1265] Anderenfalls wäre § 95b UrhG überflüssig. Mit anderen Worten genießen technische Schutzmaßnahmen nach § 95a UrhG auch dann rechtlichen Schutz, wenn sie Handlungen verhindern, die aufgrund einer Schrankenregelung urheberrechtlich zulässig sind und ohne Schutzmaßnahme

---

1262 Siehe dazu C.III.4.d)jj).

1263 Siehe B.III.4.

1264 *Arlt*, S. 114; *Entelmann*, S. 45; *Gräbig*, S. 34, 35; *Specht*, S. 217, 218.

1265 Fromm/Nordemann/*Czychowski*, § 95a UrhG Rn. 35; *Arlt*, S. 113, 114.

auch einfach vorgenommen werden dürften.[1266] Darüber hinaus sind nicht alle Schranken in § 95b Abs. 1 UrhG genannt, sodass hier in zweifacher Hinsicht eine überschießende Tendenz festzuhalten ist. Bei den nicht in § 95b Abs. 1 UrhG genannten Schranken müssen nicht einmal die zur Nutzung erforderlichen Mittel zur Verfügung gestellt werden. Sie können also völlig durch technische Schutzmaßnahmen beseitigt werden. Die überschießende Tendenz stellt, neben der Zugangskontrolle, den zweiten bedeutenden Unterschied gegenüber § 69f Abs. 2 UrhG dar.

(b) Erschöpfungsgrundsatz

§ 95a UrhG reicht auch an einer weiteren Stelle über die Grenzen der Verwertungsrechte hinaus, nämlich hinsichtlich des Verhältnisses zum Erschöpfungsgrundsatz. Die Umsetzung in §§ 95a, 95b UrhG resultiert aus europarechtlichen Vorgaben (Art. 6 Abs. 4 InfoSoc-RL). Aus der europäischen Gesetzgebungsgeschichte wird deutlich, dass Art. 6 InfoSoc-RL Vorrang gegenüber den Schranken aus Art. 5 InfoSoc-RL hat, nicht aber gegenüber dem Erschöpfungsgrundsatz aus Art. 4 Abs. 2 InfoSoc-RL.[1267] Gleichzeitig ist der Grundsatz nicht in § 95b UrhG genannt sodass auch kein Anspruch auf Bereitstellung von Mitteln, die Handlungen im Bereich des Erschöpfungsgrundsatzes ermöglichen sollen, besteht.[1268] Dadurch wird der Erschöpfungsgrundsatz einseitig durch den Rechtsinhaber technisch disponibel.[1269] Nur wenn eine Schutzmaßnahme einzig darauf abzielt, die urheberrechtlich erlaubte Weitergabe aufgrund des erschöpften Verbreitungsrechts zu unterbinden, kann ihr nach derzeitiger Auffassung der Schutz nach § 95a UrhG versagt werden, weil sie dann nichts urheberrechtlich Geschütztes schützt. Das dürfte aber nur in den wenigsten Fällen so offensichtlich sein. Umso wichtiger ist auch hier, dass der erforderliche Interessenausgleich anderweitig hergestellt werden kann.

(c) Kein Recht auf Selbsthilfe

Wie sich aus § 95b Abs. 2 UrhG ergibt, besteht auch kein Recht zur Selbsthilfe.[1270] Der Schrankenbegünstigte hat lediglich einen Anspruch gegen den

---

1266 Schricker/Loewenheim/*Götting*, § 95a UrhG Rn. 3.

1267 *Specht*, ZGE/IPJ 2016, 289, 292.

1268 *Specht*, ZGE/IPJ 2016, 289, 293.

1269 Für das US-amerikanische Recht *Darroch*, Manchester Review of Law, Crime and Ethics, Vol. 1, 2012, 136, 154.

1270 Schricker/Loewenheim/*Götting*, Vor §§ 95a ff. UrhG Rn. 14; § 95b Rn. 2.

Rechtsinhaber auf Zurverfügungstellung der notwendigen Mittel. Diese Auslegung wird mit dem Dammbruch-Argument begründet,[1271] welches besagt, dass eine einmal umgangene Schutzmaßnahme wirkungslos wird, weil die Umgehungsmöglichkeit verbreitet wird.

dd) (Zweck-) Bestimmung

Die Bestimmung einer Maßnahme, betreffende Handlungen einzuschränken, ergibt sich nach heutiger Meinung aus dem objektiven Zweck der Maßnahme.[1272] Nach einer älteren Meinung kommt es auf die subjektive Zweckbestimmung des Rechtsinhabers an.[1273] Dann hätte es aber der Rechtsinhaber in der Hand, über die Reichweite des § 95a UrhG zu bestimmen.[1274] Das würde ein hohes Missbrauchspotential bedeuten, da ein Rechtsinhaber vorgeben könnte, einen anderen Zweck zu verfolgen und faktisch dennoch eine Nutzungseinschränkung bewirken könnte. Der Zweck der Maßnahme muss also anhand der objektiven Wirkung bestimmt werden.

Die Maßnahme muss darauf abzielen, eine oder mehrere betreffende Handlungen einzuschränken oder zu verhindern. Das muss sich aus der objektiven Wirkung der Maßnahme ergeben. Zudem muss es sich bei der einschränkenden Wirkung um eine dauerhafte, nicht bloß zufällige Wirkung handeln, sonst wäre die Maßnahme nicht im normalen Betrieb dazu bestimmt, Handlungen einzuschränken.[1275] Die Handlungen, die eingeschränkt werden sollen, müssen wie gezeigt nicht unmittelbar urheberrechtlich relevant sein.[1276]

Eine Einschränkung zeigt sich jedoch anhand des vieldiskutierten Zwecks der Marktabschottung. Neben zahlreichen Stimmen in der Literatur, die eine technische Maßnahme, welche nur den Zweck verfolgt, einen Markt abzuschotten, nicht von § 95a UrhG erfasst sehen,[1277] hat auch der Gesetzgeber in der

1271 *Arnold*, S. 124.

1272 Dreier/Schulze/*Specht*, § 95a Rn. 14; Fromm/Nordemann/*Czychowski*, § 95a UrhG Rn. 13; Schricker/Loewenheim/*Götting*, § 95a Rn. 19; Wandtke/Bullinger/*Wandtke/Ohst*, § 95a Rn. 43; *Entelmann*, S. 53.

1273 *Trayer* S. 26.

1274 *Entelmann* S. 53.

1275 Fromm/Nordemann/*Czychowski*, § 95a UrhG Rn. 12.

1276 C.III.4.d)cc)(1).

1277 Büscher/Dittmer/Schiwy/*Schmidl/Lickleder*, § 95a UrhG Rn. 17; Dreyer/Kotthoff/Meckel/Hentsch/*Dreyer*, § 95a UrhG Rn. 9. Fromm/Nordemann/*Czychowski*, § 95a UrhG Rn. 14; Schricker/Loewenheim/*Götting*, § 95a Rn. 18; Wandtke/Bullinger/*Wandtke/Ohst*, § 95a Rn. 45; *Entelmann*, S. 41; *Schweyer*, S. 216.

Gesetzbegründung zu § 95a UrhG diese Auffassung vertreten.[1278] Daran wurde vereinzelt Kritik geübt. Die InfoSoc-RL, deren Umsetzung § 95a UrhG dient, lasse ein solches Verständnis nicht zu.[1279] Der Wortlaut des Art. 6 InfoSoc-RL erfordere den Schutz jeglicher Schutzmaßnahmen, daran könne auch eine anderslautende Gesetzesbegründung nichts ändern.[1280] Dem ist zuzugeben, dass eine Äußerung des nationalen Gesetzgebers in der Gesetzesbegründung tatsächlich keine europarechtskonforme Auslegung einer Norm beeinflussen kann. Auch der Wortlaut des Art. 6 InfoSoc-RL lässt eine solche Beschränkung nicht unmittelbar erkennen. Allerdings verkennt diese Ansicht den Regelungszusammenhang der InfoSoc-RL allgemein und des Art. 6 InfoSoc-RL im Speziellen. Die Richtlinie harmonisiert bestimmte Bereiche des Urheberrechts und nicht des Wettbewerbs- oder Kartellrechts. Auch Art. 6 Abs. 3 S. 1 InfoSoc-RL bezieht sich in ausdrücklich auf Schutzmaßnahmen, die im normalen Betrieb dazu bestimmt sind, Handlungen in Bezug auf Werke oder sonstige Schutzgegenstände einschränken. Schutzmaßnahmen im Sinne des Art. 6 Abs. 3 InfoSoc-RL müssen im normalen Betrieb dazu bestimmt sein, Urheberrechte zu schützen. Es ist nicht ersichtlich, wie eine Maßnahme, die der Marktabschottung dient, dieser Bestimmung gerecht werden soll. Schließlich ist die ökonomische Funktion des Urheberrechts auch die Innovationsförderung, die gerade durch Monopolbildung behindert wird.

Aus alledem folgt, dass nicht die unmittelbare, aber zumindest die mittelbare Wirkung einer technischen Schutzmaßnahme der Schutz eines geschützten Gegenstandes sein muss. Die Handlungen, die eingeschränkt oder verhindert werden sollen, müssen nicht unmittelbar urheberrechtlich relevant sein, aber zumindest eine Vorbereitungshandlung für eine spätere urheberrechtlich relevante Nutzung sein. Das ergibt sich auch aus dem Erfordernis der Verhältnismäßigkeit, da der Schutz sonst zu ausufernd wäre. Bei digitalen Werken stellt dies aber wie bereits gezeigt keine echte Begrenzung dar, da schon der Zugang Vervielfältigungen in Form von Zwischenspeicherungen mit sich bringt.

ee) Im normalen Betrieb

Das Merkmal „im normalen Betrieb" wird unterschiedlich verstanden. Teilweise wird es für bedeutungslos gehalten,[1281] teilweise wird vertreten, es bedeute, dass

---

1278 BT-Drs. 15/38, S. 26.

1279 *Arlt*, S. 272, 273.

1280 *Arlt*, S. 273.

1281 Schricker/Loewenheim/*Götting*, § 95a Rn. 19; Wandtke/Bullinger/*Wandtke*/*Ohst*, § 95a Rn. 44.

die Schutzmaßnahme den normalen Betrieb nicht stören dürfe und der Kunde genau darauf vertrauen dürfe.[1282] Letztere Auffassung kann aber nicht überzeugen, da die Erwartungen des Kunden ein vertragsrechtliches Problem darstellen und nicht zur Auslegung des eines Merkmals des § 95a UrhG herangezogen werden können. Richtigerweise ist das Merkmal im Zusammenhang mit der (Zweck-) Bestimmung der Schutzmaßnahme zu lesen.[1283]

ff) Wirksamkeit

§ 95a UrhG schützt nur wirksame Schutzmaßnahmen. Dabei handelt es sich um ein Merkmal, dass die Reichweite der Norm beschränkt, sodass es eine genaue Betrachtung verdient. Möglichweise können darüber Nutzerinteressen berücksichtigt werden.

(1) Allgemein

Es herrscht Einigkeit, dass eine technische Schutzmaßnahme auch dann wirksam ist, wenn sie umgangen werden kann.[1284] Mit anderen Worten ist die Unmöglichkeit der Umgehung nicht erforderlich. Anderenfalls wäre nahezu jede Schutzmaßnahme unwirksam, da fast alle mit entsprechendem Know-How und Zeitaufwand umgangen werden können.[1285] Zudem bedarf eine Schutzmaßnahme, die gar nicht umgangen werden kann, gar keiner zusätzlichen rechtlichen Absicherung.[1286]

Demgegenüber darf die Maßnahme aber auch nicht durch völlig banale Mittel, d. h. faktisch von jedem Nutzer umgangen werden können.[1287] Mit anderen Worten ist ein Mindestschutz erforderlich.[1288] Diese Annahme ist aus zwei Gründen richtig: Zum einen hätte das Merkmal „wirksam" keinen Anwendungsbereich und wäre bedeutungslos, wenn jede Schutzmaßnahme geschützt wird. Dann hätte der Gesetzgeber § 95a Abs. 2 S. 2 UrhG nicht normieren müssen. Wirksame Schutzmaßnahmen können nur eine Teilmenge aller Schutzmaßnahmen

---

1282 Büscher/Dittmer/Schiwy/*Schmidl/Lickleder*, § 95a UrhG Rn. 3.

1283 Dreyer/Kotthoff/Meckel/Hentsch/*Dreyer*, § 95a UrhG Rn. 9; Fromm/Nordemann/*Czychowski*, § 95a UrhG Rn. 12.

1284 Schricker/Loewenheim/*Götting*, § 95a Rn. 21; *Dammers*, S. 43; *Lucas* GRUR Int. 2017, 114, 115.

1285 Schricker/Loewenheim/*Götting*, § 95a Rn. 21.

1286 *Arlt*, S. 76.

1287 Dreier/Schulze/*Specht*, § 95a Rn. 15; Wandtke/Bullinger/*Wandtke/Ohst*, § 95a Rn. 47.

1288 *Arlt*, S. 78; *Arnold*, S. 31; *Dammers*, S. 41 ff.

darstellen. Zum anderen gewährleistet dieses Merkmal, dass Rechtsinhaber den Schutz technischer Maßnahmen nicht missbrauchen, indem sie nutzlose Schutzmaßnahmen implementieren und dadurch die Möglichkeiten der Nutzer, insbesondere im Hinblick auf die Schrankenausübung nach §§ 44a ff. UrhG, rechtlich einschränken.[1289] Der Mindestschutz ist ein zentrales Element der Wirksamkeit.

Von einigen Stimmen wird hinsichtlich des Mindestschutzes zusätzlich gefordert, dass eine Maßnahme nur dann wirksam ist, wenn mit an Sicherheit grenzender Wahrscheinlichkeit ausgeschlossen ist, dass die Maßnahme zufällig umgangen wurde.[1290] Die Notwendigkeit dieses Erfordernisses überzeugt nicht. Zum einen enthält § 95a Abs. 1 UrhG bezüglich der Umgehung ein subjektives Element, sodass bei bloßer Zufälligkeit in aller Regel keine Umgehung vorliegt. Zum anderen ist bei der Möglichkeit einer zufälligen Umgehung ohnehin kritisch zu prüfen, ob noch ein relevanter Mindestschutz vorliegt.

(2) Beurteilungszeitpunkt

Technische Schutzmaßnahmen verlieren im Laufe der Zeit an Effizienz, da der technische Fortschritt immer mehr Umgehungsmöglichkeiten schafft.[1291] Es herrscht ein Wettlauf zwischen der Implementierung einer Schutzmaßnahme und deren Umgehung. Folglich muss aber auch geklärt werden, zu welchem Zeitpunkt die Wirksamkeit einer Schutzmaßnahme bestimmt werden muss. Es kann auf den Stand der Technik zum Zeitpunkt der Einführung der Maßnahme,[1292] den Zeitpunkt der in Rede stehenden Umgehung, d. h. der potenziellen Rechtsverletzung,[1293] oder den aktuellen Zeitpunkt, d. h. regelmäßig den Zeitpunkt des streitigen Verfahrens, abgestellt werden. Als Kompromiss wird auch vertreten, den Zeitpunkt des Inverkehrbringens des konkreten geschützten Inhalts zuzüglich einer gewissen Zeitspanne ab Bekanntwerden einer Umgehungsmöglichkeit zu wählen.[1294]

Den Zeitpunkt der Einführung der Maßnahme als Beurteilungszeitpunkt zu wählen würde dazu führen, dass eine Maßnahme immer wirksam bleibt, wenn sie es denn zum Zeitpunkt ihrer Einführung war. Eine Maßnahme, die im Laufe der Zeit von jedermann umgangen werden kann, wäre immer noch wirksam.

1289 *Arlt*, S. 78, 79.

1290 *Dammers*, S. 42, 43; *Lucas* GRUR Int. 2017, 114, 118.

1291 *Lucas*, GRUR Int. 2017, 114, 115.

1292 *Mittenzwei*, S. 194, 195.

1293 *Lucas*, GRUR Int. 2017, 114, 115.

1294 *Arlt*, S. 121, 122.

Beispielsweise wäre dann das CSS immer noch eine wirksame Maßnahme, obwohl es allgemein als gehackt gilt. Das widerspricht gerade dem Erfordernis des Mindestschutzes. Wenn dieser nur am Anfang vorliegen soll, würde das Merkmal „wirksam" seine Bedeutung verlieren.[1295] Das gleiche Problem stellt sich, wenn man auf das Inverkehrbringen des Inhalts abstellt, sodass dieser Zeitpunkt auch nicht geeignet ist. Sofern man auf den aktuellen Zeitpunkt abstellt, wird nicht berücksichtigt, dass im Zeitraum zwischen Rechtsverletzung und aktueller Würdigung eine Maßnahme unwirksam werden kann.

Daher sollte auf den Zeitpunkt der Rechtsverletzung[1296] abgestellt werden. Dadurch werden keine überhöhten Pflichten an den Rechtsinhaber im Sinne von permanenten Aktualisierungspflichten gestellt. Dieser hat – unabhängig vom rechtlichen Schutz der Maßnahme – ein Interesse, sie möglichst effektiv zu halten. Gleichzeitig wird durch den Zeitpunkt der Rechtsverletzung gewährleistet, dass die Schutzmaßnahme weiterhin einen Mindestschutz bietet. Je älter eine Maßnahme ist, desto genauer muss darauf geachtet werden, ob sie noch den erforderlichen Mindestschutz gewährleistet.

(3) Beurteilungsmaßstab

Es stellt sich die Frage, welcher Maßstab bei der Beurteilung der Wirksamkeit angelegt werden muss. Hier spricht sich die überwiegende Auffassung für das Abstellen auf einen Durchschnittsnutzer aus.[1297] Wenn die Schutzmaßnahme für diesen Durchschnittsnutzer ein ernstzunehmendes Hindernis darstellt, ist sie nach dieser Auffassung wirksam. Hauptargument dieser Auffassung ist, dass eine Maßnahme nicht dadurch unwirksam werden darf, dass ein Experte diese erfolgreich umgeht,[1298] denn dies geschieht regelmäßig, selbst bei relativ neuen Maßnahmen.

Gegen diesen Maßstab werden verschiedene Einwände vorgebracht. Ein häufiger Einwand zielt darauf, dass die Gruppe der Internetnutzer bezüglich ihres Wissenstandes sehr unterschiedlich sei, sodass es schwierig sei, einen Durchschnittsnutzer zu bestimmen.[1299] Ein weiterer Einwand bezieht sich darauf, dass

---

1295 *Arlt*, S. 121.

1296 *Lucas*, GRUR Int. 2017, 114, 115.

1297 Fromm/Nordemann/*Czychowski*, § 95a UrhG Rn. 21; Schricker/Loewenheim/*Götting*, § 95a Rn. 22; Wandtke/Bullinger/*Wandtke*/*Ohst*, § 95a Rn. 50; *Arlt*, S. 77;*van Schoor*, S. 53; *Conraths*, CR 2018, 170, 173; *Hoeren*, MMR 2000, 515, 520; *Lucas*, GRUR Int. 2017, 114, 115.

1298 *Arlt*, S. 77, 78; *Hoeren*, MMR 2000, 515, 520.

1299 *Dammers*, S. 46, 47; *Lahmann*, S. 121, 122; *Lindhorst*, S. 119.

auf vielen Webseiten Anleitungen bis hin zu Hilfsprogrammen abgerufen werden können, die von Experten entworfen wurden, um Laien die Umgehung von Schutzmaßnahmen zu ermöglichen.[1300] Schließlich wird eingewandt, dass subjektive Elemente (Kenntnis und Wissen des Durchschnittsnutzers) nicht geeignet seien, ein objektives Merkmal wie die Wirksamkeit zu bestimmen.[1301]

Das Argument, der Durchschnittsnutzer könne nicht bestimmt werden, ist nicht tragfähig. Zwar liegt in jeder Bestimmung des Durchschnitts eine gewisse Unsicherheit. Allein die Unterschiedlichkeit einer Gruppe macht es aber nicht unmöglich, einen Durchschnitt zu bestimmen.[1302] Vor allem aber ist zu berücksichtigen, dass die deutsche Rechtsordnung an vielen Stellen damit arbeitet, auf eine durchschnittliche Person abzustellen und damit auch zurechtkommt. Erwähnt sei hier nur das Abstellen auf den verständigen Durchschnittsmenschen im Rahmen der § 1004 BGB und § 906 BGB.[1303] Solche Beurteilungsmaßstäbe sind selbstverständlich nie Ausdruck eines umfassenden empirischen Erhebung sondern eher der Auffassung des beurteilenden Gerichts. Auch besteht hier das Risiko, dass hinter vermeintlichen empirischen Befunden in Wahrheit normative Erwägungen stecken. Nichtsdestotrotz handelt es dabei um ein Instrument, dass an vielen Stellen in der deutschen Rechtsordnung auftaucht. Solche Maßstäbe sind daher möglich und gebräuchlich. Der Durchschnittsnutzer kann zumindest als theoretisches Konstrukt bestimmt werden.

Damit ist auch bereits der Einwand, es werde mittels subjektiver Elemente ein objektives Merkmal bestimmt, entkräftet, da es auch bei §§ 1004, 906 BGB um objektive Merkmale geht. Das bedeutet ein gewisses Maß an Objektivierung. Zudem resultiert das Einfließen der subjektiven Elemente schlichtweg daraus, dass zur Frage, ob eine Maßnahme zu leicht umgangen werden kann, die Fähigkeiten des Nutzers und damit sein Wissen eine wichtige Rolle spielen.

Als weiterer, alternativer Beurteilungsmaßstab wird vorgeschlagen, dass eine technische Maßnahme dann als wirksam anzusehen ist, wenn sie im konkreten Fall ihre Wirkung entfaltet.[1304] Allgemeine Aussagen zur Wirksamkeit einer Maßnahme könnten aufgrund der Komplexität des IT-Sektors nicht getroffen werden.[1305] Diese Auslegung hilft den Rechtsinhabern jedoch wenig. Sie müssen

---

1300 *Dammers*, S. 55 ff; *Mittenzwei*, S. 193, 194; dazu sogleich C.III.4.d)ff)(4).

1301 *Lahmann*, S. 122.

1302 *Arlt*, S. 78.

1303 Säcker/Rixecker/Oetker/Limperg/*Brückner*, § 906 BGB Rn. 72 ff.

1304 *Dammers*, S. 67 ff.

1305 *Dammers*, S. 67.

abschätzen können, ob eine implementierte Maßnahme rechtlich geschützt ist, was wesentlich von der Wirksamkeit abhängt. Dies macht eine generalisierende Einordnung erforderlich. Wenn man nur nach der Wirksamkeit im konkreten Fall fragt, können solche Einschätzungen nicht getroffen werden.

Lahmann schlägt als weiteren Maßstab vor, die Wirksamkeit danach zu bestimmen, ob die Schutzmaßnahme auf einem Großteil der auf dem Markt verfügbaren Systeme ihre Wirkung entfalten könne, ohne dass es auf die Fähigkeiten oder Modifikationen technisch versierter Nutzer ankomme.[1306] Zum einen stellt sich dann aber direkt wieder die Frage, wer als technisch versiert gelten soll und wann Modifikationen vorliegen.[1307] Zum anderen wird das Problem ausgeblendet, dass eine Maßnahme zwar ohne das Zutun des Nutzers effektiv ist, aber bereits durch allgemein bekannte Wege umgangen werden kann. Eine solche Maßnahme vermittelt aber keinen Mindestschutz und kann daher nicht als wirksam gelten.

Von *Mittenzwei* wird vorgeschlagen, auf die Anstrengung desjenigen, der die Schutzmaßnahme implementiert, abzustellen.[1308] Die Schutzmaßnahme müsse zudem dem Stand der Technik entsprechen und ein Hindernis für einen starken Angreifer darstellen.[1309] Der Stand der Technik wurde als Beurteilungszeitpunkt bereits abgelehnt. Ein starker Angreifer als Maßstab würde zu viele Maßnahmen ausklammern. Die Anstrengung des Rechtsinhabers als Element begrenzt zwar die Missbrauchsgefahr, die von der Implementierung völlig wirkungsloser Schutzmaßnahmen ausgeht. Allerdings bleibt völlig offen, wie diese Anstrengung bewertet werden soll und welche Schwelle sie überschreiten muss.

Lindhorst interpretiert wirksam dahingehend, dass dadurch nur offensichtlich untaugliche Maßnahmen herausgefiltert werden sollen.[1310] Das entsprich zwar dem Mindestschutz, lässt aber unbeantwortet, welcher Maßstab gelten soll.

Anhand der verschiedenen Ansätze zeigt sich, dass die Bestimmung von Maßstäben für die Wirksamkeit einer technischen Schutzmaßnahme kein einfaches Unterfangen ist. Technische Schutzmaßnahmen sind sehr vielfältig und entwickeln sich permanent weiter. Gleiches gilt für die Umgehungsmöglichkeiten. Eine gewisse Flexibilität bei der rechtlichen Beurteilung der Wirksamkeit ist unumgänglich, um diesen Dynamiken zu begegnen.

1306 *Lahmann*, S. 123.

1307 *Dammers*, S. 60.

1308 *Mittenzwei*, S. 194.

1309 *Mittenzwei*, S. 194.

1310 *Lindhorst*, S. 119.

Davon abgesehen lassen sich aus dem Gesetz nur zwei eindeutige Wertungen ableiten. Erstens muss das Merkmal „wirksam“ einschränkend wirken, da es sonst überflüssig wäre. Zweitens ist der Schutzzweck des § 95a UrhG zu berücksichtigen. Technische Schutzmaßnahmen sollen rechtlich gegen die Umgehung abgesichert werden, es wäre also zweckwidrig, die Anforderungen an die Wirksamkeit zu hoch zu schrauben. Denn dann wären im Ergebnis nur wenige Schutzmaßnahmen schützenswert. Beides spricht dafür, dass das Merkmal der Wirksamkeit lediglich die Funktion hat, solche Schutzmaßnahmen herauszufiltern, die ohne Aufwand umgangen werden können. Wenn sie faktisch von jedermann umgangen werden, halten sie die Nutzung nicht unter Kontrolle. Der Mindestschutz, den eine Maßnahme erreichen soll, ist also der Hauptbestandteil des Merkmals wirksam.

Gleichzeitig darf aber auch nicht auf den denkbar am wenigsten versierten Nutzer abgestellt werden. IT-Anwendungen sind heutzutage so anwendungsfreundlich, dass sie auch von Nutzern, die kein Hintergrundwissen haben, bedient werden können. Diese werden dann aber auch von objektiv sehr untauglichen Maßnahmen abgehalten, wodurch die einschränkende Wirkung des Merkmals wiederum entfallen würde und die Missbrauchsgefahr steigen würde. Auch hier gilt es, die Nutzerinteressen nicht völlig aus dem Blick zu verlieren. Diese würden zu stark eingeschränkt, wenn jede noch so untaugliche Maßnahme durch § 95a UrhG geschützt wäre. Entscheidend ist daher, dass ein verständiger Nutzer durch die Maßnahme abgehalten wird.

(4) Verfügbarkeit von Hilfsmitteln

Fraglich ist, wie sich die Verfügbarkeit von Hilfsmitteln auswirkt.[1311] Im Web sind häufig Anleitungen und sonstige Hilfsmittel für die Umgehung von Schutzmaßnahmen zu finden. Die Anwenderfreundlichkeit der Hilfsmittel variiert stark. Teilweise sind zur Anwendung IT-Kenntnisse erforderlich, teilweise handelt es um laienfreundliche Schritt-für-Schritt-Videos. Gleiches gilt für andere Hilfsmittel, wie zum Beispiel einen Debugger, der mitunter Schutzvorkehrungen außer Kraft setzt. Es ist von großer Bedeutung, ob und wie sich die Verfügbarkeit dieser Hilfsmittel auf die Wirksamkeit einer Schutzmaßnahme auswirkt.

Dabei besteht ein gewisses Spannungsfeld. Einerseits ist problematisch, dass durch die Verbreitung von Hilfsmitteln auch normale Nutzer die Möglichkeit haben, Schutzmaßnahmen zu umgehen.[1312] Dadurch entsteht die Gefahr, dass

---

1311 *Conraths*, CR 2018, 170, 173; *Lucas* GRUR Int. 2017, 114, 115, 116.

1312 *Arlt*, S. 77; *Dammers*, S. 54 ff.; *Mittenzwei*, S. 193, 194.

nur noch wenige Maßnahmen den erforderlichen Mindestschutz bieten und dann als unwirksam gelten. Auch könnte ein Hacker zur rechtlichen Schutzlosigkeit einer Maßnahme beitragen, indem er sie umgeht und dann eine Anleitung verbreitet.[1313] Zudem finden sich aufgrund der Informationsfülle im Internet für viele Schutzmaßnahmen an irgendeiner Stelle ein Hilfsmittel.[1314] Andererseits gerät das Erfordernis des effektiven Mindestschutzes unter Druck, wenn ein Maßnahme doch wieder von jedermann umgangen werden kann, weil jedermann in der Lage ist, das Hilfsmittel zu finden. Daraus folgt, dass die Schlussfolgerung, die Verfügbarkeit von Hilfsmitteln schlichtweg zu ignorieren, falsch ist. Es deutet aber gleichzeitig darauf hin, dass die Verfügbarkeit von Hilfsmitteln nur in Ausnahmefällen relevant sein kann. Es ist richtig, dass nicht jedes verfügbare Hilfsmittel zur Unwirksamkeit einer Schutzmaßnahme führen darf. Dann wäre eine Maßnahme in dem Moment unwirksam, in dem irgendjemand ein entsprechendes Hilfsmittel online stellt. Das würde erstens viele Maßnahmen betreffen und zweitens faktisch zu dem falschen Ergebnis führen, dass doch nur unumgehbare Maßnahmen rechtlich geschützt sind. Drittens würden sich im Zusammenspiel mit § 95a Abs. 3 UrhG Wertungswidersprüche ergeben. Diese Vorschrift untersagt Vorfeldmaßnahmen, wozu auch die Verbreitung von Anleitungen gehören kann. Wenn diese sich als rechtswidrig herausstellt, wäre es widersprüchlich, die Verbreitung einer Anleitung dennoch als Anlass zu nehmen, einer Maßnahme die Wirksamkeit abzusprechen und so die Anwendung der Anleitung, nämlich die Umgehung, nicht zu sanktionieren. Es muss also darum gehen, die Verfügbarkeit von Maßnahmen zu berücksichtigen, aber gleichzeitig auf Ausnahmefälle zu beschränken, in denen der Mindestschutz Gefahr läuft, ausgehebelt zu werden.

Es wird vertreten, dass die Unwirksamkeit einer Schutzmaßnahme nur dann bejaht werden kann, wenn der Durchschnittsnutzer das verfügbare Umgehungsmittel selbst einsetzen kann.[1315] Das würde zwar faktisch viele Umgehungsmittel ausklammern und so die Relevanz verringern, allerdings trifft diese Ansicht nicht das eigentliche Problem, nämlich den Mindestschutz. Dieser hängt davon ab, ob rein objektiv genügend Nutzer durch die Maßnahme abgehalten werden. Daher ist der Auffassung zuzustimmen, dass die Wirksamkeit abzulehnen ist, wenn das Umgehungsmittel für den Durchschnittsnutzer leicht zu erhalten

1313 *Arlt*, S. 77.

1314 *Lucas*, GRUR Int. 2017, 114, 119.

1315 *Janisch/Lachenmann*, MMR 2013, 213, 214.

ist.[1316] Hinzukommen muss allerdings noch, dass das Hilfsmittel leicht umsetzbar ist. Eine weitverbreite, aber komplexe Anleitung ist nicht hilfreich und reduziert daher kaum die faktische Schutzwirkung einer Maßnahme.

Es ist festzuhalten, dass die Verfügbarkeit von Hilfsmitteln bei der Bestimmung der Wirksamkeit einer technischen Schutzmaßnahme berücksichtigt werden muss.[1317] Wenn die Anleitung zur Umgehung oder das sonstige Hilfsmittel für jedermann leicht auffindbar und nutzbar sind, und sich dies nicht auf Merkmal „wirksam" auswirken würde, dann hätte es nicht mehr die erforderliche einschränkende Wirkung. Ob ein Hilfsmittel dazu führt, dass der Durchschnittsnutzer die Maßnahme umgehen kann, entscheidet sich demnach anhand der Auffindbarkeit und Bedienbarkeit des Hilfsmittels. Beides ist aus der Sicht des Durchschnittsnutzers zu beurteilen. An beide Merkmale dürfen nur geringe Anforderungen gestellt werden. Nur wenn der Nutzer ohne Aufwand ein Hilfsmittel findet, das er, ohne über besonderes Fachwissen zu verfügen, bedienen kann, ist die Maßnahme nicht wirksam. Beispielweise ist das der Fall, wenn sich mittels einer schnellen Internetsuche eine Schritt-für-Schritt-Anleitung zur Umgehung finden lässt.

(5) Zwischenergebnis

Eine Maßnahme ist wirksam, wenn ein Durchschnittsnutzer abgehalten wird, sie zu umgehen. Entscheidend ist der Mindestschutz. Dieser liegt nicht vor, wenn sich ohne Aufwand eine Anleitung oder ein Hilfsmittel finden lässt, welches der Nutzer ohne Spezialwissen zur Umgehung verwenden kann. Das Merkmal der Wirksamkeit begrenzt somit die Reichweite des § 95a UrhG. Die spezifischen Nutzerinteressen, wie sie durch die Schranken vorgesehen werden, kommen dadurch aber nicht zur Geltung.

gg) Umgehungshandlung

Der Begriff der Umgehung wird im Gesetz nicht definiert. Angesichts des Schutzzwecks des § 95a UrhG, möglichst umfassenden Umgehungsschutz zu gewährleisten und dabei auch dem technischen Fortschritt Rechnung zu tragen, ist auch der Umgehungsbegriff weit zu verstehen.[1318] Es wird vertreten, dass eine

---

1316 Dreier/Schulze/*Specht*, § 95a UrhG Rn. 16; Spindler/Schuster/*Spindler*, § 95a UrhG Rn. 11; *Arlt*, S. 77, 78.

1317 *Hänel*, S. 150.

1318 Fromm/Nordemann/*Czychowski*, § 95a UrhG Rn. 38; Wandtke/Bullinger/*Wandtke/Ohst*, § 95a UrhG Rn. 53.

Umgehung bei jeder Ausschaltung[1319] oder Manipulation der Schutzmaßnahme vorliegt.[1320] Richtigerweise genügt aber bereits jede Abschwächung des Schutzmechanismus.[1321] Das Gesetz geht von einer wirksamen Maßnahme aus, wenn sie die Nutzung des Werkes unter Kontrolle hält. Ein Verlust an Kontrolle liegt bereits in der Verminderung der Effektivität, nicht erst in deren Verlust. Es muss allerdings tatsächlich zur Verminderung kommen, nur dann verliert der Rechtsinhaber an Kontrolle über Zugang und Nutzung. Eine nur versuchte Umgehung ist keine Umgehung. Den vorgelagerten Schutz, bevor es zu einer tatsächlichen Umgehung kommt, regelt § 95a Abs. 3 UrhG.

Es muss keine direkte Einwirkung auf die Schutzmaßnahme stattfinden.[1322] Das trägt dem Umstand Rechnung, dass Umgehungen auf vielfältige Weise stattfinden können. Dabei muss es nicht immer zu einer Abschaltung oder Veränderung der Schutzmaßnahme kommen, es genügen auch Veränderungen der technischen Einbettung der Maßnahme,[1323] sodass sie ihren Schutz nicht entfalten kann.

Gleichzeitig wird verlangt, dass eine Umgehung nur vorliegt, wenn die Schutzmaßnahme auch vor genau solchen Beeinträchtigungen, wie die konkrete Umgehung sie darstellt, schützen soll.[1324] Als Beispiel wird hier der Einsatz eines neuen Betriebssystems genannt, welches einen älteren Kopierschutz nicht kennt und die Kopie daher zulässt.[1325] Dies soll keine Umgehung bedeuten, um den technischen Fortschritt nicht zu behindern.[1326] Der Einwand ist in der Sache richtig, allerdings ist die Einschränkung überflüssig. Es fehlt dann schon an der Wirksamkeit der Schutzmaßnahme,[1327] wenn sie beiläufig umgangen werden kann, da sie dann nicht den erforderlichen Mindestschutz gewährleistet.

1319 *Hänel*, S. 151.

1320 Dreier/Schulze/*Specht*, § 95a UrhG Rn. 10; Wandtke/Bullinger/*Wandtke/Ohst*, § 95a UrhG Rn. 53.

1321 Fromm/Nordemann/*Czychowski*, § 95a UrhG Rn. 37; Schricker/Loewenheim/*Götting*, § 95a Rn. 10.

1322 *Arlt*, S. 115, *Trayer*, S. 25.

1323 *Arlt*, S. 115, *Trayer*, S. 25.

1324 *Arlt*, S. 115; *Strömer/Gaspers*, K&R 2004, 14, 18.

1325 *Strömer/Gaspers*, K&R 2004, 14, 18.

1326 *Strömer/Gaspers*, K&R 2004, 14, 18.

1327 *Arlt*, S. 115, 116.

hh) Keine Zustimmung des Rechtsinhabers

Der Wille des Rechtsinhabers ist bei § 95a UrhG an zwei Stellen relevant. Er kann sowohl der Umgehung zustimmen (Abs. 1) als auch die Nutzungshandlung in Bezug auf den Schutzgegenstand genehmigen (Abs. 2). Abs. 1 betrifft die Erlaubnis zur Umgehung, also die Zustimmung zur Abschwächung der Maßnahme.[1328] Die Genehmigung nach Abs. 2 bezieht sich auf die durch die Umgehung ermöglichte Handlung, also den Zugang oder die Nutzung.[1329]

Hier zeigt sich wieder deutlich, dass § 95a UrhG mehr schützt als die Urheberrechte an einem Werk. Weder die Umgehung einer Schutzmaßnahme noch der Zugang zu einem Werk sind urheberrechtlich relevante Handlungen.[1330] Dennoch wird die Zustimmung des Rechtsinhabers benötigt. Dies bedeutet eine Schutzausweitung zugunsten der Rechtsinhaber, die zwangsläufig zulasten der Nutzer geht, da deren Möglichkeiten eingeschränkt werden.

ii) Kenntnis oder Kennenmüssen

§ 95a Abs. 1 UrhG verlangt, dass dem Handelnden bekannt ist oder den Umständen nach bekannt sein muss, dass die Umgehung erfolgt, um den Zugang zu einem solchen Werk oder Schutzgegenstand oder deren Nutzung zu ermöglichen. Damit wird ein subjektives Element geschaffen. Die genauen Bezugspunkte der Vorstellung des Handelnden divergieren zwischen Richtlinie und nationaler Vorschrift: Nach § 95a UrhG muss der Handelnde wissen, dass die Umgehung erfolgt, um den Zugang oder die Nutzung zu ermöglichen. Art. 6 Abs. 1 InfoSoc-RL verlangt leicht abweichend, dass der handelnden Person bekannt ist oder den Umständen nach bekannt sein muss, dass sie dieses Ziel verfolgt. Dieses Ziel bezieht sich auf die Umgehung. Während die InfoSoc-RL allein die Umgehung als subjektives Ziel festlegt, geht die deutsche Norm davon aus, dass das subjektive Ziel des Handelnden zusätzlich auch die Erlangung des Zugangs oder der Nutzung sein muss. Das ist aber das Ziel der Umgehung und nicht die Umgehung selbst. Die Umgehung ist das Abschwächen des Schutzmechanismus, was nicht identisch mit dem Zugang oder der Nutzung sein muss. Insofern könnte eine Trennung des subjektiven Elements dahingehend angedacht werden, dass es dem Handelnden sowohl auf die Umgehung als auch auf das Umgehungsziel, nämlich den Zugang oder die Nutzung, ankommen muss.[1331] Das durch Art. 6

1328 Wandtke/Bullinger/*Wandtke/Ohst*, § 95a UrhG Rn. 56.
1329 Wandtke/Bullinger/*Wandtke/Ohst*, § 95a UrhG Rn. 42.
1330 Wandtke/Bullinger/*Wandtke/Ohst*, § 95a UrhG Rn. 60.
1331 Vgl. Loewenheim/*Peukert*, § 34 Rn. 16; *Trayer*, S. 130.

InfoSoc-RL beabsichtigte Schutzniveau darf aber nicht unterschritten werden, sodass die gebotene europarechtskonforme Auslegung[1332] ergibt, dass die Kenntnis oder das Kennenmüssen nicht auch das Ziel umfassen muss, Zugang zum Werk zu erlangen oder eine Nutzung zu ermöglichen. Die Umgehung als Ziel und damit als subjektive Voraussetzung genügt. Daneben muss sich das das subjektive Element auch auf die Umgehungshandlung und das Vorhandensein einer Schutzmaßnahme beziehen.

Der deutsche Gesetzgeber hat in der Begründung zu § 95a UrhG zudem ausgeführt, dass der Handelnde mit Umgehungsabsicht vorgehen muss.[1333] Das lässt sich aber ebenfalls nicht mit dem Wortlaut von Art. 6 Abs. 1 InfoSoc-RL vereinbaren, der es auch genügen lässt, dass dem Handelnden hätte bekannt sein müssen, dass er eine Schutzmaßnahme umgeht.[1334]

Schließlich wird noch unterschiedlich beurteilt, welcher Fahrlässigkeitsmaßstab für das Kennenmüssen anzulegen ist.[1335] Im Kern ist umstritten, ob einfache Fahrlässigkeit genügt.[1336] Nach einer Auffassung ist grobe Fahrlässigkeit erforderlich, weil in der deutschen Fassung der Richtlinie ein Übersetzungsfehler vorliege.[1337] Dem Handelnden müsse nach den Umständen vernünftigerweise bekannt sein, dass er eine Umgehung vornimmt.[1338] Demgegenüber wird vertreten, dass auch einfache Fahrlässigkeit genüge, da Kennenmüssen diese mitumfasse.[1339] Um den Wortlaut einer Richtlinie zu ermitteln, ist der Vergleich mit den anderen Sprachfassungen erforderlich.[1340] Dieser ergibt, dass die englische, französische und spanische Fassung von vernünftigen Gründen spreche, entgegen derer der Handelnde nicht wusste, dass er eine Umgehung begeht. Daraus lässt sich keine Beschränkung auf grobe Fahrlässigkeit ableiten, sodass auch leichte Fahrlässigkeit genügt.[1341]

1332 Schricker/Loewenheim/*Götting*, Vor §§ 95a ff. UrhG Rn. 7.
1333 BT-Drs. 15/38, S. 26.
1334 Schricker/Loewenheim/*Götting*, § 95a UrhG Rn. 12
1335 Wandtke/Bullinger/*Wandtke/Ohst*, § 95a UrhG Rn. 63.
1336 Dreier/Schulze/*Specht*, § 95a UrhG Rn. 12.
1337 Wandtke/Bullinger/*Wandtke/Ohst*, § 95a UrhG Rn. 63.
1338 Wandtke/Bullinger/*Wandtke/Ohst*, § 95a UrhG Rn. 63.
1339 Fromm/Nordemann/*Czychowski*, § 95a Rn. 40.
1340 EuGH, Urteil vom 06.10.1982 - C 283/81 = BeckRS 1982, 108239.
1341 Schricker/Loewenheim/*Götting*, § 95a UrhG Rn. 12

jj) Verhältnismäßigkeit

Der Schutz nach § 95a UrhG steht unter dem Vorbehalt der Verhältnismäßigkeit. Über dieses Merkmal lässt sich möglichweise ein Ausgleich mit den Nutzerinteressen herstellen. Das soll im Folgenden untersucht werden.

(1) Herleitung

Nach Auffassung des EuGH müssen technische Schutzmaßnahmen verhältnismäßig sein, um rechtlich geschützt zu sein.[1342] Dies gebiete Erwägungsgrund 48 InfoSoc-RL.[1343] Schutzmaßnahmen müssten das Ziel verfolgen, nicht genehmigte urheberrechtliche Handlungen zu verhindern oder zu unterbinden, zur Erreichung dieses Ziels geeignet sein und dürften nicht über das dafür erforderliche Maß hinausgehen.[1344] Dabei sei zu prüfen, ob andere Vorkehrungen zu geringeren Beeinträchtigungen hinsichtlich zulässiger Nutzungsmöglichkeiten führen, aber gleichzeitig einen vergleichbaren Rechtsschutz bieten würden.[1345] Kriterien dafür seien die Kosten der verschiedenen Systeme, die technischen und praktischen Aspekte ihrer Durchsetzung sowie die jeweilige Wirksamkeit.[1346] Der BGH hat sich dieser Auffassung angeschlossen.[1347] Auch in der Literatur wird diese Auslegung vertreten.[1348] Hintergrund ist, dass technische Schutzmaßnahmen eine zulässige Nutzung nicht oder kaum erkennen können und dementsprechend auch urheberrechtlich erlaubte oder irrelevante Nutzungen verhindern können.[1349]

Conraths vertritt die Auffassung, dass der Grund für das Kriterium der Verhältnismäßigkeit weniger Erwägungsgrund 48 InfoSoc-RL sei, da die Verhältnismäßigkeit allein als Anforderung an den Gesetzgeber gesehen werden könne, sondern vielmehr Erwägungsgrund 54 InfoSoc-RL ins Feld zu führen sei, da dieser die Förderung der Kompatibilität und Interoperabilität postuliere.[1350]

1342 EuGH, Urteil vom 23.1.2014 – C-355/12 = GRUR 2014, 255, 257, 258; *Specht* S. 206.

1343 EuGH, Urteil vom 23.1.2014 – C-355/12 = GRUR 2014, 255, 257 258.

1344 EuGH, Urteil vom 23.1.2014 – C-355/12 = GRUR 2014, 255, 257, 258.

1345 EuGH, Urteil vom 23.1.2014 – C-355/12 = GRUR 2014, 255, 257, 258.

1346 EuGH, Urteil vom 23.1.2014 – C-355/12 = GRUR 2014, 255, 257, 258.

1347 BGH, Urteil vom 27.11.2014 – I ZR 124/11 = GRUR 2015, 672, 677.

1348 Dreyer/Kotthoff/Meckel/Hentsch/*Dreyer*, § 95a UrhG Rn. 37 ff.; Schricker/Loewenheim/*Götting*, § 95a Rn. 19; Wandtke/Bullinger/*Wandtke/Ohst*, § 95a UrhG Rn. 46; *Entelmann*, S. 69; *Marly* Rn. 281; *Specht* S. 206; *Rauch*, MR 2014, 303, 304, 305.

1349 *Conraths*, CR 2018, 170, 173; *Jütte*, in: Taeger, S. 237.

1350 *Conraths*, CR 2018, 170, 173.

Dem ist insoweit zuzustimmen, dass Kompatibilität und Interoperabilität wichtige Nutzerinteressen sind und daher bei der Frage nach der Einschränkung von Nutzungsmöglichkeiten berücksichtigt werden müssen. Eine besondere Bedeutung der Verhältnismäßigkeit ergibt sich daraus aber nicht.

Es ist allerdings verfehlt, das Verhältnismäßigkeitsgebot dahingehend zu interpretieren, dass es auch gegen die Zulässigkeit eines Umgehungsmittels sprechen kann, da dieses zum Beispiel besonders eindeutig auf Umgehungen abziele.[1351] Das Erfordernis der Verhältnismäßigkeit soll nach Aussage des Erwägungsgrund 48 der InfoSoc-RL ausufernde Schutzmaßnahmen einschränken und keine allgemeine Abwägung zwischen Schutzmaßnahme und Umgehungsmittel eröffnen.

(2) Würdigung

Die Einschränkung des Rechtsschutzes von technischen Maßnahmen durch das Merkmal der Verhältnismäßigkeit ist ein Beleg dafür, dass deren Schutzumfang zu weit gezogen ist. Durch technische Schutzmaßnahmen können legitime Interessen unangemessen beeinträchtigt werden, wie bereits bei § 69f Abs. 2 UrhG in Bezug auf die Schranken festgestellt wurde. Die Begrenzung durch das Erfordernis der Verhältnismäßigkeit ist Einfallstor für diese Nutzerinteressen. Allerdings ist diese Einschränkung in ihrem jetzigen Verständnis nicht ausreichend.

(a) Maßstab

Der EuGH hat die Kriterien so ausgeformt, dass es auf die Frage hinausläuft, ob es eine sinnvolle Alternative zur eingesetzten Maßnahme gab.[1352] Es geht nicht etwa darum, ob bestimmte Nutzerhandlungen unmöglich gemacht werden. Das ist insofern nicht interessengerecht als dass im Falle, dass es gar keine andere Möglichkeit gibt, die Nutzerinteressen immer hintenanstehen werden. Natürlich darf der Rechtsinhaber nicht gezwungen werden, sein Werk ohne technische Schutzmaßnahmen anzubieten. Aber wenn es keine alternative verhältnismäßige Schutzmaßnahme gibt, ist der Rechtsinhaber in der Pflicht, die Ausübung der Interessen im Einzelfall zu ermöglichen. Hier kann auf den Gedanken des § 95b UrhG zurückgegriffen werden.

1351 *Lucas*, GRUR Int. 2017, 114, 115, 119.

1352 *Conraths*, CR 2018, 170, 177.

(b) Berechtigte Interessen

Zudem muss der Kreis der Interessen, der zu berücksichtigen sind, weitergezogen werden. Erwägungsgrund 48 InfoSoc-RL besagt, dass insbesondere Forschungsarbeiten in der Verschlüsselungstechnik nicht behindert werden sollen. Es ist nicht ersichtlich, warum nur die Verschlüsselungstechnik und nicht die gesamte IT-Sicherheitsforschung davon erfasst sein soll, da sie insgesamt das Problem hat, dass Umgehungen Teil der Auffindung und Behebung von Sicherheitslücken sind.[1353] Zwar bezieht sich der Satz auf Erwägungsgrund 47 und damit unmittelbar nur auf die Vorbereitungshandlungen des Art. 6 Abs. 2 InfoSoc-RL. Aber es wäre ein Wertungswiderspruch, diese Handlungen nicht schon von der Umgehungshandlung auszunehmen.[1354] Auch in der deutschen Gesetzesbegründung findet sich die Aussage, dass Umgehungshandlungen, die ausschließlich wissenschaftlichen Zwecken dienen, nicht erfasst werden.[1355] Hinter dieser Ausnahme steht die Erwägung, dass alle softwaregestützten Systeme ungewollte Fehler enthalten. Diese können häufig nur dadurch beseitigt werden, dass jemand den Fehler ausnutzt und so beispielweise eine Schutzmaßnahme umgeht. Es wäre äußerst kontraproduktiv, diese Handlungen als rechtswidrig einzustufen. IT-Sicherheitsforschung wäre in diesem Bereich dann kaum noch möglich, weswegen sie ein legitimes Interesse zur Einschränkung des Rechtsschutzes von technischen Schutzmaßnahmen ist.[1356]

Es besteht auch kein Grund, nur die IT-Sicherheitsforschung als einschränkendes Interesse anzusehen. Daneben können noch weitere Interessen berücksichtigt werden. Zu nennen ist hier die Wettbewerbsfreiheit. Die Analyse fremder Programme ist essenziell für den Wettbewerb in der Softwarebranche, was auch in §§ 69d Abs. 3, 69e UrhG zum Ausdruck kommt. Es war ein Grund für die Regelung des § 69a Abs. 5 UrhG, dass die computerprogrammspezifischen Schranken nicht von § 95a UrhG berührt werden sollten.[1357] In den Entwürfen zur InfoSoc-RL fand sich sogar noch der ausdrückliche Hinweis, dass die Dekompilierung durch den Schutz technischer Maßnahmen nicht verhindert werden soll.[1358] Erwägungsgrund 50 S. 3 der InfoSoc-RL besagt zudem, dass der

1353 Dreier/Hugenholtz/*Bechtold*, Information Society Directive Art. 6 note 3.

1354 *Hänel*, S. 158.

1355 BT-Drs. 15/38 S. 26.

1356 Dreier/Hugenholtz/*Bechtold*, Information Society Directive Art. 6 note 3; Schricker/Loewenheim/*Götting*, § 95a Rn. 13, 19; Wandtke/Bullinger/*Wandtke*/*Ohst*, § 95a UrhG Rn. 46.

1357 *van Schoor*, S. 3, 4; *Ernst* CR 2004, 39, 42.

1358 *van Schoor*, S. 18, 19.

Rechtsschutz der InfoSoc-RL in Bezug auf technische Schutzmaßnahmen nicht den Schutz nach der Software-RL beeinträchtigen soll.[1359]

Nichts anderes gilt für Multimediawerke.[1360] Auch bei Multimediawerke werden Zusatz- und Konkurrenzprodukte angeboten. Die Untersagung von dafür erforderlichen Untersuchungshandlungen mittels technischer Schutzmaßnahmen führt zu Innovationshemmnissen, da keine Konkurrenz- oder Zusatzprodukte entworfen werden können. Mittels des Urheberrechts erlangen hier die Rechtsinhaber die Möglichkeit, ihre Produkte abzuschotten.[1361] Da digitale Produkte – und gerade auch solche, die nicht nur aus reinen Computerprogrammen bestehen – im wirtschaftlichen und gesellschaftlichen Leben immer wichtiger werden, wird auch der Wettbewerb in diesem Bereich wichtiger. Ein zentrales Element im digitalen Wettbewerb ist das Reverse Engineering.[1362] Die Bedeutung dieser Methoden wird auch dadurch deutlich, dass der europäische und deutsche Gesetzgeber die Beobachtung, das Untersuchen, den Rückbau oder das Testen eines Produkts (Art. 3 Abs. 1 lit. b) RL 2016/943 und § 3 Abs. 1. Nr. 2 GeschGehG) nunmehr als zulässig einstufen.[1363] Daraus ergeben sich zwar keine Änderungen im Urheberrecht.[1364] Es zeigt sich aber deutlich, dass Wissen und Informationen, die in einem Produkt verkörpert sind, nicht vollständig abgeschottet werden dürfen. Genau diese Abschottung droht aber, wenn der rechtliche Schutz von technischen Schutzmaßnahmen bei Multimediawerken nicht eingegrenzt wird. Die Schutzmaßnahmen haben bei zu umfassender rechtlicher Absicherung das Potential, unter ökonomischen Gesichtspunkten zu einschränkend zu wirken.[1365]

(c) Bedeutung der §§ 69d, e UrhG und des Erschöpfungsgrundsatzes

Der Kreis der zu berücksichtigenden Interessen im Rahmen der Verhältnismäßigkeit kann und muss erweitert werden. Der Gesetzgeber hat in §§ 69d, e UrhG und dem Erschöpfungsgrundsatz zentrale Abwägungsentscheidungen getroffen, die sich auf Multimediawerke übertragen lassen. Dort hat er auch nach hier vertretener Auffassung bestimmt, dass die Schranken und der

1359 *van Schoor*, S. 22.
1360 Siehe C.III.3.d)dd)(2)(d).
1361 *Fitzner*, S. 88.
1362 *Triebe*, WRP 2018, 795.
1363 BT-Drs.19/4724, S. 25.
1364 BT-Drs.19/4724, S. 25.
1365 *Specht*, S. 182.

Erschöpfungsgrundsatz Vorrang vor den technischen Schutzmaßnahmen nach § 69f Abs. 2 UrhG haben.[1366] Das gilt auch für Multimediawerke. Dort droht eine Verwerfung, wenn aufgrund des erhöhten Schutzes nach § 95a UrhG berechtigte Interessen der Nutzer unberücksichtigt bleiben.[1367] Die Verhältnismäßigkeit ist diesbezüglich ein geeignetes Mittel zur Korrektur.[1368] Im Rahmen der Verhältnismäßigkeit gilt daher, dass Handlungen, die auf §§ 69d, e UrhG oder dem Erschöpfungsgrundsatz beruhen, verhältnismäßig sind.[1369] Dadurch wird der grundrechtliche und ökonomische Interessenausgleich am besten gewahrt, vor einer Umgehung mittels technischer Schutzmaßnahmen geschützt und der Gleichlauf mit den Verwertungsrechten gewährleistet. Da die §§ 69d, e UrhG und der Erschöpfungsgrundsatz auch für Multimediawerke gelten,[1370] ist es konsequent, dass sich diese Schranken auch gegenüber § 95a UrhG durchsetzen, da anderenfalls die gefundene Lösung konterkarikiert werden würde. Der Nutzer könnte sich zwar in Bezug auf Eingriffe in die Verwertungsrechte auf §§ 69d, e UrhG stützen, allerdings nicht in Bezug auf die Umgehung einer Schutzmaßnahme nach § 95a UrhG, sofern eine solche vorhanden ist.

An der wettbewerbssichernden Funktion der Schranken wird auch deutlich, dass es keine taugliche Lösung wäre, die §§ 69d, e UrhG in § 95b UrhG hineinzulesen und dem Berechtigten auf diesem Weg einen entsprechenden Anspruch auf Mittelbereitstellung zuzusprechen. Ein potenzieller Konkurrent würde sich nicht mit einer entsprechenden Anfrage an den Hersteller eines Produkts wenden.

Gegen diese Lösung, die durch die Schranken geschützten Interessen als Anhaltspunkte zu nehmen, könnte sprechen, dass dann auch Sicherungskopien von Multimediawerken nach § 69d Abs. 2 UrhG erstellt werden können. Damit könnte auch jede Kopierschutzmaßnahme, die ein Programm und Mediendateien schützt, umgangen werden. Hier ist aber zu betonen, dass die Sicherungskopie unter dem Vorbehalt der Erforderlichkeit zur künftigen Programmnutzung steht. Das dürfte bei Online-Spielen, die vollständig heruntergeladen werden können, kaum noch der Fall sein. Daher werden Kopierschutzmaßnahmen durch diese Auslegung nicht irrelevant. Zudem können diese zielgerichtet für Mediendateien eingesetzt werden, dort gilt § 69d Abs. 2 UrhG nicht.

1366 Siehe C.III.4.c)ff)(4).

1367 *Grützmacher*, ZGE/IPJ 2017, 423, 440, 441.

1368 Angedeutet bei Dreyer/Kotthoff/Meckel/Hentsch/*Dreyer*, § 95a UrhG Rn. 38.

1369 Vgl. *Meyer*, in Conrad/Grützmacher, S. 254, 262; *Rauch*, MR 2014, 303, 308.

1370 Siehe C.III.3.d)dd)(3).

Gegen das Dammbruch-Argument, dass technische Schutzmaßnahmen vollständig nutzlos werden, sobald eine Umgehung gelingt und die entsprechenden Informationen weitergegeben werden, ist wie bei § 69f Abs. 2 UrhG anzuführen, dass der Hersteller vertragliche „Coordinated Disclosure“-Maßnahmen treffen kann.

kk) Vorbereitungshandlungen (§ 95a Abs. 3 UrhG)

§ 95a Abs. 3 UrhG verbietet Vorbereitungshandlungen im Zusammenhang mit der Umgehung technischer Schutzmaßnahmen.[1371] In Bezug auf Umgehungsmittel sind vorbereitende Handlungen untersagt, wenn sie einen der aufgezählten Qualifikationstatbestand erfüllen. Gleiches gilt für Dienstleistungen, die einen der Qualifikationstatbestände erfüllen. Zunächst muss allerdings der Schutzgegenstand bestimmt werden, da er von § 95a Abs. 1, 2 UrhG abweicht.

(1) Schutzgegenstand

Da es sich um Vorfeldschutz handelt, hat die Umgehung noch nicht stattgefunden, sie ist lediglich das Ziel der in Abs. 3 verbotenen Handlung.[1372] Es soll nicht die konkrete unerlaubte Umgehung verhindert, sondern der abstrakten Gefahr begegnet werden,[1373] die von solchen Umgehungsmitteln im Hinblick auf spätere Umgehungen ausgeht. Ein Verstoß gegen § 95a Abs. 3 UrhG setzt keinen Verstoß gegen § 95a Abs. 1 UrhG voraus.[1374] Damit wird der Bezug zu urheberrechtlich relevanten Handlungen noch geringer. Denn zum Zeitpunkt der Herstellung oder des Vertriebs eines potenziellen Umgehungsmittels steht noch gar nicht fest, ob es jemals für eine Umgehung genutzt wird. Damit genügt aber auch schon die theoretische Möglichkeit einer Umgehung mit einem bestimmten Mittel, um dessen Zulässigkeit in Frage zu ziehen. Die Prognose, ob die theoretisch mögliche Umgehung dann auch zu urheberrechtlich relevanten Handlungen führt, dürfte bei digitalen Werken regelmäßig ohne Probleme gelingen, da es zu Zwischenspeicherungen kommen wird. Daher muss auf diese Prognose auch nicht verzichtet werden. Schwierig ist hingegen die Prognose, ob ein Umgehungsmittel zur Umgehung bei urheberrechtlich geschützten Inhalten eingesetzt wird.[1375] Hier genügt die Möglichkeit, anderenfalls wären Abs. 3

1371 Schricker/Loewenheim/*Götting*, § 95a UrhG Rn. 23.

1372 *Entelmann*, S. 66.

1373 *Entelmann*, S. 66.

1374 Dreyer/Kotthoff/Meckel/Hentsch/*Dreyer*, § 95a UrhG Rn. 53.

1375 Schricker/Loewenheim/*Götting*, § 95a UrhG Rn. 24; Wandtke/Bullinger/*Wandtke/Ohst*, § 95a UrhG Rn. 68.

nur selten anwendbar und damit ineffektiv, da der Einwand, es würden (auch) ungeschützte Gegenstände erfasst, bei denen eine Umgehung zulässig wäre, fast immer erhoben werden könnte.

(2) Umgehungsmittel

Umgehungsmittel können Vorrichtungen, Erzeugnisse oder Bestandteile sein. Davon werden alle körperlichen und unkörperlichen Gegenstände erfasst, die eine technische Schutzmaßnahme abschwächen oder ausschalten.[1376] Insbesondere sind auch Programme erfasst,[1377] sodass alle Hilfsmittel, die beim Software Reverse Engineering und beim Game Hacking eingesetzt werden, erfasst werden.

(3) Verbotene Handlungen

In Bezug auf die Umgehungsmittel sind die Herstellung, die Einfuhr, die Verbreitung, der Verkauf, die Vermietung, die Werbung und der gewerblichen Zwecken dienende Besitz verboten. Auffällig ist, dass nur beim Besitz die Beschränkung auf gewerbliches Handeln erfolgt. Bei allen anderen Handlungen ist im Umkehrschluss auch privates Handeln erfasst.[1378] Dementsprechend umfasst Werbung auch private Kaufangebote.[1379] Werbung ist jedes Verhalten, dass andere zum Abschluss eines Rechtsgeschäfts motivieren soll.[1380] Abs. 3 sieht kein subjektives Element vor,[1381] was sich angesichts des klaren Unterschieds zu Abs. 1[1382] auch nicht durch Auslegung ändern lässt. Aus diesem Grund wären alle genannten Handlungen in Bezug auf Hilfsmittel untersagt. Beispielsweise könnten dann keine Debugger mehr vertrieben werden.

1376 Dreyer/Kotthoff/Meckel/Hentsch/*Dreyer*, § 95a UrhG Rn. 61.

1377 Dreyer/Kotthoff/Meckel/Hentsch/*Dreyer*, § 95a UrhG Rn. 61; Dreier/Schulze/*Specht*, § 95a UrhG Rn. 17; Schricker/Loewenheim/*Götting*, § 95a UrhG Rn. 25; *Entelmann*, S. 60.

1378 BGH, Urteil vom 17.7.2008 – I ZR 219/05 = MMR 2008, 811, 813; Schricker/Loewenheim/*Götting*, § 95a UrhG Rn. 23; *Entelmann*, S. 60, 61.

1379 Ahlberg/Götting/*Lindhorst*, § 95a UrhG Rn. 21.

1380 *Entelmann*, S. 63.

1381 Ahlberg/Götting/*Lindhorst*, § 95a UrhG Rn. 22; Dreier/Schulze/*Specht*, § 95a UrhG Rn. 18; Dreyer/Kotthoff/Meckel/Hentsch/*Dreyer*, § 95a UrhG Rn. 96; Wandtke/Bullinger/*Wandtke*/*Ohst*, § 95a UrhG Rn. 69.

1382 Fromm/Nordemann/*Czychowski* § 95a UrhG Rn. 48.

(4) Qualifikationstatbestände

Angesichts der umfassenden Handlungsbegriffe kommt den Qualifikationstatbeständen (Nr. 1-3) eine entscheidende Bedeutung zu. Dies kann entweder eine Verkaufsförderung (Nr. 1), das Fehlen eines anderen wirtschaftlichen Zwecks oder Nutzens neben der Umgehung (Nr. 2) oder die hauptsächliche Bestimmung zur Umgehung sein (Nr. 3). In den beiden letzten Fällen ist auf den objektiven Zweck abzustellen.[1383]

Bei Nr. 2 ist die Frage entscheidend, ob die Vorrichtung abzüglich der Umgehungskomponente noch einen Nutzen hat.[1384] Eine legale Zusatzfunktion allein soll aber noch nicht ausreichen.[1385] Sinn der Vorschrift ist, Allzweckmittel nicht zu verbieten.[1386] Das ist insofern wichtig, als dass Hilfsmittel bei der Herstellung von Drittanbietersoftware häufig in der Lage sind, Schutzmechanismen zu umgehen, gleichzeitig aber auch andere Funktionen haben. Die Behandlung dieser „Dual-Use"-Mittel[1387] ist daher von großer Relevanz.

Um den Gleichlauf mit Abs. 1, 2 möglichst zu gewährleisten, muss das Umgehungsmittel bei Abs. 3 spezifisch zur Umgehung nutzbar sein, beiläufige Umgehungen genügen nicht. Auch wenn der Wortlaut es genügen lässt, wenn ein Mittel die Umgehung erleichtert, sind Mittel zu Vorbereitung einer Umgehung regelmäßig nicht unzulässig. Denn anderenfalls würden alle Mittel zur Softwareanalyse[1388] unzulässig werden. Das wäre viel zu weitreichend. Die Möglichkeit, ein Mittel zur Schrankennutzung nach §§ 44a ff. UrhG einzusetzen, muss hier aber außen vor bleiben muss. Es wäre wertungswidersprüchlich, die Umgehung selbst zur Schrankennutzung nicht zu erlauben,[1389] dann aber den Vertrieb von Mitteln zur Schrankennutzung zu erlauben. Hier muss der Nutzer den Weg des § 95b UrhG beschreiten. Im Hinblick auf eine Schrankennutzung nach §§ 69d, e UrhG ist wieder die Verhältnismäßigkeit zu beachten.

1383 BGH, Urteil vom 27.11.2014 - I ZR 124/11 = GRUR 2015, 672, 676; Ahlberg/Götting/*Lindhorst*, § 95a UrhG Rn. 20a; Dreier/Schulze/*Specht*, § 95a UrhG Rn. 18; Schricker/Loewenheim/*Götting*, § 95a UrhG Rn. 37.

1384 Wandtke/Bullinger/*Wandtke/Ohst*, § 95a UrhG Rn. 84.

1385 *Entelmann*, S. 69.

1386 Fromm/Nordemann/*Czychowski* § 95a UrhG Rn. 46.

1387 Hoeren/Sieber/Holznagel/*Arlt*, Teil 7.7 Rn. 67.

1388 Hoeren/Sieber/Holznagel/*Arlt*, Teil 7.7 Rn. 67.

1389 Siehe C.III.4.d)cc)(2)(a).

(5) Erbringung von Dienstleistungen

Die Dienstleistungen können im Rahmen einer der genannten Handlung erbracht werden, müssen es aber nicht; entscheidend ist, dass sie einen der Qualifikationstatbestände erfüllen.[1390] Unter Dienstleistung sollen auch Anleitungen zur Umgehung von Schutzmaßnahmen fallen.[1391] Das wurde im Regierungsentwurf zu § 95a UrhG erwähnt.[1392] Das ist insoweit nachvollziehbar, als dass Anleitungen ein ähnlich großes Risiko für Schutzmaßnahmen darstellen können wie die Verbreitung von Umgehungsmitteln.[1393] Im Rahmen der Verhältnismäßigkeit sind hier aber Einschränkungen vorzunehmen. Nicht kommerzielle und private Anbieter erbringen keine Dienstleistungen,[1394] da unentgeltliche Tätigkeiten keine Dienstleistungen darstellen.[1395] Verlangen sie ein Entgelt, liegt eine Dienstleistung vor.[1396]

(6) Verhältnismäßigkeit

Auch bei Abs. 3 muss die Verhältnismäßigkeit wegen Erwägungsgrund 48 der InfoSoc-RL berücksichtigt werden.[1397] Die Interessenlage ist hier nicht anders als beim Umgehungsverbot. Vielmehr besteht ein erhöhter Schutzbedarf, da die Verbote der Vorfeldmaßnahmen noch weniger an urheberrechtlich relevantes Handeln anknüpfen, somit kaum dem Eigentumsschutz der Urheber bzw. Rechtsinhaber dienen.

Zur Verbesserung technischer Schutzmaßnahmen müssen deren Schwächen von Außenstehenden offengelegt oder zumindest anderen mitgeteilt werden. Allein das kann ein Mittel zur Umgehung sein.[1398] Ebenso kann der Vertrieb von Sicherheitstools, die zur Überprüfung von Schutzmaßnahmen eingesetzt wird, Abs. 3 unterfallen. Das wäre ebenfalls kontraproduktiv und würde die Sicherheitsforschung stark erschweren. Insofern muss hier wie bei Abs. 1 eine

---

1390 Dreyer/Kotthoff/Meckel/Hentsch/*Dreyer*, § 95a UrhG Rn. 82.

1391 Dreier/Schulze/*Specht*, § 95a UrhG Rn. 18; Fromm/Nordemann/*Czychowski*, § 95a UrhG Rn. 46; Schricker/Loewenheim/*Götting*, § 95a UrhG Rn. 31; Wandtke/Bullinger/*Wandtke/Ohst*, § 95a UrhG Rn. 79, 81.

1392 BT-Drs. 15/38, S. 26.

1393 *Entelmann*, S. 65.

1394 Wandtke/Bullinger/*Wandtke/Ohst*, § 95a UrhG Rn. 80.

1395 *Entelmann*, S. 65.

1396 Fromm/Nordemann/*Czychowski* § 95a UrhG Rn. 47.

1397 Dreyer/Kotthoff/Meckel/Hentsch/*Dreyer*, § 95a UrhG Rn. 105 ff; *Arlt*, S. 143, *Entelmann*, S. 69, 70.

1398 *Mittenzwei*, S. 199 ff.

Ausnahme gemacht werden. Darüber lassen sich dann auch wissenschaftliche Abhandlungen über Sicherheitslücken rechtfertigen. Das Gleiche gilt über die Wettbewerbsfreiheit auch für den Vertrieb von Analysetools. Hier kann auch wieder auf §§ 69d, e UrhG und den Erschöpfungsgrundsatz rekurriert werden. Wenn ein Hilfsmittel diese Schrankennutzung ermöglicht, ist es verhältnismäßig und unterfällt nicht dem Verbotstatbestand des § 95a Abs. 3 UrhG. Ebenso kann über die Verhältnismäßigkeit das Interesse an einer freien Berichterstattung berücksichtigt werden.[1399] Im Rahmen eines redaktionellen Beitrages darf auf Seiten mit Download-Angeboten von Umgehungsprogrammen verlinkt werden, ohne dass dies von Abs. 3 erfasst ist.

ll) Zwischenergebnis

§ 95a UrhG normiert einen sehr weitreichenden Schutz für technische Maßnahmen. Der rechtliche Schutz der Maßnahme reicht insbesondere weiter als der urheberrechtliche Schutz eines Werkes.[1400] Erstens ist Mischschutz möglich, sodass auch urheberrechtlich Ungeschütztes vom Schutz erfasst wird. Zweitens können auch urheberrechtlich irrelevante Handlungen (Zugang) untersagt werden, mit der Folge, dass u. a. Debugging als Umgehung einzuordnen wäre. Drittens sind die Schranken nicht vorrangig und viertens ist die Zustimmung des Rechtsinhabers auch erforderlich, wenn überhaupt keine urheberrechtliche Relevanz besteht. Der Vorfeldschutz nach Abs. 3 greift noch weiter in die Nutzerinteressen ein, da er noch weiter von einer urheberrechtlich relevanten Handlung entfernt ist und zahlreiche Hilfsmittel bedroht.

Als Korrektiv steht die Verhältnismäßigkeit zur Verfügung. Diese darf allerdings nicht lediglich im Hinblick auf alternative Schutzmaßnahmen geprüft werden. Zudem müssen die darüber zu berücksichtigenden Interessen deutlich erweitert werden, um den Interessenausgleich angemessen zu gestalten. Hilfsmittel, die Handlungen nach §§ 69d, e UrhG oder auf Grundlagen des Erschöpfungsgrundsatzes in Bezug auf den Programmcode ermöglichen, sind verhältnismäßig.

e) Vergleich der Rechtsregime

§ 95a UrhG und § 69f Abs. 2 UrhG betreffen den gleichen Regelungsgegenstand.[1401] Beide Vorschriften normieren nach hier vertretener Auffassung ein

1399 BGH, Urteil vom 14.10.2010 – I ZR 191/08 = MMR 2011, 391, 392.
1400 *Specht*, GRUR 2019, 253, 258.
1401 *van Schoor*, S. 46, 47.

Umgehungsverbot. Es bestehen leichte Unterschiede hinsichtlich der Tatbestandsmerkmale. § 69f Abs. 2 UrhG setzt die Wirksamkeit einer Maßnahme nicht voraus und erfordert kein subjektives Element. § 95a Abs. 3 UrhG untersagt nur den gewerblichen Besitz, bei § 69f Abs. 2 UrhG ist jeder Besitz verboten. Vergleicht man nur diese Merkmale, ist § 69f Abs. 2 UrhG weiter gefasst.

Der entscheidende Unterschied liegt aber im urheberrechtlichen Bezug. Nach hier vertretener Auffassung schützt § 69f Abs. 2 UrhG nur Maßnahmen, die urheberrechtlich relevante Handlungen unterbinden wollen. Zudem werden die Schranken berücksichtigt. Beides gilt bei § 95a Abs. 1, 2 und 3 UrhG zunächst nicht. Das würde bei Multimediawerken zu Verwerfungen führen. So wäre Debugging nach § 69f Abs. 2 UrhG gestattet, nach § 95a UrhG hingegen untersagt. Um diesen Widerspruch interessegerecht aufzulösen, sind die §§ 69d, e UrhG bei § 95a UrhG über die Verhältnismäßigkeit zu berücksichtigen. Es bleibt allerdings dabei, dass § 95a UrhG außerhalb der Schranken auch Zugangshandlungen erfasst, § 69f Abs. 2 UrhG hingegen nicht. Außerdem setzen sich die Schranken aus §§ 44a UrhG zwar gegenüber § 69f Abs. 2 UrhG, wegen § 95b UrhG aber nicht gegen § 95a UrhG durch. Somit hat die Frage nach der Anwendbarkeit der Rechtsregime weiterhin Relevanz.

f) Anwendbares Rechtsregime

Die Tatsache, dass Computerspiele aus Programmen und weiteren Werken bestehen, führt auch bei technischen Schutzmaßnahmen zu Abgrenzungsproblemen zwischen den unterschiedlichen Rechtssystemen (§§ 95a, 95b einerseits und 69f Abs. 2, 1 UrhG andererseits).[1402] Hier wird die Problematik auch durch eine gesetzliche Regelung deutlich: § 69a Abs. 5 UrhG bestimmt, dass unter anderem die §§ 95a ff. UrhG auf Computerprogramme nicht anwendbar sind. Ein Grund für diese Regelung war, dass die computerprogrammspezifischen Schranken nicht von § 95a UrhG berührt werden sollten.[1403] Der Normenkonflikt zwischen § 95a UrhG und § 69f Abs. 2 UrhG wurde zwar vom Gesetzgeber erkannt, aber nicht gelöst.[1404]

Da Computerspiele als Multimediawerke sowohl aus Computerprogrammen und anderen geschützten Werken bestehen und das Gesetz auch hier keine speziellen Vorschriften für diese Werke enthält, wird die Frage, ob sich der Schutz technischer Schutzmaßnahmen bei diesen Werken nach § 69f UrhG, § 95a UrhG

1402 *van Schoor*, S. 27; *Grützmacher*, ZGE/IPJ 2017, 423, 425, 426.

1403 *van Schoor*, S. 3; *Ernst* CR 2004, 39, 42.

1404 *van Schoor*, S. 24 ff.

oder nach beiden Vorschriften richtet, sehr unterschiedlich beantwortet. Eindeutig geregelt und daher nicht umstritten ist die Tatsache, dass auf reine Computerprogramme i. S. d. § 69a UrhG gem. § 69a Abs. 5 UrhG die Vorschriften der §§ 95a ff. UrhG nicht angewandt werden können.

aa) Spezialität des § 69f UrhG

Nach einer Auffassung sind die §§ 69a ff. UrhG und damit auch § 69f UrhG bei Multimediawerken spezieller.[1405] Dadurch würde erstens die Gleichbehandlung aller Softwareprodukte, unabhängig davon, ob sie andere Werke beinhalten, erreicht, zweitens ein hohes Maß an Rechtssicherheit geschaffen[1406], drittens eine größtmögliche Konformität mit dem Wortlaut des § 69a Abs. 5 UrhG hergestellt[1407] und viertens die Wahrung der softwarespezifischen Wertungen der §§ 69a ff. UrhG erzielt.[1408] Würde die bloße Existenz eines weiteren geschützten Werkes neben einem Programm in einem einheitlichen Werk zur Anwendung des § 95a UrhG führen, so könnten die §§ 69a ff. UrhG einfach umgangen werden, indem neben dem Programmcode noch ein weiteres Werk in das Gesamtwerk aufgenommen wird.[1409] Nach dieser Auffassung gilt bezüglich technischer Schutzmechanismen bei Computerspielen stets § 69f Abs. 2 UrhG und nicht § 95a UrhG.

Dagegen spricht, dass der Anwendungsbereich des § 95a UrhG im digitalen Bereich immer geringer wird, da die meisten elektronischen Produkte mit Software verknüpft sind.[1410] Zudem wäre es dann konsequent, Multimediawerke insgesamt nach §§ 69a ff. UrhG zu bewerten, was aber nicht überzeugt, da sie keine reinen Computerprogramme sind. Außerdem würde diese Auffassung dazu führen, dass Zugangsverhinderung außerhalb der Schranken der §§ 69d, e UrhG nicht mehr untersagt wären. Schließlich würde § 95b UrhG missachtet werden, da dann auch die Schranken aus §§ 44a UrhG trotz technischer Schutzmaßnahmen bei anderen Werken als Computerprogrammen Vorrang hätten.

1405 *Entelmann*, S. 44; *Lambrecht* S. 241; *Heinemeyer/Nordmeyer* CR 2013, 586, 589, 590; *Mayer-Wegelin*, JurPC Web-Dok. 28/2009, Abs. 69.

1406 *Entelmann*, S. 44; *Lambrecht* S. 241.

1407 *Entelmann*, S. 44.

1408 *Heinemeyer/Nordmeyer* CR 2013, 586, 589, 590; *Mayer-Wegelin*, JurPC Web-Dok. 28/2009, Abs. 68.

1409 *Mayer-Wegelin*, JurPC Web-Dok. 28/2009, Abs. 68.

1410 *van Schoor*, S. 166, 167.

bb) Vorrang des § 95a UrhG

Demgegenüber wird vertreten, dass die §§ 95a ff. UrhG bei Multimediawerken nur nicht gelten, wenn keine andere Werkart als das Computerprogramm betroffen ist.[1411] Mit anderen Worten soll § 69f Abs. 2 UrhG nur bei Programmen im eigentlichen Sinne gelten.[1412] Als Argument wird angeführt, dass anderenfalls das System der §§ 95a ff. UrhG ausgehöhlt würde.[1413] Dies führt dazu, dass Computerspiele, die aus Computerprogrammen und anderen geschützten Werken bestehen, regelmäßig nach §§ 95a UrhG geschützt sind. Nur wenn eine Schutzmaßnahme ausschließlich das Programm schützt, kommt § 69f Abs. 2 UrhG in Betracht.

Diese Auffassung berücksichtigt nicht, dass der Schutzgegenstand einer Schutzmaßnahme selten eindeutig ist.[1414] So erschweren wie oben gezeigt Verschlüsselungen des Programmcodes mittelbar auch den Zugriff auf Mediendateien. Auch die gesamte Server-Client-Struktur schützt nicht nur die Mediendateien, sondern auch den auf dem Server ablaufenden Programmcode. Es ist nicht möglich, in jedem Fall einen klaren Schutzgegenstand zu identifizieren. Diese Auffassung ist also nicht praktikabel. Darüber hinaus ist Software in fast allen Fällen multimedial, sodass § 69f UrhG de facto nicht mehr anwendbar wäre.

cc) Schwerpunkt

Wiederum andere Meinungen bemühen sich um ein Abgrenzung anhand einer Schwerpunktbetrachtung bezüglich des gesamten Werkes.[1415] Dadurch könne den verschiedenen Regelungszwecken der beiden Regime am ehesten Rechnung getragen werden.[1416] Zudem führe diese Vorgehensweise zu Rechtssicherheit,[1417] beuge dem Rechtsmissbrauch vor[1418] und sei interessengerecht.[1419]

1411 *Arnold/Timmann*, MMR 2008, 286, 287 (Fn. 7).

1412 *Arlt*, MMR 2005, 148, 154.

1413 *Arlt*, MMR 2005, 148, 154; *Arnold/Timmann*, MMR 2008, 286, 287 (Fn. 7).

1414 Siehe C.III.4.d)cc).

1415 Büscher/Dittmer/Schiwy/*Schmidl/Lickleder*, § 95a UrhG Rn. 20; Wandtke/Bullinger/*Grützmacher*, § 69a UrhG Rn. 97; Fromm/Nordemann/*Czychowski*, § 69a UrhG Rn. 45; *Grützmacher*, ZGE/IPJ 2017, 423, 425, 426; *Kreutzer* CR 2007 1, 6; *Schröder* MMR 2013, 80, 82.

1416 Wandtke/Bullinger/*Grützmacher*, § 69a UrhG Rn. 97; *Kreutzer* CR 2007 1, 6.

1417 *Schröder*, MMR 2013, 80, 82.

1418 Büscher/Dittmer/Schiwy/*Schmidl/Lickleder*, § 95a UrhG Rn. 20.

1419 *Grützmacher*, ZGE/IPJ 2017, 423, 426.

Allerdings gehen die Meinungen über die Bestimmung des Schwerpunkts von Computerspielen innerhalb dieser Auffassung auseinander. Überwiegend wird eine wirtschaftliche Betrachtung der verschiedenen Elemente gefordert, wobei bei Computerspielen das Steuerungsprogramm als wirtschaftlich wesentlich und damit als Schwerpunkt des gesamten Werkes angesehen wird.[1420] Die technischen Maßnahmen sollen in diesen Fällen die Übernahme des Codes und nicht der anderen Werke verhindern.[1421] Die Software generiere alle Inhalte und sei somit der zentrale Bestandteil eines Computerspiels.[1422] Wird das Werk nur von einem Computerprogramm begleitet, dann soll § 95a UrhG einschlägig sein.[1423] Ebenso wird auch die gegenteilige Beurteilung vertreten: Schutzmaßnahmen insbesondere bei Online-Spielen sollen die Rechtmäßigkeit des Vervielfältigungsstücks sicherstellen, womit allerdings nicht der Code geschützt wird, sondern die anderen Werke, womit § 95a UrhG einschlägig sei.[1424]

Eine weitere Auffassung nimmt nicht den Schwerpunkt des Werkes, sondern den konkreten Interessenkonflikt zwischen Rechtsinhaber und Nutzer in den Blick nimmt und leitet beispielsweise bei der Verwendung von Drittanbietersoftware daraus die Anwendbarkeit der programmspezifischen Schranken ab.[1425]

Allein daraus wird ersichtlich, dass diese Auffassungen keine sicheren Ergebnisse liefern. Von Rechtssicherheit kann also keine Rede sein. Auch hier erweist es sich wieder als Problem, dass technische Schutzmaßnahmen keinen eindeutigen Schutzgegenstand haben. Dementsprechend kann der Schwerpunkt einer Maßnahme kaum bestimmt werden.

dd) Parallele Anwendung

Schließlich wird eine parallele Anwendung beider Vorschriften vertreten.[1426] Der BGH hat zur Begründung ausgeführt, dass kein Grund ersichtlich sei, den anderen geschützten Werken in Computerspielen den Schutz nach Art. 6 InfoSoc-RL allein deswegen zu untersagen, weil auch Computerprogramme Teil des

---

1420 Wandtke/Bullinger/*Grützmacher*, § 69a UrhG Rn. 97; *Schweyer*, S. 209, 210; *Kreutzer* CR 2007 1, 6; *Schröder* MMR 2013, 80, 82.

1421 Wandtke/Bullinger/*Grützmacher*, § 69a UrhG Rn. 97.

1422 Loewenheim/*Peukert*, § 34 Rn. 8; *Schröder*, MMR 2013, 80, 82.

1423 *Schweyer*, S. 210.

1424 Wandtke/Ohst/*Kauert*, Kapitel 6 Rn. 81; *Bullinger/Czychowski*, GRUR 2011, 19, 25.

1425 *Wieduwilt*, MMR 2008, 715, 718.

1426 BGH, Urteil vom 27.11.2014 – I ZR 124/11 = GRUR 2015, 672, 675; BGH, Beschluss vom 6.2.2013 – I ZR 124/11 = MMR 2013, 671, 673; Schricker/Loewenheim/*Spindler*, § 69a UrhG Rn. 27; *Kochmann*, S. 192, 193; *van Schoor*, S. 171; *Oehler*, S. 479.

Gesamtwerks sind.[1427] Dass dadurch Computerprogramme nach Art. 6 InfoSoc-RL geschützt würden, sei solange unproblematisch, wie Umgehungsmittel angewandt werden dürften, die die Ausübung der computerprogrammspezifischen Schrankenbefugnisse ermöglichen.[1428] Diese Ausnahme für die computerprogrammspezifischen Schranken hat er im WoW-Urteil allerdings de facto wieder aufgehoben, indem er schon die Anwendbarkeit der Schranken auf Multimediawerke verneint hat.[1429]

Auch der EuGH hat entschieden, dass bei Computerspielen Art. 6 InfoSoc-RL anwendbar ist.[1430] Allerdings hat der Gerichtshof das genaue Verhältnis zu Art. 7 Software-RL nicht erläutert,[1431] weswegen nicht eindeutig feststeht, ob der EuGH auch eine parallele Anwendung vertritt.

In der Literatur wird die parallele Anwendung als dogmatisch überzeugend eingestuft.[1432] Dabei sollten Korrekturen auf der Rechtsfolgenseite möglich bleiben.[1433] Wenn ein hoher wirtschaftlicher Nutzen, die Gefahr für Ausfall des Systems oder individueller Anpassungsbedarf bestehe, könnten die computerprogrammspezifischen Schranken zur Anwendung kommen, da nur in diesen Fällen Bedarf bestehe.[1434]

Bei Computerspielen herrsche so ein Bedarf generell nicht, sie seien anderen Werken viel näher als Computerprogrammen.[1435] Beispielsweise bestehe kein Bedarf von Schnittstellen in Computerspielen zu anderen Programmen.[1436] Dieser Ausschluss von Computerspielen ist allerdings abzulehnen. Auch bei Computerspielen besteht ein Bedürfnis von Drittanbietersoftware, was allein die eingangs erwähnten Beispiele an Drittanbietersoftware in Online-Spielen verdeutlichen.

1427 BGH, Beschluss vom 6.2.2013 – I ZR 124/11 = MMR 2013, 671, 673.

1428 BGH, Beschluss vom 6.2.2013 – I ZR 124/11= MMR 2013, 671, 673.

1429 BGH, Urteil vom 6.10.2016 – I ZR 25/15 = GRUR 2017, 266, 273.

1430 EuGH, Urteil vom 23.01.2014 – C-355/12 = GRUR 2014, 255, 256; *Conraths*, CR 2018, 170, 171.

1431 Schricker/Loewenheim/*Spindler*, § 69a UrhG Rn. 27.

1432 *van Schoor*, S. 171.

1433 *van Schoor*, S. 171.

1434 *van Schoor*, S. 171.

1435 *van Schoor*, S. 171.

1436 *van Schoor*, S. 172.

ee) Andere Rechtsordnungen

Wie bereits bei der Frage nach der Anwendbarkeit der Schranken, lohnt auch im Falle der Frage nach der Anwendbarkeit des Rechtsschutzes für technische Schutzmaßnahmen ein Blick in andere Rechtsordnungen. Dort finden sich möglicherweise interessengerechtere Lösungen.

Im Vereinigten Königreich trennt der CDPA ebenfalls zwischen technischen Schutzmaßnahmen bezüglich Computerprogrammen (sec. 296 CDPA) und bezüglich anderen Werken (sec. 296AZ CDPA).[1437] Während hinsichtlich der Schranken bei letzterer Vorschrift klar geregelt ist, dass nur die Forschung in der Verschlüsselungstechnik erlaubt ist (sec. 296AZ (2)) und alle anderen Schrankennutzer lediglich den Secretary of State anrufen können (sec. 296ZE CDPA and Part 1 of Schedule 5A CDPA), ist dies bei Computerprogrammen (sec. 296 CDPA) nicht geregelt.[1438] Da die Vorschrift aber von „infringing" spricht und eine Nutzung im Rahmen einer Schranke keine Urheberrechtsverletzung darstellt, entfalten die computerprogrammspezifischen Schranken legitimierende Wirkung.[1439] Damit besteht wie im deutschen Recht das Dilemma, dass sec. 296ZA deutlich weiterreichenden Schutz vermittelt und dieser gleichzeitig auch auf Computerspiele angewandt werden kann.[1440] Es findet also die gleiche Verwerfung wie im deutschen Recht dahingehend statt, dass der Schutz technischer Maßnahmen bei Multimediawerken die Ausübung computerprogrammspezifischer Schranken unmöglich macht, obwohl dies bei reinen Computerprogrammen möglich wäre. Eine Lösung ist hier nicht ersichtlich. Das gleiche gilt für das österreichische Urheberrecht. Hier findet sich ebenfalls ein getrenntes Regime. § 90b öUrhG erfasst Umgehungsmittel bezüglich technischer Schutzmaßnahmen bei Computerprogrammen, § 90c öUrhG regelt die Schutzmaßnahmen in Bezug auf andere Werke. Während bei § 90b öUrhG unklar ist, ob die computerprogrammspezifischen Schranken gelten,[1441] sind sie bei § 90c öUrhG eindeutig nicht vorrangig, sodass sich die computerprogrammspezifischen Schranken jedenfalls gegenüber §90c öUrhG nicht durchsetzen.

In der Schweiz besteht demgegenüber kein getrenntes Schutzregime bezüglich technischer Schutzmaßnahmen.[1442] Diese werden für alle Werke einheitlich

1437 *van Schoor*, S. 132 ff.

1438 *Davies/Caddick/Harbottle*, no. 15-17.

1439 *Davies/Caddick/Harbottle*, no. 15-17.

1440 *Aplin*, S. 242; *Davies/Caddick/Harbottle*, no. 15-10 ff.; *van Schoor*, S. 136.

1441 *van Schoor*, S. 131.

1442 *van Schoor*, S. 137 ff.

in Art. 39a URG geregelt. Nach Abs. 1 besteht ein Umgehungsverbot, nach Abs. 3 sind Vorbereitungshandlungen untersagt. Von besonderem Interesse ist Abs. 4. Demnach kann das Umgehungsverbot nicht gegenüber denjenigen Personen geltend gemacht werden, welche die Umgehung ausschließlich zum Zweck einer gesetzlich erlaubten Verwendung vornehmen. Damit wird gerade die überschießende Tendenz in Bezug auf die Schranken verhindert.[1443] Zusammengefasst wird hier eine für alle Werke einheitliche Regelung getroffen, die zudem alle Schranken berücksichtigt. Damit besteht im schweizerischen Urheberrecht die im deutschen Recht bestehende Verwerfung nicht. Sind die computerprogrammspezifischen Schranken auch auf Multimediawerke anwendbar, so setzen sich diese auch dann durch, wenn das Multimediawerk durch technische Schutzmaßnahmen geschützt wird. Das gilt zumindest für den Berechtigten.

Nach Art. 39b URG hat die Schweiz zudem eine Beobachtungsstelle für technische Schutzmaßnahmen eingerichtet. Nach Abs. 1 lit. a ist es u. a. ihre Aufgabe, die Auswirkungen der technischen Maßnahmen auf die Schranken zu beobachten und darüber Bericht zu erstatten. Sie hat allerdings keine Entscheidungs- oder Weisungsbefugnis (Art. 16f Abs. 3 URV). In diesem Sinne konnte die Beobachtungsstelle in einem Fall somit lediglich eine Beschwerde von Nutzern einer Spielkonsole genauer untersuchen, die nach einem Firmware-Update keine Drittanbietersoftware mehr auf ihrer Konsole installieren konnten.[1444] Die Beobachtungsstelle kam zu dem Schluss, dass diese Maßnahme im Hinblick auf das Verhindern von unerlaubten Verwendungen von geschützten Inhalten (Abspielen von „Raubkopien“), zulässig sei, auch wenn sie dabei erlaubte Handlungen unterbinde.[1445] Hier wäre es interessengerecht, wenn der Gesetzgeber eine Verhältnismäßigkeitsschranke wie im europäischen Urheberrecht in Bezug auf technische Schutzmaßnahmen einführen würde. Die Beobachtungsstelle scheint dies bereits anzunehmen.[1446] Im konkreten Fall wäre daher abzuwägen, ob das Nutzungsrecht der Erwerber der Konsole und der Systemsoftware zu sehr beeinträchtigt ist oder ob die Verhinderung von Raubkopien dies rechtfertigt.

1443 Müller/Oertli/*auf der Maur*, Art. 39a URG Rn. 14; *van Schoor*, S. 138.

1444 https://www.ige.ch/de/etwas-schuetzen/urheberrecht/beobachtungsstelle-btm/untersuchungen-und-meldungen/beanstandung-des-aktualisierungsprogramms-einer-spielkonsole.html (zuletzt abgerufen am 1.5.2020).

1445 https://www.ige.ch/de/etwas-schuetzen/urheberrecht/beobachtungsstelle-btm/untersuchungen-und-meldungen/beanstandung-des-aktualisierungsprogramms-einer-spielkonsole.html (zuletzt abgerufen am 1.5.2020).

1446 https://www.ige.ch/fileadmin/user_upload/schuetzen/urheberrecht/d/Bericht_der_BTM_ueber_die_Amtsperiode_2016-2017.pdf (zuletzt abgerufen am 1.5.2020), S. 3.

Jedenfalls herrscht in der Schweiz ein deutlich interessengerechteres System, da sich alle Schranken gegenüber technischen Schutzmaßnahmen durchsetzen. Die Gefahren des ausufernden Schutzes durch technische Schutzmaßnahmen und des daher erforderlichen Schutzes des Nutzers vor technischen Schutzmaßnahmen wurden in Gestalt der Beobachtungsstelle immerhin erkannt.

Im US Copyright Law werden technische Schutzmaßnahmen nach 17 USC sec. 1201(a) und 1201(b) geschützt. Der rechtliche Schutz differenziert nicht danach, ob Computerprogramme oder andere Werke geschützt werden.[1447] Sec. 1201(a) betrifft Zugangskontrollen und untersagt deren Umgehung (1) sowie den Umgang mit Hilfsmittel (2). Sec. 1201(b) betrifft den Umgang mit Hilfsmitteln, die dabei helfen, Rechtekontrollen zu umgehen. In sec. 1201(b) fehlt auf den ersten Blick ein Umgehungsverbot. Die sich an die Umgehung von Rechtekontrollen anschließende Nutzung stellt allerdings eine normale Urheberrechtsverletzung dar.[1448] Daher war ein Verbot der Umgehung von Rechtekontrollen aus Sicht des Gesetzgebers nicht nötig. Das verdeutlich auch, dass wie im deutschen Urheberrecht die Umgehung einer technischen Schutzmaßnahme selbst kein Urheberrechtsverstoß ist, sondern ein Verstoß gegen ein eigenständiges Recht.[1449]

Für alle drei Verbote bestehen bestimmte Ausnahmen. Besonders interessant ist sec. 1201(f), der die Umgehung und den Umgang mit Hilfsmitteln bei Computerprogrammen erlaubt, wenn es um die Herstellung von Interoperabilität geht. Die Ausnahme gestattet sogar die Veröffentlichung von entsprechenden Informationen (sec. 1201(f)(3) USC). Zwar gilt die Ausnahme nur für Computerprogramme und nicht, wenn nur andere Werke geschützt werden.[1450] Das ist auch logisch, da es nur bei Programmen Interoperabilität hergestellt werden kann. Es besteht aber kein Grund, diese Ausnahme nicht auf Multimediawerke anzuwenden. Sec. 1201(a) und (b) differenzieren gerade nicht zwischen verschiedenen Werken, sodass es für sec. 1201(f) ausreicht, wenn auch ein Computerprogramm Bestandteil des geschützten Werkes vorliegt. Dementsprechend hat das Gericht in *Davidson vs. Jung* die Ausnahme des sec. 1201(f) auch nicht deswegen abgelehnt, weil es um ein Computerspiel ging, sondern weil nach

1447 *van Schoor*, S. 142.

1448 *van Schoor*, S. 142.

1449 United States Court of Appeals, Ninth Cicuit, 2009, 629 F.3d 928, in: Lipson/Brain, S. 294, 300.

1450 *van Schoor*, S. 145.

Auffassung des Gerichts eine Urheberrechtsverletzung vorlag.[1451] Die Ausnahme zeigt im Unterschied zum deutschen Recht, dass Handlungen zur Herstellung von Interoperabilität auch bei technischen Schutzmaßnahmen zulässig sind. Insofern besteht ein stärkerer Gleichlauf zwischen Urheberrechtsschutz und dem Schutz der technischen Maßnahmen. Zudem bestehen keine Verwerfungen bei der Anwendbarkeit auf multimediale Werke, da ein einheitliches Rechtsregime besteht.

Neben der Herstellung der Interoperabilität bestehen noch weitere Erlaubnisse. Gem. sec. 1201(g) dürfen Zugangskontrollen zur Forschung in der Verschlüsselungstechnik und nach sec. 1201(j) für Sicherheitstests umgangen werden. Das belegt ebenfalls, dass technische Schutzmaßnahmen berechtigte Interessen beeinträchtigen können. Die allgemeine Fair-Use-Schranke aus sec. 107 USC gilt hingegen nicht.[1452] Schließlich existierte drei Jahre lang eine spezielle Ausnahme für Computerspiele.[1453] Diese erlaubte die Umgehung technischer Zugangskontrollen bei Videospielen, um Sicherheitslücken zu finden, zu untersuchen und zu schließen.[1454] Grund dafür waren bekannt gewordene Fälle, in denen Zugangskontrollsysteme tatsächlich die Sicherheit eines Systems gefährdeten. Auch wenn diese Schranke nicht mehr gilt, ist dies ein Beleg dafür, dass Sicherheitsforschung auch bei Multimediasystemen eine Rolle spielt.

Während also im UK Copyright Law und im österreichischen Urheberrecht die gleichen Verwerfungen in Bezug auf die Schrankennutzung bei Multimediawerken, die durch technische Schutzmaßnahmen geschützt werden, wie im deutschen Recht bestehen, finden sich in der Schweiz und den USA differenziertere Lösungen. In der Schweiz gibt es eine einheitliche Regelung für technische Schutzmaßnahmen, zudem setzen sich alle Schranken gegenüber Schutzmaßnahmen durch. Die möglichen Gefahren für die Nutzerbefugnisse werden durch eine staatliche Stelle zumindest beobachtet. Auch im US Copyright Law ist der Rechtsschutz von technischen Schutzmaßnahmen einheitlich normiert. Es gibt keine Unterscheidung von Schutzmaßnahmen bei Computerprogrammen und bei anderen Werken. Zwar gilt die Fair-Use-Schranke bei

---

1451 United States Court of Appeals, Eighth Circuit, 2005, 422 F.3d 630, 633; abrufbar unter: https://ecf.ca8.uscourts.gov/opndir/05/09/043654P.pdf (zuletzt abgerufen am 1.5.2020), S. 9.

1452 *Schweyer*, S. 207; *van Schoor*, S. 147; *Kinitsky*, 24 Cardozo Arts & Ent. L. J., 2006, 367, 379.

1453 *van Schoor*, S. 149.

1454 https://www.copyright.gov/fedreg/2010/75fr43825.pdf (zuletzt abgerufen am 1.5.2020).

der Umgehung technischer Schutzmaßnahmen nicht, allerdings existieren dort immerhin explizite Ausnahmen vom Umgehungsverbot, z. B. zur Herstellung der Interoperabilität. Diese Ausnahmen gelten wie das Rechtsregime insgesamt auch für multimediale Werke. Dadurch wird ein besserer Gleichlauf zwischen Urheberrechtsschutz und dem Schutz technischer Maßnahmen erreich. Im Falle von Drittanbietersoftware bei multimedialen Werken erweist er sich als interessengerechter, da durch technische Schutzmaßnahmen nicht alle Schranken ausgeschaltet werden können. Insofern stellen das schweizerische Urheberrecht und das US Copyright Law gute Beispiele für den Schutz der Nutzerinteressen bei technischen Schutzmaßnahmen dar.

ff) Würdigung

Aufgrund des genannten BGH-Beschlusses und in der Sache gleichlautender späterer Urteile[1455] hat der Streit um die Anwendbarkeit der verschiedenen Regelungen für technische Schutzmaßnahmen im deutschen Urheberrecht für die Praxis an Relevanz verloren. Die parallele Anwendbarkeit von § 95a UrhG und § 69f UrhG stellt aber auch aus dogmatischer Sicht in der Tat die logische Konsequenz der Einordnung von Computerspielen als Multimediawerke dar. Dadurch unterliegt es von Beginn an einem parallelen Rechtsschutz.[1456] Wenn ein Werk aus verschiedenen Werkarten besteht, genießt es auch den Schutz aller dieser Werkarten. Computerspiele enthalten zahlreiche andere Werke, hinter denen schöpferische Leistungen stehen.

Die Rechtsprechung verweigert allerdings den nächsten konsequenten Schritt, nämlich die parallele Anwendbarkeit der Schrankenregelungen.[1457] Es ist eine einseitige Interessenberücksichtigung durch ein „Aufsummieren von Schutzregimen", wenn zwar Verwertungsrechte und der Schutz technischer Maßnahmen parallel angewandt werden, nicht aber die dazugehörigen Schranken. Das reiht sich ein in die generelle Tendenz, digitale Nutzungsfreiheiten durch technische Schutzmaßnahmen zu beschneiden.[1458] Dieser Einschränkung kann durch eine Stärkung der Schranken begegnet werden,[1459] was auch hier vertreten wird. Daraus ergibt sich Folgendes: Bejaht man nach hier vertretener Auffassung die Anwendbarkeit der §§ 24, 44a ff. UrhG auf § 69c UrhG[1460] und

---

1455 BGH, Urteil vom 27.11.2014 – I ZR 124/11 = GRUR 2015, 672, 675, 676.
1456 Taeger/Pohle/*Czychowski/Siesmayer*, Teil 2, 20.4, Rn. 19.
1457 Siehe C.III.3.d)dd)(1).
1458 *Hansen*, S. 414, 415.
1459 *Hansen*, S. 422 ff.
1460 Siehe C.III.3.d)aa).

auf § 69f Abs. 2 UrhG[1461] sowie die Anwendbarkeit der §§ 69d, e UrhG auf §§ 16 ff. UrhG[1462], § 69f Abs. 2 UrhG[1463] und indirekt § 95a UrhG,[1464] dann ist die parallele Anwendbarkeit der Verwertungsrechte und des Schutzes technischer Maßnahmen konsequent und interessengerecht. Sie führt dann zu ähnlichen Ergebnissen wie im schweizerischen und amerikanischen Urheberrecht.

Der parallelen Anwendung von § 95a UrhG und § 69f Abs. 2 UrhG kann in dieser Auslegung zugestimmt werden. Andere Auffassungen bezüglich der Anwendbarkeit kann mangels dogmatischer Stringenz und Praktikabilität nicht gefolgt werden. Zudem überträgt keine andere Auslegung den Interessenausgleich, der durch die Schranken hergestellt wird, konsequent auf die Ebene des Schutzes technischer Schutzmaßnahmen. Die Nutzer werden dadurch vor exzessiven technischen Schutzmaßnahmen geschützt. Allgemein gesprochen wird durch diese Auslegung die Verschmelzung der verschiedenen Werke in einem Multimediawerk so rechtlich bestmöglich nachvollzogen, ohne dabei einseitig die Rechte des Urhebers zu stärken.

Für die hier vertretene Auffassung sind keine Gesetzesänderungen erforderlich. Eine Klarstellung durch den Gesetzgeber wäre dennoch wünschenswert.[1465]

g) Zwischenergebnis

Durch den Schutz technischer Schutzmaßnahmen droht bei § 95a UrhG die Gefahr, dass der Interessenausgleich zwischen Urhebern und Nutzern zugunsten der Urheber verschoben wird. Das liegt zum einen an der mangelnden Koppelung des Schutzes technischer Maßnahmen an urheberrechtlich relevante Vorgänge und zum anderen am mangelnden Durchschlagen der Schranken. Bei § 69f Abs. 2 UrhG besteht diese Gefahr nach hier vertretener Auffassung nicht.

Bei Multimediawerken ist diese Problematik allerdings besonders relevant. Denn selbst wenn die Anwendbarkeit der computerprogrammspezifischen Schranken bejaht wird, kann dieses Ergebnis dadurch konterkarikiert werden, dass § 95a UrhG gilt, der diese Schranken nicht beachtet. Dem muss begegnet werden. Dafür bietet sich die Verhältnismäßigkeit als Korrektiv an. Dort können die gesetzgeberischen Abwägungsentscheidungen, die in den §§ 69d, e UrhG und dem Erschöpfungsgrundsatz getroffen wurden, berücksichtigt werden.

1461 Siehe C.III.4.c)ff)(4).
1462 Siehe C.III.3.d)dd)(3)
1463 Siehe C.III.4.c)ff)(4).
1464 Siehe C.III.4.d)jj)(2)(c).
1465 Siehe für Gesetzesvorschläge *van Schoor*, S. 172 ff.

Das wird dadurch unterstrichen, dass in anderen Rechtsordnungen (Schweiz, USA) das Problem dahingehend erkannt wurde, dass sich auch bei technischen Schutzmaßnahmen bei anderen Werken Schranken durchsetzen müssen. In dieser Auslegung können § 69f Abs. 2 UrhG und § 95a UrhG bei Multimediawerken parallel angewandt werden. Damit ist die Gefahr gebannt, dass der durch das Urheberrecht normierte Interessenausgleich durch denjenigen, der technische Schutzmaßnahmen einsetzt, beliebig zu seinen Gunsten verschoben werden kann.[1466]

5. Zwischenergebnis

Die Rechte des Urhebers bei Computerspielen und generell bei Multimediawerken sind weit ausgestaltet. Da auch technisch bedingte Kopien zum Vervielfältigungsrecht gehören, entsteht hier eine umfassende Kontrollbefugnis. Da nur wenige Änderungen ohne Umarbeitung des Programmcodes auskommen und da es an der Herstellungsfreiheit des § 23 S. 1 UrhG fehlt, besteht auch diesbezüglich ein umfassendes Kontrollrecht. Die Schranken sind dafür das zentrale Korrektiv. Sie sichern die Grundrechtspositionen der Nutzer und die Interessen der Allgemeinheit ab. Bei Multimediawerken ist die Anwendbarkeit der Schranken entscheidend. Um einen angemessenen Interessenausgleich herzustellen, sind auf Multimediawerke sowohl die §§ 24, 44a ff. UrhG als auch die §§ 69d, e UrhG anwendbar. Die damit stets einhergehende Nutzung der anderen Werke ist eine zulässige Mitnutzung. Die Position der Rechtsprechung, die Schranken aus §§ 69d, e UrhG nicht anzuwenden, kündigt den Interessenausgleich zulasten der Nutzer auf. Schließlich darf der Ausgleich nicht durch den Schutz der technischen Maßnahmen ausgehebelt werden. Konsequenterweise sind bei Multimediawerken sowohl § 69f Abs. 2 UrhG als auch § 95a UrhG anwendbar. In beiden Fällen setzen sich aber die Schranken aus §§ 69d, e UrhG durch.

IV. Nutzungsrechteeinräumung

Der Urheber bzw. Rechtsinhaber eines Computerspiels räumt dem Erwerber regelmäßig ein einfaches Nutzungsrecht ein, damit dieser das Spiel installieren und spielen kann. Die entscheidende Frage ist, wie weit dieses Nutzungsrecht reicht und inwieweit es beschränkt werden kann. Das ist insofern erstens relevant, wenn ein Spieler selbst Drittanbietersoftware einsetzt. Zweitens ist es relevant, da die Hersteller von Drittanbietersoftware, wie bereits eingangs erwähnt,

---

1466 *Specht*, GRUR 2019, 253, 258, 259.

das Spiel selbst erwerben und nutzen, um es zu untersuchen und ihre eigene Software zu erstellen. Auch vor diesem Hintergrund stellt sich die Frage, ob das erworbene Nutzungsrecht Handlungen beim Einsatz und der Herstellung von Drittanbietersoftware umfasst.

1. Nutzungsrechteeinräumung

Nach § 29 Abs. 1 UrhG ist das Urheberrecht nicht übertragbar. Es können jedoch nach Abs. 2 Nutzungsrechte nach § 31 UrhG eingeräumt sowie schuldrechtliche Einwilligungen und Vereinbarungen zu Verwertungsrechten getroffen werden. Beim Erwerb eines Computerspiels werden dem Erwerber einfache Nutzungsrechte im Sinne des § 31 Abs. 2 UrhG eingeräumt,[1467] die es ihm erlauben, alle Werke vereinbarungsgemäß zu nutzen. Das umfasst insbesondere die Vervielfältigungen im Arbeitsspeicher und damit die zentrale Voraussetzung für Drittanbietersoftware. Umgestaltungen und Umarbeitungen werden hingegen regelmäßig nicht gestattet und können daher nur auf Schranken gestützt werden. Die relevante Frage ist daher, inwieweit Vereinbarungen getroffen werden können, welche das Nutzungsrecht zur Vervielfältigung in Bezug auf den Einsatz oder die Erstellung von Drittanbietersoftware untersagen oder einschränken.

2. Beschränkung der Nutzungsrechte

Nutzungsrechte können dinglich beschränkt werden.[1468] Daneben können schuldrechtliche Vereinbarungen getroffen werden, welche Einschränkungen beinhalten können.[1469]

a) Dingliche Beschränkungen

Das Nutzungsrecht kann gem. § 31 Abs.1 S. 2 UrhG räumlich, zeitlich oder inhaltlich beschränkt eingeräumt werden. Der inhaltlichen Beschränkbarkeit sind aus Gründen der Rechtssicherheit und des Verkehrsschutzes Grenzen gesetzt.[1470] Eine dinglich wirkende inhaltliche Beschränkung kann daher nur bei Nutzungsarten erfolgen, die nach der Verkehrsauffassung abgrenzbar, d. h.

1467 Bräutigam/Rücker/*Schapiro*, 6. Teil Kapitel F. Rn. 13.
1468 Schricker/Loewenheim/*Ohly*, § 31 UrhG Rn. 27.
1469 Schricker/Loewenheim/*Ohly*, § 31 UrhG Rn. 31.
1470 Schricker/Loewenheim/*Ohly*, § 31 UrhG Rn. 28; *Schack*, Rn. 608.

technisch und wirtschaftlich eigenständig, sind.[1471] Ein Beispiel dafür kann ein bestimmter Vertriebsweg ein.[1472]

aa) Beschränkung auf Nutzung zu privaten Zwecken

Der BGH hat die Auffassung vertreten, dass ein Nutzungsrecht bei einem Computerspiel auf die Nutzung zu privaten Zwecke dinglich beschränkt werden kann.[1473] Er verweist zur Begründung auf § 53 Abs. 1 S. 1 UrhG, der Vervielfältigungen zum privaten Gebrauch gestattet.[1474] Die private Nutzung kann zumindest als wirtschaftlich eigenständig eingestuft werden, da Computerspiele zuallererst der persönlichen Unterhaltung dienen. Das zeigt sich auch daran, dass eSport-Veranstaltungen als klare kommerzielle Nutzung eingestuft werden und daher regelmäßig eigene Nutzungsrechte erfordern.[1475] Die kommerzielle Verwertung sei beim Erwerb eines Spiels weder vom Zweck der Rechtsübertragung[1476] noch von der bestimmungsgemäßen Nutzung umfasst.[1477] Das ist allerdings eine Frage der vertraglichen Ebene. Zur dinglichen Beschränkung gehört auch eine technische Abgrenzbarkeit, die hier nicht gegeben ist. Rein technisch gesehen unterscheidet sich privates Spielen nicht von gewerblichen Spielen. Gleiches gilt auch beim Spielen eines Spiels zu Forschungszwecken. Die Beschränkung auf private Nutzung beim Erwerb eines Spiels hat also keine dingliche Wirkung.

bb) Beschränkung auf Nutzung ohne Drittanbietersoftware

Beschränkungen des Nutzungsrechts auf Spielen, ohne dabei Drittanbietersoftware einzusetzen, entfalten ebenfalls schon wegen der mangelnden Abgrenzbarkeit keine dingliche Wirkung. Drittanbietersoftware reicht von Bots bis hin zu Debuggern, eine derartige Einschränkung ist für Dritte nicht unterscheidbar. Gleiches gilt für das Spielen ohne Bots[1478] und die indirekte Nutzung von

---

1471 Dreier/Schulze/*Schulze*, § 31 UrhG Rn. 36; Fromm/Nordemann/*J.-B. Nordemann*, § 31 UrhG Rn. 59; Schricker/Loewenheim/*Ohly*, § 31 UrhG Rn. 28; Wandtke/Bullinger/*Wandtke/Grunert*, § 31 UrhG Rn. 16; *Schack*, Rn. 609.

1472 Wandtke/Bullinger/*Wandtke/Grunert*, § 31 UrhG Rn. 17.

1473 BGH, Urteil vom 6.10.2016 – I ZR 25/15 = GRUR 2017, 266, 270; *Lober/Conraths*, K&R 2019, Beilage Heft 7-8, 37, 39.

1474 BGH, Urteil vom 6.10.2016 – I ZR 25/15 = GRUR 2017, 266, 270.

1475 *Brtka*, GRUR-Prax 2017, 500, 501; *Frey*, SpuRt 2018, 2, 5.

1476 *Rauda*, MMR-Beilage 2019, 20, 21.

1477 *Brtka*, GRUR-Prax 2017, 500, 501.

1478 Vgl. United States Court of Appeals, Ninth Cicuit, 2009, 629 F.3d 928, in: Lipson/Brain, S. 294, 298; siehe B.III.2.d).

Software,[1479] da beides technisch zu unterschiedlich wirkt, als das entsprechende Nutzungen ausreichend abgrenzbar wären.

b) Schuldrechtliche Beschränkungen

Eine Einschränkung auf lediglich private Nutzung hat keine dingliche, aber möglicherweise schuldrechtliche Wirkung. Die Herstellung von Bots im kommerziellen Rahmen wäre dann nicht möglich. Hier sind allerdings die Schranken zu beachten. § 69d Abs. 1 UrhG hat einen vertragsfesten Kern, die übrigen Schranken sind gem. § 69g Abs. 2 UrhG vertraglich nicht einschränkbar. Der pauschale Ausschluss von kommerziellem Nutzen greift also dort nicht, wo Schranken Handlungen erlauben. Gleiches gilt für einen pauschalen Ausschluss von Drittanbietersoftware. Ein solcher ist vertraglich nicht wirksam, da es zulässige, d. h. von den Schranken abgedeckte Einsatzszenarien gibt (z. B. Debugger).

Darüber hinaus greift auch die vom BGH aufgezeigte Differenzierung zwischen erlaubten Handlungen und dem möglicherweise durch den Lizenzvertrag beschränkten Zweck einer Handlung:[1480] Ist nach dem Lizenzvertrag nur die private Nutzung gestattet, darf im Rahmen der Schrankennutzung unabhängig von der Zweckbeschränkung auch eine gewerbliche Nutzung erfolgen. Eine schuldrechtliche Zweckbeschränkung wirkt sich mit anderen Worten nicht auf die Schrankennutzung aus. Dem ist zuzustimmen, da so die Effektivität der Schranken gewahrt wird. Diese würden anderenfalls trotz vertraglicher Unabdingbarkeit doch vertraglich ausgestaltbar sein. Das ist nur in dem vom Gesetz vorgesehenen Fall der bestimmungsgemäßen Nutzung bei § 69d Abs. 1 UrhG zulässig.

Sofern ein Ausschluss speziell bezogen auf den Einsatz von Bots besteht, liegt darin eine zulässige vertragliche Einschränkung.[1481] Bots sind zwar ein heterogenes Phänomen, keiner davon dient aber beim Einsatz der Schrankennutzung. Mitunter werden dann zwar vertraglich urheberrechtlich irrelevante Handlungen untersagt, da einige Bots in keine Urheberrechte eingreifen. Das ist allerdings ein genereller Effekt des Urhebervertragsrechts und als Ausprägung der Vertragsfreiheit hinzunehmen.

1479 *Barnitzke*, K&R 2018, 455, 457.

1480 BGH, Urteil vom 6.10.2016 – I ZR 25/15 = GRUR 2017, 266, 272.

1481 *Lober/Conraths*, K&R 2019, Beilage Heft 7-8, 37, 38.

3. Zwischenergebnis

Nutzungsrechte können nicht mit dinglicher Wirkung auf private Nutzung oder die Nutzung ohne Drittanbietersoftware beschränkt werden. Solche Einschränkungen können schuldrechtlich wirken, solange sie keine Schrankennutzungen beeinträchtigen.

V. Eingriffe in Urheberrechte

Ausgehend von den gefundenen Ergebnissen kann zusammenfassend eine Bewertung der urheberrechtlichen Zulässigkeit von Drittanbietersoftware in Online-Spielen erfolgen. Die Erwägungen lassen sich auf jegliche Art von Multimediawerken übertragen.

1. Allgemeine Techniken des Software Reverse Engineerings

Ein Programm kann nur analysiert werden, wenn es abläuft. Voraussetzung für alle Handlungen beim Software Reverse Engineering oder Game Hacking ist daher eine Vervielfältigung des Programms im Arbeitsspeicher. Davon sind bei einem multimedialen Werk das Gesamtwerk, das Computerprogramm sowie die anderen Werke betroffen. Nach Auffassung der Rechtsprechung könnte zwar die Vervielfältigung des Programms auf eine Schranke gestützt werden, nicht aber die Vervielfältigung der anderen Werke. Nach hier vertretener Auffassung ist dies aufgrund der Anwendbarkeit der §§ 69d, e UrhG hingegen möglich,[1482] sodass auch multimediale Werke in den Arbeitsspeicher geladen werden können, um die dazugehörige Software zu analysieren. Voraussetzung ist ein Nutzungsrecht, dass den Ablauf gestattet, wobei es auf Zweckbeschränkungen mangels rechtlicher Wirksamkeit nicht ankommt.

Alle Vorgänge des System Monitoring berühren über diese Vervielfältigung hinaus keine Verwertungsrechte am Gesamtwerk, Computerprogramm oder anderen Werken, sodass sie zulässig sind. Beim Debugging kann es zu Umarbeitungen kommen (z. B. beim Setzen von Haltepunkten), zudem werden in aller Regeln Übersetzungen in Form des Disassemblierens vorgenommen, auch Dekompilierungen können vorkommen. Diese Handlungen sind sowohl beim Debugging als auch sonst nur im Rahmen einer Schranke, insbesondere der Fehlerberichtigung im Rahmen des § 69d Abs. 1 UrhG zulässig, wobei auch

1482 Siehe C.III.3.d)dd)(3).

Vorbereitungshandlungen für die Schrankennutzung erfasst sind. Portieren und Emulieren muss ebenfalls auf eine Schranke gestützt werden.

Sofern beim Multimediawerk technische Schutzmaßnahmen vorhanden sind, sind sowohl § 95a UrhG als auch § 69f Abs. 2 UrhG anwendbar. Allerdings kann nicht immer trennscharf unterschieden werden, welche Regelung anwendbar ist, da der Schutzgegenstand nicht immer genau bestimmt werden kann. Da die Unterschiede beider Vorschriften aber gering sind, wirkt sich das nicht weiter aus. Nach hier vertretener Auffassung dürfen zur Nutzung der Schranken nach §§ 69d, e UrhG und des Erschöpfungsgrundsatzes technische Schutzmaßnahmen nach beiden Vorschriften umgangen werden.[1483]

Vertragliche Einschränkungen sind nur im Rahmen der bestimmungsgemäßen Nutzung außerhalb des abredefesten Kerns zu beachten. Das gilt auch für Zweckbeschränkungen. Insofern ist dem OLG Dresden, welches das Vervielfältigen von Client-Software zur Herstellung von Bot-Programmen als Verstoß gegen das beschränkte Nutzungsrecht ansah,[1484] nicht zuzustimmen.

Zusammengefasst sind Analysehandlungen in weiten Teilen zulässig. Das ist interessengerecht, da aus der reinen Untersuchung noch keine urheberrechtlichen Risiken resultieren. Die gewonnenen Informationen dürfen allerdings nicht zum Zwecke der unzulässigen Umgehung weitergeben werden. Hinsichtlich von Sicherheitslücken sind „Coordinated Disclosure"-Vereinbarungen zu treffen.

2. Spezielle Techniken beim Game Hacking

Demgegenüber ist das Game Hacking nur in wenigen Fällen zulässig. Das ist angesichts der Zielsetzung von Hacks (Manipulationen am Spiel) nicht weiter überraschend. Auch für Game Hacks ist das Laden des Spiels in den Arbeitsspeicher Grundvoraussetzung, was allerdings wie soeben beschrieben gestattet ist. Das Memory Searching ist eine Form des System Monitoring und berührt keine Verwertungsrechte. Gleiches gilt für das Memory Writing. Daten sind nicht Teil eines Computerprogramms, da ihnen im Gegensatz zu Programmbefehlen keine Steuerungsfunktion zukommt. Daher liegt bei Datenänderungen im Arbeitsspeicher keine Umarbeitung iSv § 69c Nr. 2 UrhG vor. Allerdings kann eine Spielwertänderung das Balancing im Sinne des § 23 UrhG umgestalten. Das Balancing definiert sich gerade über diese Spielwerte. Daher ist eine Änderung

1483 Siehe C.III.4.c)ff)(4) und C.III.4.d)jj)(2)(c).

1484 OLG Dresden, Urteil vom 20.1.2015 – 14 U 1127/14 = MMR 2015, 402, 403.

der Werte eine Umgestaltung. Diese ist allerdings im privaten Rahmen von der Herstellungsfreiheit gedeckt.

Demgegenüber sind Code Injection, Hooking und NoPing Umarbeitungen im Sinne des § 69c Nr. 2 UrhG und damit einer Herstellungsfreiheit unzugänglich. Diese Änderungen müssen auf eine Schranke gestützt werden, was allerdings nur bei Fehlerbeseitigungen und freien Nutzungen realistisch ist. Für technische Schutzmaßnahmen und vertragliche Einschränkungen gilt das Gleiche wie beim Software Reverse Engineering.

3. Einsatz von Drittanbietersoftware

Bei der Herstellung von Drittanbietersoftware werden die unter 1. und 2. beschriebenen Handlungen vorgenommen. Davon unabhängig kann es beim Einsatz von Drittanbietersoftware zu Urheberrechtsverletzungen kommen.

a) Virtuelle Trainer

Werden vom Spielebetreiber Daten über die Spielperformance des Spielers bereitgestellt, kann es sich je nach Aufbereitung um Datenbanken handeln. Die Nutzungsrechteeinräumung ist unproblematisch, da der Betreiber als Hersteller der Datenbank deren Nutzung ermöglicht. Zur Formulierung von Tipps wird mitunter das Spiel von den Herstellern des virtuellen Trainers mitunter genau analysiert, um z. B. die Mechanismen der Programmphysik zu erfahren. Dafür muss das Spiel gespielt und damit vervielfältigt werden. Das umfasst dann auch die audiovisuellen Bestandteile. Nach hier vertretener Auffassung sind auch solche Untersuchungshandlungen im Rahmen von § 69d Abs. 3 UrhG möglich.

b) Bedienungserleichterungen

Makros sind in allen drei Varianten[1485] urheberrechtlich zulässig, da keine Programmbefehle geändert werden, sondern lediglich mehrere Befehle zusammengefasst werden. Die Art und Weise der Befehlseingabe ist nicht Teil des urheberrechtlichen Schutzes eines Programms. Die geschilderten Hacks hingegen bewirken, dass Codezeilen der Spielsoftware im Arbeitsspeicher übersprungen werden (NoPing). Das stellt eine Umarbeitung im Sinne von § 69c Nr. 2 UrhG dar, sodass die Handlung rechtfertigungsbedürftig ist.

1485 Siehe B.III.2.b),

c) Mods und Add-ons

Die Übernahme von Programmcode oder anderen Werken ist unzulässig,[1486] außer es handelt sich um eine freie Nutzung. Die von § 23 UrhG vorgesehene Herstellungsfreiheit für Bearbeitungen gilt wegen § 69c Nr. 2 UrhG nicht bei Multimediawerken. Daran scheitern dann die meisten Änderungen am audiovisuellen Erscheinungsbild des Spiels, selbst wenn sie nur im privaten Rahmen stattfinden. Möglich sind allerdings Datenveränderungen, wie zum Beispiel das Ablegen von neuen Daten, das Ändern von Registrierungsdatenbankeinträgen oder Konfigurationsdateien.[1487] Allerdings können so erreichte, tiefgreifende Veränderungen des Gesamtwerks oder einzelner Bestandteile eine Entstellung darstellen. Veränderte Spiele dürfen wegen § 23 UrhG nicht veröffentlicht werden.

d) Bots

Beim Einsatz eines Bots im Spiel finden keine über das Laden in den Arbeitsspeicher hinausgehenden Vervielfältigungen der audiovisuellen Bestandteile statt. Eine gesteigerte Programmnutzung kann zwar eine Vervielfältigung bedeuten. Ein Bot nutzt die Spielsoftware intensiver, als es ein menschlicher Spieler tun würde. Dabei wird allerdings die gleiche im Arbeitsspeicher befindliche Kopie der Steuerungssoftware genutzt. Eine erneute oder weitere Vervielfältigung findet nicht statt. Daher handelt es sich zwar um eine intensive, aber keine gesteigerte Programmnutzung. Das ist Teil der bestimmungsgemäßen Nutzung iSd § 69d Abs. 1 UrhG.

Veränderungen finden nur statt, wenn Spielwertänderungen vorgenommen werden. Davon abgesehen wird das Balancing nicht umgestaltet, es werden lediglich seine Schwächen ausgenutzt. Werden Bots in einem Spiel eingesetzt, wirkt sich das zwar auf das Balancing aus. Da es aber nicht umgeschrieben, sondern lediglich unvorhergesehen genutzt wird, handelt es sich beim Einsatz eines Bots um keine Änderung des Balancing.

Es wird dabei die Auffassung vertreten, dass jede Änderung des Balancing eine Änderung des Codes sei.[1488] Zunächst muss präzisiert werden, dass es, wie soeben beim Boteinsatz festgestellt, Auswirkungen auf das Balancing gibt, die keine Änderung im Sinne des § 23 UrhG darstellen. Zudem sind Änderungen

---

1486 Wandtke/Ohst/*Kauert*, Kapitel 6 Rn. 129.

1487 Wandtke/Ohst/*Kauert*, Kapitel 6 Rn. 130.

1488 *Hentsch*, MMR-Beilage 2018, 3, 5.

von Spielwerten keine Änderungen am Code, da diese nur Daten darstellen. Allerdings sind Spielwertänderungen Änderungen am Balancing, da dadurch das abgestimmte Konzept umgeschrieben wird. Nach § 23 UrhG dürfen diese Änderungen daher privat vorgenommen werden, die Veröffentlichung oder Verwertung bedarf der Zustimmung des Urhebers. Ob eine Umarbeitung des Programmcodes stattfindet, hängt vom konkreten Bot ab.

Nur wenn eine Umarbeitung stattfindet, stellt eine Anti-Bot-Maßnahme auch eine technische Schutzmaßnahme im Sinne des § 69f Abs. 2 UrhG dar. Anderenfalls fehlt es am urheberrechtlichen Bezug, da die konkreten Maßnahmen in diesem Fall keine urheberrechtlich relevanten Handlungen unterbinden. Daher kann auch keine Umgehung erfolgen. Das gilt für § 69f Abs. 2 UrhG ebenso wie für § 95a UrhG. Anti-Bot-Maßnahmen sollen die vertraglich verankerten Spielregeln technisch durchsetzen, was allerdings keinen Schutz als technische Schutzmaßnahme nach dem UrhG rechtfertigt.

e) Nachbau des Online-Spiels

Es kann auch dazu kommen, dass ein Online-Spiel vollständig nachgebaut wird.[1489] Dabei dürfen keine Werke übernommen werden. Das AG Heidelberg hat in so einem Fall einen Verstoß gegen § 69c UrhG gesehen.[1490] Damit dürfte § 69c Nr. 1 UrhG gemeint sein. Das ist auch nach hier vertretener Auffassung richtig. Die identische Übernahme von Programmcode ist eine Vervielfältigung.[1491] Allerdings ist es nicht vorstellbar, dass dann nicht auch andere Werke im Sinne von § 16 UrhG vervielfältigt wurden. Es gibt keine Schranke, die diese Vervielfältigungen rechtfertigen könnte.

Ein etwas anderer Fall wurde in den USA von einem Gericht als Umgehung einer Kopierschutzmaßnahme gewertet.[1492] Eine kleine Gruppe von Programmierern hatte sich entschieden, einen eigenen Server mit eigener Software für ein Online-Spiel zu etablieren, um nicht den Original-Server nutzen zu müssen. Das Spielen auf dem sogenannten Bnetd.org-Server sollte dem Original möglichst ähnlich sein (Emulation). Tatsächlich war es möglich, die von Blizzard

1489 *Lober*, c't 22/2011, 170 f.

1490 AG Heidelberg, Urteil vom 13.04.2018 – 8 Ds 320 Js 16548/17 = BeckRS 2018, 43759.

1491 *Karl*, S. 7.

1492 United States Court of Appeals, Eighth Circuit, 2005, 422 F.3d 630, 633; abrufbar unter: https://ecf.ca8.uscourts.gov/opndir/05/09/043654P.pdf (zuletzt abgerufen am 1.5.2020), S. 9; Wandtke/Ohst/*Kauert*, Kapitel 6 Rn. 135.

entwickelten Spiele zu nutzen, ohne den offiziellen Battle.net-Server zu nutzen.[1493] Um den alternativen Server betreiben zu können, nutzen die Programmierer eine Reihe von Reverse Engineering Methoden. Dazu gehörten das Abfangen der Server-Kommunikation, das Untersuchen der Server-Protokollsprache und das Analysiereen der Client-Systemdateien. Ein entscheidender Unterschied zum Battle.net-Server war, dass der Bnetd.org-Server zwar den individuellen CD-Key abfragte, den jede offizielle Spiel-CD hatte, aber nicht überprüfte, ob der Spieler auch wirklich ein rechtmäßig erworbenes Vervielfältigungsstück nutzte.[1494] Damit war es möglich, mittels unrechtmäßiger Kopien über Bnetd.org zu spielen. Das Gericht sah darin eine Verletzung von 17 USC § 1201(a)(1) (Kopierschutzmaßnahmen). Die CD-Key-Abfrage, die Battle.net vorsah, war nach Auffassung des Gerichts eine wirksame Zugangskontrolle. Darüber hinaus wurde der Betrieb des Bnetd.-Systems als Verletzung von 17 U.S.C. § 1201(a)(2) (Vertrieb von Umgehungsmitteln) angesehen.

Wohlgemerkt lautete der Vorwurf nicht, dass bei der Herstellung Urheberrechte verletzt wurden. Das ist nach hier vertretener Auffassung nach deutschem Urheberrecht richtig, da die vorgenommenen Reverse Engineering Maßnahmen zulässig sind. Es wurden gerade kein Programmcode oder sonstige Werke übernommen, diese wurden allesamt eigenständig erstellt. Dabei wurden zwar das gleiche Spielkonzept, gleiche Spielregeln und das gleiche Balancing entworfen. Doppelschöpfungen sind urheberrechtlich jedoch nicht zu beanstanden. Hinsichtlich der technischen Schutzmaßnahmen ist eine CD Key-Abfrage zwar an sich eine indirekt wirkende Schutzmaßnahme nach § 95a Abs. 1 UrhG, weil dadurch keine Vervielfältigungen ohne dazugehöriges Nutzungsrecht vorgenommen werden können. Allerdings mangelt es dieser Maßnahme an der Wirksamkeit, wenn der Durchschnittsnutzer im Sinne des Spielerwerbers diese einfach umgehen kann, indem er einen anderen Server nutzt. Daran scheitert dann auch der Vorwurf, dass der alternative Server ein Hilfsmittel zur Umgehung einer wirksamen Maßnahme ist. Die Tatsache, dass unrechtmäßig erworbene Vervielfältigungsstücke genutzt werden konnten,[1495] ist eine Folge des ineffektiven Schutzmechanismus. Zurecht wurde an der Entscheidung kritisiert, dass dadurch kein angemessener Urheberrechtsschutz als vielmehr eine wirtschaftliche Kundenbindung durch Ausschaltung von Alternativangeboten erreicht wird.[1496]

1493 *Rajani*, 21 Berkeley Tech. L.J. 2006, 365, 373.

1494 *Rajani*, 21 Berkeley Tech. L.J. 2006, 365, 374.

1495 Wandtke/Ohst/*Kauert*, Kapitel 6 Rn. 138.

1496 *Rajani*, 21 Berkeley Tech. L.J. 2006, 365, 386, 387.

4. Hilfsmittel als Umgehungsmittel

Nach hier vertretener Auffassung sind Debugger, Disassembler und Dekompilierer zulässig. Nach Auffassung der Rechtsprechung müsste sich die Frage der Zulässigkeit im Hinblick auf § 95a Abs. 3 UrhG stellen, denn ein Debugger kann auch für Vorbereitungshandlungen genutzt werden, um Schutzmaßnahmen nach § 95a UrhG (z. B. einen Kopierschutz) zu entfernen. Das muss im Hinblick auf die Notwendigkeit und Unverzichtbarkeit von solchen Hilfsmitteln für die Schrankennutzung aber hingenommen werden.

5. Zwischenergebnis

Die entscheidenden urheberrechtlichen Stellschrauben bei Drittanbietersoftware sind die Übernahme von Programmcode oder anderen Werken sowie die Änderungen am Programmcode oder anderen Werken. Sofern dies stattfindet, kann in bestimmten Fällen zwar noch eine Rechtfertigung durch Schranken erfolgen. Beim Game Hacking gelingt dies aber in aller Regel nicht. Software Reverse Engineering ist in weiten Teilen zulässig.

D. Ergebnis

Die Einordnung von Computerspielen und allgemein Multimediawerken in das System des Urheberrechts bereitet zunächst keine Probleme. Das Gesamtwerk ist als allgemeines Werk nach § 2 UrhG geschützt, die einzelnen Bestandteile entweder nach Sondervorschriften (§§ 69a ff. UrhG, §§ 87a ff. UrhG) oder ebenfalls nach den allgemeinen Vorschriften. Die faktische Verschmelzung der verschiedener Werkarten zu einem neuen Werk wird so urheberrechtlich auf Ebene der Schutzbegründung nachempfunden. Gleichzeitig ist sie die Quelle für Verwerfungen bzw. Brüche[1497] in Bezug auf den Ausgleich zwischen dem Schutzinteresse des Urhebers und den Interessen der Nutzer sowie der Allgemeinheit. Solche Verwerfungen treten auf bei den Verwertungsrechten, den Schranken und dem Schutz technischer Schutzmaßnahmen. Hier werden einseitig die verschiedenen Schutzregelungen zugunsten der Urheber und Verwerter aufsummiert. *Grützmacher* spricht zutreffend von einer „Mengenlehre".[1498]

Hinsichtlich der Verwertungsrechte besteht bei multimedialen Werken keine Herstellungsfreiheit für Umgestaltungen. Während § 23 S. 1 UrhG diese gewährleistet, sieht § 69c Nr. 2 UrhG diese nicht vor. Da Multimediawerke aber nur sehr bedingt ohne Umarbeitung des Programmcodes geändert werden können, ist die Herstellungsfreiheit weitestgehend nicht vorhanden. Zusätzlich besteht das Problem, dass das weite Vervielfältigungsrecht (§ 16 Abs. 1 UrhG; § 69c Nr. 1 UrhG) auch Zwischenspeicherungen im Arbeitsspeicher erfasst und somit jede Nutzung eines digitalen Werks als urheberrechtlich relevant einzustufen ist. Das ist keine spezifische Verwerfung bei multimedialen Werken, sondern bei digitalen Werken im Allgemeinen. Zusammengenommen ergibt sich daraus eine weite Kontrollbefugnis des Urhebers, die zwangsläufig zulasten der Interessen der Nutzer und der Allgemeinheit geht.

Diese weiten Verwertungsrechte müssen durch die Schranken korrigiert werden. Diese sind essenziell für den Interessenausgleich. Insbesondere die §§ 69a ff. UrhG schützen die Befugnisse des Nutzers vor einer materiellen Aushöhlung (§ 69d Abs. 1 UrhG) und erlauben bestimmte Handlungen, um kreatives Schaffen, Innovationen und Wettbewerb zu gewährleisten (§§ 69d Abs. 3, 69e UrhG). Diese Interessen müssen bei multimedialen Werken genauso geschützt werden

1497 *Grützmacher*, ZGE/IPJ 2017, 423, 443, 444.
1498 *Grützmacher*, ZGE/IPJ 2017, 423, 445, 446.

wie bei reinen Computerprogrammen. Das erkennt die Rechtsprechung derzeit nicht an, indem sie Anwendbarkeit der §§ 69d, e UrhG auf multimediale Werke verneint. Um den Interessenausgleich zu wahren, müssen die computerprogrammspezifischen Schranken auch bei multimedialen Werken anwendbar sein. Die faktische Mitnutzung der anderen Werke in diesen Fällen ist hinzunehmen und als zulässig anzusehen.

Der rechtliche Schutz technischer Schutzmaßnahmen (§§ 95a, 69f Abs. 2 UrhG) darf dieses Ergebnis nicht konterkarikieren. Während bei § 69f Abs. 2 UrhG die computerprogrammspezifischen Schranken als vorrangig anzusehen sind, müssen sie bei § 95a UrhG über den Umweg der Verhältnismäßigkeit in Stellung gebracht werden. Das Dammbruch-Argument darf nicht dazu führen, alle Interessen der Nutzer und der Allgemeinheit hinten an zu stellen. Hier ist vielmehr der Urheber bzw. Rechtsinhaber berufen, passende Schutzmaßnahmen zu ergreifen, welche die Schrankenbefugnisse wahren und ein Informationssystem bezüglich Sicherheitslücken zu etablieren und vertraglich festzuschreiben, sofern doch eine Umgehung stattfindet. Die bisherige Auslegung verleiht dem Rechtsinhaber die Befugnis, mittels technischer Schutzmaßnahmen über die Geltung der Schranken zu disponieren.

Insgesamt besteht im Urheberrecht seit längerem der Trend, den Rechtsschutz des Urhebers auszudehnen.[1499] Während zunächst die Absenkung der Gestaltungshöhe,[1500] die Ausweitung der Verwertungsrechte und die Einführung neuer Schutzgegenstände betrieben wurde, wurde in jüngerer Zeit zunehmend der technische Schutz ausgedehnt.[1501] Die Nicht-Anwendbarkeit der §§ 69d, e UrhG bei Multimediawerken ist eine weitere Ausdehnung in diesem Sinne. Die verschiedenen Schutzregime der Werkarten werden aufsummiert, ohne dass der erhöhte Schutz durch Schranken kompensiert werden kann. Dadurch wird die Herstellung und der Einsatz von Drittanbietersoftware bei Multimediawerken erheblich erschwert. Das ist weder verfassungsrechtlich noch ökonomisch überzeugend. Auch das einfache Nutzungsrecht verdient rechtlichen Schutz. Dieser wird wesentlich über die Schranken vermittelt. Der Schutz entfällt, wenn die Schranken unanwendbar sind. Gleichzeitig hat Drittanbietersoftware eine wichtige ökonomische Funktion, sie führt zu Wettbewerb und Innovation. Das Urheberrecht soll durch Schutzrechte zwar einen Anreiz setzen, um überhaupt Wettbewerb zu ermöglichen, diesen aber eben gerade nicht durch überzogene

1499 *Hansen*, S. 69 ff; *Schmidt*, S. 233; *Trayer*, S. 212.
1500 *Grützmacher*, ZGE/IPJ 2017, 423, 428, 429.
1501 *Specht*, GRUR 2019, 253, 258.

Schutzrechte wieder verhindern. In digitalen Märkten herrscht bereits eine Tendenz zur Monopolbildung, die nicht befeuert werden sollte. Auch dazu leisten die Schranken einen wichtigen Beitrag. Wie bei jedem Interessenkonflikt ist zunächst der Gesetzgeber berufen, einen Ausgleich herbeizuführen. Zu den hier geschilderten Problemen fehlen aber explizite Regelungen. Umso wichtiger ist es, die an anderer Stelle getroffenen Wertungen des Gesetzgebers ernst zu nehmen. Mittels der computerprogrammspezifischen Schranken ist der Ausgleich zwischen den verschiedenen Grundrechtspositionen und der rechtspolitisch gewollten ökonomischen Dimension erfolgt. Die Unanwendbarkeit der Schranken bei Multimediaprodukten und deren Zurücktreten gegenüber technischen Schutzmaßnahmen würde diese Ausgleichsentscheidung ignorieren.

Zur angemessenen Berücksichtigung der Nutzer- und Allgemeininteressen bei multimedialen Werken müssen aus dogmatischer Sicht zwei Hürden genommen werden: Erstens die Anwendbarkeit der computerprogrammspezifischen Schranken und zweitens deren Vorrang gegenüber technischen Schutzmaßnahmen. An den aufgezeigten Verwerfungen zeigt sich, dass das bisher vorherrschende duale Rechtsregime bei Schranken und technische Schutzmaßnahmen bezüglich Computerprogramme und sonstige Werke angesichts von multimedialen Werken versagt. Es verschiebt die Befugnisse einseitig zugunsten des Urhebers.

Ein einheitliches Rechtsregime für Multimediawerke, einschließlich des Vorrangs der Schranken vor technischen Schutzmaßnahmen wie beispielsweise im schweizerischen oder US-amerikanischen Urheberrecht, wäre deutlich besser geeignet, einen Interessenausgleich herbeizuführen. Denkbar wären auch Sonderregeln im UrhG für Computerspiele[1502] oder multimediale Werke generell, die klarstellen würden, dass auch die Schranken aus §§ 69d, e UrhG und der Vorrang vor technischen Schutzmaßnahmen gelten.[1503] Die hier vertretene Auslegung erreicht dieses Ergebnis ebenfalls, ohne dass Gesetzesänderungen erforderlich sind. Solange keine gesetzgeberische Aktivität bezüglich der aufgezeigten Problemstellungen erfolgt, sollte die Rechtsprechung und -anwendung den hier aufgezeigten Weg beschreiten.

1502 Wandtke/Ohst/*Kauert*, Kapitel 6 Rn. 79; *Conraths*, CR 2016 705, 708.

1503 *Grützmacher*, ZGE/IPJ 2017, 423, 444 ff.

Literaturverzeichnis

Ahlberg, Hartwig; Götting, Horst-Peter: Beck'scher Online-Kommentar Urheberrecht, 26. Edition, München 2019.

Alcorn, Ryan: Virtual World Bots - What Happens in Runescape Stays in Runescape, 2 Ariz. St. U. Sports & Ent. L. J., 2012, 139-143.

Anderie, Lutz: Games Industry Management, Berlin 2016.

Aplin, Tanya: Copyright Law in the Digital Society – The Challenges of Multimedia, Portland 2005.

Aplin, Tanya; Davis, Jennifer: Intellectual Property Law, Oxford 2009.

Arlt, Christian: Ansprüche des Rechteinhabers bei Umgehung seiner technischen Schutzmaßnahmen, MMR 2005, 148-155.

Arlt, Christian: Digital Rights Management Systeme, München 2006.

Arnold, Bernhard: Rechtmäßige Anwendungsmöglichkeiten zur Umgehung von technischen Kopierschutzmaßnahmen?, MMR 2008, 144-148.

Arnold, Bernhard: Die Gefahr von Urheberrechtsverletzungen durch Umgehungsmittel nach Wettbewerbsrecht und Urheberrecht, Frankfurt am Main 2006.

Arnold, Bernhard; Timmann, Tobias: Ist die Verletzung des § 95a Abs. 3 UrhG durch den Vertrieb von Umgehungsmitteln keine Urheberrechtsverletzung?, MMR 2008, 286-291.

Auer-Reinsdorff, Astrid; Conrad, Isabell: Handbuch IT- und Datenschutzrecht, 3. Auflage, München 2019.

Barnitzke, Benno: Zur indirekten Nutzung von Software – Komplex, intransparent und unwirksam?, K&R 2018, 455-458.

Bell, Walter: Reverse Engineering, Dehli 2007.

Berking, Christina: Die Unterscheidung von Inhalt und Form im Urheberrecht, Baden-Baden 2002.

Beyvers, Eva Miriam Alexandra; Beyvers, Sarah Elisabeth: Einordnung von Let's Play-Videos aus der Sicht des Urheber-, Jugendschutz- und Strafrechts – Überblick über die relevanten Rechtsfragen und Stand der Diskussion, MMR 2015, 794-800.

Bisges, Marcel: Ökonomische Analyse des Urheberrechts, ZUM 2014, 930-938.

Bossom, Andy; Dunning, Ben: Video Games, London 2016.

Bräutigam, Peter; Rücker, Daniel: E-Commerce, München 2017.

Brtka, Roman: eSport: Die Spiele beginnen – Welche Rechtsfragen sind zu klären?, GRUR-Prax 2017, 500-502.

Brüggemann, Sebastian: Urheberrechtlicher Schutz von Computer- und Videospielen, CR 2015, 697-703.

Bullinger, Winfried; *Czychowski, Christian*: Digitale Inhalte: Werk und/oder Software? – Ein Gedankenspiel am Beispiel von Computerspielen, GRUR 2011, 19-26.

Büscher, Wolfgang; *Dittmer, Stefan*; *Schiwy, Peter*: Gewerblicher Rechtsschutz Urheberrecht Medienrecht, 3. Auflage, Köln 2014.

Calliess, Christian; *Ruffert, Matthias*; EUV/AEUV, 5. Auflage, München 2016.

Cano, Nick: Game Hacking – Developing Autonomous Bots for Online Games, San Francisco 2016.

Chen, Haoyang; *Mori, Yasukuni*; *Matsuba, Ikuo*: Solving the balance problem of massively multiplayer online games using coevolutionary programming, Applied Soft Computing 2014, 1-11.

Conraths, Timo: Der urheberrechtliche Schutz gegen Cheat-Software, CR 2016, 705-708.

Conraths, Timo: Verhältnismäßigkeit technischer Schutzmaßnahmen für Videospiele, CR 2018, 170-177.

Conraths, Timo; *Krüger, Stefan*: Das virtuelle Hausrecht des Online-Spiel-Betreibers – Wirksame Rechtsschutzmöglichkeit für Online-Spiel-Anbieter abseits des Vertragsrechts, MMR 2016, 310-313.

Czychowski, Christian: Der BGH und Computerspiele: Es verbleiben noch offene Fragen, GRUR 2017, 362-364.

Dammers, Oliver: Die Wirksamkeit einer technischen Maßnahme und ihre Umgehung, Hamburg 2011.

Darroch, Calum: Problems and Progress in the Protection of Videogames: A Legal and Sociological Persepctive, Manchester Review of Law, Crime and Ethics, Volume 1, 2012, 136-172.

Davies, Gillian; *Caddick, Nicholas*; *Harbottle, Gwilym*: Copinger and Skone James on copyright, Volume 1, 17th edition, London 2016.

de Gyarfas, Victor: Sega v. Accolade: A Step Forward for Reverse Engineering?, Southwestern University Law Review, Volume 23, 1994, 571-594.

Dreier, Horst: Grundgesetz, 3. Auflage, Tübingen 2013.

Dreier, Thomas: Grundrechte und die Schranken des Urheberrechts – Anmerkung zu EuGH „Funke Medien NRW“ und „Spiegel Online“, GRUR 2019, 1003-1008.

Dreier, Thomas; Hugenholtz, P. Bernt: Concise European copyright law, Alphen aan den Rijn 2006.

Dreier, Thomas; Leistner, Matthias: Urheberrecht im Internet: die Forschungsherausforderungen, GRUR-Beilage 2014, 13-28.

Dreier, Thomas; Schulze, Gernot: Urheberrechtsgesetz, 6. Auflage, München 2018.

Dreyer, Gunda; Kotthoff, Jost; Meckel, Astrid; Hentsch, Christian-Henner: Urheberrecht, 4. Auflage, Heidelberg 2018.

Duisberg, Alexander; Picot, Henriette: Recht der Computer- und Videospiele, Berlin 2013.

Eidenmüller, Horst: Effizienz als Rechtsprinzip, 4. Auflage, Tübingen 2015.

Eilam, Eldad: Reversing: Secrets of Reverse Engineering, Indianapolis 2005.

Entelmann, Lars: Das Verbot von Vorbereitungshandlungen zur Umgehung technischer Schutzmaßnahmen, Baden-Baden 2009.

Epping, Volker; Hillgruber, Christian: BeckOK Grundgesetz, 41. Edition, München 2019.

Erickson, Jon: Hacking: The Art of Exploitation, 2nd Edition, San Francisco 2008.

Ernst, Stefan: Kopierschutz nach dem neuen UrhG, CR 2004, 39-43.

Fiedler, Alexander: Der Computerprogrammschutz und die Schutzrechtskumulation von Urheber- und Patentrecht, Baden-Baden 2013.

Fischer, Thomas: Europäisches Urheberrecht, Hamburg 2016.

Fitzner, Julia: Von Digital-Rights-Management zu Content Identification, Baden-Baden 2011.

Frey, Dieter: eSports – Rechtsfragen eines komplexen Ökosystems im Überblick (Teil 1), SpuRT 2018, 2-5.

Friauf, Karl Heinrich; Höfling, Wolfram: Berliner Kommentar zum GG, Stand September 2019, Berlin 2019.

Fromm, Friedrich Karl; Nordemann Wilhelm: Urheberrecht, 12. Auflage, Stuttgart 2018.

Geiger, Christophe: Die Schranken des Urheberrechts im Lichte der Grundrechte, in: Hilty, Reto M.; Peukert, Alexander: Interessenausgleich im Urheberrecht, Baden-Baden 2004, 143-157.

Geiger, Matthias: Das Umarbeitungsrecht des Softwareanwenders, Baden-Baden 2007.

Gräbig, Johannes: Abdingbarkeit und vertragliche Beschränkungen urheberrechtlicher Schranken, Baden-Baden 2011.

Grünberger, Michael: Bedarf es einer Harmonisierung der Verwertungsrechte und Schranken?, ZUM 2015, 273-290.

Grützmacher, Malte: Digitale Brüche im Urheberrecht – und ihre Auswirkungen insbesondere bei softwarebasierten hybriden Werken, ZGE/IPJ 2017, 423-446.

Grützmacher, Malte: Lizenzgestaltung für neue Nutzungsformen im Lichte von § 69d UrhG, CR 2011, 485-491.

Gumm, Heinz-Peter; *Sommer, Manfred*: Informatik – Band 2: Rechnerarchitektur, Betriebssysteme, Rechnernetze, Berlin 2017.

Günther, Andreas: Änderungsrechte des Softwarenutzers, CR 1994, 321-328.

Haberstumpf, Helmut: Der Schutz elektronischer Datenbanken nach dem Urheberrechtsgesetz, GRUR 2003, 14-31.

Hänel, Frederike: Die Umsetzung des Art. 6 Info-RL (technische Schutzmaßnahmen) ins deutsche Recht, Frankfurt am Main 2005.

Hansen, Gerd: Warum Urheberrecht?, Baden-Baden 2009.

Häuser, Markus; *Schmid, Alexander*: Robotic Process Automatation (RPA), CR 2018, 266-276.

Hecheltjen, Martin: Urheberrechtliche Bewertung vorübergehender Reproduktionen im digitalen Kontext, Frankfurt am Main 2015.

Heinemeyer, Dennis; *Nordmeyer, Arne*: Super Marios, Kratos‘ und des Master Chiefs Erzfeind – Die Legalität der Modchips und Softwaremods für Videospielkonsolen, CR 2013, 586-592.

Hellmann, Roland: Rechnerarchitektur, 2. Auflage, Berlin 2016.

Hentsch, Christian-Henner: Die Urheberrechte der Publisher bei eSport, MMR-Beilage 2018, 3-7.

Hilty, Reto M.: Urheberrecht, Bern 2011.

Hoeren, Thomas: Entwurf einer EU-Richtlinie zum Urheberrecht in der Informationsgesellschaft – Überlegungen zum Zwischenstand der Diskussion, MMR 2000, 515-521.

Hoeren, Thomas: Urheberrecht 2000 – Thesen für eine Reform des Urheberrechts, MMR 2000, 3-7.

Hoeren, Thomas: Urheberrecht in der Informationsgesellschaft – Überlegungen zu einem Rechtsgutachten von Gerhard Schricker et al., GRUR 1997, 866-875.

Hoeren, Thomas; *Mörike, Matthias*: Die Bereichsausnahme für Schulbücher in § 60a Abs. 3 Nr. 2 UrhG in: Noller, Markus; Weber, Rolf H.; Heinemann, Andreas; Baumgartner, Tobias: Europäische Idee und Integration - mittendrin und nicht dabei?, Zürich 2018, 323-335.

Hoeren, Thomas; Pinelli, Stefan: Die Überprüfung von Software auf sicherheitsrelevante Fehler, CR 2019, 410-416.

Hoeren, Thomas; Sieber, Ulrich; Holznagel, Bernd: Handbuch Multimedia-Recht, 50. Ergänzungslieferung, München 2020.

Hofmann, Phillip: Computerspielsysteme, Tübingen 2016.

Honnefelder, Gottfried; Leenen, Ann-Katrin: Das „Volk der Dichter und Denker" ohne Schutz seines geistigen Eigentums?, in: Depenheuer, Otto; Peifer, Karl-Nikolaus: Geistiges Eigentum: Schutzrecht oder Ausbeutungstitel?, Berlin 2008, 47-56.

Janisch, Fabian; Lachenmann, Matthias: Konvertierung von Musikvideo-Streams in Audiodateien - Eine Analyse aus Sicht des deutschen Urheberrechts, MMR 2013, 213.

Jarass, Hans D.: Charta der Grundrechte der Europäischen Union, 3. Auflage, München 2016.

Jarass, Hans D.; Pieroth, Bodo: Grundgesetz für die Bundesrepublik Deutschland, 15. Auflage, München 2018.

Jütte, Bernd Justin: Technische Schutzmaßnahmen an der Schnittstelle der Interessen von Rechtsinhabern und Nutzern, in: Taeger, Jürgen: Big Data & Co: Neue Herausforderungen für das Informationsrecht, Tagungsband DSRI Herbstakademie 2014, Edewecht 2014, 237-252.

Karl, Christof: Der urheberrechtliche Schutzbereich von Computerprogrammen, München 2009.

Kinitsky, David Brett: Software Copyright Law and the Digital Millennium Copyright Act under the Microscope: Blizzard v. BNETD as the Lens, 24 Cardozo Arts & Ent. L. J., 2006, 367-384.

Kleinemenke, Manuel: Fair Use im deutschen und europäischen Urheberrecht?, Baden-Baden 2013.

Koch, Frank A.: Software-Urheberrechtsschutz für Multimedia-Anwendungen, GRUR 1995, 459-469.

Kochmann, Kai: Schutz des „Know-how" gegen ausspähende Produktanalysen („Reverse Engineering"), Berlin 2009.

König, Michael M.: Zur Zulässigkeit der Umgehung von Software- Schutzmechanismen, NJW 1995, 3293-3295.

Kreutzer, Till: Computerspiele im System des deutschen Urheberrechts, CR 2007, 1-7.

Kreutzer, Till: Schutz technischer Maßnahmen und Durchsetzung von Schrankenbestimmungen bei Computerprogrammen, CR 2006, 804-810.

Kreutzer, Till; Molavi, Ramak: Urheberrechtlicher Schutz von Computerspielen und Rechtsschutz-Strategien im Nachgang zur EuGH-Entscheidung im

Nintendo-Fall, in: Metzger, Axel; Wimmers, Jörg: DGRI-Jahrbuch 2014, Köln 2015, 101-107.

Kroke, Ted: Ist die Lizenz- und Vergütungspflicht für indirekte Nutzung von Software urheberrechtlich unwirksam? CR 2019, 73-78.

Lahmann, Nils: Rechtlicher und technischer Schutz von Werken im Urheberrechtsgesetz, Hamburg 2005.

Lambrecht, Arne: Der urheberrechtliche Schutz von Bildschirmspielen, Baden-Baden 2006.

Leinemann, Felix: Die Sozialbindung des „Geistigen Eigentums", Baden-Baden 1998.

Leistner, Matthias: Einheitlicher europäischer Werkbegriff auch im Bereich der angewandten Kunst, GRUR 2019, 1114-1120.

Lindhorst, Hermann: Schutz von und vor technischen Maßnahmen, Osnabrück 2002.

Lipson, Ashely Saunders; *Brain, Robert D.*: Video Game Law, 2nd Edition, Durham 2018.

Lober, Andreas: Die Clone-Kriege, c't 22/2011, 170-171.

Lober, Andreas; *Conraths, Timo*: Betrugssoftware – Das "Doping" der Online-Spiele, K&R 2019, Beilage Heft 7-8, 37-40.

Loewenheim, Ulrich: Handbuch des Urheberrechts, 2. Auflage, München 2010.

Lucas, Ina: Zur „Wirksamkeit" technischer Maßnahmen gemäß § 95a UrhG nach Maßgabe der Richtlinie 2001/29/EG – zugleich eine Darstellung deutscher und finnischer Rechtsprechung, GRUR Int. 2017, 114-119.

Ludwigs, Markus; *Sikora, Patrick*: Grundrechtsschutz im Spannungsfeld von Grundgesetz, EMRK und Grundrechtecharta, JuS 2017, 385-393.

Marly, Jochen: Bildschirmkopien, Cache-Kopien und Streaming als urheberrechtliche Herausforderungen, EuZW 2014, 616-619.

Marly, Jochen: Der Schutzgegenstand des urheberrechtlichen Softwareschutzes – Zugleich Besprechung zu EuGH, Urt. v. 2. 5. 2012 – C-406/10 – SAS Institut, GRUR 2012, 773-779.

Marly, Jochen: Der Urheberrechtsschutz grafischer Benutzeroberflächen von Computerprogrammen – Zugleich Besprechung der EuGH-Entscheidung „BSA/Kulturministerium", GRUR 2011, 204-208.

Marly, Jochen: Praxishandbuch Softwarerecht, 7. Auflage, München 2018.

Maunz, Theodor; *Dürig, Günter*: Grundgesetz, 87. Ergänzungslieferung, München 2019.

Mayer-Wegelin, Clemens: Käuferrechte bei Computerspielen – Technische Kopierschutzmaßnahmen und End User License Agreements, JurPC Web-Dok. 28/2009, Abs. 1 – 175.

Metzger, Axel; *Hoppen, Peter*: Zur Zulässigkeit von Nutzungsbeschränkungen in Lizenzverträgen bei Verwendung von Drittanbietersoftware, CR 2017, 625-639.

Metzger, Axel; *Jaeger, Till*: Open Source Software und deutsches Urheberrecht, GRUR Int. 1999, 839-848.

Meyer, Stephan T.: DRM-Schutz von Datenbanken, in: Conrad, Isabell; Grützmacher, Malte: Recht der Daten und Datenbanken im Unternehmen, Köln 2014, 254-268.

Mittenzwei, Julius: Informationen zur Rechtewahrnehmung im Urheberrecht, München 2006.

Müller, Barbara K.; *Oertli, Reinhard*: Urheberrechtsgesetz (URG), 2. Auflage, Bern 2012.

Nicolini, Käte; *Möhring, Phillip*: Urheberrechtsgesetz, 2. Auflage, München 2000.

Oehler, Claas: Komplexe Werke im System des Urheberrechtsgesetzes am Beispiel von Computerspielen, Baden-Baden 2016.

Oelschlägel, Kay; *Schmidt, André*: Lizenzpflicht für „indirekte Nutzung" von SAP-Software?, ITRB 2015, 72-76.

Ohly, Ansgar: Hip Hop und die Zukunft der „freien Benutzung" im EU-Urheberrecht, GRUR 2017, 965-969.

Ohly, Ansgar: Urheberrecht als Wirtschaftsrecht, in: Depenheuer, Otto; Pelfer, Karl-Nikolaus: Geistiges Eigentum: Schutzrecht oder Ausbeutungstitel?, Berlin 2008, 141-161.

Ohst, Claudia: Computerprogramm und Datenbank – Definition und Abgrenzung im Urheberrecht, Frankfurt am Main 2003.

Pahlow, Louis: Lizenzvertrag und Insolvenz – Eine kritische Analyse der jüngeren Rechtsprechung, WM 2016, 1717-1723.

Peers, Steve; *Hervey, Tamara*; *Kenner, Jeff*; *Ward Angela*, The EU Charter of Fundamental Rights, Oxford 2014.

Picot, Henriette: Konsolenbindung, Interoperabilität und technische Schutzmaßnahmen, in: Taeger, Jürgen: Digitale Evolution - Herausforderungen für das Informations- und Medienrecht, Tagungsband DSRI Herbstakademie 2010, Edewecht 2010.

Poeppel, Jan: Die Neuordnung der urheberrechtlichen Schranken im digitalen Umfeld, Göttingen 2005.

Psczolla, Jan-Peter: Onlinespielrecht, Marburg 2008.

Rajani, A. H.: Davidson & Associates v. Jung: (Re)Interpreting Access Control, 21 Berkeley Tech. L. J., 2006, 365-394.

Rauch, Thomas: Technische Schutzmaßnahmen im Urheberrecht, MR 2014, 303-308.

Rauda, Christian: Cheatbots in Computerspielen, MMR 2019, Beilage Heft 8, 20-23.

Rauda, Christian: Recht der Computerspiele, München 2013.

Redeker, Helmut: „Indirekte Nutzer" in Softwarenutzungsbedingungen, ITRB 2017, 44-46.

Rehbinder, Manfred: Schweizerisches Urheberrecht, 3. Auflage, Bern 2000.

Rehfeld, Gunther: Game Design und Produktion, München 2014.

Reich, Michael Mark: Die ökonomische Analyse des Urheberrechts in der Informationsgesellschaft, München 2006.

Riesenhuber, Karl: Technische Schutzmaßnahmen und „Zugangsrechte", in: Leible Stefan; Ohly, Ansgar; Zech, Herbert: Wissen – Märkte – Geistiges Eigentum, Tübingen 2010, 141-185.

Roder, Verena: Die Methodik des EuGH im Urheberrecht, Tübingen 2016.

Ruppert, Felix: Die strafrechtliche Relevanz des Einsatzes von Cheatbots im eSport, CR 2019, 691-696.

Sachs, Michael: Grundgesetz, 8. Auflage, München 2018.

Säcker, Jürgen; *Rixecker, Roland*; *Oetker, Hartmut*; *Limperg, Bettina*: Münchener Kommentar zum Bürgerlichen Gesetzbuch, 8. Auflage, München 2020.

Schack, Haimo: Urheber- und Urhebervertragsrecht, 9. Auflage, Tübingen 2019.

Schack, Haimo: Zur Rechtfertigung des Urheberrechts als Ausschließlichkeitsrecht, in: Depenheuer, Otto; Peifer, Karl-Nikolaus: Geistiges Eigentum: Schutzrecht oder Ausbeutungstitel?, Berlin 2008, 123-140.

Schiffmann, Wolfram; *Bähring, Helmut*; *Hönig, Udo*: Technische Informatik 3, Berlin 2011.

Schmidt, Jan Hendrik: Maximalschutz im internationalen und europäischen Urheberrecht, Göttingen 2017.

Schmidt, Jürgen: Aufgedeckt, c't 21/2019, 142-147.

Schneider, Jochen: Indirekte Softwarenutzung – ein Vertragsrisiko für beide Seiten, ITRB 2017, 286-291.

Scholz, Jochen; Zur indirekten und automatisierten Nutzung von User-basiert lizenzierter Software, CR 2019, 417-424.

Schricker, Gerhard; *Loewenheim, Ulrich*: Urheberrecht, 6. Auflage, München 2020.

Schröder, Markus: Rechtmäßigkeit von Modchips – Stellt der Vertrieb von Modchips eine Urheberrechtsverletzung dar?, MMR 2013, 80-83.

Schweyer, Florian: Die rechtliche Bewertung des Reverse Engineering in Deutschland und den USA, Tübingen 2012.

Sonntag, Michael: Black-Box-Testing von Software abgeschafft?, in: Schweighofer, Erich; Kummer, Franz; Saarenpää, Athi; Schafer, Burkhard: Datenschutz / LegalTech: Tagungsband des 21. Internationalen Rechtsinformatik Symposions IRIS 2018, Wien 2018, 569-574.

Sonntag, Michael: Cheats aus rechtlicher Sicht in: Schweighofer, Erich; Kummer, Franz; Hötzendorfer, Walter: Transparenz: Tagungsband des 17. Internationalen Rechtsinformatik Symposions IRIS 2014, Wien 2014, 683-692.

Specht, Louisa: Beschränkung der Verkehrsfähigkeit digitaler Güter durch technische Schutzmaßnahmen, ZGE/IPJ 2016, 289-303.

Specht, Louisa: Diktat der Technik, Baden-Baden, 2019.

Specht, Louisa: Zum Verhältnis von (Urheber-)Recht und Technik, GRUR 2019, 253-259.

Spindler, Gerald: Grenzen des Softwareschutzes – Das Urteil des EuGH in Sachen SAS Institute, CR 2012, 417-422.

Spindler, Gerald; Schuster, Fabian: Recht der elektronischen Medien, 4. Auflage, München 2019.

Stallberg, Christian Gero: Urheberrecht und moralische Rechtfertigung, Berlin 2006.

Starke, Max Fabian: EU-Grundrechte und Vertragsrecht, Tübingen 2016.

Stern, Klaus; Sachs, Michael: Europäische Grundrechte-Charta GRCh, München 2016.

Stieper, Malte: Rechtfertigung, Rechtsnatur und Disponibilität der Schranken des Urheberrechts, Tübingen 2009.

Streinz, Rudolf: EUV/AEUV, 3. Auflage, München 2018.

Strömer, Tobias H.; Gaspers, Holger: „Umgehen" des Kopierschutzes nach neuem Recht, K&R 2004, 14-19.

Suwelack, Felix: Die ökonomische Analyse des Filesharings und ihre Bedeutung für das europäische Urheberrecht, Hamburg 2018.

Taeger, Jürgen; Pohle, Jan: Computerrechts-Handbuch, 34. Ergänzungslieferung, München 2018.

Trayer, Martin: Technische Schutzmaßnahmen und elektronische Rechtewahrnehmungssysteme, Baden-Baden 2003.

Triebe, Christian: Reverse Engineering im Lichte des Urheber- und Geschäftsgeheimnisschutzes, WRP 2018, 795-805.

Uhlenhut, Theresa: Panoramafreiheit und Eigentumsrecht, Frankfurt am Main 2015.

van Schoor, Ulrich: Der Normkonflikt der Vorschriften des Urheberrechtsgesetzes zum Schutz technischer Maßnahmen, Göttingen 2015.

von Mangoldt, Hermann; *Klein, Friedrich*; *Starck, Christian*: Grundgesetz, 7. Auflage, München 2018.

Walter, Michel M.: Österreichisches Urheberrecht, Wien 2008.

Wand, Peter: Technische Schutzmaßnahmen und Urheberrecht, München 2001.

Wandtke, Artur-Axel; *Bullinger, Winfried*: Praxiskommentar Urheberrecht, 5. Auflage, München 2019.

Wandtke, Artur-Axel; *Ohst, Claudia*: Praxishandbuch Medienrecht, Band 2, 3. Auflage, Berlin 2014.

Werner, Matthias: Eingriff in das (Rollen-)Spielsystem, CR 2013, 516-523.

Wiebe, Andreas: Schutz von Maschinendaten durch das sui-generis-Schutzrecht für Datenbanken, GRUR 2017, 338-345.

Wieduwilt, Hendrik: Cheatbots in Onlinespielen – eine Urheberrechtsverletzung?, MMR 2008, 715-719.

Yang, Ruoke: The Personal and Economic Utility of Virtual World Bots: A Defense for Fair Use, 2 Ariz. St. U. Sports & Ent. L. J., 2012, 95-137.

Abkürzungen nach: *Kirchner, Hilderbert; Böttcher, Eike*: Abkürzungsverzeichnis der Rechtssprache, 9. Auflage, Berlin 2018.

FSC
www.fsc.org
MIX
Papier | Fördert
gute Waldnutzung
FSC® C083411

Kolibri 360 GmbH
Ferdinand-Jühlke-Straße 7
99095 Erfurt, Deutschland
produktsicherheit@kolibri360.de

Druck:
CPI Druckdienstleistungen GmbH
im Auftrag der
Kolibri 360 GmbH
Ferdinand-Jühlke-Str. 7
99095 Erfurt